本书系山东省社会科学规划一般项目"英国 1894 年遗产税与地权市场转型研究"（21CLSJ09）结项成果。接受"聊城大学学术著作出版基金"、聊城大学"世界史团队建设经费"资助。

# 19世纪英国农业地权转型研究

孙学美　著

中国社会科学出版社

## 图书在版编目（CIP）数据

19 世纪英国农业地权转型研究 / 孙学美著. -- 北京：中国社会科学出版社，2025.5. -- ISBN 978-7-5227-4754-5

Ⅰ. F356.111

中国国家版本馆 CIP 数据核字第 20259LR910 号

| | |
|---|---|
| 出 版 人 | 赵剑英 |
| 责任编辑 | 耿晓明 |
| 责任校对 | 冯英爽 |
| 责任印制 | 李寡寡 |

| | |
|---|---|
| 出　　版 | 中国社会科学出版社 |
| 社　　址 | 北京鼓楼西大街甲 158 号 |
| 邮　　编 | 100720 |
| 网　　址 | http://www.csspw.cn |
| 发 行 部 | 010-84083685 |
| 门 市 部 | 010-84029450 |
| 经　　销 | 新华书店及其他书店 |

| | |
|---|---|
| 印　　刷 | 北京明恒达印务有限公司 |
| 装　　订 | 廊坊市广阳区广增装订厂 |
| 版　　次 | 2025 年 5 月第 1 版 |
| 印　　次 | 2025 年 5 月第 1 次印刷 |

| | |
|---|---|
| 开　　本 | 710×1000　1/16 |
| 印　　张 | 21.5 |
| 插　　页 | 2 |
| 字　　数 | 353 千字 |
| 定　　价 | 116.00 元 |

凡购买中国社会科学出版社图书，如有质量问题请与本社营销中心联系调换
电话：010-84083683
版权所有　侵权必究

# 目 录

绪 言 / 1

**第一章 历史基础：古代地权与土地继承税 / 6**
  第一节 盎格鲁-撒克逊时期的地权与地税 / 6
    一 分割型地权初现 / 7
    二 基于地产之征税与土地继承制度 / 8
  第二节 中古英格兰地权与地产继承税 / 10
    一 中古英格兰地权 / 11
    二 地产继承与地产继承税 / 21
  本章小结 / 29

**第二章 大地产的构建 / 32**
  第一节 近代地权变革与大地产的构建 / 32
    一 近代小农地权的确立 / 32
    二 土地家族大地产的构建 / 34
    三 大地产对小农土地所有权的蚕食 / 38
  第二节 大地产的经营与管理 / 43
    一 大地产的规模及分布特点 / 44
    二 大地产的管理 / 46
    三 租佃制农场的投资运营 / 50
  本章小结 / 54

**第三章 19世纪农业地权结构及其存在问题 / 56**
  第一节 地产主的土地所有权 / 57

一　土地限嗣继承制度 / 58
　　二　严格家族定序授予制 / 60
第二节　租地农场主的土地使用权 / 63
　　一　轮耕制不自由 / 64
　　二　未耗尽革新措施补偿不到位 / 65
　　三　无农场小猎物猎杀权 / 67
　　四　"法无禁止"驱逐佃户的行为 / 68
　　五　政治性干扰因素 / 69
第三节　传统主佃关系调节机制 / 71
　　一　传统租约 / 71
　　二　地方惯例或习俗 / 72
　　三　民众传统主佃契约观念 / 78
本章小结 / 81

## 第四章　终身地权明晰化 / 83

第一节　终身地权初步立法确认 / 85
　　一　私人议案申请 / 85
　　二　初步立法确认 / 87
第二节　严格家族定序授予制改革 / 94
　　一　改革呼之欲出 / 95
　　二　农业大萧条加快改革步伐 / 100
　　三　改革初见成效 / 103
本章小结 / 109

## 第五章　租佃权明晰化 / 111

第一节　初期租佃权立法实践 / 112
　　一　租佃权的由来 / 112
　　二　租佃权初步立法确认 / 119
第二节　19世纪60年代以后的租佃权立法实践 / 125
　　一　19世纪六七十年代的租佃权立法实践 / 125
　　二　农业大萧条以后租佃权的新发展 / 129

三　其他相关法律法规 / 132
　本章小结 / 136

## 第六章　农业工人"地权"相关问题 / 138
　第一节　农业工人起义 / 138
　　一　摇摆暴动 / 139
　　二　托尔普德尔蒙难事件 / 143
　　三　社会贫困救济 / 146
　第二节　农业劳动力流失及应对 / 151
　　一　农业劳动力流失 / 151
　　二　政府应对之策 / 156
　本章小结 / 173

## 第七章　农业地产形势新变化 / 176
　第一节　农业地产经济价值下降 / 177
　　一　《谷物法》变革与国际自由贸易兴起 / 177
　　二　农业地产经济形势下滑 / 185
　第二节　土地政治价值丧失 / 190
　　一　市镇（或城市）选区 / 192
　　二　郡（或乡村）选区 / 196
　　三　土地政治权利价值丧失 / 202
　第三节　国家政治与政策目标转向 / 204
　　一　对土地所有权高度集中化的诘难 / 204
　　二　国家干涉主义和集体主义兴起 / 206
　本章小结 / 209

## 第八章　遗产税与农地所有权变革 / 212
　第一节　"遗产税"的现代性溯源 / 213
　　一　古代英国动产税征收原则 / 213
　　二　古代"遗产税"的历史蜕变 / 216
　第二节　1894年遗产税 / 221

一　遗产税的出台 / 221
　　二　遗产税的主要内容 / 223
　　三　国家不断提高遗产税的税率 / 225
第三节　农业大地产抛售潮 / 226
　　一　地产遗产税负担 / 227
　　二　一战后初期的地产抛售潮 / 230
　　三　二战后的地产抛售潮 / 234
第四节　土地所有权变革 / 238
　　一　一战前的土地所有权变革 / 238
　　二　一战后的土地所有权变革 / 244
本章小结 / 249

## 第九章　地权转型后的新型农场 / 251
第一节　新型农场兴起 / 251
　　一　概念辨析 / 251
　　二　新型农场兴起原因 / 255
　　三　新型农场发展状况 / 260
第二节　新型农场优劣势及其问题应对 / 273
　　一　新型农场优劣势 / 273
　　二　新型农场问题应对 / 279
第三节　与欧陆国家新型农场比较 / 289
　　一　法国 / 291
　　二　德国 / 296
　　三　新型农场何以在西欧各国普遍盛行 / 299
本章小结 / 303

**结　语** / 305

**参考文献** / 311

**后　记** / 335

# 绪言

英国是农业资本主义（Agrarian Capitalism）的发源地，私人土地产权的确立是英国农业资本主义发生与发展的基础和前提。英国的近代私人土地产权确权进程虽然开启得较早，但其确权的整个历史进程却是漫长而复杂的，直至19世纪，土地产权仍存在诸多不明晰之处。

19世纪的英国，土地所有权高度集中，土地贵族大地产盛行。对于这一时期社会形态的描述，国外一些著名学者，如罗森海姆（James M. Rosenheim）、明格（Gordon Edmund Mingay）、汤普森（Francis Michael Longstreth Thompson）、斯普林（David Spring）、比尔德（Madeleine Beard）等，倾向将其称为"Landed society"，国内学界一般将该词译作"土地社会"或"大土地所有者社会"[①]。按照相关学者们的研究，英国土地社会肇始于17世纪中叶，直至20世纪六七十年代才最终走向解体，历时四个多世纪，其影响之深远，毋庸置疑。土地社会时期，英国社会的显著特征是"地产热"持续升温且历久不衰，持有"地产"规模与价值大小近乎衡量个人经济、政治与社会地位的唯一标准。至19世纪后半叶，地产热弊端已致英国农业经济持续化、政治民主化发展遭遇瓶颈，成为当时英国政府亟待解决的重大社会治理问题之一。

---

[①] James M. Rosenheim, *The Emergence of A Ruling Order: English Landed Society 1650-1750*, London: Longman, 1998; G. E. Mingay, *English Landed Society in the Eighteenth Century*, London: Routledge & Kegan Paul, 1963; F. M. L. Thompson, *English Landed Society in the Nineteenth Century*, London: Routledge & Kegan Paul, 1963; David Spring, *The English Landed Estate in the Nineteenth Century: Its Administration*, Baltimore: John Hopkin Press, 1963; Madeleine Beard, *English Landed Society in the Twentieth Century*, London: Routledge, 1989.

19世纪，英国政府不断发挥强大的国家宏观调控治理能力，在以法律手段推进农业地权界定清晰化基础上，又于1894年出台了"遗产税"(estate duty)，以税收调控土地所有权分配，推进农业地权变革进程，保障英国由传统农业社会向现代工商业社会平稳转型。在政府强有力的国家宏观调控政策导向下，"僵而不化"的"土地社会"逐渐走向解体。在这一过程中，以英国农业地权明晰化为基础，土地所有权由地产主向租地农场主转移，农地所有权和经营权两相分离的农业地权类型随之发生变化，不断向所有权和经营权相统一的农业地权类型转变，权能合一型农业地权得以确立。随后，建立在权能合一型农业地权基础之上的新型农场成为英国现代主流农业经营模式。

以19世纪英国农业地权转型为切入点，系统梳理该时期英国农业地权结构由所有权、经营权两相分离的"分割型"地权向两相统一的"合一型"地权转型的相关史实及其历史变迁脉络，并就其中蕴含的英国政府以法律、税收等手段治理该时期"土地所有权高度集中""地产热经久不衰"等重大社会问题的基本理念、路径和方法进行归纳分析，有助于增进学界有关19世纪英国农业发展、农业地权治理等方面的知识，亦可为农业发展、农业治理等方面相似问题的解决提供经验和历史参考，具有一定的理论价值和现实意义。

本书坚持唯物史观，采用经济社会史研究范式，基于该时期英国农业地权形成、发展、演变乃至最终走向解体的整体历史变迁实际，阐明英国政府以税收、法律手段治理农业地权不明晰问题的理念与路径。在具体研究过程中，通过细致梳理相关时段内的议会汉萨文件、法律文本、土地家族地产档案、时政报刊、地产交易数据等史料，明确大地产的形成、经营管理状况、大地产地权结构特征等史实，系统分析英国通过立法手段推进终身地权、租佃权明晰化，增进农业工人与土地之间的情感联结，以及通过1894年遗产税推进大地产地权向土地所有权和经营权合一型地权转型的相关理念与路径等。同时借鉴年鉴学派长时段研究方法，将长时段内的英国地权与土地继承、基于土地继承征税实践以及遗嘱传统等有机结合起来，分析英国得以通过1894年遗产税治理19世纪英国农业地权不明晰问题的古代地权、地税及民众心态等深层历史原因。在具体研究过程中，选取典型土地家族大地产案例，结合相关政府、机构统计数据，借助广泛存在的同时代文献资料，客观复原该时期英国农业地权发展演变史，实证分析英国国家治理与农业地权变迁之间的内在关系。与此同时，综合运用历史学、心理学、社会学等相关学科研究方法，从英国的经济、财政、法律、赋税、民众心态、社会形态等视角，多维度绘制该时期各农业地权主体包括地产主、租地农场主、农业工人在内的集体心理，真实再现19世纪英国以农业地权变迁为具象的土地社会变迁全景图。

本书除绪言、结语部分外，共包括九章。在具体写作过程中，依照19世纪英国农业地权形成、发展、演变、衰落的线性历史发展脉络逻辑主线顺次展开，将英国以议会立法方式推进终身地权明晰化、租佃权明晰化、应对农业工人起义和社会贫困问题，以及以遗产税推进土地所有权变革的税收治理措施适时融入其中，层层递进，客观再现19世纪英国农业地权变迁史实，明确其与国家治理之间的内在关系。

第一章　历史基础：古代地权与土地继承税。借助年鉴学派长时段研究范式，在广泛借鉴学界前人研究成果基础上，就19世纪以前的英国地权演变及基于地产继承征税实践状况做一整体考察，以明晰19世纪典型农业地权得以形成的深层古代地权与土地继承税历史背景。

第二章　大地产的构建。借助大量土地家族案例，将土地家族大地产的形成原因、形成过程以及大地产租佃制运营方式与特点直观形象地呈现出来，以明晰农业大地产地权的构建路径及原因。19世纪典型农业地权机制的形成建立于近代小农土地所有权明晰化基础之上，土地家族大地产的构建与小土地所有权的消失是同一历史发展进程不同层面的呈现。租佃制是大地产的基本土地组织模式，依托该模式，主佃双方基于租佃契约，将各自资本以不同形式投资于土地之上，进而生成对双方所签订契约租佃地的不同地权要求，农业大地产独特地权结构由此形成。

第三章　19世纪农业地权结构及其存在问题。着重考察该地权结构下的地产主、租地农场主的地权状况，分析其核心特征及存在问题。农业大地产上相对应的土地产权不清晰，各土地权利主体地权行使边界无明确界定，主佃双方关系主要依赖不对等传统租约、地方惯例或习俗进行调节，缺乏统一而完善的法律保证机制以维护各地权主体权利。这一权责不明晰的农业地权构成英国农业进一步发展的障碍，需要对之做出必要的变革。

第四章　终身地权明晰化。以史为证、客观分析地产主的终身地权是如何一步步走向明晰化的。终身地权明晰化主要经由两条途径实现：一是终身地产出租权、抵押权、出售权的立法确认，二是限制终身地产自由处分权的严格家族定序授予地产制度（Strict Family Settlement）的破除。

第五章　租佃权明晰化。以史为证、客观分析租地农场主的租佃权是如何一步步走向明晰化的。租佃权明晰化是基于维护主佃双方共同权益，通过明确租佃权边界方式实现的。是主佃双方不断博弈过程中基于让步、妥协在折中基础上达成的虽非最优但切实可行的相对有效方案。

第六章　农业工人"地权"相关问题。系统梳理19世纪的农业工人起义、社会贫困问题以及英国政府的应对之策；系统分析该时期出台的有关份地与小持有地的法律文本及其具体执行状况，说明国家以立法手段应对农业工人流失，保障农业发展以及维护农村社会稳定的理念与路径。

第七章　农业地产形势新变化。借助该时期留存下来的大量土地家族地产档案、农业调查报告、法律文本、相关人士回忆录、议会汉萨文件等原始史料，实证说明至19世纪晚期大地产经济形势已经严重下滑、濒于破产，土地财富已经与政治权力"脱钩"，土地的经济、政治、社会价值都已不再。以土地所有权集中为显性特征的"土地社会""已僵"，且"顽固不化"，需要国家出台特定政策推进土地所有权的再分配，提高农民积极性，促进农业的进一步发展。

第八章　遗产税与农地所有权变革。采用回溯法深入分析1894年遗产税得以出台的历史渊源。借助土地家族地产档案、议会汉萨文件、时政报刊等文献资料，说明在1894年遗产税出台之后，随着税率的不断提高，加上一战、二战等灾难性事件导致土地家族继承人频繁更换之时，面对高额遗产税征缴压力，土地家族大地产继承者不得不大规模出售其家族地产，而这些被抛入土地市场的大地产多被其租地农场主（tenant farmer）购买。借此，土地所有权由地产主向租地农场主之手转移，土地所有权和使用权合而为一，分割型地权向合一型地权转型，合一型地权时代开启。

第九章　新式地权基础上的新型农场。结合具体史实说明该时期农业地权转型的基本走向是土地所有权和使用权合一，而建立在该新式地权基础上的新型农场则成为英国主流农业经营方式。土地所有权和使用权合一型地权，以及自有自营农场的日渐兴起，并非英国历史上独有的历史事件，同时也是多数西欧国家农业发展中的一个普遍趋势。权能合一型农场经营方式，建立在稳定、明晰化的土地产权基础之上，在其上农业生产者能够实现完全的地权获得之感。但这种农业经营模式存在固有缺陷和不足，在当时的特定经济社会形势下，其良性存续与发展，还需要借助个体农业生产者之间的合作，需要依赖农业科技的进步以及政府的扶持和帮助，才能获得更好的发展。

# 历史基础：古代地权与土地继承税

第一章

在古代英格兰，作为一切公法基础的土地财产权法①，对英国历史的发展走向有着决定性的影响。自中世纪以来逐渐形成的高度分割型地权，促使以之为基础形成的英国土地法律体系，倾向于保护土地实际占有者的权利，当时的土地依法占有权"seisin"高度稳定。依法占有权的高度稳定对古代英格兰地权发展演变的影响，在封建社会上层封君封臣契约关系体系下的采邑地权变革走向，以及封建社会底层领主附庸契约关系体系下的佃领地（tenant land）地权变革走向上，有着鲜明的体现。

该时期，地权的历次变革与基于地产继承所征收的继承金（relief）、继承捐（heriort）的发展演变之间相互影响，合力促生，共同促使英国采邑、佃领地的地权逐渐走向明晰化。至16世纪时，英国绝大多数土地已经能够自由流转和买卖，明晰化地权已经初步确立，这既是当时英国土地市场得以自由流通和繁荣的重要前提，同时也是随后的土地家族大地产得以构建的重要历史基础。

## 第一节 盎格鲁-撒克逊时期的地权与地税

盎格鲁-撒克逊时期，人们的生产、生活与财富来源严重依赖土地，在面临丹麦人入侵之时，英国基于抗击丹麦军需要，开始初步征收具有国税性质的土地税"丹麦金"（Danageld）。在这一沉重税金征收以及战乱威

---

① ［英］梅特兰：《英格兰宪政史》，李红海译，中国政法大学出版社2010年版，第27页。

第一章　历史基础：古代地权与土地继承税

胁等因素的影响下，英格兰封建性质的分割型地权，随领主附庸"契约"关系初起而初具形态。但该时期的分割型地权，尚不足以引发传统土地继承规则的转变，该时期的土地财产继承规则，与诺曼征服之后封建时代的土地继承规则明显不同，而基于土地继承之征税实践，在该时期也还不曾出现。

## 一　分割型地权初现

根据盎格鲁-撒克逊时代的一些史料，该时期地权分割形态初起。8世纪，丹麦人大肆入侵英格兰，为了有效抗击丹麦军的入侵，英格兰的统治者开始在全英范围内大肆征收"丹麦金"。沉重税金的征收，以及战乱的威胁，使得许多破产或濒临破产的自由农民不得不委身于一些地方上有着较强军事实力的大领主，以将自身所拥有的最珍贵的土地献给领主为代价，换取领主对其安全的保障。这些自由民或以个人的名义，或以所在村庄的名义，按照协商好的条件同其投靠者签订"契约"，出让一定的土地收益，以保障其继续耕种原有土地的权利。随之，英格兰的土地财产权，以及其占有者的身份，也开始有所改变：领主和农民都开始因纳入签约范围的土地而拥有不同的土地财产权，领主可以从这些土地上收取不同比例的地租，而农民则在继续取得土地收益的同时，按照契约规定向领主履行相应的义务如缴纳地租、服劳役等。这些被签约了的土地由此开始被植入了不同身份主体权利人的不同土地权利。正是基于该种契约所具有的权利和义务，契约双方被有效地联结在一起，这些农民则在不同程度上丧失人身自由，开始逐渐沦为受奴役的依附农。

冈绍夫在论述封建时代的依附关系时说，"双方都必须履行一系列的义务，委身者有为其领主服劳役并尊重其领主的义务，但领主对委身者所保有的劳役和被尊敬的权利要以维持自由人的身份为前提。领主要对委身者提供援助和支持，帮助其维持生计"[1]。以此而论，该时期所出现的这种委身关系，显然已经具有了封建性依附关系的某些特质。它基于自由人之间的个人权利的让渡而结成，这些小土地保有者是基于自身特定利益需求而主动委身于领主的，因而两者之间是一种相对自由而又受着所订"契约"

---

[1] F. L. Ganshof, *Feudalism*, London: Longman, Green and Co., 1961, pp. 7-8.

之明确规定的关系。[①] 但不能否认的是，欲寻求保护的那部分自由人为了他们的安全，实质上让渡了他们的部分权利，这部分权利在进入相对独立的社会关系层面后，转化为一定的"权力"，为其投靠者所攫取，也正是这权力的作用，使得这些委身的农民对其投靠的领主产生较强的依附性，并使得原来完整的土地所有权在委身者与其领主之间初次进行了分割。具有封建性质的领主附庸关系以及地权分割状况初起，但其影响力还不足以引致该时期地权继承规则的转变，该时期的地税以及土地继承规则，与诺曼征服后的封建时代还很不同，该时期地产与其他动产继承规则无异，一般由个人通过立遗嘱方式自由处分，基于地产继承而征收的遗产税也还不曾出现。

## 二 基于地产之征税与土地继承制度

盎格鲁-撒克逊时期，已有基于土地征税之史实，但针对土地遗赠行为进行征税的税收行为还不曾出现。当时土地作为个人全部财产中的重要组成部分，一般由亡故者通过立遗嘱方式自由处分。

该时期，为满足特定国家财政需要，曾出现过以土地面积为征收单位的土地税，其典型案例是丹麦金。991年，面对丹麦人大肆入侵，英格兰各王国以土地为单位向民众征集税款缴给丹麦人以换取和平，是为丹麦金。20世纪英国史学家梅特兰、莱昂等人在研究中古英格兰税制问题时，以盎格鲁-撒克逊时期的编年史等相关史料为依据，证实了丹麦金即为一种典型的土地税。[②] 至于其具体征税原则，可自英格兰西南诸郡留存下来的《盖尔德调查》（Geld Inquests）中窥见一二。该调查报告显示，当时有依照通行的土地测量基本单位海德（hide）或卡鲁卡奇（carucate）征收土地税。在该税具体征收过程中，一般采用以郡为单位的包税制原则。惯常做法是，假定一个郡或其他大的行政区有一个确定的土地面积，按照总的土地面积数量确定一个总的征税额。每个郡或大的行政区再将其被分配的总税额分摊到所在行政单位内的每个村庄，最后由各村庄落实到其管辖内

---

① [英]梅特兰：《英格兰宪政史》，第98页。
② F. W. Maitland, *Domesday Book and Beyond, Three Essays in the Early History of England*, Cambridge: Cambridge University Press, 1921, p.120; H. R. Lyon, *The Governance of Anglo-Saxon England 500—1087*, London: Edward Arnold, 1991, p.119.

## 第一章　历史基础：古代地权与土地继承税

的每一海德或卡鲁卡奇土地上。① 总体来讲，该时期英国赋税制度虽已初起，且有出现基于土地之征税史实，但尚不曾涉及土地遗赠征税问题。表1—1记录了911—1040年丹麦金的缴纳数额。

表1—1　　911—1040年英国向丹麦人缴纳丹麦金金额数据表

| 时间 | 缴纳丹麦金数额（英镑） | 时间 | 缴纳丹麦金数额（英镑） |
| --- | --- | --- | --- |
| 991 | 10000 | 1012 | 48000 |
| 994 | 15000 | 1014 | 21000 |
| 1002 | 24000 | 1018 | 72000+10500 |
| 1007 | 36000（或30000） | 1040 | 21099+11048 |
| 1009 | 3000 | — | — |

资料来源：《盎格鲁-撒克逊编年史》，寿纪瑜译，商务印书馆2004年版，第137—171页。

至于土地继承规则，盎格鲁-撒克逊时期的土地具备可继承性。当时土地作为个人财产重要组成部分之一，主要通过立遗嘱方式由亡故者自由处分。以立遗嘱方式处分个人财产是英国国民性中根深蒂固的一种存在，在英国具有神圣不可侵犯性。② 然而，该时期虽然名义上人们享有以遗嘱方式自由处分土地财产的权利，但又绝非所有的土地都能够通过遗嘱方式得以传承。能经由遗嘱处分的土地类型主要是获得国王赐地文书（Land Books/Charters）的书田（Book Land），而依据习惯法占有的民田（Folk Land）则要受到"不可传之族外""不可由非婚生子女继承"等特定继承规则的制约。③

就目前能够接触到的史料而论，自9世纪中叶起，一些被冠以"盎格鲁-撒克逊遗嘱"（Anglo-Saxon wills）或"遗嘱"（testaments）称谓的文件

---

① F. W. Maitland, *Domesday Book and Beyond*, *Three Essays in the Early History of England*, pp. 120-121.

② Joseph Dainow, "Limitations on Testamentary Freedom in England", *Cornell Law Review*, Vol. 25, No. 3, April, 1940, pp. 337-338.

③ F. Pollock and F. W. Maitland, *The History of English Law Before the Time of Edward* I, Vol. 2, pp. 316-332; W. S. Holdsworth, *A History of English Law*, Vol. 2, London：Methuen & Co., 1923, pp. 93-95; F. W. Maitland, *Domesday Book and Beyond*, *Three Essays in the Early History of England*, p. 256.

在英格兰地区已经时有出现。① 例如，亚弗烈特王曾在其遗嘱中做出声明，要求其所赠予书田之人，在其死后将其书田传承给他最近的族人。② 在格兰维尔（Ranulf de Glanvill）和布拉克顿（Henry de Bracton）的著作中，也曾记载了这样一个案例：在诺森伯里亚王国，一农户死于傍晚，第二日清晨又生还，之后，他走入村里的教堂，并在做完祷告后将其全部财产分作三份，一份留予其妻，一份留予其子嗣，一份留予自己并立即分发给穷人。这一遗产分配方案极具典型性，在诺森伯利亚以及苏格兰和英格兰北部诸郡广为流行，它顾念亡故者个人情感，强调保障亡故者身后诸亲属们的利益。在基督教传入以后，在宗教信仰的影响下，人们对无遗嘱死亡的恐惧感与日俱增，及至克努特时代，"一个人若没有留下任何只言片语就离世，将意味着他是一名罪人"③。由此，死者的保留份额，开始逐渐转作为死者的灵魂救赎而捐给教会或救济穷人，正如案例中亡故者将其自己的保留份额分给穷人一样。案例中亡故者的财产分法，与英国后来的遗嘱处分财产的方法相近，配额比例也相似，是英国以遗嘱方式处分个人财产制度的起源。

总起来讲，盎格鲁-撒克逊时期，土地作为亡故者个人全部遗产中的一部分，与其他财产一样，一般由亡故者依照遗嘱方式自由处分，至于基于土地继承征税之行为，还不曾出现。

## 第二节　中古英格兰地权与地产继承税

在诺曼征服以后，随着封建制度的建立与发展，分割型地权得以确立并日益走向成熟。与此同时，土地税日趋衰亡，但出现了两种与封建制相适应的土地继承税，即基于采邑继承之继承金，以及基于佃领地继承之继承捐，随着后续封建制度的瓦解，这两种封建性质的土地继承税，最终又逐渐地退出了英国税制历史舞台。

---

① F. Pollock and F. W. Maitland, *The History of English Law Before the Time of Edward* I, Vol. 2, Cambridge: Cambridge University Press, 1895, pp. 312-313.

② 马克垚：《英国封建社会研究》，北京大学出版社1992年版，第21页。

③ F. Pollock and F. W. Maitland, *The History of English Law Before the Time of Edward* I, Vol. 2, pp. 312, 320.

第一章　历史基础：古代地权与土地继承税

## 一　中古英格兰地权

（一）封君封臣制体系下的封建地权

如果说丹麦人的入侵某种程度上启动了英国封建制的车轮，那么，威廉的诺曼征服及其后的一些措施，则彻底将英国拖上了封建制的轨道。正如马克·布洛赫所说："英国的附庸制和骑士制度是从外国引进的"[①]，是诺曼征服的结果。诺曼入侵是英国历史的重要转折点之一，它将英国的上层换了一批新的主人，自此英国与诺曼法国的历史有了共通之处，开始施行一套新的类似法国的封建制度，但英国的封建制度相比于法国，存在一定的独特之处，比如英国的军事义务，以及在12世纪中期以后发展起来的相关法律体系。[②] 但即便是这独特性的形成，也依然受着诺曼征服的某些影响。诺曼征服自始至终从各个层面对当时的英国社会发生着某些显性影响。

早在诺曼入侵之时，威廉为鼓励、嘉奖随他作战的诺曼将士们，不断地将其所征服的土地渐次赏赐给他们。诺曼征服结束之时，威廉已将爱德华及反抗的盎格鲁-撒克逊贵族的土地没收殆尽，虽保留有少数归降了的盎格鲁-撒克逊贵族的土地，但也规定他们必须奉威廉为其封君，以此将全部英格兰的土地纳入封君封臣制的体系之中。

如果说是诺曼分封将英国的封臣制纳入了地权体系，那么，随后的1086年《末日审判大调查》（Domesday Book）则真正地第一次改变了英国的财产权观念。诺曼审判的档案本身以及它对财产等级和封授所致的等级的安排，正是英国关于土地等级权利的起源。自该次调查之后，国王给予了贵族对于他之前所封授土地的完全处置权，并规定他们同样有权将其再次以较小块土地的形式转封出去。但同时规定英王为全英格兰土地的最终拥有者，自此英国不再有无领主之土地，"各领主的土地直接间接均受自国王，国王是封建等级之巅，是全国土地的最高领主"[③]。也即，"就理论

---

[①] ［法］马克·布洛赫：《封建社会·下卷·社会等级和政治体制》，李增洪、侯树栋、张绪山译，商务印书馆2004年版，第541页。

[②] Susan Reynolds, *Fiefs and Vassals: The Medieval Evidence Reinterpreted*, Oxford: Oxford University Press, 1994, p.343.

[③] 马克垚：《英国封建社会研究》，第72页。

层面而言，全国所有的领地都通过保有关系而隶属于国王"①。在英国分封制下，英王依然独享全部分封了的采邑，而其下各级封臣递次则分享其用益权，封臣有权使用采邑并取得其上的产品，但他无权处置该土地，即不能随意更改它的外形，将其分割，降低它的价值，或者将其转让出去。然而，随着时间的推移，封臣渐渐取得了除降低地产价值之外的许多权利，如继承、转让等。总之，基于采邑，封君与封臣之间结成"契约"，且双方的土地权利被同步叠加到采邑之上，采邑地权开始被初步分割。

在这一分割型采邑地权体系下，封君享有土地的所有权，依然可自这些采邑中享有某种"特权"，如向这些采邑的封授者们征缴一定量的骑士领役务、协助金等。而封臣则取得土地的用益权，但需要为他所获得的采邑向国王或其直属封君履行相应的义务，比如履行规定量的骑士领役务，定期出席领主的法庭，列入封君仪仗以显示封君实力等。通过这种土地封授关系，英国确立了它封建时代社会上层的独特封君封臣关系，上一级称封君，下一级为封臣，封臣之下还有封臣。封君按照一定的条件将其土地封授给封臣，封臣在获封土地之后，可以再另行设定封授条件，将其采邑再次转封给他人，以此层层封授，阶梯常常可达三四层，甚至六七层之多。在土地转封之后，该封臣对其封君的义务照旧，但他可以自其封臣处获取他所规定的一份义务。比如：A 以服军役为条件将一块土地分封给 B，B 又以缴纳地租为条件将该土地转封给 C。由此，以该土地为纽带，B 要为 A 履行军役义务，C 则对 B 履行缴纳地租义务。A、B、C 的不同权利、义务被该封授链条凝固在该土地之上，使该土地上被同时嵌入 A-B 和 B-C 的混合地权关系。这种分封状况无疑会增加地权的复杂化，造成采邑封授关系的混乱状态，常常难以确定一块土地的具体归属。因而 1290 年的《土地买卖法》(*Quia Emptores*) 决定以"替代"代替"再分封"的土地转移形式，即在 B 要将自 A 处领得的土地转移给 C 时，要由 C 取代 B 的位置并履行 B 的义务，B 需退出该土地的既有链条，由此，在该土地上凝结的关系仅为 A-C。这正是中世纪时代英国土地权利因封授制而导致分割及其变化的一个缩影。借助这种采邑制之利剑，英国的封建制将它社会上层的

---

① E. A. Kosminsky, *Studies in the Agrarian History of England in the Thirteenth Century*, Oxford: Basil Blackwell Mcmlvi, 1956, p.72.

第一章　历史基础：古代地权与土地继承税

封君、封臣的不同身份权利加注到当时的土地财产权利体系之中。

根据当时的采邑的不同封授条件，英格兰存在着多种不同的土地保有形式。据统计，在12世纪时，大约存在着16种保有形式。[①] 但纵观整个封建时代，比较典型的土地保有形式主要有以下几种：（1）骑士役（Knight service）保有。它是以履行骑士领役务而保有土地的一种保有形式，要求土地的受封者要为其领主提供规定数量的全副武装的战马并履行相应的军役。到12世纪中期以后该种役务多为缴纳固定量的货币（史称"盾牌钱"Shield money）所代替。到中世纪晚期时，随着货币的贬值，盾牌钱逐渐停止征收。（2）教役（Frankalmoigne）保有。主要是以履行宗教义务而保有土地的形式。例如，当亨利授予圣彼得修道院一块庄园时，要求该修道院要为其履行一些具体的义务——每周二和周五为其做弥撒以使其灵魂得到救助，在特定节日为一些穷人提供救济等。（3）杂役（Sergeanty）保有（也称"侍君役保有"）。当国王为着某些特定的义务——为其送信、喂养其宠物、整理其床铺等而授予某人土地时，该种保有土地的形式便被称之为杂役保有（又称索克役）。（4）维兰（Villeinage）保有。它是庄园中最为主要的一种土地保有形式，是一种非自由的土地保有形式，领有土地的维兰佃农需要给其领主履行相应的佃领地义务，这些义务包括完成规定量的劳役地租，缴纳人头税、任意税、迁徙税、婚姻捐、继承捐等。

总之，英格兰封建时代的地权分割，与采邑分封之间存在着紧密联系，封建性的土地封授造成封建时代的英格兰地权被高度分割。一方面，土地的分封与再分封，使得同一块土地上凝结着不同土地权利主体人的不同土地权利；另一方面，分封之时所设定的条件不同，也使采邑因负担的义务不同而具有不同的身份属性。

（二）村庄共同体与庄园叠加体系下的封建地权

在明晰了以土地封授为核心的封君封臣制与采邑制后，有必要将研究的视角转向封建基层社会的村庄共同体和庄园，是村庄共同体与庄园的叠加构筑起了封建社会基层组织的全貌，它最为主要的社会关系当属领主与佃农之间的相互关系。前面已经提到，早在盎格鲁-撒克逊时代，英格兰

---

[①] J. G. Riddall, *Introduction to Land Law*, London and Edinburgh: Butterworths, 1988, p. 17.

在社会基层层面上,便已经出现了基于土地权利的让渡和分割而结成的领主附庸关系。但在这一关系之外,当时农民生活的主要基层组织仍是原有的村庄共同体,甚至到封建化发展已经非常充分之时,"农业组织的基本单位是村庄而非庄园"①。

**村庄共同体**

盎格鲁-撒克逊人入主不列颠以后,摧毁了原有的罗马不列颠土地财产权制度,原来隶属于罗马政府的土地,以及逃亡贵族的无领主土地,一并被转交给日耳曼人的马尔克(mark)村社。自此以后,马尔克村社共同体成为英国历史上的一种重要历史存在。在村社共同体中,村民平等地享有村社中的耕地、林地、草地、荒地和沼泽等的财产权和使用权。其中,耕地和草地被划成若干小块平均分配给村民使用,每户村民约分得一海德土地(80—120英亩)。

9世纪以后,尤其是在面临丹麦人入侵之时,英格兰的封建化进程明显加快。在这一过程中,许多原马尔克村社中的村民逐渐被农奴化,变成封建庄园体制下的依附农,而一些贵族、教会则借机将大量的土地所有权集中于自己手中建立起庄园。封建庄园的形成以及农奴制的出现,是当时英国封建化的重要体现,但封建制在英国的最终确立,还要到诺曼底威廉征服英格兰以后。战争胜利之后,诺曼底威廉将欧陆法国的一套封建制度移植到英格兰,使英格兰的封建制度最终得以确立。

在诺曼征服过程中,诺曼底威廉将其征服了的土地渐次授予跟随他一起打天下的将士们,一般是征服一地,封赐一地。至征服结束之时,英格兰的土地也已经近乎被封赐完毕,只剩下一小部分仍掌握在威廉手里。据统计,依照地产价值估算,被威廉封赐出去的土地约占到其所征服的英格兰土地的80%。②战争胜利之后威廉决定在全英格兰范围内展开一次详细的财产调查,以彻底搞清楚自己及封臣们的具体财产情况,并以之为依据,明确其封臣应向自己履行的具体役务和应纳的税额。此即著名的"末日审判大调查",其最终调查数据被编制成《末日审判书》。

《末日审判书》是研究当时英格兰封建化状况的重要参考资料之一,

---

① E. A. Kosminsky, *Studies in the Agrarian History of England in the Thirteenth Century*, p. 75.
② Robert Bartlett, *England under the Norman and Angevin Kings*, 1075 – 1225, Oxford: Clarendon Press, 2000, p. 160.

#### 第一章 历史基础：古代地权与土地继承税

是英国历史上现存的最早的公共档案记录。它详细记载了当时英格兰民众所拥有的土地面积、牲畜数量、土地价值以及应纳税状况等信息。在地权方面，该报告的价值不容小觑，在后世相当长时间内，是英国确认土地所有权的重要依据。例如，中世纪时期的皇室成员几乎走到哪里都会带着这份调查报告，并以之为依据，解决相应的土地纠纷。根据末日审判委员会的调查，当时英格兰的农民已经不再是原来马尔克村庄共同体下的自由平等民，而是已经出现了不同的身份划分，如维兰（villani）、索克曼（sokemen）、自由农（liberi homines）、边农（bordarii）、茅舍农（cattars）等。《末日审判书》记载了各类人口的数量及土地等财产情况，其中人数最多的是维兰，约有10.9万人，约占农村人口总数的42%，持有英格兰土地的45%；其次是边农和茅舍农，约有8.7万人（占人口总数的33%），他们多为小土地持有者，持有的土地仅占英格兰土地的5%；相比之下，自由农和索克曼则仅有3.7万人，占乡村人口的14%，持有20%的土地；此外还存有少量的奴隶，约有2.8万个（约占人口总数的11%），他们不占有土地。[①] 呈现在该份调查报告中的农民虽然法律身份有变，由原来的马尔克村庄共同体中的自由平等民变成了庄园中的不自由的农奴（或曰依附农、维兰佃农等），但他们仍旧沿用原来的马尔克村社固有的惯例和习俗耕种其佃领地，以固有的村规和习俗调节彼此之间的纠纷，如此等等。总之，至中世纪时期，马尔克村社共同体在英格兰社会中的实际影响力仍然存在，且在整个中世纪，马尔克村社共同体始终与庄园叠加在一起，并与庄园一起构筑起了中古英格兰基层社会组织的全貌。

**封建庄园**

在看重村庄共同体价值的同时，也不能忽视庄园的功能。庄园是使封建社会之所以成为封建社会的经济组织之一，是封建性税收征收的基本单位。对于庄园制在英国的起源，苏联历史学家、莫斯科大学的叶甫盖尼·阿列克谢耶维奇·科斯敏斯基教授（Evgeny Aleksyeevich Kosminsky）通过对13世纪后期英格兰的百户卷和部分庄园租佃登录册的研究指出，英格兰的庄园是征服者诺曼底威廉大征服运动所造成的消极状况的产物。[②] 征服

---

[①] Edward Miller & John Hatcher, *Medieval England-Rural Society and Economic Change 1086-1348*, London: Longmam, 1978, p. 22.

[②] E. A. Kosminsky, *Studies in the Agrarian History of England in the Thirteenth Century*, p. 37.

者诺曼底威廉在将封臣制引入英国的同时,也以庄园作为其基础税收单位,从而将庄园体制嵌入到了英格兰的社会基层组织之中。

庄园规制不一,按照庄园中土地持有状况的不同类型,盛期的英格兰庄园大致可划分为7种不同的类型:(1)由领主的直领地、维兰土地和自由农持有地所组成的庄园,这是一种最为典型的庄园。(2)只有领主的直领地、维兰土地而无自由农持有地的庄园。后来的法定理论认为该种类型必须包含至少两个自由持有农才能称为庄园。当13世纪该庄园理论并不能完美呈现时,这种要求便不再被提及,但通常而论,百户卷中所涉及的没有自由农的庄园并不常见。(3)只有领主的直领地和自由农持有地,而无维兰土地的庄园。(4)只有维兰份地和自由农持有地,而无领主直领地的庄园。(5)仅有自由农持有地,而无领主直领地和维兰份地的庄园。道格拉斯认为由于该种土地持有状况的棘手性,将其称为庄园是不正确的,但在百户卷中可以找到很多该种地产被称作庄园的案例。(6)仅有维兰份地,而没有领主直领地和自由农持有地的庄园。(7)只有领主直领地,而无维兰份地或自由农持有地的庄园。关于该种类型的庄园,无论是哪种规模的,都很罕见。但不时地我们能够碰见一些近乎此种类似的庄园地产形式——仅有极少量佃农土地的庄园。例如,圣路易斯·博尔登的罗格之子沃尔特所持有的庄园:由7.5维格特的直领地和0.5维格特的佃农土地所组成。不同的庄园类型之间也存在一些过渡形式,依其土地的不同比例而不同。相对而言,第一种庄园更具封闭性,而按照西博姆和维诺格拉道夫对庄园的定义,也仅有前两种类型可以称为庄园,只有这两种类型能够具备庄园经济的基本特征,即劳役地租和非自由农负责耕种领主直领地。[①]

虽然庄园规制不一,但作为中世纪时期的一种重要历史存在,以及其时作为重要的政治、经济、社会组织单位的实际,在相当长的历史时期内,庄园一直是诸多史学家关注的焦点。这种状况一直延续到20世纪晚期。进入20世纪80年代以后,越来越多的学者开始关注领主权,关注村社共同体,庄园研究议题才逐渐遇冷,此即著名的退出庄园现象(retreat from the manor)。在庄园研究视角下,学者们的研究遍及庄园的经济、政治、管理等各个层面,在这些诸多研究成果中,就涉及庄园与村庄共同体

---

① E. A. Kosminsky, *Studies in the Agrarian History of England in the Thirteenth Century*, pp. 84-88.

第一章　历史基础：古代地权与土地继承税

之间的联系而论，贝内特的《英国庄园生活》堪称经典。该部作品对庄园的组织管理及其治下的农民生活状况有着详细、深入、系统地研究。在其中，贝内特提到，在庄园管理实施过程中，庄头的地位尤为重要，他们在整个庄园管理制度实施过程中，承担着非常重要的责任，是庄园有效管理的重要保障。而庄头身份、地位非常特殊，他既隶属于庄园系统，又是实实在在地生活在村庄共同体中的一分子，是庄园与村庄共同体之间连接的重要中间人。庄园事务多游离于村庄共同体之外，其存续要以村庄共同体为依托而进行。在庄园的管理人员中，庄头是最接近村民，对村子里每个人的生活发生重大影响的人员。他们"是农民的一员，是庄园的居民，了解庄园的每一块田地，从童年时代便熟识庄园上的每一个人的秉性和习惯"[1]。庄园的有效管理离不开庄头，英国农村基层组织的有效管理又离不开村庄共同体。

总之，是庄园与村社共同体叠加在一起，才构筑起了英格兰社会基层组织的全貌。接下来，我们着重探讨一下村庄共同体与庄园体系中的地权问题。

**村庄共同体与庄园体系中的封建地权**

从社会基础层面而论，中古英格兰地权是以村庄共同体为框架，以庄园为内容，在由两者共同叠加构筑起来的基层组织单位中，在领主、维兰、自由农等不同身份的土地权利主体之间以不同的形式切割开来的。就该层面被切割后的土地保有类型而论，其中占据主导地位的主要是领主直领地和维兰佃领地。本部分将以领主与维兰的地权分割状况为案例，分析中古英格兰社会基层组织框架中的封建地权问题。

就领主与维兰佃农之间的关系而论，领主与维兰的"契约"使得维兰近似"领主的财产"，固着在土地上，没有自由的迁徙、婚姻等权利，除向领主缴纳一定量的地租外，还需出工到领主的直领地上干活等，维兰的负担是极为繁重的。维兰身份于土地上的固着状况，在其持有的份地由一个领主卖给另一个领主的过程中表现得最为明显，维兰常常被作为其土地的一部分而在交易中一同被卖掉，这种情况在12世纪时经常发生。[2] 且依

---

[1] H. S. Bennett, *Life on the English Manor: A Study of Peasant Condition 1150-1400*, Cambridge: Cambridge University Press, 1938, p.166.

[2] Mark Bailey, *The English Manor: c.1200-c.1500*, Manchester: Manchester University Press, 2002, p.33.

照普通法的规定,庄园领主拥有维兰所占有的土地,这在理论上意味着佃农不能随意支配其土地。无论是维兰的土地还是其身份,都不受王室法庭的保护,维兰只能在其领主自己所拥有的法庭上主张其土地权利。未经领主同意,佃农不能随意将其土地出卖、转租或转赠给他人。维兰的土地是按照"领主的意愿"而持有的,这意味着领主有权随意地夺取维兰的土地和牲畜。

实际上,维兰与其领主之间基于佃领地所达成的权利与义务关系的具体实施状况,与前述法律层面的规定之间存在很大差距。领主仅在维兰不能履行诸如地租或劳役等的特定义务之时,才会收回维兰佃农的土地。再者,很多维兰持有土地被描述为非限定继承性的土地,也即,他们可以将其传给后人而不受领主的干涉。① 至于维兰的义务,与其持有地有关的地租、习俗、义务等不同地区差别很大,但也存有一些固定的特征:如出席庄园法庭,按规定服劳役,以及其他诸如磨坊捐、婚姻捐、迁徙税等的一系列封建义务。这些看似繁重的役务,如果我们有耐心地加以推敲,便并不似这表面上一般的繁重。举例而言:领主对劳役量的要求通常是按照其份地的大小而定的。至于每块份地所能供养的人口,或者渴望工作的年轻儿子的数量,则并非领主所考虑的范围。他仅关心该份地上既定的劳役量。因此,一维格特份地应负的每周出一个工为领主劳动3天的劳役量看似繁重,如若我们认识到他很可能已经结婚,并且他的儿子、女儿甚至奴仆都可能帮助他,那么,他是可以很轻松地耕种他自己和领主的田地并兼做其他一些工作的,而且他仅需要派他家里的一个或几个人去领主那里履行役务,其他的则留在自己的家中干自己的活就可以了。② 还有其他一些理论层面上的负担也都并不似表面上所要求的那般繁重,实际上,维兰对土地的实际权力还是非常大的,随着英国地权状况的不断发展,维兰佃农逐渐向更具土地所有权的方向发展,而公簿农(copyholder)的兴起便是中世纪时期的维兰佃领地地权不断发展演进的结果。

**公簿农的兴起**

中世纪时期,维兰佃农的土地流转需要获得领主的批准并通过庄园法庭进行,庄园法庭系列卷宗中会将土地交易信息详细记录在案,包括土地

---

① Mark Bailey, *The English Manor: c. 1200–c. 1500*, p. 2.
② H. S. Bennett, *Life on the English Manor: A Study of Peasant Condition 1150–1400*, p. 103.

第一章　历史基础：古代地权与土地继承税

所处的位置、面积、交易方式、类型等。后续一旦出现纠纷，庄园法庭会首先调阅相关的土地交易信息卷宗，并以之为依据解决纠纷。如若双方就庄园法庭给出的处置结果均无异议，法院便会出具一份具有法律效力的结案协议，交涉案双方当事人作为凭证，并记录在案。

后来，庄园法庭将这一做法广泛推广开来，其通行的做法是，在对维兰佃户的土地流转备案后，将记录该土地流转信息的庄园卷宗的副本（Copy，即所谓的公簿）一并授予其土地保有人，由此，持有公簿的"公簿农"（copyholder）开始出现。[1] 公簿农可依照其持有的公簿主张自己的地权，权属等级高于维兰佃农，他们能够相对自由地处分其土地，包括买卖、转租等。自中世纪后期以来，随着农奴制的不断解体，维兰佃农的役务逐渐消失，持有公簿的农民也越来越多。到16世纪时，英格兰各地庄园档案文献中，关于公簿农的记载已经非常普遍。根据托尼（R. H. Tawney）对16世纪英格兰12个郡118个庄园佃农分类状况的统计，在这118个庄园中，佃农总数为6203人，公簿农总数量为3793人，公簿农约占到佃农总人数的61%。不止如此，在有些郡的庄园中，这一比重还要高得多，甚至有些地区达到97%。例如，在威尔特郡、萨默塞特郡和德文郡32个庄园中，总佃农数量为1102人，公簿农数量为817人，其占比约为74%；在斯塔福德郡6个庄园中，总佃农数量为356人，公簿农数量为272人，其占比约为76%。在诺森伯兰郡6个庄园中，总佃农数量为474人，公簿农数量为436人，其占比约为92%；在汉普郡2个中等庄园中，总佃农数量为259人，公簿农数量为251人，其占比约为97%。[2] 总之，该时期，公簿农已经取代维兰佃农成为当时英格兰农民主体。[3] 由维兰佃领地向公簿持有地的转变，是英国底层农民地权演进的第一个阶段，英国的农民地权的现代性特征第一次获得清晰地呈现，而农民地权的明晰化，又为后续英国的土地市场自由流通与繁荣提供了必要前提，同时也是新时代的土地贵族们得以经由土地市场通过土地自由买卖方式构建其家族大地产的必要历史前提。

---

[1] 王元天：《英格兰公簿农的来源与转变》，《经济社会史评论》2022年第4期。

[2] R. H. Tawney, *The Agrarian Problem in the Sixteenth Century*, New York: Burt Franklin, 1912, pp. 24-25.

[3] W. G. Hoskins, *The Age of Plunder: The England of Henry VIII, 1500-1547*, London: Longman, 1976, p. 60.

19

公簿农在英格兰存续的时间并不久，仅在16世纪里盛极一时，之后则逐渐消失殆尽。至17世纪初，全英格兰仅余1/3的土地是公簿持有地。[①]租地农取代公簿农成为英格兰农民的主体，是英格兰农业地权的又一次深刻变革运动。而租地农作为与大地产体制下的土地实际经营者（即租地农场主）权属类同的农民的大量出现，意味着当时的大地产已经开始逐渐兴起。而拥有大量土地的大家族的大量出现伴随着小农土地所有权的消失。众多小土地所有者的土地被大土地所有者以土地买卖的方式所吞并，且后者以之为基础得以构建起其规模庞大的家族大地产。由此可见，公簿农的出现及其地权明晰化，是后续英国大地产得以形成的重要历史前提。

总之，封建庄园与原马尔克村社的叠加，使得英格兰乡村社会的封建地权在各级领主、自由农、维兰佃农之间被分割开来，呈现出领主直领地、维兰佃领地等不同土地保有形式，并以领主与佃农地权关系的变化为主线，朝着维兰佃农地权不断增强的方向发展，其结果是，维兰佃农逐渐转为近代的公簿农。而公簿农的出现及其地权的明晰化，又成为当时英格兰土地市场得以自由流通和繁荣的重要前提。通过土地自由买卖，众多的小农持有地被大土地所有者所吞并。以此为节点，英国的地产持有状况及其地权结构即将转入新的历史发展阶段。

综合前述英国封建时代的采邑制与封君封臣制、村庄共同体与庄园层面上的地权状况可知，当时的地权因土地保有的性质不同而具有不同的身份特性，而同一块土地上所凝结的不同身份人的不同土地权利，又导致同一块土地的土地财产权在不同人之间被分割开来。显然，在当时的英格兰，土地不为任何人"所有"，它只是在阶梯形的"占有权"结构中为由下至上直到国王或其他最高领主的上级所"持有"。这一土地"占有权"状况决定了中世纪英格兰的地权是被高度、多维分割的，不仅在保有制层面上被分割，同样也在时间维度上被分割为不同的地产权益。分割的层次和视角的差异，导致产生各具特色和内涵的土地权利，使英国封建地权呈现出多元化的结构形态，各种地权形式同时并存。[②] 封建地权的这种复杂

---

① [英]艾伦·麦克法兰：《英国个人主义的起源》，管可秾译，商务印书馆2008年版，第113页。

② 咸鸿昌：《英国土地法律史——以保有权为视角的考察》，北京大学出版社2009年版，第386页。

第一章　历史基础：古代地权与土地继承税

的占有状况，势必会加大当时土地争端问题的解决难度，但也极有可能会强化已有的土地占有习俗。举例而言，"当一块土地被明确地证实为终身地产，不具备可继承性，其继承人因而败诉，则该继承者的其他土地是具备可继承性的假设可能会得到进一步强化。当土地交易或纠纷在土地占有习俗框架之下发生或者解决时，土地占有习俗本身会被重新予以确认"[①]。对此，马克·布洛赫的评述很到位，他说，"实际上，在多个世纪里，所有有关土地的诉讼或有关土地收益的诉讼都是以'法定占有'为依据，而从来不是以所有权为依据"[②]。中古英格兰与土地有关的法律也正是依照此规律而逐渐发展并走向成熟的。

至此，英国封建制度与土地权利分割之间的联结渐次显现：英国的封建制度起初正是在地权的初步分割中开始的，进而与之相适应的封建地权又通过诺曼征服而于封君封臣制和采邑制、庄园和村庄共同体层面上被进行了空间维度上的切割。随封建制、地产转移和地权的进一步发展，又出现了时间维度上的综合了时间性和继承性规则的地权分割。因而，中世纪时期的英格兰封建制和地权的分割，是一个发展着的事物的相互影响着的不同层面的呈现。英国地权的分割与封建制相伴而生，封建制的逐步形成与发展，使得英格兰地权被逐渐分割。

与封建地权高度分割相适应，中世纪英格兰的地产继承规则，与盎格鲁-撒克逊时代相比也开始有了新的变化，且出现了基于封建地产继承而征收遗产税的征税行为。

## 二　地产继承与地产继承税

诺曼征服（1066）以后，丹麦金征收惯例被继承下来，但被置于一个新的基础之上。诺曼威廉在全英范围内的土地大调查和《末日审判书》的编制，使英王在基于土地征收丹麦金时就所征税之范围、税基和应纳税者的承担能力状况有了更为直接的认识。据统计，威廉一世在位期间（1066—1087）也曾征收过丹麦金，但当时的征收标准并不完全固定，时

---

[①] John Hudson, *The Formation of the English Common Law: Law and Society in England From the Norman Conquest To Magna Carta*, London and New York: Routledge, 1996, p.105.

[②] ［法］马克·布洛赫：《法国农村史》，余中先等译，商务印书馆2009年版，第151页。

有浮动，最高时达到6先令每海德每年。① 至亨利一世统治时期（1100—1135），丹麦金征收频次和税率趋于固定，税率为2先令每海德每年。②

随着英国封建制度的确立与发展，封建领主扮演了"政府"角色并提供法律和秩序服务，基于土地征税者由盎格鲁-撒克逊时代的各王国的君主转变为英格兰的各封建领主，税收的基本单位也由盎格鲁-撒克逊时代的各个王国或全英格兰转变为各封建庄园或领地，英王权力越来越受制于各封建领主，越来越需要依靠王室领地的收入过活。相应地，以全英土地为征税对象的国税丹麦金越来越难以征收。至1163年，英国的税收账册中已不再有丹麦金的记载，适应新时期英格兰封建社会的历史发展实际，丹麦金逐渐淡出了英国税制历史舞台。③

与此同时，随着封建制度的确立和发展，与土地遗赠有关的继承税开始出现。该时期的土地继承类型主要有两种：一为封土（采邑）继承，二为佃领地继承。与之相适应，生出两种土地继承税：一为继承金，二为继承捐。继承金是封建社会上层组织结构中的封君与封臣在处理彼此关系过程中所达成的一种针对采邑继承而征收的一种封建税，而继承捐则是封建社会基层组织结构中的领主与依附农在处理彼此关系过程中基于佃领地继承所征收的一种封建税。

（一）采邑继承与继承金

**采邑继承规则**

诺曼征服以后，一些土地遗赠惯例被继承下来，例如在一些事关土地的特许状中，我们能经常见到诸如"我死后将这块土地赠予他人""我在我和我妻子死后将这块土地赠予他人"，或者"如果我不留下子嗣，我将在我死后将这块土地全部赠予他人；如果我留下子嗣，我将把土地的一半赠予他人"等的字样。至亨利一世时期，英国封臣尚拥有以遗嘱方式处分其地产的权利。如诺曼底封臣尤多·达皮费尔（Eudo the Dapifer）临终时在征得其封君亨利一世的同意后，当着他的面，以遗嘱形式对其全部财产

---

① 施诚：《中世纪英国财政史研究》，商务印书馆2010年版，第146—147页。

② "The Dialogue of the Exchequer", in D. C. Douglas ed., *English Documents* Ⅱ, 1042-1189, London: Oxford University Press, 1998, p. 562.

③ Stephen Dowell, *A History of Taxation and Taxes in England from the Earliest Times to the Present Day*, Vol. 1, London: Frank Cass & Co., 1965, p. 35.

第一章　历史基础：古代地权与土地继承税

做了分割和安排,将其遗体、布莱灵西庄园、100 英镑,以及他的金戒指等全部遗赠给他在科尔切斯特建造的修道院的修士们。① 在达皮费尔案中,布莱灵西庄园属于达皮费尔受封自亨利一世的采邑,继承了该庄园的科尔切斯特修道院的修士们成为亨利一世的封臣。但随后这一处分方式逐渐受到限制,及至 13 世纪中叶,英国的普通法更是做出进一步的明确规定:土地不可遗赠,即便是依据《财产继承法》(forma doni)也不可以。至此,英国人明显于法律层面上丧失了以遗嘱方式传承土地的权利。

另一方面,随着遗嘱处分土地权利的日渐受限,长子继承制逐渐发展起来。自 10 世纪起,家族观念开始逐渐在西欧地区盛行,这在 10 世纪时期的佛兰德伯爵的家谱、旺多姆的领主们的家谱等史料中可见一斑。随着家族观念的流行,家族权力开始被广为认可,而土地占有权的转移,会影响甚至威胁一个家族的财富基础,进而影响其家族权力,因而出现子孙或旁系亲属对财产交易或土地捐献表示同意的亲属赞同制度(laudatioparentum)和长子继承(primogeniture)制度。尤其对于占据财富和地产优势的贵族家族,为避免某一贵族去世时可能引发的困境或地产被分割,他们往往指定一名首选继承人,强调男性继承与长子继承的结合,能够保持贵族家族财产的完整性,让家族团结在一起,故而长子继承制在西欧地区广为流行起来。② 诺曼征服以后,诺曼底威廉在将封建制引入英格兰的同时,长子继承制在英格兰地区也逐渐生根发芽。

**继承金及其发展走向**

长子继承制可以说是最有利于贵族的土地继承制度,也是贵族们惯用的土地继承规则,但在封建制度下,封君封臣受基于封土所达成的契约限制,采邑保有者的继承人并不能立即获得该土地,他需要支付一笔费用以获得领主对其封土世袭权的认可。在英格兰,1100 年,亨利一世加冕时所颁布的《自由宪章》(Charter of Liberties)以法律形式承认了英国封土的可继承性,明确规定,封臣去世后其继承人可以同封君订立新的封土保有关系,并在达到法定年龄时向领主上缴一笔钱用以"重置可世袭的保有制土

---

① F. Pollock and F. W. Maitland, *The History of English Law Before the Time of Edward* Ⅰ, Vol. 2, pp. 321, 324.

② [英]提姆西·路特等编:《新编剑桥中世纪史·第三卷·约 900 年至 1024 年》,顾銮斋等译,中国社会科学出版社 2021 年版,第 35 页。

地",此即"继承金"。继承金是采邑保有者后代获得封土世袭权的法定要求,起初其具体缴纳额度受各地惯例影响而不尽相同,且领主们习惯于通过征收继承金大捞一笔,从而引发封土继承人诸多不满。1216年的《大宪章》(*Magna Carta*)开始对继承金具体额度做出明确规定。宪章第2条规定,直属封臣去世后,其继承人缴纳规定额度的继承金即可继承全部封土,如伯爵领地、男爵领地分别为100英镑,而骑士领只需缴纳100先令即可。① 自此之后,继承金获得了法律上的认可。

继承金是封君的一项重要收入来源,同时也是其封臣们的沉重负担,采邑保有人并不愿意一直缴纳这笔费用,总会想方设法规避缴纳继承金。这些采邑保有者们的法律顾问团的专职律师们发现,只要让其所服务的领主在其临终时不为其封土法律上的保有人,封君就无从征收该笔费用。这一法律设定正是英国历史上著名的"用益"(uses)制。② 用益制设定是律师帮助其所服务的采邑保有者规避继承金,利用动产继承无明确法律限制的法律漏洞而创设的一类实用性法律设定——将用益与遗嘱结合在一起可变相取得以遗嘱处分土地的权利,由此当土地保有人去世之时,其所保有地产的继承人便无须再与其封土授予人缔结新的采邑封授契约,也就无须缴纳封土继承金。③ 用益制的基本设定是:土地保有人A(用益授予人,feoffor)在保证自己获得地产收益的前提下,将自己的土地分封给他人B(受托人,feoffee),B按照A私下吩咐的方式处置地产收益,这样,A指定的第三方受益人C(cestui que use)在A亡故后将通过B而非其封君获得土地,因而也就无须因继承A的土地而向A的封君缴纳继承金,故以此方式可以规避缴纳继承金。④ 随时间推移,受托人往往发展为专业的法人实体,拥有"不死之身",地产主们借此得以永久性地规避了继承金。⑤ 14

---

① K. E. Digby, *An Introduction to the History of the Law of Real Property, with Original Authorities*, Oxford: Clarendon Press, 1884, p. 103.

② F. W. Maitland, *Equity, Also the Forms of Action at Common Law; Two Courses of Lectures*, Cambridge: Cambridge University Press, 1929, p. 24.

③ 咸鸿昌:《英国土地法律史——以保有权为视角的考察》,第298页。

④ S. F. C. Milsom, *Historical Foundations of the Common Law*, London: Butterworths, 1981, p. 211; J. M. W. Bean, *The Decline of English Feudalism 1212 – 1540*, Mamchester: Manchester University Press, 1968, p. 104.

⑤ S. F. C. Milsom, *Historical Foundations of the Common Law*, p. 211; J. M. W. Bean, *The Decline of English Feudalism*, p. 104.

## 第一章　历史基础：古代地权与土地继承税

世纪以降，用益案例明显增多。及至16世纪初，用益制已被广泛应用于大部分封建采邑。①

在中世纪英格兰封君封臣契约关系体系下，英王之下的各级封臣所遭遇的其他封臣规避继承金而引发的收入缩减伤害，可以设法从其上级封君处获得相应的补偿，但作为身居封君封臣制体系最顶端的英王却无处可获得补偿，因而英王成为这一用益制的最大的受害人，英王因为该制度而损失了大笔收入。例如，亨利八世在位时期，其直属封臣戴克勋爵托马斯·范恩斯的采邑遍布诺福克郡、肯特郡、埃塞克斯郡、苏赛克斯郡等地，晚至16世纪早期，戴克勋爵的地产已经大部分完成了用益设定而转由他人代持和管理，其结果是，在1533年戴克勋爵亡故时，其采邑继承人经由其采邑代持人而非英王继承其地产，由此而免于向亨利八世缴纳继承金，故而亨利八世因戴克勋爵的这一用益设定而白白损失了大笔收入。从戴克勋爵案中不难看出，用益制法律设定对英王极为不利，会导致英王的财政收入大规模流失。

为减少王室财政因用益制设定而持续不断地大规模流失，1536年，亨利八世颁布了《用益法》（Statute of Uses），该法规定此前已经实施用益设定的地产不再追缴继承金，但对于该法颁布后新设定的用益地产仍需向国王缴纳继承金。② 根据该法案的规定，一些采邑保有人仍需继续缴纳负担沉重的继承金，不免会激起这部分人的不满情绪乃至暴力抗争。③ 迫于压力，亨利八世于1540年颁布了《遗嘱法令》（Statute of Wills），明确授予采邑保有人将其2/3的骑士役地产以及全部的索克役地产以遗嘱方式自由处分的权利。④ 该法案作为采邑地产自由处分权法律确认的关键一步，同时也是封土继承金即将退出历史舞台的标志性事件。但作为王室重要财政收入来源之一，英王并不甘于彻底放弃继承金，此后议会与国王之间就此问题长期斗争不止。1610年，议会做出妥协，提出以一定的补偿为条件换取国王废除封建领地合并取消封土继承金等一揽子议案，当时英

---

① J. H. Baker, *An Introduction to English Legal History*, Oxford: Oxford University Press, 2019, p. 271.

② *The Statutes of the Realm*, Vol. Ⅲ, London: Printed by Common of His Majesty, 1993, pp. 549, 745-746.

③ A. W. B. Simpson, *A History of the Land Law*, Oxford: Clarendon, 1986, p. 199.

④ *The Statutes of the Realm*, Vol. Ⅲ, pp. 745-746.

王仍表示拒绝。① 此后该问题又悬而未决近半个世纪，直到1660年《骑士领废除与补偿法》（全名《关于废除监护法院、取消直属封臣骑士保有义务与废除优先购买权并以税收来补偿的法令》，*An Act taking away the Court of Wards and Liveries and Tenures in Capite and by Knights Service and Purveyance, and for Setlinga Revenue upon his Majesty in Lieu thereof*）的出台，才标志着封建土地保有制度于法律层面上的彻底终结。随之，继承金也一并淡出英国历史舞台。②

（二）佃领地继承与继承捐

继承捐的出现也与封建制度的形成与发展密切相关。在封建领主附庸契约关系下，领主需要为其依附农提供保护，且这种保护有着实在的物质内涵，其中最核心的保护是给予其依附农一定量的可耕种土地以维持其生计。除土地外，还包括提供牲口、农具甚至家庭用品等。这些东西领自领主，属于领主的财产，而依附农在法律上不拥有财产。在依附农死后，必须将领主为他们提供的这些佃领地、牲口、农具等归还领主，是为源自封建领主附庸关系的一种惯例和习俗。

**早期佃领地继承与流转**

农民佃领地与采邑一样需要不断地传承，但因处于社会底层的农民阶层的家族权力观念淡薄，且农民家庭多以核心家庭为主要构成单位，因此与以长子继承制为核心的封土继承规则不同，形成了较为多样化的佃领地继承规则，如长子继承（primogeniture）、诸子平分继承（partibility）、幼子继承（Borough English）等。在萨里郡和苏赛克斯郡等地区，佃领地继承以幼子继承制为主；在萨福克郡和米德尔塞克斯郡等地区，诸子平分继承制、长子继承制、幼子继承制等多种佃领地土地继承规则同时并存；在剑桥郡等地区，则以长子继承制为主。例如，在萨里地区，据统计，有28个庄园一直到19世纪时仍然延续幼子继承原则，甚至在伦敦南部的萨里地区一些庄园，还存在着土地沿女系继承的案例。在苏赛克斯地区，这种习俗更为普遍，以至于布拉克顿将这一继承习俗视为是一种地区性而非庄园性的继承习俗。在1225年的一个庄园案例中，布拉克顿注意到，庄园中的

---

① George Norman Clark ed., *The Oxford History of England*, Vol. IX, *The Early Stuarts*, 1603-1660, Oxford: Clarendon Press, 1959, p.14.
② 侯建新：《英国近代土地确权立法与实践》，《世界历史》2021年第4期。

第一章　历史基础：古代地权与土地继承税

幼子总是拥有他父亲的土地，其他庄园中的维兰也是如此。在苏赛克斯地区，到 19 世纪时仍有 134 个庄园实行幼子土地继承制度。同样的继承制度也存在于汉普郡、萨福克郡和米德尔塞克斯郡等地区。在温彻斯特主教的一些汉普郡庄园，如法勒姆、沃尔瑟姆、德罗克斯福德、比特恩和克劳利等都实行幼子继承制。而萨福克郡和米德尔塞克斯郡则实行混合土地继承制，包括诸子平分继承制、长子继承制、幼子继承制等。①

这一佃领地继承规则意味着，该时期农民佃领地的流转方式多以家内传承为主，当时的大多数农民倾向将土地保留在自己的家族世系中。例如，1270—1348 年，英国哈勒森法院的卷宗中所收录的该地区中老年农民和接管其土地的人之间的 61 份赡养协议中，有 34 份赡养协议发生在父母和孩子之间，6 份发生在祖父母和孙辈之间，20 份（32.8%）发生在血缘关系更远的亲属之间，仅有 1 份发生在非血缘关系亲属之间。② 虽然土地并不总是从父亲传到儿子，但绝大多数情况下，总是从家族一个成员传到另一个成员，土地转移主要在同一家庭的成员之间进行。例如，根据巴特尔法庭卷宗、布莱特韦塔姆法庭卷宗等的记载，发生于巴特尔修道院（the Battle Abbey）地产上的三处庄园共计 69 例土地转移案例中有 60 例发生于家庭内部，在 1280—1300 年的伯克郡的布莱特韦塔姆地区发生的与家庭内部的土地转移案件约占总土地转移总交易量的 56%。③

**继承捐及其发展走向**

不论各地区的农民的土地继承习俗差别有多大，有一点却是相同的，即如果依附农后代想继续保有该佃领地，就需要向领主缴纳一笔继承捐。在具体实践中，受制于各地惯例和习俗不同，继承捐的征收标准和原则不尽相同。作为领主的一项重要收入来源，继承捐在当时实是一项很沉重的负担。例如，1300 年约克郡的某自由人在死亡时为他自圣约翰修道院院长处持有的土地缴纳了他所有财产的 1/3。1381 年前后的塔坦希尔（Tatenhill）账簿也有记载某人缴纳的继承捐是 1 英镑 7 先令，此人的全部

---

① Rosamond Jane Faith, "Peasant Families and Inheritance Customs in Medieval England", *The Agricultural History Review*, Vol. 14, No. 2, 1966, pp. 77-95.

② Z. Razi, "The Myth of the Immutable English Family", *Past and Present*, No. 140, 1993, pp. 3-44.

③ Rosamond Jane Faith, "Peasant Families and Inheritance Customs in Medieval England", *The Agricultural History Review*, Vol. 14, No. 2, 1966, pp. 77-95.

财产为 4 英镑 3 先令 11 便士，也即"有 1/3 归了领主"①。

14世纪中期以降，随着农民经济实力的日益增强，以及黑死病大规模暴发等因素使然，原有的家族内部传承土地的规则逐渐被打破。例如，在伍尔斯顿的圣萨斯顿庄园，在 1308—1349 年，几乎没有"非家庭"性质的土地转移，但在 1349 年之后则几乎没有家庭内部的土地转移。在埃丁顿隐修会拥有的另一个伯克郡庄园科尔斯希尔，1377—1520 年的法院卷宗中也仅记录了 5 起家族土地继承案件。在伯克郡的其他庄园里，情况也类似。②伴随着土地家庭内部继承制度的逐渐被打破，农民对其土地的自由处分权越来越强，越来越能按照自己的意愿决定其土地的继承问题，与此同时，农民也越来越倾向通过货币赎买等方式买断其佃领地上的全部封建义务，从而使其佃领地上附着的封建役务被剥除，继承捐也随之不复存在。

佃领地封建役务的消除，以及继承捐的消失，在 15 世纪 30 年代开始于英格兰的东部地区出现的大量的"遗嘱"文本中可见一斑。遗嘱属于书面文件，有规定的格式，能部分地体现出立遗嘱人个人财产的处分状况及其相关个人信息，如立遗嘱人的地位或职业，其所拥有的土地、动产等方面的相关信息等。就目前留存下来的乡绅以下英国民众的遗嘱验证记录而论，遗嘱中常会涉及其占有地，他们通常很少在其遗嘱中提及因其所持有的佃领地而对领主应承担的义务，而是将这些佃领地视为自己的财产，并在其遗嘱中就这些佃领地的继承问题做出安排。且在这些遗嘱检验记录中，土地有被"货币化"而具有了"动产"属性，类似于个人遗产中的动产，可以遗嘱方式继承。农夫约翰·布龙的遗嘱验证记录就是此类典型案例。布龙是萨福克郡霍普顿的一名农民，死于 1453 年，他的遗嘱中就自己的持有地做了妥善安排，其中特别指定他的妻子终生获得一处地产，而另一处地产交由他的儿子约翰继承，但约翰需要在继承地产后的 4 年里平均每年支付 10 英镑用以赡养约翰的母亲，并负担其他的费用，包括清偿债务、支付神文的祈祷费用等。③布龙遗嘱绝非个案，而是 15 世纪起英国东

---

① H. S. Bennett, *Life on the English Manor: A Study of Peasant Condition 1150-1400*, p. 145.

② Rosamond Jane Faith, "Peasant Families and Inheritance Customs in Medieval England", *The Agricultural History Review*, Vol. 14, No. 2, 1966, pp. 77-95.

③ [英]克里斯托弗·戴尔：《转型的时代：中世纪晚期英国的经济与社会》，莫玉梅译，社会科学文献出版社 2010 年版，第 111、176 页。

第一章　历史基础：古代地权与土地继承税

部地区普遍流行的一种现象，该时期大量存在的遗嘱检验记录证实，英格兰的土地已经呈现出较高的"货币化"形态，而货币化发展逐渐淡化了佃领地"继承"所附着的封建役务，英格兰的许多佃领地已然摆脱了封建的附属义务，继承捐也随之失去其依存体而不复存在。

总之，随着封建制度的终结，英格兰佃领地和采邑继承规则中的封建要素被逐渐剥离，土地继承规则与动产继承规则逐渐趋于统一，这为后来英国政府针对个人全部财产的遗赠行为按照统一标准征收遗产税提供了重要前提和保障。中古时期的继承金、继承捐作为英国土地继承税发展演变过程中的一种重要历史存在，其征税方式、技术和手段一直都处于比较原始的状态，且在征收实践中一直面临着诸多阻碍并最终为历史所淘汰，与后来基于土地所征遗产税相适应的一些征税方式、技巧和原则更多是在基于对动产的征税实践中出现并日渐完善起来的。

## 本章小结

中古英格兰高度分割型地权实际，使英国土地法律体系倾于保护土地实际占有者对其保有地的依法占有权"seisin"。依法占有权的高度稳定，对英国古代地权发展走向有着决定性的意义，这在封君封臣契约关系体系下的采邑地权变革走向，以及领主附庸契约关系体系下的佃领地地权变革走向上，有着鲜明的体现。

就封建社会上层结构中的封君封臣契约关系体系而论，封臣为土地的实际依法占有者，两者对其纽带采邑的土地权利状况，越来越朝着封臣土地权利逐渐增强的态势发展。封君授予封臣采邑之初，实行及身而止原则，但后来随着封臣依法占有权程度的深化，封臣逐渐摆脱了封君对其所授予的采邑的控制权，越来越能自由地处分其采邑，包括继承、买卖等土地处分行为。聚焦于采邑之上的地权变革，在中古英格兰主要体现为土地继承制度以及继承金的发展演变上。在土地继承制度方面，采邑保有人逐渐取得了遗赠土地的权利，只要缴纳一笔用以重新确认采邑封授权的继承金即可。继承金是封君的一项重要封建性收入，同时也是采邑保有人的一项沉重负担，后者并不甘于一直缴纳这笔费用，为此，当时服务于采邑保有人的法律顾问团设计出了英国历史上著名的"用益"（uses）制，通过使其所服务的采邑保有人在临终时不为其采邑法律上的保有人的方式达到规避缴纳继承金的目的。在英国封君封臣契约关系体系下，贵族一般兼具封君封臣双重身份，某一贵族封君因其封臣通过"用益"设定所造成的收入损失，可以通过同样的方式由其上级封君处获得补偿。但作为身居封君封臣制体系最高位的英格兰国王，却成为"用益"制事实上最大的受害人，其上不再有封君，其所受损失无处可获得补偿。为此，英王与其贵族就此问题斗争不断，其最终的结局是，英王惨败。1660年议会通过《骑士领废除与补偿法》彻底废除了采邑继承金制度。该法案的出台是英国采邑地权史上具有转折性意义的事件，此后，封君尤其是英王于采邑上的土地权利被剥除，建构于采邑之上的中古英格兰模糊性地权终结，采邑地权实现了明晰化，这为此后该类土地的自由流转和买卖奠定了重要基础。

就封建社会基层组织中的领主附庸契约关系而论，实际耕种土地的农民是土地的实际依法占有者，在当时的土地法律制度下，就领主附庸基于佃领地的土地权利状况而论，越来越朝着农民土地依法占有权不断增强的态势发展。这在占农民主体地位的维兰佃农土地权利变迁趋向上体现得非常明显。起初，领主在授予维兰佃领地之时，同样实行及身而止原则，但后期维兰佃农也逐渐获得了对其所保有的佃领地的世袭权（copyhold of inheritance），只要其后代缴纳规定量的继承捐以重新确认其佃领地封授关系即可。中世纪后期，随着维兰佃农经济实力的逐渐增强，加之黑死病暴发、货币经济发展等因素使然，维兰佃农越来越倾向以货币形式买断其原有的封建役务，其最终结局是，农奴制被废除，继承捐消失，维兰佃领地向公簿持有地转型。公簿持有地的土地产权较为清晰，可以自由流通和买卖。至圈地运动之时，许多公簿农的地权更是获得法律的确认。按照当时的有关规定，公簿农在获得领主同意后，其持有地可以转化为自由持有地。当然，作为换取领主同意的条件，公簿农通常要给予领主适度的补偿。① 在公簿农之外，中古时期庄园中的一些自由保有农（freeholders）也一直延存至16世纪时期，这些自由保有农数量约占到英格兰全部农民数量的20%左右，但这些自由农与中古时期不同，其与庄园、领主之间的联系已经极度弱化，他们对其持有地的土地权利状况也极为类似于近代土地所

---

① Steven Hollowell, *Enclosure Records for Historians*, Chichester: Phillimore, 2000, p.33.

第一章　历史基础：古代地权与土地继承税

有权。其对土地的处分权比较自由，可以根据自己的意愿自由地出租或出售其土地。著名农业史学家托尼称，至16世纪时，自由持有农在英格兰南部诸郡已经基本脱离了与庄园之间的实质性的联系，仅有的一点联系不过是形式和感情上的，他们身上的现代性特征非常明显，他们对其持有地的处分权利已经非常类似于近代私有土地产权。[①] 总之，至16世纪时，英国基层社会组织中的农民对其持有地产的处分权也已经比较自由，农民地权也已经比较清晰，这同样为后来英国土地市场的自由流通和繁荣奠定了重要的基础和前提。

总之，在古代的英格兰，随着地权的历次变革，以及基于地产遗赠所征缴的继承金、继承捐的兴起、发展与衰亡，英国以采邑、佃领地为主体的地权逐渐走向明晰化。至16世纪时，英国绝大多数土地已经能够自由流转和买卖，明晰化地权初步确立，这既是当时土地市场得以自由流通和繁荣的重要前提和基础，同时也是随后的土地家族大地产得以构建的重要历史前提。这一明晰化地权变革实际，同时预示着，英国地权持有状况及地权结构形态即将转入新的一幕。

---

[①] R. H. Tawney, *The Agrarian Problem in the Sixteenth Century*, pp. 24-25, 30.

# 第二章 大地产的构建

就英国历史发展实际而论,英国的地产形势,一直随着时代的变迁而不断地发生着变化,"先是封建大地产,特别是王室领地逐渐减少和分散,其次中小地产不断加强,土地不断转移至富裕农民、乡绅、商人等中小地主手中;进而,在一个新的机制上土地又逐渐重新集中起来"[①]。所谓"新的机制",即近代以小土地私有权为代表的明晰化地权的确立,以之为基础,土地得以"重新集中",土地贵族大地产逐渐形成,与之相适应,英国的农业走向"大农业体制",大地产租佃制成为英国的主要农业生产方式。

## 第一节 近代地权变革与大地产的构建

### 一 近代小农地权的确立

中世纪时期的英格兰,基督教财产权观念占据大一统地位,它虽承认人具有一定的财产权,但将上帝设定为财产的最终所有者。在这一财产权体系下,中世纪时期英格兰的私人财产权是相对的、有条件的,是模糊的、混合型的。

近代以来,随着文艺复兴运动的发展,个人主义普遍盛行。在财产权领域,中世纪时期占据主导地位的基督教财产权观念不断受到挑战,近代

---

[①] 侯建新:《前近代中英两国农业雇用劳动比较》,载钱乘旦、高岱主编《英国史新探:全球视野与文化转向》,北京大学出版社2011年版,第104—105页。

## 第二章 大地产的构建

私人财产权观念不断兴起。具体到地权领域,则是近代土地私人所有权观念的确立,这在小农土地所有权问题上最先得到落实。

经过早期时代的地权变革运动,至16世纪时,英国出现了第一次小农土地所有权高度繁荣的景象。英国著名的农业史学家托尼,曾对16世纪时期的英格兰农业资本主义发展状况有过深入、系统、实证地研究。他系统梳理了该时期英格兰共计12个郡的庄园档案,以这些实证材料为基础,得出结论称:当时英格兰农民中的主体部分是习惯佃农(customary tenants),即公簿农,其总人数约占总佃农人数的2/3;其次是自由农,占比约为1/5。[①] 16世纪时期的公簿农,是由中世纪时期的维兰佃农转化而来的,但他们对其保有地的安全性要高于维兰佃农。而该时期的自由农,虽名称与中世纪时期无异,但他们与庄园的关系已经十分微弱。该时期,无论是公簿农,还是自由农,对土地的处分权都比较大,他们的地权都已经接近于私人土地所有权,可以自由地出租或出售其土地。

目前流传下来的当时一名叫拉尔夫·乔斯林(Ralph Josselin)的教区牧师的私人日记所记录的史实,证实了这一点。拉尔夫曾在其日记中针对他的儿子约翰(John)写道,"约翰桀骜不驯,故我不认他这个儿子。我绝不会给他半分田地,他只能昂首为人佣工"[②]。这句话表明,拉尔夫本人对其土地所享有的权利,近似于排他性的私人财产权,他可以随意决定是否将这些土地遗赠给他的儿子。的确,在16世纪时的英格兰,法律规定仅无遗嘱而亡的情况下,自由保有地产才按照习惯由长子继承。也即,当时的自由保有地产的持有人,完全可以通过设定遗嘱的方式,不受约束地处分其地产。

作为新生地权权利主体的公簿农、自由农,其地权都是典型的小农地权。近代明晰化、确定化的小农地权的确立,既是封建时代模糊、混合型地权终结的重要标志,同时也是近代以来土地自由交易、土地要素自由流通的必要前提。随着近代明晰化地权的确立与发展,至16世纪下半叶时,英国土地市场开始呈现出一片繁荣的景象,土地交易量明显增多。根据《维多利亚郡志》记载,在16世纪的莱斯特郡,60年代时平均每年的土地

---

① R. H. Tawney, *The Agrarian Problem in the Sixteenth Century*, pp. 24-25.
② Alan Macfarlane, *The Origins of English Individualism*, New York: Cambridge University Press, 1979, p. 63.

交易量约为30起，70年代时为45起，80年代时为60起。此后，土地交易量仍旧持续增加，至90年代时，更是进一步增加至80起。① 通过这些数据可以看出，16世纪时，英国的土地市场十分活跃，土地流转十分频繁。

这一时期的土地能够频繁流转，主要得益于近代农业资本主义的发展，主要是土地市场自动配置资源要素的结果。在此次土地流转浪潮中，许多小土地所有者消失，他们所持有的土地，多被一些富裕农民以及以商人为代表的其他非农产业中的富有人士所吞并。大地产的形成与小土地所有权的消失，可以说是该时期同一段历史发展进程不同层面的呈现。随着小土地所有权的大规模消失，以及大量土地家族大地产的出现，英国大地产体制日渐形成。

## 二　土地家族大地产的构建

进入近代以后，随着农业资本主义的发展，农业土地经营利润空间较大，土地的租金也水涨船高，投资土地以获取高额的租金收入，不失为一条优质的投资理财渠道。这促使一批手里有资金的人转战土地市场，通过各种方式大规模置办地产。1688年光荣革命以后，议员身份与持有土地规模状况直接挂钩，土地更是成为一种政治身份的凭证，一张进入议会的入场券。这进一步刺激了一些拥有一定财富但社会地位低微的人将其大量资金转投到地产行业，不断扩大其家族地产的规模，并以之为基础，谋取相应的政治身份，提升其家族的社会地位。在这些人员中，除农业领域中的富裕农民以外，还有不少以商人为代表的其他非农产业中的富裕人士。

随着农业资本主义的发展，农业经营利润空间的提升，一些直接从事农业生产经营活动的富裕农民，率先大规模置办田产，从而成为第一批吃上这波地产红利的人，其中有一些富农、大农，更是凭借他们所积累起来的庞大的家族大地产，成功赢得了乡绅等贵族身份，而其所在家族的社会地位也同步获得提升。

莱斯特郡的赫福德家族，正是富裕农民中凭借大规模置办田产实现家

---

① W. G. Hoskins ed., *The Victoria History of the County of Leicester*, Vol.2, London: Oxford University Press, 1954, p.208.

族社会地位提升的典型之一。赫福德原是一名约曼，1551年，赫福德一次性从一个乡绅手里购入了500英亩的庄园，之后又陆陆续续地进行了一系列的购地活动，至17世纪时，根据当地一份圈地调查报告中所标注的人员身份信息，赫福德家族的当世家主的身份已是乡绅。显然，通过大规模扩大土地的方式，赫福德家族的政治、社会地位获得了明显的提升。[1] 沃里克郡的斯宾塞家族的崛起也是一个有趣的例子。约翰·斯宾塞（John Spencer）作为该家族财富的创始人，其初始身份是"放牧者"（grazier）。约从1500年起，约翰开始不断地通过圈地、购买等方式大规模置办地产，凭借该家族几代人不断积累起来的大量地产，约翰家族也成功晋升至贵族阶层。1627年，该家族的罗伯特·斯宾塞（Robert Spencer）正式被授予男爵称号，即第一代沃姆莱顿男爵。截至此时，该家族的政治、社会地位已经获得了质的提升，已经由最初的放牧者，上升为了男爵贵族之家。[2] 威廉姆·布罗卡斯（William Brocas）家族案例也极为典型。1576年，威廉姆获得了他的第一份家族地产，面积约为28.5维尔盖特（1维尔盖特约等于30英亩），这些土地是威廉姆从其领主及其他所有者土地手中购买来的；同时，通过婚姻、继承方式从他的妻子伊丽莎白·德克斯特（Elizabeth Dexter）、岳母玛丽·德克斯特（Many Dexter）处共计获得了12维尔盖特土地，其中得自他岳母的遗赠土地为5.5维尔盖特。至1586年，来自他岳母的土地遗产到账为止，该家族所拥有的地产面积已经达到了40.5维尔盖特，约占整个庄园全部土地的83%。之后，威廉姆又同庄园余下的7名自由持有农继续协商，最终使他们把手中所持有的土地也都让渡给了自己。至此，布罗卡斯家族得以将整个塞丁沃斯庄园收入囊中，其家族地产总面积达到了1400多英亩。[3] 通过一系列的置地活动，威廉姆成功晋升为一名新"庄园领主"，可以说，威廉姆凭借一己之力，实现了布罗卡斯家族社会地位的明显提升。

该时期，投资土地远比从事其他行业的工作更有利可图。从16世纪

---

[1] L. A. Parker, "The Depopulation Returns for Leicestershire in 1607", *Leicestershire Archaeological Society*, Vol. 23, 1947, p. 240.

[2] David C. Douglas ed., *English Historical Documents*, Vol. V, 1485–1558, London & New York: Eyre & Spottiswoode, 1968, pp. 264-266.

[3] L. A. Parker, *Enclosure in Leicester, 1485–1607*, PhD Thesis, London University, 1948, pp. 113-114.

起,英格兰地租急剧上涨,且其上涨幅度要明显高于同期的小麦、羊毛等一般性的商品。① 例如,在沃里克郡,在1556—1613年,地租上涨了3倍。此外,在有些地区,地租上涨的幅度还要远高于此。例如:在诺福克郡和萨福克郡,在1590—1600年和1640—1650年,可用以耕作的土地的租金约上涨了6倍;在诺丁汉郡,部分地区的地租在16世纪期间大约也是上涨了6倍。② 远高于其他一般商品的地租上涨幅度,意味着投资土地获取巨额地租收入是当时一种绝佳的投资方式。对于一些商人来说,自是不会错过这波投资土地获取利润的机会,这些投资土地的商人中,也同样不乏凭借其所积累起来的庞大的家族大地产,赢得相应的政治身份,提升所在家族的社会地位的典型案例。在此类案例中,维尼家族的晋升之路令人印象深刻。

维尼家族原是伦敦的一个商人家庭。该家族从拉尔夫·维尼(Ralph Verney)开始,一直致力于通过联姻、购买等方式扩大家族地产。拉尔夫先是通过他的儿子约翰与惠廷汉姆斯家族之间的联姻,成功将原属于惠廷汉姆斯家族位于特灵附近的彭德利地产和庄园并入自己家族地产之中。1465年,拉夫尔又以购买方式将中克莱顿地产和庄园收入囊中。此后,该家族地产不断扩大,到1600年老艾德蒙·维尼(Edmund Verney)去世时,哈特福德郡西北和白金汉郡中部的大片土地都已经成为维尼家族的地产。在老艾德蒙去世以后,该家族地产的扩张势头一度暂缓,直至1696年约翰·维尼(John Verney)掌管维尼家族地产之后才又重新开启。在继承维尼家族遗产前,约翰依靠贸易和金融过着相对体面的生活。在掌管维尼家族地产之后,约翰以其敏锐的商业头脑,致力于不断扩大该家族的地产面积,以期获得潜在的巨额租金收入。在担任家主期间,约翰通过继承、婚姻、购买等方式,使维尼家族的地产规模进一步扩大,使维尼家族上升为爱

---

① Eric Kerridge, "The Movement of Rent, 1540-1640", *The Economic History Review*, New Series, Vol. 6, No. 1, 1953, pp. 16-34; Wilhelm Abel, *Agrarian Fluctuations in Europe: From the Thirteenth to the Twentieth Centuries*, London: Methuen, pp. 123-128; Jane Whittle, *The Development of Agrarian Capitalism: Land and Labour in Norfolk, 1440-1580*, Oxford: Oxford University Press, pp. 72-74;[美]道格拉斯·诺斯、罗伯斯·托马斯:《西方世界的兴起》,厉以平、蔡磊译,华夏出版社2009年版,第155页。

② Eric Kerridge, "The Movement of Rent, 1540-1640", *The Economic History Review*, New Series, Vol. 6, No. 1, 1953, pp. 16-34.

## 第二章 大地产的构建

尔兰地区的一个显贵家族。在约翰死后,维尼家族地产由约翰的儿子拉尔夫(Ralph)继承,在担任家主期间,拉尔夫被正式授予维尼伯爵之位。通过不断地积累、扩大家族地产,并以这些家族地产为基础,维尼家族历代家主实现了自身政治身份的完美蜕变,实现了该家族社会地位的不断提升。①

除商人以外的其他一些非农产业人员同样也是此次大规模置办田产的主力人士之一,且他们中同样也有一些人凭借其积累起来的大规模地产实现了其政治身份和家族社会地位的提升。

库克(Coke)家族的爱德华·库克(Edward Coke)就是将他得自其他行业的大量资金转投到地产行业的典型代表。爱德华·库克于1550年生于该家族位于米尔汉姆的伯伍德庄园,他于1576年买下了蒂特尔舍尔邻近教区的戈德威克庄园,并在那里安了家。至1600年时,该庄园附近的威灵汉、韦森汉姆等庄园也被买了下来,形成了他在诺福克郡中部地产的基础部分。此后,他又于1606年买下了比林福德庄园,于1610年买下了朗厄姆以及霍尔克姆庄园,于1612年买下了斯帕汉庄园,于1616年买下了艾克城堡庄园……爱德华·库克死于1634年,到他亡故之时,他共计约花费10万英镑用于购买土地。这些钱主要来自他的两任妻子,以及他的油水十足的法律职业。②库克家族案例绝非个案,将得自其他行业的收入转投到地产行业,是当时英格兰社会中的一个非常普遍的现象。例如,第一代奥弗斯通男爵劳埃德(Samuel J. Loyd),原本是一名大银行家,他约花费了170万英镑用于购买土地,其地产面积达到了5.4万英亩,地产年产值约为9.3万英镑,也正是以这一规模庞大的大地产为基础,他得以建构起他的男爵身份;亚历山大(Alexander Maltnson)爵士,原是一名瓷器商,后通过所置办下的大规模地产而升官拜爵,其家族地产面积一度达到约22万英亩,地产的年价值约为2.65万英镑。凡此种种,都是典型的非农产业中的富裕人士通过大规模的置地活动,赢得相应的政治身份,实现家族社会地位提升的典型。③

---

① John Broad, *Transforming English Rural Society: The Verneys and the Claydons, 1600-1820*, Cambridge: Cambridge University Press, 2004, pp. 15-16, 83, 278-279.

② Susanna Wade Martins, *A Great Estate at Work: The Holkham Estate and its Inhabitants in the Nineteenth Century*, Cambridge: Cambridge University Press, pp. 2-3.

③ W. D. Rubinstein, "New Man of Wealth and the Purchase of Land in Nineteenth-Century Britain", *Past & Present*, No. 92, August 1981, pp. 127, 131.

当时的英国，土地可以说是最好的投资方式，从事土地行业利润颇丰。这正是以库克家族为代表的一些非农产业中的富裕人士源源不断地将其得自其他行业的金钱大规模用以购买土地，致力于不断扩大其家族地产的重要原因之一。

此外，1688年光荣革命以后，英国新出现了土地财产和政治权力挂钩的现象。在当时的社会状况下，拥有大量土地，成为获取政治权力和社会威望的重要前提。这一要素在后来的大地产形成史上，成为其他行业中虽然富有但社会地位低微的人将其积累的大笔资金用于购买土地，以及促使许多已经拥有土地者不断地扩大和设法保持其家族地产的主要原因，他们主要是希望通过不断扩大家族地产的方式，获取一个更具优势的政治身份和社会地位。

总之，该时期有大量的富裕农民、非农产业中的富裕人士等纷纷投资地产领域，大规模置办田产，从而成为新时代的"庄园领主"。但这些庄园领主已不同于封建时代的庄园领主。该时期也是英国历史上著名的圈地运动时期，目前留存下来的大量的圈地调查报告，作为研究该时期的重要实证性原始资料，其相关记载证实了这一点。在1607年的莱斯特郡圈地报告中，共计提到了45个领主的名字，其中仅有11个领主是世袭贵族，其余34个人均是在圈地调查前70年间才"荣升"为庄园领主的新人。总体而言，该时期的很多领主已经不再是原来意义上的封建领主了，"大多数圈地的庄园领主，其实是……新兴的约曼和商人，他们从土地市场购置土地后成为乡绅，进而成为庄园领主"。然而，"不久之前他们还身处一个卑微的阶层"①。他们之所以能够从一个卑微的阶层，跃升为"庄园领主"，是以其所购买的大量地产为基础的，而这些土地原属于众多的小土地所有者们所有。大地产的形成和小土地所有者的消失，是该时期同一历史发展进程不同层面的呈现。

## 三 大地产对小农土地所有权的蚕食

大地产的形式，是建构在小土地所有者消失的基础之上的，是对小农

---

① L. A. Parker, "The Depopulation Returns for Leicestershire in 1607", *Leicestershire Archaeological Society*, Vol. 23, 1947, pp. 238, 240-241.

第二章　大地产的构建

土地所有权的蚕食。近代初期的小农土地所有权的确立，虽是在英国历史上具有重要的转折性意义的里程碑式事件，是古代英国封建模糊、混合型地权终结的标志，是近代土地自由流通与繁荣的前提。然而，一旦土地资源交由土地市场自动配置，其弊端也随之显现，小农土地所有者因其持有的土地资本量有限，竞争力不足，最终必然会为市场所淘汰。因而，小农土地所有权虽在16世纪里繁荣一时，但也仅是"昙花一现"，至16世纪末期，许多小农土地所有权就已经走向了衰亡。此后几个世纪里，许多小农土地所有权持续不断地被更具资本优势的富裕农民、商人等蚕食，在这一进程中，诸多土地家族大地产不断地被构建出来，英国的土地所有权持有状况越来越趋于集中化。这一历史演进过程，长久持续，一直到19世纪时仍有人不断通过购买、吞并小块地产方式扩大其家族地产。

　　汉普郡的亚历山大·巴林（Alexander Baring）的地产中就有很大一部分是在19世纪上半期时通过购买、吞并较小地产的方式建构起来的。亚历山大在该时期的几次规模比较大的购地活动为：1818年，以64200英镑的价格自博尔顿（Bolton）手中购买下了面积约1800英亩的阿博茨福德和伊铃·斯托克地产；1824年，以85000英镑的价格买下了托马斯爵士（Sir Thomas Freeman Heathcote）在布朗和奇尔顿约4200英亩的地产；1843年，购买下布雷丁厄姆约160英亩的地产；1844年，以30000英镑的价格自白金汉侯爵处购买下约2264英亩的伊铃·阿巴斯地产……一系列购地活动，使巴林在汉普郡的地产超过15000英亩，也使该郡成为其核心地产所在区域。此外，巴林还致力于在埃塞克斯郡、赫里福郡或威尔特郡扩大其地产。除了上述较大地产购买案例，巴林的许多地产是自较小的乡绅、自由持有农、公簿农处购买的。与之相似，北安普敦郡的奥弗斯通（Overstone）的地产中，也有很大一部分是自乡绅和小土地所有者手中购买的。① 另据1830年小持有地选举委员会提供的一个案例显示，在威斯特摩兰郡，一处25000英亩的地产，是通过吞并了226个小土地所有者的地产而实现的。② 类似案例不胜枚举，至19世纪时，英国小土地所有者不断消失、大地产不断被构建的过程，一直不曾终止，而截至此时这一过程在

---

① F. M. L. Thompson, *English Landed Society in the Nineteenth Century*, pp. 37-40.
② J. V. Beckett, "The Pattern of Landownership in England and Wales, 1660-1880", *The Economic History Review*, New Series, Vol. 37, No. 1, February 1984, p. 16.

39

英国已经持续了4个多世纪。

大地产不断形成、小土地所有者不断消失的过程，还与圈地、农业发展进步的需要有关。农业技术进步是19世纪的底色。在19世纪里，一大批先进的农用机械被发明和制造出来，并被广泛推广和运用到农业生产之中，从而大大推动了英国农业的发展。

在沃尔特郡，布拉顿的里夫斯（T. P. Reeves）在推动英国农业技术革新方面作出了巨大贡献，他是英国农业工程师公司的创始人，从19世纪初开始，这家公司在改进威尔特郡农民使用的农具方面做了很多工作，特别是引进了较轻的单轮犁。对改良犁感兴趣的另一个威尔特郡人是1826年出生于梅尔克舍姆的福勒（J. Fowler），他先用排水犁做实验，后来又发明了蒸汽犁。1789年，唐顿附近巴福德的摩西·伯恩（Moses Boorn）发明了一种用以播种谷物的播种机，但这种播种机对农业进步的贡献并不是十分突出，虽然在19世纪初的一篇文章中有报道使用该播种机所取得的巨大成功，但在20年代后期，谷物仍然主要是采用人工方式播种。埃姆斯伯里的特罗布里奇（J. Trowbridge）发明了一种"埃姆斯伯里起重机"，这在当时是一种很好用的收割机。1829年，韦斯特伯里附近的一个小农场主赖德（Rider），发明了一种便携式脱粒机，据说这种脱粒机后来曾招致很多敌意。19世纪40年代初，坎布里奇（Cambridge）又发明了一种移动式脱粒机，与赖德的脱粒机相比，这是一种较为成功的发明。[①] 这些先进农业机械的发明与创造，极有利于农业的发展与进步。

这些农业机械被发明出来之后，很快就被一些先进人士广泛运用到农业生产活动之中。但这些农用机械更适用于大型农场而非小农场，故一些农场主开启了合并小农场，扩大农场规模的历史发展进程。例如，威廉姆斯可能是沃尔特郡最早使用蒸汽犁的人之一，据说他把树篱弄平了，扩大了田地，填平了沟壑，填埋了17个白垩矿场（Chalkpit），以使他的蒸汽犁能够在田地里自由移动。斯温顿附近布伦斯登的米德尔迪奇先生花了大笔钱试图在同一块土地上连续种植谷物。到1875年，他已经有了600英亩的耕地和100英亩的牧场，他将一些耕地上的树篱全部清除干净，以方便大

---

[①] "Agriculture 1793 – 1870", in Elizabeth Crittall ed., *A History of the County of Wiltshire*, Volume 4, London, 1959, pp. 65 – 91, British History Online https://www.british-history.ac.uk/vch/wilts/vol4, Accessed July 29, 2024.

规模地使用蒸汽犁进行耕种。住在克里克拉德附近的艾西城堡山农场上的拉什，同样也是一个具有较强的农业革新意识的先进农民，是沃尔特郡最早一批使用蒸汽犁的农人之一。1859 年，他买了一台 14 马力的发动机，卖掉了 7 架四头牛拉犁铧队（Four-ox-team）。他发现，尽管工资高，燃料昂贵，但运营成本只有以前的 1/3。他也同样拆除了 5 英里长的栅栏，将原来的 36 块田地整合至 9 块，以便利农业机械作业。①

这些人将小型地块整合成大地块的做法，是为了适应大型农业机械使用的需要，是农业技术发展进步的结果之一，这同时也表明，现代农业技术的进步所能带来的红利，在大农场上要比在小持有地上的成效显著得多。但在整合地块的过程中，也存在着一定的阻碍，当时尚未经过圈地整合的土地碎片问题仍旧持续存在，不免影响了英国农业资本主义的进一步发展。例如，在沃尔特郡，1790 年，一个 75 英亩的农场里有 89 块独立的小持有地，这些小持有地散落在 6 块大田里，平均下来，每块土地还不到 1 英亩。而在 1804 年，另一个占地 146 英亩的农场里散落着 98 块小持有地。② 很难想象，这些小持有地会遵循或采用大农场上盛行的农业革新做法，它们的存在势必会影响所在区域整体农业的发展进步，其最终会为大土地所有者、大农场主通过置换、购买等方式所吞并，是历史的必然。

当然，并非所有的小土地所有者在此次历史发展潮流中都消失了，其中也有一些随着自身经济实力的上涨，通过不断购买土地等方式，逐渐上升为具有一定规模的农场主。例如，在索尔登地区，在 17 世纪时期，虽然一些经济实力较弱的约曼家族，如多德韦尔（Dodwell）家族、鲍尔（Bower）家族、比格内尔（Bignell）家族等都已经消失了，但有两个著名的约曼家族不仅坚挺地存活了下来，而且作为土地所有者，他们所在的家族所拥有的土地规模还呈现出不断扩大的态势。其中一个是艾尼霍的卡特赖特（Cartwrights）家族。1660 年前后时，该家族所有拥有的土地面积约为 120 英亩，但到 19 世纪，其土地面积接近 300 英亩。另一个是高夫（Gough）

---

① "Agriculture 1793 - 1870", in Elizabeth Crittall ed., *A History of the County of Wiltshire*, Volume 4, London, 1959, pp. 65-91, British History Online https://www.british-history.ac.uk/vch/wilts/vol4, Accessed July 29, 2024.

② "Agriculture 1793 - 1870", in Elizabeth Crittall ed., *A History of the County of Wiltshire*, Volume 4, London, 1959, pp. 65-91, British History Online https://www.british-history.ac.uk/vch/wilts/vol4, Accessed July 29, 2024.

家族，该家族在17世纪拥有的土地规模大约为90英亩，但经过不断的购地行为，到19世纪时，其家族地产面积扩大到约200英亩土地。① 这些小土地所有者，通过自己的不断努力，实现了家族财富的世代积累，进而最终跃升为具有一定规模的现代农场主。

此外，隐含在大地产不断形成、小土地所有者不断消失这一历史现象背后的动因，除了明晰化地权的确立以及近代农业资本主义的发展外，还得益于该时期英国国民财富的快速增长。近代以来，英国国民经济发展迅速，尤其是一些非农经济，其发展速度异常惊人，且创造出了远超农业的巨额财富，这些新兴非农产业对英国民众心理刺激非常大，它们引诱着一些小土地所有者脱离土地，转移到更能获利的其他行业中谋生。例如，19世纪中期，在索尔登，除了农人之外，还存在着大批工匠和小商人。在当地，除了"公牛""皇冠"和"狐狸"三家酒店之外，还有两家面包房、一家酿酒厂、一家啤酒厂、一家鞋店、一家车匠店、一家木匠店、两家铁匠店和一家石灰窑。此外，村子里有三个裁缝和一个女帽匠，作为石匠之乡，工匠中有8个石匠。与此同时，从事蕾丝花边制作的家庭手工业也蓬勃发展，据称，1851年时，有30多名蕾丝制造工，而且曾出现过三所蕾丝制作学校，但后来这个行业逐渐衰落了。此外，当时还有一些磨坊、合作商店等非农产业。② 从这些广泛存在的多样化的非农产业中，足见当时该地区的经贸发达状况，而这些非农产业的存在，及其所能带来的巨额经济利润，同样是造成小土地所有者不断消失、大地产不断构建的一个重要的潜在因素之一。这一因素也引起一些学者们的关注，并对之做出较为恰当的评析。例如，托克维尔曾解释说，是当时英国的"工商业的繁荣，比以往更强有力地引诱了小土地所有者们卖出他们的土地，且该因素同样促使了财富的大规模集中，使其占有者们有条件获取大量的土地财产"③。与托克

---

① "Parishes: Souldern", in Mary D Lobel ed., *A History of the County of Oxford*, Volume 6, London, 1959, pp. 301-312, British History Online https://www.british-history.ac.uk/vch/oxon/vol6/pp301-312, Accessed July 29, 2024.

② "Parishes: Souldern", in Mary D Lobel ed., *A History of the County of Oxford*, Volume 6, London, 1959, pp. 301-312, British History Online https://www.british-history.ac.uk/vch/oxon/vol6/pp301-312, accessed July 29, 2024.

③ J. V. Beckett, "The Pattern of Landownership in England and Wales, 1660-1880", *The Economic History Review*, New Series, Vol. 37, No. 1, February 1984, p. 2.

维尔的解释类似，凯尔德（James Caird）也同样认为，英国土地所有权的集中，得益于其国民财富的增长。[①]

总之，从 16 世纪开始，此后几个世纪里，英国农业土地社会中存在的一个普遍的现象是，小地产不断被侵吞，大地产不断膨胀，且后者的规模还在不断地扩大。至 19 世纪时，大地产发展至鼎盛时期，英国的农业也同步进入"高效农业"发展阶段。对应的具体时段为 1840—1880 年，其典型特征是高投资高产出。恩尔（Ernle）将这一时期誉为英国农业发展史上的"黄金时代"。[②] 此时英国大地产的规模与分布状况，地产管理与租佃农场经营模式，以及大地产的地权结构特点等都极好地诠释了何谓"大地产"。

## 第二节　大地产的经营与管理

在英文中常见用作表示"大地产"的词汇有"landed estates""landed property""larger estate"等，几个词汇常被混用，不做具体区分。三个词汇在学术界的使用频率以"landed estates"最为频繁，按照维基百科的解释，"在不动产上，Landed estates 或 landed property 是一种不需要其所有者承担地产上的实际劳作而获得收入的一种财产形式"[③]。大地产的规模一般比较大，其所有者不承担地产上的实际劳作，而是雇用专门的地产信托管理公司或土地代理人协助其管理家族大地产。土地所有者追求土地所有权的目的，是通过其地产获取相应的租金收入，以及凭借对这些土地的所有权，获取相应的政治身份和社会地位。

大地产具有一些显性特征。首先，家族大地产的规模一般比较庞大，一般会有一个中心，一个主要的区域，即所谓的核心地产区域。其次，许多家族地产主无力亲自打理，一般交由专门的地产信托管理机构或土地代理人代为管理。最后，大地产主要采用租佃经营，租佃农场规模一般比较大，其良好运营，需要大量的资本，这些资本一般由地产主和租地农场主

---

[①] James Caird, *The Landed Interest and the Supply of Food*, London: Cassell, 1967, p. 40.

[②] P. J. Perry, "High Farming in Victorian Britain: Prospect and Retrospect", *Agricultural History*, Vol. 55, No. 2, April 1981, pp. 156–166.

[③] http://en.wikipedia.org/wiki/Landed_property, Accessed Mary 16, 2023.

按照租佃契约以一定的比例共同出资,以保障租佃农场上的基础设施能够得到持续改进,保证农场经营活动正常运转。与此同时,租地农场主在农场上投入的资本较之前大幅度增加,势必会催生与其投资比重相适应的租佃权保护机制的新要求,势必需要变革原有的地权法律体系,从而推动了19世纪的地权法律变革运动。

## 一 大地产的规模及分布特点

约翰·伯特曼（John Bateman）曾就19世纪英国大地产的规模及其分布特点做过专门的调查研究,并将其最终调查统计结果整理汇编成册,名为《大不列颠与爱尔兰大土地所有者》。① 表2—1中所显示的三大土地家族地产状况均来源于该调查报告,且具有一定的代表性,能够鲜明地体现出大地产的规模及其分布特点。

表2—1　　　　　三大家族地产分布状况统计表　　　　（单位：英亩）

| 家族 | 地产位置 | 面积 | 地产位置 | 面积 | 地产位置 | 面积 |
|---|---|---|---|---|---|---|
| 贝德福德 | 柏德（Beds） | 32269 | 亨廷顿郡 | 1334 | 汉特兹（Hants） | 148 |
| | 德文郡 | 22607 | 北安普敦郡 | 3414 | 赫特兹（Herts） | 83 |
| | 剑桥郡 | 18800 | 德塞特郡 | 3412 | 林肯郡 | 1 |
| | 博克（Burks） | 3036 | 康沃尔郡 | 1231 | 伦敦 | 119 |
| 米德尔顿 | 洛斯（Ross） | 63000 | 沃里克郡 | 3641 | 萨福克郡 | 9500 |
| | 约克郡 | 14045 | 卡考克（Co. Cork） | 6475 | — | |
| | 诺丁汉郡 | 15015 | 萨里郡 | 3105 | 德比郡 | 16 |
| | 林肯郡 | 3809 | 斯坦福德郡 | 50 | — | |
| 布拉德福德 | 什洛浦郡 | 10883 | 兰开夏郡 | 1958 | 登比 | 24 |
| | 斯坦福郡 | 6843 | 威斯特摩兰郡 | 62 | 蒙哥马利 | 15 |
| | 沃里克郡 | 1906 | 沃斯特郡 | 13 | 莱斯特郡 | 6 |

资料来源：John Bateman, *The Great Landowners of Great Britain and Ireland*, London: Harrison & Sons, 1883, p. 34; David Spring, *The English Landed Estate in the Nineteenth Century: Its Administration*, pp. 13, 53, 309.

---

① John Bateman, *The Great Landowners of Great Britain and Ireland*, London: Harrison & Sons, 1883.

## 第二章 大地产的构建

依据表2—1提供的数据,贝德福德公爵所拥有的地产共计约有12处,地产总面积约为8.65万英亩;米德尔顿家族所拥有的地产共计约有10处,地产总面积约为11.87万英亩;布拉德福德伯爵所拥有的地产共计约有9处,地产总面积约为2.17万英亩。

贝德福德家族、米德尔顿家族、布拉德福德家族的地产分布状况,在说明大地产面积的计数方式的同时,也显示出大地产的规模虽不尽相同,但地产面积都非常庞大。就以地产面积统计原则界定大地产标准而论,学界一般采用阿瑟·阿诺德(Arthur Arnold)的划分方式,阿诺德将1000英亩以上的地产统称为大地产,并将此类地产的所有者称为大土地所有者,按照这一统计标准,阿诺德称英国的大土地所有者(大地产)的数量约为7000人(个)。阿瑟·阿诺德所谓的1000英亩的统计标准,为现今史学界所通用。但在早期时代,另有不同的统计标准,上文提到的约翰·伯特曼的《大不列颠和爱尔兰的大土地所有者》调查报告,是以2000英亩的标准统计的,而在该调查报告出来之前,他仅就3000英亩以上的土地所有者所拥有的地产概况做了统计。本处对大地产的衡量标准虽参考约翰·伯特曼的统计方法,以地产总面积计算,但该统计方法并非唯一通用标准,基于实践需要以及更为客观真实地反映大家族地产所有状况的目的,以地产价值为参照标准的方法更具客观、真实性,因为各家族地产分散在英国各地,所处地理位置不同,地产价值亦不相同。例如,此处提到的贝德福德公爵位于伦敦的地产价值明显要高于公爵位于其他地区的地产价值,而地产价值各不相同的实际,同样意味着地产价值统计标准需要更为复杂精细的设定。

依据表2—1还可以看出,三大家族所拥有的大地产除面积庞大以外,还有其他一些特征,如地产分散各处,但也正如封建时代的英国大地产一样,"总有一个中心,有一个主要的区域,并不完全零散各处"[①]。例如,米德尔顿家族地产共计10处,其核心地产在洛斯,约为6.3万英亩,约占其家族地产总面积的53%;布拉德福德家族地产共计10处,其核心地产在什洛浦郡,约占其家族地产总面积的50%;贝德福德家族地产共计12处,其核心地产在柏德兹,约为3.23万英亩,约占其家族地产总面积的37%。

---

① 马克垚:《英国封建社会研究》,第151页。

19世纪的英国大地产与封建大地产外在形式类似，但两者的本质属性却迥异。首先，两者属于不同历史时期。英国的地产形势一直随着历史时代的变迁而不断地发生着变化。侯建新曾通过对英国中世纪时期的地产运动变化状况的研究指出，其运动的总趋向，"先是封建大地产，特别是王室领地逐渐减少和分散，其次中小地产不断加强，土地不断转移至富裕农民、乡绅、商人等中小地主手中；进而，在一个新的机制上土地又逐渐重新集中起来"[①]。近代以来的英国大地产，正是自其所称的后一种机制下的土地集中基础上逐渐成长起来的一种大地产类型。就该类地产的本质属性而论，它是一种后封建主义和资本主义相结合的产物，产生于英国的农业资本主义发展的需要，是其土地所有权逐渐明晰化的结果。其次，两种地产虽然都呈现出分散各处的特点，但其分散性形成的原因却不相同。对于封建时代大地产分散的原因，马克垚指出，"有的以为是威廉为了防止尾大不掉而采取的预防性措施，也有的以为是因随征服过程不断分封自然形成的"[②]。对比而言，近代以来的大地产分散的原因，则多是继承、婚姻、购买等因素共同引致的结果，且最后一项因素（购买），还要远比前两种因素重要得多，正是以购买为主要途径，构建起了近代以来的土地家族大地产。

## 二 大地产的管理

各土地家族所拥有的地产面积一般都比较庞大，且分散在全英各地区。单凭地产主一人之力无法有效地经营和管理这众多地产，故他们一般会雇用专门的人员协助自己进行经营和管理。与此同时，对于坐落在不同地区的家族地产，地产主所采用的经营管理方式不尽相同。对于坐落在英格兰和威尔士地区的地产，地产主多是聘请专门的土地代理人代为经营和管理；对于坐落在爱尔兰地区的地产，则多是将其打包交由中间商代为经营和管理。

（一）土地代理人

在英格兰和威尔士地区，地产主一般是雇用专门的土地代理人或委托专门的土地代理机构代为打理家族地产事务。这些土地代理人或机构的职

---

[①] 侯建新：《前近代中英两国农业雇用劳动比较》，载钱乘旦、高岱主编《英国史初探：全球视野与文化转向》，第104—105页。

[②] 马克垚：《英国封建社会研究》，第151页。

责包括监管地产、收取地租、出租土地、视察农场和促进农业生产革新等。①

地产主与其土地代理人之间的关系特殊,后者类似于地产主们的家族地产的"监管人"。在贝德福德家族地产上,19世纪时期贝德福德公爵与其地产管理人之间的往来书信,以及从1815年开始逐年系统编制的家族地产年度档案资料保存完好,借助这些实证资料,大致可还原出当时该家族地产的具体管理状况。贝德福德家族的历代公爵在管理其庞大家族地产时,首先是聘请一位首席地产代理人总揽其家族地产管理事务,其次是在各庄园上安排驻地管家以协助公爵具体负责所在庄园的地产管理事务。这些不同层级的土地代理人,在各自所负责的地产管理领域内可行使的权力非常广泛,尽管这些权力会因为他们自身才能的高低、性格的强弱,以及每位公爵对其土地财产管理的积极程度不同而有所不同。在贝德福德家族地产年度档案文献中,经常能够见到一些土地代理人对贝德福德公爵提出仗义执言的建议。1820年,年逾50岁的第六代贝德福德公爵,因生活奢侈,被其土地代理人规劝说,若想赢得尊严,受人尊敬,坐稳家主之位,就必须厉行节俭,力避造成家族地产面积缩小或地产价值下滑的各种结果,要维持好家族的社会地位,要有能力负担全族人的生活起居所需。在这些实证性材料中,我们也能经常见到诸如"如果有什么事情要发生,我将无法为大选提供任何东西"之类的说辞,从这些说辞中,我们不难发现,这些土地代理人绝非这些公爵们手底下毫无发言权的"雇员",他们时刻关心着其地产主的利益并随时准备着为之建言献策。1879年,贝德福德公爵位于伦敦地产上的管家曾在当年的地产年度报告中写道:"公爵不会受到当地郊区委员会的无知陷阱的任何影响,也不会接受对庄园没有真正了解或兴趣的外人的评说。"② 该地产代理人言语间颇多维护贝德福德公爵的思想与情绪,诸如此类,不一而足,说明土地代理人与地产主之间的关系是特殊而紧密的。

---

① P. G. Dardis, *The Occupation of Land in Ireland in the First Half of the Nineteenth Century*, London: Maunsel & Company Ltd., 1920, p.39.
② "The Bedford Estate: From 1802 to 1893", in Covent Garden ed., *Survey of London*, Vol.36, London, 1970, pp.40-48, British History Online, https://www.british-history.ac.uk/survey-london/vol36/pp40-48, Accessed Mary 16, 2023.

土地代理人、各级地产管家既是地产主的地产代理人，同时也是地产主与租地农场主之间的斡旋人，他们在代为行使地产管理权过程中，注重在部分满足租地农场主的利益和要求的前提下统筹地产管理事务，注重维持地产主与租地农场主之间的和谐。霍克汉姆地产上第一任土地代理人弗朗西斯·布莱基（Francis Blaikie）案例正说明了这一点。在霍克汉姆地产上，共计有70个农场以及其他一些小持有地、村舍等，它们分布于诺福克郡的中部和西北部地区的26个教区之中，是诺福克郡最大的地产，总面积约为4.2万英亩。根据1850年的调查显示，在该地产上，超过1000英亩的农场有6个，500英亩至1000英亩的农场有24个，而100英亩至300英亩的农场有19个。[①] 为了有效管理这一庞大的家族地产，库克家族自1816年开始指定弗朗西斯作为他的第一任土地代理人，负责打理其地产事务。弗朗西斯是一个能干且有影响力的土地代理人，他有一套自己专门的管理地产的方法，他在任职期间，常会花费大量的时间同租地农场主们讨论一些与土地革新有关的事务。他注重在部分地满足租地农场主们的需要的基础上，实现地产主利益的最大化。他的下述言论透露了他的这一思想观念：

> 对租地农场主有利的事，同样对地产主很有利，如果我能就其农场建设有关的事务，谦逊地给予好的建议的话，将能自他们处获得更多的信誉。[②]

继弗朗西斯之后，霍克汉姆地产上的其他土地代理人也都秉持并积极践行类似的地产监管理念，他们对土地革新事务的决定，大多是基于对租地农场主有利的基础上实现地产主利益的最大化。当然，也存在一些不好的案例，一些土地代理人存在收受贿赂、徇私舞弊等问题。但仅有极少的案例，多数情况下，土地代理人能够很好地协助地产主打理其家族地产，土地代理人的存在，可以说是土地家族大地产得以长久存续的重要支撑之一。

---

[①] Susanna Wade Martins, *A Great Estate at Work*: *The Holkham Estate and its Inhabitants in the Nineteenth Century*, pp. 3–9.

[②] Susanna Wade Martins, *A Great Estate at Work*: *The Holkham Estate and its Inhabitants in the Nineteenth Century*, p. 70.

## （二）爱尔兰地产上的中间商

在爱尔兰地区，多数地产属于家族大地产中的非核心地产，这些地产的地产主并不似对英格兰和威尔士等地区的地产那般上心。在爱尔兰地区，地产主一般是将其地产以一个固定的租期打包出租给一些中间商。这些中间商与土地代理人不同，他们不需要地产主提供薪资，也缺乏经营地产的必要情感和责任意识，其志趣仅在于依靠对土地的投机行为赚取丰厚的差额利润。

在相当长时间内，中间商广泛活跃在爱尔兰地区的地产上。例如，据统计，在伦斯特（Leinster）省的塔尔博特塞镇（Talbotstown）男爵领地上，有1/5的土地是由中间商控制的；在康诺特（Connaught）省的基尔康奈尔（Kilconnel）领地上，有一块土地先被以每英亩6便士每年的价格出租给某人，后被以2先令6便士的价格再次出租给另外一个人，而该人又将该土地以3先令每英亩的价格出租给了第三人，其后，第三人又将其再次出租给一些小租农，自他们那里收取平均约为1英镑7先令每英亩的租金。[①]

中间商对爱尔兰地产良性运作管理的影响并不全然是正向的，留下一些极为消极的影响。地产主和这些中间商在签订租约时，一般并未在租约中限制再出租，故这些中间商可以不受限制地将土地无限次地转租，他们常常肆无忌惮地拿土地做投机，再加上欧洲战争对农业的冲击，以及1793年的天主教救济法案关于小持有地的有关规定，导致爱尔兰地区的土地再分现象非常严重，再出租的层级有时可达到7层之多。一些希求出租其大规模地产的地产主们，在同这些中间商签订租约时并不了解其中隐含的风险，最终不免遭受了严重的损失。

19世纪三四十年代，英国政府曾针对爱尔兰地产上的中间商状况做过一次调查，该次调查委员会在芒斯特（Munster）省做案例取证时，那里有许多租农向他们抱怨说，他们同中间商签订租约，也支付了租金，但并未按约获得农场的使用权，因为这些中间商并没有如期向原初地产主支付租金。[②]

---

[①] Henry Drummond, *On the Condition of the Agricultural Class of the Great Britain and Ireland with Extracts from the Parliamentary Reports and Evidence from 1833 to 1840*, Vol. I, State of Ireland, London: John Murray, 1842, pp. 35, 32.

[②] Henry Drummond, *On the Condition of the Agricultural Class of the Great Britain and Ireland with Extracts from the Parliamentary Reports and Evidence from 1833 to 1840*, Vol. I, State of Ireland, pp. 32-33.

爱尔兰地产上大量存在的中间商约自1815年起开始衰减，当时的地产主们已经普遍意识到中间商的大量存在对他们的地产收益所造成的巨大损害，故对其反对的呼声日渐增多，他们开始设法消除这一阶层，拒绝与他们续订租约。故此方式签订的租约数量逐渐减少，爱尔兰地产上的中间商阶层也随之逐渐衰亡。

### 三 租佃制农场的投资运营

大地产体制下土地资源配置方式是租佃制，租佃农场的规模一般比较大，在这些租佃农场上，其基本的制度安排是：由地产主提供土地，租地农场主提供农场经营资本（其他投入可由任何一方当事人提供），按照双方所订立的租约规定，租地农场主在一定时期内利用双方所订立契约的农场进行农业生产活动，并按所租赁的土地面积给地产主缴纳一定比例的地租。

（一）租佃农场规模

随着农业资本主义的发展，农业的大型化和专门化生产越来越成为一种必然的趋势。而此类农业生产方式，在大农场上比小持有地上有着更大的发展空间。从16世纪开始，英国农场规模扩大化趋势就已经比较明显。R. H. 托尼曾以案例形式对16世纪时的英国农场规模状况做过考察。根据他对诺福克郡、沃尔特郡以及其他一些郡共计52个庄园上的67个农场规模所做的统计，300英亩以上的超大型农场有24个，约占农场总数的36%。这些农场都是以地产主、租地农场主、农业工人为核心构成部分的大农场类型。[①] 此后，此种类型大农场数量持续增加。

至19世纪，300英亩以上的租佃农场类型，成为英国大地产体制下的典型土地组织模式，同时也是当时一种比较有效率的农业生产组织模式。19世纪60年代兴起的新制度经济史理论认为，经济社会的发展，要以一组有效率的产权机制的建立为前提。以该理论为依据，自产权视角进行考查，将不难发现，大地产租佃农场生产组织模式能够形成并获得巨大发展的原因在于，它建立在具有较高的经济效率的一组产权结构基础之上。自16世纪逐渐兴起的大地产，通过土地纽带，将地产主、租地农场主和农业

---

[①] R. H. Tawney, *The Agrarian Problem in the Sixteenth Century*, pp. 200-213.

工人联结在一起,将地产主的封建主义属性同租地农场主以产业形式牟取利润的地产经营行为结合在一起,使大地产具备了现代意义上的经济生产组织属性,而这种生产组织结构安排,在当时是一种非常先进的生产组织,其所具有的相对于同时代而言的先进性,构成使英国的大地产体制在英国历经几个世纪长盛不衰的重要原因之一。

(二) 租佃农场投资组合模式

在大地产租佃农场上,农场规模比较大,且农场的所有权和经营权两相分离,为了保证农场的正常运营,通常需要地产主和租地农场主双方协商一致,共同致力于做好农场的革新与运营事务,以保证农场上的水渠、谷仓等基础设施革新事务稳步推进,保证农场始终有足够的经营资本正常、良性运行。但在不同地区,基于不同的状况,在不同的租佃农场上,主佃双方的资本投资组合方式不尽相同。

在英格兰、威尔士和苏格兰地区,惯常的做法是,由土地所有者(地产主)提供固定资本,承担土地上的基础设施建设与维护,如谷仓、村舍及水渠等。在高效农业时期,所需要的农用建筑的类型以及数量,包括畜圈、食槽以及一些放置专用农具的工具房等,都大幅度增加,地产主若要吸引有着更为充沛资本的租地农场主经营其地产,就需要对农场基础设施的建造与维修等投入更高的革新资本,以保证其农场上配备有完善的基础设施。经营者(租地农场主)则需要自己承担经营农场所需要的经营资本,以保证农场上的农业生产活动有序开展。据估算,在高效农业时期,若要保证某一农场的正常运营,一般每英亩土地需要租地农场主投入约10英镑的经营资本。[①] 对于英格兰、威尔士和苏格兰地区的租佃农场上的主佃双方的具体投资状况,可借助下述两个典型案例以获得更为直观的认识。

第一个案例是库克家族位于诺福克郡西北部的霍克汉姆地产。霍克汉姆地产的所有者托马斯·威廉·库克(Thomas William Coke)在其生前曾投入50万英镑建设农场基础设施。1856年,此类投资约为其全部收入的1/3(4343英镑),且在1885年以前,此类投资花费一直处于较高水平,始终维持在11%—20%,很少低于15%。此外,土地上的排水设施建造工

---

① P. G. Dardis, *The Occupation of Land in Ireland in the First Half of the Nineteenth Century*, p. 74.

程也是一项重要的花费。根据苏珊娜·韦德·马丁斯（Susanna Wade Martins）的统计，1850—1860年是该处地产的排水工程高投资时期，其最高峰出现于1852—1853年，总投资额约为1707英镑。① 地产主托马斯对霍克汉姆地产上的农场的基础设施投资相当大。基础设施完善的农场，能更容易吸引到优质的租地农场主，而优质的租地农场主一般拥有先进的农业经营知识、管理经验以及先进思想，拥有大量的经营资本以保证其农场良好运营，且有着强烈的最大化获取农业利润的目的意识，有条件、有能力也有欲望实现最优化的农场生产以获取利润，并提供高额地租。

但在另一些农场上，基础设施投资并非全由地产主承担，租地农场主同样也投入较多资金用于其所承租农场的基础设施。例如，租地农场主约翰·普劳特（John Prout）就曾投入了巨额资本用以其所承租农场的基础设施。约翰曾针对自己在所承租农场上的资本投资和回报状况做过详细的记录和分析。他记录的对象是位于赫特福德郡的一个面积约为450英亩的黏土质农场。从1861年接手该农场起，一系列基础设施就开始修建了。首先，在农用建筑设施方面，约翰重新建造了一个谷仓和一所农舍，花费约为750英镑。其次，约翰进一步改进了农场上的排水系统，该项目用时近4年，平均每英亩花费约为6英镑，总花费约为2700美元。此外，农场上的篱笆整修、土壤翻新、公路修筑等方面的投资部分同样耗费了大量金钱。这些基础设施总花费约为4500英镑，平均每英亩为10英镑，自1866年起，该农场运营渐入正轨。在农场运营步入正轨后，约翰曾就他自己在该农场上于1866—1878年的投资与回报状况做过统计，在1866—1878年共计13年的租期内，约翰平均每年的投资与回报分别为3320英镑和4509英镑。其中，前7年（1866—1874），平均每年的投资与回报分别为3259英镑和4424英镑；后4年（1875—1878），平均每年的投资与回报分别为3235英镑和4698英镑。此外，再扣除一些小额开支，假定每年为200英镑，则约翰在三个时段内的年度净收入分别为989英镑、865英镑和1263英镑。显然，在农场刚刚转入正轨后的前7年，农场的年纯收入相对要少一些，低于整个租期内的平均收益水平；而在之后4年，农场的年纯收入则提高了许多，已经明显高于前7年的平均收益水平。显然，在高效农业

---

① Susanna Wade Martins, *A Great Estate at Work: The Holkham Estate and its Inhabitants in the Nineteenth Century*, pp. 85, 96-97.

时期，因为租佃农场需要大量的基础设施投资和经营资本投资，租期越长，租佃农场的收益就会越高，对租地农场主也就越有利。此外，就农场的土地价值和租金变化状况而论，该农场在1861年时的市场价值约为1.6万英镑，约35英镑每英亩，其地租为25先令每英亩，4年后，至1865年时，其地租上涨至35先令每英亩。1875年，经重新评定后，地租再次被提高至45先令每英亩。[①] 这一租金的上涨除市场性因素外，也源于一系列土地革新之后农场价值的显著提升，而这一土地革新投资中有很大一部分比例是由租地农场主承担的。故而，租地农场主一方在租约到期退佃之时，不免会生出让其地产主就其在租佃期内所做的一些革新措施进行补偿的要求，而这正是19世纪英国租佃权立法的重要历史前提，同时也是该时期的租佃权法律改革致力于要解决的主要问题之一。

19世纪上半期，爱尔兰存在的租佃形式有多种类型，如逐年租佃制（tenant year by year）、任意租佃制（tenant at will）等。但不管是以哪种形式持有农场的，其地产主（或名义上的地产主）基本是驻外型，这些地产主对该处地产的经营多不上心，很少进行基础设施投资，诸如建造农用设施、翻整土地、栽种篱笆、修筑渠道等基础设施投资，多由租地农场主自己承担。

爱尔兰阿尔斯特地产（The Ulster Estates）上的农场的投资状况极具爱尔兰特色。阿尔斯特地产是由国王授予的地产，其创设目的是满足伦敦居民的生活需求，初时地租仅为1.5便士每英亩每年。在该地产上，地产主并未进行基础设施投资。土地上的所有农用建筑设施建造、篱笆栽种等，都由租地农场主自己出资完成。在该地产创建之初，其年价值仅为1800英镑，至19世纪80年代时，其年价值上涨至12.4万英镑，而这一增值，除了市场性因素外，完全是由租地农场主一代代创造积累起来的。[②] 此外，在爱尔兰地区存在中间商的地产上，中间商们同样无心于基础设施投资，多由租地农场主自己承担。例如，弗朗斯·斯奈德斯地产（Fishmongers' estate）主要打包交由贝雷斯福德（Beresford）家族保有，该家族以400英镑的年租金从弗朗斯·斯奈德斯处打包租下该地产后，将其分割成小块出

---

① John Prout, *Profitable Clay Farming Under A Just System of Tenant Right*, London: Edward Stanford, 1881, pp. 7-64.

② "The Ulster Estates", *City of London Livery Companies Commission Report*, Vol. 1, London: Eyre & Spottiswoode, 1884, pp. 235-246.

租给一系列的小租地农场主,并自这些小租地农场主处每年收取约2000英镑的租金。1820年,双方所签订的租约到期后未再重新订立新的租赁契约,而是由原地产主重新占有了该处地产。原地产主在重新占有该地产后,对其地产价值做了重新评定,并根据地产当时的市场价值,将年租金上调至近1万英镑,且之后租金还有持续上涨之势。一块属于该地产的租地收据显示,其年租金在1820年时仅为8英镑15先令6便士每英亩,但1882年时上涨至66英镑,上涨了8倍之多。在另一处属于该地产的租地上,其年租金更是上涨了10倍之多,由原来的7英镑10先令,上涨至75英镑。在这些案例中,大多数租地上的排水系统修筑、土壤翻整、农用设施建造、篱笆栽种等革新措施,都是由租地农场主一方自行承担的,不管是该处地产的地产主,还是后来的中间商,都未曾负担过基础设施投资,此类投资案例在爱尔兰其他地产中也非常普遍。①

通过上面的案例可以看出,在爱尔兰地区,地产主或中间商对地产的基础设施投资很有限,地产正常经营所需要的必要的固定资本和经营资本,几乎都是由租地农场主自己承担的。由此,他们不免对租佃权的安全性和稳定性产生极为强烈的要求,乃至生出对获得土地所有权的渴求。

综上所述,在不同的大地产租佃农场上,主佃双方的投资组合方式差异很大。但不管是哪种投资组合方式,有一点是确定无疑的,即相比于早期时代,租地农场主在农场革新和经营中所投入的资本占比已经大幅度增加,这种状况的长期发展,不免会促使租地农场主生出要求更具安全性的租佃权保护机制,以及要求变革原有的地权法律体系的诸多想法,随着这一形势的不断发展,英国原有的农业地权法律体系势必需要做出必要的变革。

## 本章小结

近代以来,随着文艺复兴运动的发展,个人主义盛行。在财产权领

---

① "Evidence, 1882: Deputation of the Tenants on the Ulster Estates", *City of London Livery Companies Commission Report*, Vol. 1, London: Eyre & Spottiswoode, 1884, pp. 213-235.

## 第二章 大地产的构建

域，中世纪时期占据主导地位的基督教财产权观念不断受到挑战，近代私人财产权观念不断兴起。具体到地权领域，则是近代土地私人所有权观念的确立，这在小农土地所有权问题上最先得到落实。经过早期时代的地权变革运动，至16世纪时，英国出现了第一次小农土地所有权高度繁荣的景象，在该时期，不论是新诞生的公簿农，还是与中世纪时期"名同实异"的自由农，其地权都是典型的近代小农地权。近代明晰化、确定化的小农地权的确立，既是封建时代模糊、混合型地权终结的重要标志，同时也是近代以来土地自由交易、土地要素自由流通的必要前提。随着近代明晰化地权的确立与发展，至16世纪下半叶时，英国土地市场开始呈现出一片繁荣的景象，土地交易量剧增，土地流转频繁。

16世纪时期，随着土地经由市场频繁流转，许多小土地所有者消失，他们所持有的土地，多被一些富裕农民以及以商人为代表的其他非农产业中的富有人士所吞并，而后者又以其积累起来的大量地产为基础，构筑起了规模庞大的土地家族大地产。大地产的形成与小土地所有权的消失，可以说是该时期同一段历史发展进程不同层面的呈现。随着小土地所有权的大规模消失，以及大量土地家族大地产的出现，英国大地产体制日渐形成。

至19世纪时，大地产发展至鼎盛时期，在农业地产领域，英国大地产的规模与分布状况，地产管理与租佃农场经营模式，以及大地产的地权结构特点等都极好地诠释了何谓"大地产"。首先，土地家族大地产的规模一般比较庞大，但一般会有一个中心，一个主要的区域，即所谓的核心地产区域。其次，对于众多家族地产，地产主无力亲自打理，一般是交由专门的地产信托管理机构或土地代理人代为管理。最后，大地产主要采用租佃农场经营方式，租佃农场规模一般比较大，其良好运营所需的大量资本，一般由地产主和租地农场主按照所签订的租佃契约的具体规定，按一定的比例共同承担。与早期时代相比，租地农场主在农场上投入的资本大幅度增加，这种状况的长期发展，势必会促使租地农场主生出提高与其投资比重相适应的租佃权保护机制的新要求，势必需要变革原有的地权法律体系，从而推动了19世纪的地权法律变革运动。

# 第三章 19世纪农业地权结构及其存在问题

19世纪是大地产、大农业盛行时期，在大地产租佃农场上，土地占有权、使用权等权能与土地单纯所有权分离，形成土地占有权、使用权、所有权等经济利益根本独立的不同产权主体。土地各不同产权主体之间通过某种具体的形式联系起来，如：地产主（landlord/landowner）与租地农场主以土地租赁关系结合在一起，土地抵押债权人与抵押债务人通过土地抵押关系联系在一起。① 在这几组产权主体关系中，地产主与租地农场主之间的关系是最为核心的一组产权主体关系，通过该组产权主体关系，大地产租佃体制得以将租地农场主以牟利为主的经济属性，与地产主以谋求政治权力和社会威望的属性完美地糅合在一起。就租地农场主而论，他们依照同其地产主之间的"租约"规定，以支付租金方式，自其地产主处换取经营土地的许可，并雇用农业工人以盈利为目的经营其租佃农场。就地产主而论，土地并不仅仅具有经济获利的价值，同时还涵盖着政治和社会威望等方面的价值，他们追求土地所有权，不断扩大其家族地产的目的，并不单单是为了获得纯粹的经济收益，正如约瑟夫·凯（Joseph Key）所指出的，英国长久以来不断扩大地产的目的，是为了构建大家族和获得一个社会和政治影响力。② 故英国的大地产租佃体制，还不是纯粹的完全私有产权属性的农用地权体制，而是同时凝结着封建的政治权力和社会威望权属的农用地权体制，是一种涵盖有经济、政治和社会等多种属性的综合性

---

① 武建奇：《马克思的产权思想》，中国社会科学出版社2008年版，第236页。
② Joseph Kay, *Free Trade in Land*, London: Kegan Paul, Trench & Co., 1885, p. 22.

农用地权体制。

大地产租佃体制下的各产权主体所享有的土地权利的相关法律保障机制并不健全。首先，地产主的土地自由处分权受阻。英国绝大多数的土地集中掌握在少数大土地家族手中，其土地所有权被设定为家族世代保有，受限于严格家族定序授予制规定，地产主仅为其家族地产上的终身地权人，仅是其家族地产的保管人，并无实权自由处分其家族地产，这导致土地市场上的可流通土地严重不足，土地市场僵化、流通不畅。其次，租地农场主的租佃权缺乏有效的法律保障机制。租地农场主的土地使用权是不完整的，与其地产主之间所订立的"租约"是不完全对等的，在其租佃农场上，就轮耕制自由、射杀小猎物、未耗尽革新措施的补偿等权利的维护，主要依赖地方惯例或习俗，以及地产主与租地农场主之间历久形成的相互信任的理念等，而完善的、有效的法律保障机制长期缺位。总之，大地产租佃体制下的土地产权仍旧存在诸多不明晰之处，并日渐成为当时英国农业进一步发展和土地市场自由流通的巨大障碍，并引发了诸多社会问题，成为亟待解决的重大社会治理问题之一。

## 第一节 地产主的土地所有权

在19世纪的英国，"高效农业"的发展，需要地产主增加土地的基础设施投资，以帮助其租地农场主更有效地经营农场，进而增加其地产的价值。但当时的地产主，在大地产租佃制的地权结构框架之下，虽就理论层面而言，其土地所有权的界定是清晰的、排他的。但他们作为土地的"所有者"却仅为其家族地产上的终身地权人（Tenant in Life），其所在的家族为了长久维持其家族地产的所有权，常将其设定成严格家族定序授予制地产，这使得地产主的土地所有权变成了一种于其自身而论的不完整的、不充分的权属类型，地产主作为终身地权人不享有自由处分其家族地产的权利。在此形势下，地产主无法就其土地上的农舍、畜圈、水渠等基础设施进行有效投资，而这些基础设施如果不完善，不免会对租地农场主的农业生产活动产生阻碍，进而阻碍其地产的升值以及英国农业的长足发展。

## 一 土地限嗣继承制度

地产主的土地所有权的不完整性,与土地限嗣继承法律设定有关。土地限嗣继承制度起源于中世纪时期的土地"嫁资制"(Frank-Marriage),但也有着古罗马时代私法领域的"嫁资制"身影。

"嫁资"以结婚为前提,是女方家庭为帮助女儿维持正常的婚姻生活而给予她并让她携往男方的一定财产。没有"婚姻","嫁资"便不存在。[1] 女方家庭给予女儿"嫁资"的目的主要是用于其负担婚后的家庭生活费用或满足寡居时的生活所需。古罗马时期,在无夫权婚姻中,妻子没有权利继承亡夫遗产,又因婚姻得不到父兄家族的庇护,如若没有一定的傍身钱,很难独立生活。[2] 与此同时,在正常的婚姻存续期间,女性也需要一定的"嫁资"以负担相应的家庭费用部分,以示对男性的公平。该时期,围绕女性的"嫁资",有形成一系列的制度安排,而这些制度安排后成为古罗马私法领域中有关夫妻财产安排的重要法律规定。

中世纪时期,一些贵族家族为了维持其家族的政治影响力和社会地位,在土地继承传统上,普遍实行长子继承制,女性继承顺位靠后,处于不利地位。为了改善这一对女性土地继承顺位不利的土地转让模式,中世纪时期的罗马法学家在采纳、吸收和改造古罗马"嫁资制"的基础上,创设出了西欧封建时代著名的土地"嫁资制"。其通行的做法是,父母在女儿出嫁前从家产中分出一块土地给女儿作"嫁妆"。创设"嫁妆"土地之时采用土地分封方式进行,由此,通过"嫁资"土地,父母与即将出嫁的女儿之间结成领主附庸关系。但与一般的采邑分封不同,父母授予女儿"嫁资"土地之时往往会一并对该土地的继承人范围作出明确的规定。一般来说,此类土地的继承人范围多被限定为女儿的后代(to A and The Heirs of Her Body),若女儿血脉一系绝嗣,或者有人试图把土地卖给外人,则土地封授方有权收回该土地。

随时间推移,采用此类限嗣授予地产方式转让土地的适用范围不断扩大,为了更好地管控此类土地转让行为,1285 年,英国出台了《限嗣继承

---

[1] [意]桑德罗·斯奇巴尼选编:《婚姻、家庭和遗产继承》,费安玲译,中国政法大学出版社 2001 年版,第 79 页。

[2] 杨晓兵:《从"嫁资"制度看罗马法中的夫妻财产关系》,《经济研究导刊》2011 年第 35 期。

法》(*De Donis Conditionalibus*)。以该法为标志，英国土地法中出现了限嗣继承地产（Land in Fee Tail）概念，用以指代土地继承人范围受限的地产。按照该法的规定，如果某一土地转让行为超出了该限嗣继承地产的限定继承人范围，则这一地权也到期终止。为了更好地解释限嗣继承地权到期后的土地归属问题，英国随后的立法中又出现了与土地未来收益（Future Interests）有关的一系列地权概念，如复归地权（Reversion）、剩余地权（Remainders）等。借助这些不同形式的地权，英国的土地权利在时间维度上被分割，并被限定授予给不同世代的家族后人。[①] 这一法律设定为一些家族希冀将家族地产永久保留在家族内部的做法提供了实现的可能。例如，1349年，托马斯·伯克利（Thomas Berkeley）在其遗嘱中规定其土地只能由其家族男性限嗣继承（Tail Male）。至1417年时，托马斯长孙去世，仅留下一名女嗣伊丽莎白。在当时的情况下，按照封建时代的土地继承顺序，托马斯的地产将由伊丽莎白继承，若伊丽莎白出嫁，该地产不免会流出该家族，损害托马斯家族的利益。但有托马斯所设定的土地限嗣继承规则在先，伊丽莎白的土地继承权被剥夺，土地转由伊丽莎白的堂兄詹姆斯继承。[②] 在该案中，通过托马斯的土地限嗣继承设定，托马斯的土地得以永久性地保留在托马斯家族内部。

土地限嗣继承制度将土地永久保留在家族内部的做法，会阻碍土地的自由流通。作为应对，英国的普通法创设了一系列解除限嗣继承制度的法律设定。例如，1454年，英国的法官们创设了"共谋回复诉讼"（Common Recovery）以解除地产上的限嗣继承法律设定。[③] "共谋回复诉讼"是一种虚假诉讼，它是土地买卖双方为了达成土地转让目的，共谋、串通、联手打的一种虚假官司。惯常做法是，买卖双方提前串通好，并找好共同举证人，然后由买方向法院起诉卖方非法侵占了其土地，并在提前找好的证人的帮助下赢得官司，通过这一方式，卖方得以通过法庭以"合法手段"将土地转让给买方，从而达成土地交易。在这一土地转让过程中，卖方的土

---

[①] Chris Given-Wilson, *The English Nobility in the Late Middle Ages: The Fourteenth-Century Political Community*, London: Routledge, 1996, pp. 141-142.

[②] Chris Given-Wilson, *The English Nobility in the Late Middle Ages: The Fourteenth-Century Political Community*, p. 143.

[③] C. F. Dowsett, *Land: Its Attraction and Riches*, London: The "Land Roll" office, 1892, pp. 699-700.

地因被法庭判定为非法所得，其先辈在该土地上所做的限嗣继承设定也便随之破除。著名的托马斯·雷尼案（Thomas Reynes）就是采用这种方式消除地产上的限嗣继承设定的。1428年，老约翰·雷尼（John Reynes）去世，根据他生前留下的遗嘱，在他去世后，土地将由其儿子小约翰及其男嗣世代保有。1451年，小约翰家系绝嗣，按照老约翰的限嗣继承设定，雷尼家族的土地转由老约翰的侄子托马斯继承。托马斯在继承雷尼家族地产后，发现他的土地处分权受到老约翰当时仍存活在世的2个外孙和3个外孙女的土地权利的掣肘。为了达到自由处分雷尼家族地产的目的，托马斯联合他人共同设计了一场"共谋回复诉讼"。① 托马斯让他人起诉自己侵占了其土地，然后在事先串通好的证人的帮助下，使自己输掉官司，通过将雷尼家族土地输给他人的方式，实现了打破老约翰所设定的土地限嗣继承设定的目的。

1688年光荣革命期间，一些保皇派旧贵族面临巨额的罚金或家产被没收的风险，为了规避家族永久失去地产的风险，奥兰多·布里奇曼（Orlando Bridgeman）爵士和杰弗里·帕尔默（Geoffrey Palmer）爵士以及其他著名的律师在吸收、采纳土地限嗣继承制框架基础上，借助遗嘱继承制度、土地信托制度，设计出了更为精细复杂的家族财产继承与分配方案，即"严格家族定序授予制"。② 革命结束以后，土地财富渐与政治身份、社会地位挂钩，大家族将其世代所积累的土地永久性地保留在家族内部的需求有增无减。与此同时，地产主也更为理性，在致力于维护家族地产完整性之余，也越来越关注家族中的弱势家庭成员们的利益。在这一背景下，严格家族定序授予制广为流行起来。

## 二 严格家族定序授予制

严格家族定序授予制通常有两重框架，以在法律允许的前提下，保证地产主将土地以限嗣继承方式永久保留在他所代表的家族手中，并就其妻子及其他子女于该地产上所享有的具体权利状况作出明确的规定。③

---

① Joseph Biancalana, *The Fee Tail and the Common Recovery in Medieval England, 1176-1502*, Cambridge: Cambridge University Press, 2001, p.397.

② Lloyd Bonfield, *Marriage Settlements, 1601-1740: The Adoption of the Strict Settlement*, Cambridge: Cambridge University Press, 1983, p.58; H. J. Habakkuk, "Landowners and the Civil War", *The Economic History Review*, Vol.18, No.1, 1965, pp.150-151.

③ Arthur Arnold, *Free Land*, pp.103-104.

第三章 19世纪农业地权结构及其存在问题

地产主设定严格家族定序授予制的首要目的是将其地产永久性地保留在其所在的家族内部，故而他在将其地产以一个相对较长的固定期限信托出去之后，紧接着就其身后的地产继承顺序作出限嗣继承安排。规定在其身后，由长子继承其地产，长子可终身享有该地产上的大部分收益，但不能自由处分该地产，是为该家族地产上的终身地权人。终身地权人对家族地产的处分权仅限"终身"，由此，即便家产被某一终身地权人卖出，其购买者也仅是买下了该终身地权人对其地产的终身处分权。与此同时，该制度一并将其长子未来的长子设定为该地产的待定继承人（Contingent Reminders），在长子亡故后，顺位继承该家族地产，是为该地产的优先限嗣继承地权人（Tenant in Tail）。这一设定使孙辈的地产权益有着切实的保障，其在家族地产上的未来终身地权的安全性不会被子辈的地权处分行为所累及。经此设定，整个家族地产的世代保有的安全性便有了很好的保障。① 然而，在这一制度设定下，该家族地产上的相关地权人，无论是终身地权人，还是优先限嗣继承地权人，其所能享有的土地权利状况也都会大为受限，他们谁都无法单独行使超过其自身地权范围之外的任何土地权利，谁都不享有完整的土地所有权。② 正如诺福克家族地产属于该家族世代保有，在该地产上，不存在真正的土地所有者，历代诺福克公爵都仅是该家族地产的终身地权人，仅是该家族地产的保护人和管理人。③

此外，地产主在签署严格家族定序授予制时，通常会将其妻子及其他子女应享有的财产份额作出妥善安排，以维持这些弱势家庭成员的正常生活所需，该笔财产一般采用年金（Annuity）或一次性补助方式给付。例如，根据1696年科克（Coke）家族的严格家族定序授予制，该家族当世家主的妻子所享有的财产份额为每年500英镑；根据1710年范（Van）家族的严格家族定序授予制，该家族当世家主刘易斯（Lewis）的妻子所享有的财产份额为每年300英镑；根据1762年邦伯里（T. C. Bunbury）签署的严格家族定序授予制，若该家族当世家主邦伯里婚后只有一个余子或余女，其继承份额为6000英镑；若有一个余子和一个余女，则每个人的继承份额均为5000英镑；若无男嗣，只有女性继承人，则所有女嗣均分10000

---

① Lloyd Bonfield, *Marriage Settlements, 1601-1740: The Adoption of the Strict Settlement*, p. 55.
② Frederick Pollock Bart, *The Land Law*, London: Macmillan & Co., 1896, p. 113.
③ Arthur Arnold, *Free Land*, p. 14.

英镑遗产。①

在严格家族定序授予制规定限制下，家族地产上的终身地权人对其家族地产的处分权是不完整的，不具备自由处分其家族地产的权利，他们无权对其家族地产进行分割、出租或出售等。这种土地所有权状况长期存在，会阻碍英国土地市场的自由流通，会对英国农业的革新与发展造成很大的阻碍，其弊端在英国的农业发展到"高效农业"之时日渐凸显。

在"高效农业"时期，为了发展科技农业，需要对土地上的排水系统、农业建筑等进行巨额投资，而为了筹措基础设施建设所需要的资金，有时需要地产主将其土地进行抵押贷款，这对单以农业地产的租金收入为主要来源的地产主来说更是如此。但受制于严格家族定序授予制限制，作为终身地权人的地产主无权将其土地进行抵押以获得基础设施建设所需的贷款。这种状况为凯尔德的研究所证实。他称："英格兰大部分土地，远比人们想象的要多，为终身地权人所占有，受到严格家族定序授予制的束缚而无法革新。"② 根据汤普森等人的考察，在当时的英国，此类地产约占其土地总面积的4/5。且就不同规模的地产类型而论，在1000英亩至10000英亩的地产几乎都被该法律设定过。③ 这势必会阻碍英国农业的革新与持续良性发展。

严格家族定序授予制不仅限制着终身地权人的土地处分权，还使他们为此背负沉重的财务负担。因为严格家族定序授予制还为限嗣地产授予者的其他子女设定有一些固定的财产份额。终身地权人在其保有家族地产期间，既需要向其家族地产信托管理公司提供一笔稳定的费用或其他相应形式的报酬，也需要以年金或一次性补助方式给他的母亲和其他兄弟姐妹提供规定量的财产。④ 这些固定支出项目，是各土地家族地产上一笔不小的财政负担，给终身地权人造成沉重的财政压力。例如，1839年，第七代贝德福德公爵为其家族成员负担的此类固定资产份额或生活费年度总费用约为4.39万英镑，这笔财务负担，消耗掉了公爵收入中的很大一部分，且在

---

① Gordon Edmund Mingay, *English Landed Society in the Eighteenth Century*, p. 35; John Habakkuk, *Marriage, Debt and the Estate System: English Landownership, 1650-1950*, p. 79.

② Arthur Arnold, *Free Land*, p. 47.

③ Arthur Arnold, *Free Land*, p. 104; F. M. L. Thompson, *English Landed Society in the Nineteenth Century*, p. 68.

④ Fifty-Seven Writers, *Land, Its Attraction and Riches*, pp. 701-703.

第三章　19世纪农业地权结构及其存在问题

遭遇农业萧条等原因导致其收入大幅度下滑之时更显沉重,因为这笔财务负担额是固定的,不会随其收入状况的变化而发生相应的变化。[1]

综上所述,该时期地产主的土地所有权,虽然在当时的地权结构框架之下,是界定清楚的、排他的,但因其他一些因素使然,又使其呈现出缺陷。这些缺陷的存在,使得该时期的土地所有权,作为一项财产权利,还不能获得现代意义上的纯粹经济属性。与此同时,这些缺陷的存在,会阻碍当时英国农业的发展,影响土地市场的自由流通,因而日渐招致人们的反对,并最终成为19世纪土地法改革者们极力要求变革的一项重要地权内容。

## 第二节　租地农场主的土地使用权

租地农场主通过租地运营以获取利润。但租地农场主的土地使用权面临诸多侵扰,并不十分安全,当时的英国法律体系缺乏对租地农场主的租佃权益的有效法律保障机制,无法很好地为其租佃权益保驾护航。

1882年,在阿尔斯特地产上,租地农场主们曾选举代表召开了一次委员会会议,其相关会议记录较完整地保存了下来,在这些会议记录中有一段对话很耐人寻味:

——我咨询您,是因为您提到,斯金纳斯公司(Skinners' Company)地产"现在市值300万英镑",且其中有200万英镑应当被"裁定为属于租地农场主们的资产"?
——是的,对此毋庸置疑,如果执行公正的裁决的话,但租地农场主们很难指望获得此类公正裁决。[2]

这段对话是极好的例证,它说明在当时的阿尔斯特地产上,租地农场主在其所租赁农场上享有的租佃权益并不能得到强有力的保护,在遭遇地

---

[1] David Spring, "English Landownership in the Nineteenth Century: A Critical Note", *The Economic History Review*, New Series, Vol. 9, No. 3, 1957, p. 474.
[2] "Evidence, 1882: Deputation of the Tenants on the Ulster Estates", *City of London Livery Companies Commission Report*, Vol. I, London: Eyre & Spottiswoode, 1884, pp. 213-235.

产主强权之时，极容易遭遇不公平对待。

无论是在以阿尔斯特地产为代表的爱尔兰地区的农场上，还是在签订了19年租约的苏格兰地区的农场上，抑或在租佃关系相对比较稳定的英格兰地区的农场上，无一例外，租地农场主在自由轮耕、自由射杀农场小猎物、获得未耗尽革新措施的应有补偿以及对抗地产主恶意驱逐行为等方面享有的租佃权益都是不安全的，是缺乏有效的法律保障机制的。

## 一 轮耕制不自由

租地农场主不能自主决定其租佃农场上的农作物轮作方式，其轮耕制并不自由。对农作物自由轮耕方式的限制，是英格兰和威尔士农业租佃制中对农业发展造成阻碍的一项限制性原则，它要求租地农场主依照租约或惯例的规定实行农作物的轮种方式或处分其农场上的产品。惯常的做法是，地产主将租地农场主应该遵循的轮种原则写入双方签订的租约之中，同时规定他们不得将其农场上的甘草、谷物秸秆等运出。即便是在没有此类租约规定的情况下，各惯例或习俗中也有关于此类的规定以约束租地农场主的作物轮种行为。

在霍克汉姆地产上，为了保持地力，地产主于1801年开始将限制连续两季种植谷类作物的规定写入租约之中。[①] 此后，这一限制性规定在一段相当长的历史时期内是其租约中的一项重要内容。这一规定极大地限制了该地产上的租地农场主的轮耕自由，不利于他们以最有效的方式经营其农场。这一限制性规定随着农业生产技术的进步，日渐引起租地农场主们的不满，租地农场主们反对这一限制性规定的情绪日渐强烈，并不时地向其地产主发出请愿，恳求允许他们改变原来的农作物轮种方式。1855年，霍克汉姆地产上一个名叫约翰·哈德逊（John Hudson）的租地农场主请求他的莱斯特领主改变当时租约中不得连续种植两季谷类作物的规定，希望在按租约规定本应该种植大麦的土地上改种块茎植物（roots），令人欣慰的是，约翰的这一请求得到了莱斯特领主的允许。1856年，他又一次提出改变轮耕方式的请求，同样也获得领主的允许。当然，他的这一请求，之所

---

① Susanna Wade Martins, *A Great Estate at Work: The Holkham Estate and its Inhabitants in the Nineteenth Century*, p. 75.

第三章 19世纪农业地权结构及其存在问题

以会获得领主的允许,是因为在当时的农业生产技术条件下,此类改变农作物轮种方式并不会对地产主的地力造成破坏。1857年,约翰又一次提出改变农作物轮种方式时,他的莱斯特领主的土地代理人给他的回复中的一段话,可以很好地说明这一点。在这一回复中,其领主的土地代理人写道:"鉴于您的第二季谷物,即小麦之后的燕麦收成良好,我毫不迟疑地允许您在第32块田地上于小麦收割之后继续种植燕麦。"经过几轮反复请求,至1868年时,约翰最终获得了自由轮耕的权利,自此之后,约翰可以完全按照自己的意愿自由地安排其农场上的谷物轮作方式,只要在租约到期前恢复原轮种方式即可。在同一时期,该地产上的其他一些租地农场主也有提出类似的改变农作物轮种方式的请求,他们此类请求中的大多数也都获得了莱斯特领主的许可。[①]

随着农业科学技术尤其是农用肥料生产技术的进步,至19世纪60年代时,已经可以在不损伤地力的前提下打破原有的农作物轮种制度,故而,租地农场主敢于提出改变原有的轮耕制规定的诉求,也正是基于同样的农业发展实际,地产主也愿意逐渐解除原有的轮耕制限制性条款。但在19世纪的大部分时间里,英国的租地农场主在轮耕制自由方面的土地使用权是受限制的,即便是进入该世纪下半叶以后,租地农场主在欲改变原有的轮耕制之时,仍需要先行征得其地产主的同意方可。

但有一个看得见的发展趋势,即随着农业生产技术的发展,租地农场主相比于其地产主在双方签订的租约内容方面所拥有的谈判实力逐渐增强,并在很大程度上导引了租佃契约变革方向。上述霍克汉姆地产上的轮耕制方式的变革,显然是由租地农场主领导,而地产主"顺应"的情势下实现的。随着这一形势的发展,英国主佃双方的关系,逐渐向着更有利于租地农场主的方向发展。但这一转变倾向,主要体现在实践中,还未上升到法理层面,英国的普通法中还没有与之相适应的法律条款以规范此类行为,关于轮耕制自由的法律保障机制仍旧是缺失的。

## 二 未耗尽革新措施补偿不到位

在英格兰和威尔士地区,盛行的是逐年租佃制,按照地方惯例的规

---

[①] Susanna Wade Martins, *A Great Estate at Work: The Holkham Estate and its Inhabitants in the Nineteenth Century*, p. 15.

定,在该租佃制度下,可由任何一方以提前6个月通知的方式终止租约。且在该制度下,若一个租地农场主在其租期内改进了他的农场,则这一革新的结果是,他在续订第二轮租约时,需要支付更多的租金。且根据普通法和地方惯例的规定,租地农场主在退佃之时,无权移除他在其租佃农场上自行建造的固定设施,也无权收割已经播种了的庄稼。由此,在不能保证租佃权的稳定性和安全性的前提下,不免会对租地农场主的革新积极性乃至农业生产发展产生阻碍。

"高效农业"时期,为了发展农业,以及获取更多的农业生产利润,常常需要对农田本身以及农用基础设施做出必要的革新,农场资本投资需求量也随之大为增加,而这些投资中,有很多是长期资本投资类型,无法在短期内获得全部资本投资回报,但在一个相当长的时间内,却能使租地农场主获得的农业生产利润大幅度提高。由此,一个租地农场主若要在其退佃之前获得其资本和劳动力投入的全部回报,不免需要一个稳定而较长的租期。与此同时,如果这些革新措施在租地农场主退佃之时没有耗尽,则应就其未耗尽部分获得相应的补偿。这些租佃权益诉求,随着高效农业的发展愈演愈烈。例如,在前面提到的约翰·普劳特案例中,就其租佃农场上的革新投资状况而论,约翰的确投入了大量的资本,而且农场经营所需要的经营资本也都是由约翰本人承担的。基于对农场所投入的高额资本,以及随着自身经济实力的不断增强,约翰不免会生出对更稳定、更安全的租佃权益的诉求,正如约翰本人所说:"鉴于在农场投资、经营、管理等方面的重要作用,与地产主相比,租地农场主不应处于劣势地位,议会有必要加快制定一个公平的法律机制,地产主……应该实行一种更为稳定的租期,且不应随意提高租金,地产主应就对租地农场主的正常农业生产活动造成的破坏性行为进行赔偿,地产主应就租地农场主于退佃之时的未耗尽革新措施部分进行补偿……"① 正反映了租地农场主对安全、稳定租佃权的诉求,对完善的租佃权益法律保障机制的渴望。

然而,该时期与英国租佃权益有关的法律,还远远不足以满足一个租地农场主的此类租佃权安全诉求。正是基于这一系列租佃权安全困境,约翰在其书的结论部分道出了其写作目的:"我的目的是提醒人们不要忽视

---

① John Prout, *Profitable Clay Farming Under A Just System of Tenant Right*, pp. 86–100.

农业进步中的一个重大障碍——缺乏特定而有效的法律机制以保障租地农场主的租佃权的安全。"①

### 三 无农场小猎物猎杀权

除上述诸多租佃权益不安全困境以外，租地农场主还不享有在他们的农场上自由猎杀小猎物的权利。自由猎杀小猎物的权利，是租地农场主一直希望能够获得的一项重要租佃权益。根据英国封建土地法的规定，土地上的小猎物，如野鸡、野兔等，都属于地产主一方的个人财产，除非主佃双方在签订租约时给予租地农场主明确的授权，否则，即便是这些小猎物肆意毁坏了后者于租佃地上种植的农作物，租地农场主也无权猎杀它们。这一规定，无疑会成为租地农场主农业生产经营活动中的一颗不定时炸弹，这些不能被猎杀的小动物不定什么时候就会蹦出来毁坏其正在生长中的农作物，因而成为租地农场主所强烈反对的隶属于地产主的一项特权。霍华德（James Howard）在《租地农场主：土地法与地产主》一书中所记述的一个案例，极好地说明了这一点：

> 不久之前，我应朋友之邀，到一个较远的郡接手一个面积超过1000英亩的农场。该农场若要良好运营，大约需要花费一个租地农场主2万英镑的资本，我朋友拥有足够的资本，也准备接手这一农场。但当他得知地产主想要保留对土地上的小猎物所享有的自由猎杀权，而他无权猎杀这些小猎物时，他即刻终止了签约活动。他说他以前曾接手过类似的农场，他不想再次陷入危险之中，甚或沦落至对其农场毫无自主权的"农奴"惨境。②

案例中租地农场主的这一想法，道出了当时租地农场主们的普遍心声。多数租地农场主是不愿意签订一份保留有此项特权的租赁合同的，而且，即便是签订了此类租约，最后也难逃退佃的历史宿命。在地产主保留了自己于地产上自由猎杀小猎物特权的情形下，租地农场主的安全性很难

---

① John Prout, *Profitable Clay Farming Under A Just System of Tenant Right*, pp. 86-100.
② James Howard, *The Tenant Farmer: Land Laws and Landlords*, London: Macmillan & Co., 1879, p. 34.

得到有效的保障，后者很难预见得到地产主的这一特权实施的程度，难以就其在这一租佃农场上可能的损失做出恰当的评估，因而也就难以同即将与之签订契约的地产主进行有效的讨价还价，并与之签订一份能够使其租佃权益得到恰当保护的主佃契约。

### 四 "法无禁止"驱逐佃户的行为

租地农场主的土地使用权的残缺性和不稳定性，还体现在英国的土地法律体系缺乏对地产主恶意终止租约、驱逐租地农场主等行为的有效制止上。

19世纪的英国，占主导地位的租佃制度是逐年租佃制、任意租佃制等。在此类租佃制度下，如果主佃双方中有一方欲终止两者之间的租佃契约，需要提前6个月通知另一方。在实践中，很少能够见到此类通知文本资料，租约变更现象也极少发生。在多数情况下，租地农场主的土地占有权是安全的，且常有某一佃户长期经营同一农场的情形，甚至在某些案例中，租地农场主占有某一农场的时间，比其地产主拥有该农场"所有权"的时间还要长。一些租地农场主的继承人或其近亲属拥有优先续订租约的权利，且在某些地区，如果某一租地农场主的后代持续耕种某一土地超过三代，该家族就可以要求世代承租该土地，此即所谓的"三世而袭"[1]。然而，这种相对稳定的租佃制度的长久维系，靠的并不是法律，而是惯例或地方习俗。就法律层面而论，对于一些恶意终止租佃契约的行为，英国的普通法并无明确的限制性条款或强制性处罚措施，即所谓的"法无禁止"。

"法无禁止"实则变相给予了地产主随意终止租约的权力。在实践中，虽然很少出现地产主随意驱逐佃户的案例，但在缺乏强有力的法律保障机制的情况下，一旦出现此类行为，对租地农场主的损害将是非常大的。1872年4月18日的《每日邮报》（*Daily Telegraph*）曾以"苏格兰的驱逐事件"（Evdiction in Scotland）为题，报道了一个此类案例。该文向英国的民众展示了一则令人震惊的消息，汉·内斯比特·汉密尔顿（Hon. Nesbit Hamilton）突然终止了乔治·霍普（George Hope）在芬顿·巴恩斯

---

[1] Charles Isaac Elton, *Custom & Tenant-Right*, London: Wildy & Sons, 1882, p. 67.

(Fenton Barns) 农场上的租赁权，而乔治·霍普是当时苏格兰地区一个非常有名望的租地农场主，乔治本人的声誉也非常好，而且霍普家族已经在该农场上生活了一个世纪之久。在该地产上另一个名叫萨德勒（Sadler）的租地农场主也遭遇了同样的被驱逐的命运，与此同时，萨德勒在农场上所做的革新措施中的未耗尽革新部分也没有获得相应的补偿。[①]

总之，直至19世纪70年代，英国的租地农场主的土地使用权仍缺乏有效的法律保障，在某些情况下他们可能会面临被地产主恶意终止租约的危险，而且在租约意外终止时，也无法就先前在农场上所做的革新措施中仍旧发挥效力的部分获得相应的补偿。

## 五 政治性干扰因素

上述涉及租地农场主土地使用权不安全性的诸多因素，还仅是大地产租佃农场的地权结构内部存在的问题，在该结构之外，租地农场主的租佃权益的维护还要受到地产主政治优势地位因素的干扰，这集中体现在地产主对租地农场主选举权的控制上。

在爱尔兰地区，自1793年议会通过《天主教救济法案》（*The Catholic Relief Act*）给予罗马天主教徒以选举权后，爱尔兰地区的租地农场主，尤其是信仰天主教的租地农场主，其选举权的正常行使面临的阻碍性因素更为增多。在当时的形势下，议会选举实行的是公开投票制度，在该制度下，尤其是对于按领主意愿持有农场的租地农场主来说，其选举权受其地产主的优势权力和地位所左右。例如，地产主会拿一些租佃权益做文章威胁其租地农场主，如不给租地农场主在其租约中未曾涉及的割草的权利，或不给予紧邻海岸的持有地的租地农场主以修筑防堤波的权利，通过诸多此类威胁方式达到控制租地农场主选举意向的目的。对租地农场主来说，这些权利如若丧失，会使他们的农场经营陷入极大的困境之中，为此，他们不得不按照其地产主的意愿行使选举权。不止如此，如若某一租地农场主刚好是天主教徒，他面临的困难还要更增几分，因为他们还需要在地产主和神父们的利益之间周旋、抉择。地产主不容许有例外，无论出身，不谈宗教信仰，一律将租地农场主视为自己管辖范围之内的人。而神父则是

---

[①] James Howard, *The Tenant Farmer: Land Laws and Landlords*, p. 15.

租地农场主心灵的守护者，是他们升入天堂的中间人。如果他们在行使选举权时，将选票投给了地产主，则不免会得罪神父，会失掉神父所给予他们的宗教保护；如果将选票投给了神父，则又不免会得罪地产主，乃至遭遇被地产主从其租佃地上驱逐的危险。①

英格兰、威尔士、苏格兰等地区的情况与爱尔兰地区差不多，租地农场主在其租佃农场上所享有的租佃权益的维护，同样也会受到一些不可控的政治因素的影响。地产主多是政治权力的实际掌控者，在实践中，租地农场主需要遵循地产主的意愿行使其选举权，尤其是在1832年议会改革之后，年租金价值50英镑的任意期限的租赁保有农选举权的授予，更是加重了租地农场主对其地产主的依赖程度，这种状况直至1872年秘密投票原则开始实施，以及1883年《选举舞弊和非法行为禁令》出台使议会选举腐败问题得到彻底遏制以后，才真正得到缓解。

总之，在19世纪的英国，租地农场主对其租佃地所享有的使用权并不安全，受一系列内外因素的影响，其租佃权仍旧是不稳定的、不完整的、缺乏有效的法律保障机制的保护的。相比于租地农场主，地产主所处的地位更具优势性，且基于自身利益需要，地产主在与租地农场主签订租约之时，常会将一些不公平性附加条款写入租佃契约之中。如在租约中写入：租地农场主无权射杀其租佃地上的小猎物自己消费，或射杀它们以保护农场上的庄稼；无权移除租期内在其租佃农场上建造的固定设施或革新设施，且在不移除的情况下也无权获得相应的补偿等。在实践中，租地农场主被地产主随意驱逐的事件虽不多见，但也绝非完全不存在，在防范和应对可能的被驱逐的危险时，租地农场主唯一能做的是尽量寻求一个就其权利和义务做出明确界定的租佃契约合同。然而，即便是签订了此类租约，即便是这些租约被施以一定的法律效力，在地产主对租佃农场的租佃权益造成伤害时，也很少会有租地农场主敢于向其地产主发起诉讼，在相应的法律保障机制缺乏的前提下，此类诉讼行为可能面临的风险，不见得是租地农场主所能承受之重。

在相应的租佃权益法律保障机制出现以前，对农场主租佃权益的安全保护，主要依赖于地产主的个人品质和信誉，依赖于地产主与租地农场主

---

① P. G. Dardis, *The Occupation of Land in Ireland in the First Half of the Nineteenth Century*, pp. 3-4.

之间签订的非对等租约，依赖于主佃双方在处理租佃权益争端过程中逐渐形成的一些争端解决机制、惯例或习俗，以及英国民众在其特定的历史发展长河中日久养成的一套根深蒂固的思想观念等。

## 第三节 传统主佃关系调节机制

在有关租佃权益法律保障机制不健全的情况下，在很长一段时期内，租地农场主对其占有土地的使用权的安全性，并未遭遇地产主的过分侵扰，在相当程度上，其占有权一直都是比较稳固的。在成熟的租佃权益法律保障机制确立以前，租约、惯例或习俗、思想观念等，在调节地产主和租地农场主之间的主佃关系上发挥了不容忽视的历史作用。

### 一 传统租约

在19世纪的英国，租约比较发达，且形成一套专门针对租约问题的惯例或习俗。依照惯例或习俗，地产主和租地农场主之间的租约的变更，一般集中在圣母日（Lady Day）或米迦勒节（Michaelmas）期间集中处理，如以一些拥有新思想的租地农场主代替落后守旧者，也有一些是因现有的租地农场主死亡、退休或迁徙至他处等原因需要变更主佃关系的。

在当时的英国，租约偏重于保护地产主的利益，而保护租地农场主土地权利的内容则相对缺失，并非真正意义上的"自由契约"（Freedom of Contract），地产主为了保护自己于土地上所享有的特权，常将一些限制轮耕制方式、不得射杀农场小猎物等的规定写入租约之中，而为了维持其政治特权的需要，又常将一些本该包含在租约内的诸如割草、修筑防洪堤坝等的权利故意不写入。甚至在一些租约中，也会存在事无巨细地就一些具体农事活动做出明确的限制性规定的情况。克拉潘曾就主佃双方在签订租约时针对具体轮耕制的问题做过这样的评价："小心谨慎的地产主，在同其租地农场主签订租约之时，总会将某一限制谷物轮种方式的条款列入其中，这些条款有时会让租地农场主苦不堪言。"[①] 在沃尔特郡，一些替地

---

① ［英］克拉潘：《现代英国经济史·中卷·自由贸易和钢（1850—1886年）》，姚曾廙译，商务印书馆2009年版，第378页。

产主打理农场事务的管家,为了方便管理,有时会在租约中就农场上诸项农业活动安排做出明确的规定,这些规定甚至会细化到一年中某些活动开始或结束的日子。如针对牧草收割问题,一些租约中有规定,除了铺路,草地上的牧草在一年内不得收割两次,时间也不能晚于每年的8月1日。①

租约的维护也常要依赖惯例或习俗,完善的法律保障机制尚不存在。即便是存在一些对该问题有所涉及的法律,不管是成文的还是不成文的,其内容中又常有与"自由契约"精神相悖者。如英国的普通法规定,土地上的附着物属于土地的主人,虽然在实践中,此类法律理论上的规定很少付诸实施,但它作为一项法律规定,一旦在某一特定时期、特定情况下被执行,不免会造成一些非常消极的后果。再如依照普通法的规定,租地农场主无权就其在租期内对农场所做的革新要求相应的补偿,或将其建造的农用设备拆除或移走,这在为了发展高效农业需要租地农场主对其农场进行高资本投资之时,不免会引发诸多消极后果。凯尔德针对苏格兰租约制下的农业发展状况所撰写的考察报告印证了这一点,他在报告中指出:"在一些签订了19年租约的农场上,你能料想到,对于即将到期的租地农场主们,他们在最后5年租期内,常会减少农场上的资本投资,且以竭泽而渔的方式进行耕作。而在一个新租期内的前7年,则是慷慨地对农场进行投资,并使其土地的生产力逐渐地得到恢复。而在接下来的7年,必然会是农场的高产时期,之后则又进入新的竭泽而渔阶段。"②

在相当长的时间里,租约一直是调节主佃双方关系的一种重要方式,其成效虽然很显著,但也并非全无漏洞。在具体实践中,因地产主和租地农场主双方的地位、实力不同,其所签订的租约常常是不对等、非"自由契约"式的,在公平、公正地维持或协调主佃关系方面,其"法律"效力难以尽如人意。

## 二 地方惯例或习俗

惯例或习俗,是调节主佃关系的另一项重要方式,它是英国各地方的

---

① "Agriculture 1793 – 1870", in Elizabeth Crittall ed., *A History of the County of Wiltshire*, Vol. 4, London, 1959, pp. 65–91.

② James Howard, *The Tenant Farmer: Land Laws and Landlords*, p. 30.

地产主和租地农场主在处理与租约、租佃权益有关的日常事务过程中逐渐形成的一套行为规范或准则。它涉及经济和社会等众多层面的相关内容，且有着久远的封建时代的历史起源。在这些惯例或习俗中，比较典型的有：爱尔兰租佃权习俗（即阿尔斯特习俗）、"信誉"（goodwill）习俗、英格兰林肯郡习俗，以及格拉摩根、伊夫舍姆河谷地区习俗等。

在爱尔兰地区，主要存在着两种类型的习俗，即租佃权习俗和"信誉"习俗。

爱尔兰的土地所有者多非爱尔兰本地人，他们在当地的核心地产利益相对较少，故而多将该处的地产打包租赁给一些中间商，仅收取一些固定的租金。这些中间商从地产主手中获取土地之后，一般将其分割租赁给一些小型租地农场主，以从中赚取巨额的中间租金差价。但不管是地产主，还是中间商，其对土地的投资与革新活动多不上心，此类活动一般由租地农场主本人全权承担，因为对土地的基础设施与经营投资在总投资额中占比较大，爱尔兰的租地农场主对租佃权益安全性的诉求也要远高于其他地区。在爱尔兰式农场投资形势下，于爱尔兰地区日渐形成了一种习俗，即租佃权（tenant right）习俗。这一习俗，对租地农场主们的租佃权益的保护力度相对比较大，根据其通行的惯例或习俗，地产主和租地农场主之间的关系更类似于一种合作伙伴关系，地产主若想解除两者之间的主佃关系，必须按照当时的市场价值对租地农场主在其租地上所做的全部资本投资进行补偿之后方可解除。① 这一习俗对租地农场主权益的保护力度要高于地产主，在地产主为了更好地维护自己的土地权益欲收回该处土地之时，租地农场主不免凭借这一习俗，就自己在租地上所做的系列投资强力争取"租佃权"赔偿，甚至不惜诉诸武力相抗争，这成为爱尔兰地区爆发土地革命的重要原因之一。

除了租佃权习俗，"信誉"习俗在爱尔兰地区也很盛行，但对其实际效用同样不能期望过高。在爱尔兰南部地区，因该习俗引发的地产主和租地农场主之间激烈冲突的案例时有发生。在蒂珀雷里（Tipperary），一个地产主曾遭遇其离佃农户的威胁，对方称除非他获得了预期的租佃权益补偿，否则地产主休想恢复对其租地的占有权，也休想将其租地另行出租。

---

① P. G. Dardis, *The Occupation of Land in Ireland in the First Half of the Nineteenth Century*, p. 12.

如果离佃农户的此类赔偿要求遭到拒绝，不管是地产主还是潜在的入佃农户，都极有可能会遭受人身或财产方面的损失。而基于此类离佃补偿所做的地产价值评估，并非以地产的实际市场价值为参照，而主要是由退佃农场主自己或其朋友们的自诉地产价值所决定的。如果此类离佃补偿要求未得到满足，则潜在的入佃农户可能会遭到谋杀。但在"信誉"权得到共识的地方，租地农场主一贯的土地占有权的确能够在一定程度上得到有效保护。在蒂珀雷里，一个租地农场主因拖欠一个8英亩（每英亩22先令租金）农场三年的地租而被其地产主驱逐后，这一农场被以广告形式出租，但过了6个月也没有人出价承租。至于原因，可自该地产上的地产主与某一不愿承租该农场的农户之间的对话中窥得一二：

地产主："你是害怕承租它吗？"
不愿承租的农户："不，是因为我们已经同被遭驱逐的农场主达成了协议，要为他的'信誉'权支付32英镑的额外费用。"①

从他们之间的对话可以看出，"信誉"习俗强有力地保护着租地农场主们的利益，在租地农场主因遭遇拖欠租金等被地产主驱逐之时，欲入佃农户也无法轻易地取而代之，正如该案例中不愿入佃的农户所言，若想取代前任租户进占该农场，除了惯常的租金，还需要向前任租户支付32英镑的额外费用，而这笔费用要远远高于正常的租金，对该租户来讲，入佃成本太高，并不划算。这也从另一个方面显现出，在该习俗发挥效用的地区，它更多保护的是实际租地农场主们的利益，甚至是他们的一些非正当利益。

在英格兰地区，比较典型的用于调节主佃关系的习俗有林肯郡习俗、格拉摩根、伊夫舍姆河谷地区习俗等。

1850年，凯尔德到访林肯郡时发现："在林肯郡，虽没有专门的法律法规的制约，但存在着一个普遍被接受的习俗，该习俗要求地产主在其农场转手之时，要为退佃的租地农场主做出一定的补偿，且不接纳一个不接受此习俗的新租地农场主，赔偿的范围包括土壤改良、筑渠、修路等农业

---

① P. G. Dardis, *The Occupation of Land in Ireland in the First Half of the Nineteenth Century*, pp. 12-14.

## 第三章 19世纪农业地权结构及其存在问题

革新措施。"① 凯尔德所谈及的这一习俗正是所谓的林肯郡习俗。

林肯郡租佃权习俗产生于1815—1825年间，其目的是对抗拿破仑战争后农产品价格走低和被地产主驱逐的风险，后来该习俗为英国民众所普遍接受，并成为1875年和1883年《农业持有地法案》（Agricultmal Holdings Act）的立法蓝图。林肯郡习俗本质上是一个妥协性质的租佃权赔偿习俗，它不以牺牲离佃农户的利益为代价来维护地产主的利益，也不会损及地产主的利益，是对主佃双方都有利的一种租佃权习俗。就租地农场主离佃时在其租期内所做的诸如提高土壤肥力的革新措施中尚未耗尽部分给予一定的补偿而论，按照该习俗，其基本补偿原则是，在计算应支付给离佃农的补偿时，采用承租人在其租期内投入的肥料成本以其肥力存续时间按年折现补偿的方式实施。例如，在林赛农场，施用骨粉肥料的肥力维持年份通常为3年，如若租户离佃时骨粉肥力未耗尽，则按每年1/3的比例给予补偿，一直补偿到骨粉肥力耗尽为止。②

林肯郡的租佃权习俗起源于该处的农场退佃、入佃传统。林肯郡的农场交接时间为每年的4月5日，离佃农户需要在此日期之前让入佃农户进入农场，或者为后者进行耕种，在后一种情况下，入佃农户要按照双方所议定的标准对离佃农户所付出的劳动和农作物种子费用等进行补偿。以此为源头，逐渐生长出了所谓的林肯郡租佃权习俗。③ 除此之外，林肯郡租佃权习俗的出现还与当地农业的发展进步有关。从18世纪80年代开始，圈地牧羊盈利空间下降、谷物价格攀升，以及附近工业城市消费市场扩大等经济形势的新变化，刺激了林肯郡林赛地区的租地农场主，为了追逐更多的农场生产经营利润，多数农户将牧草和谷物轮种制度视为主要的农业生产方式，而此类农业生产活动势必需要对农用化肥和牧草进行大规模的、长期的资本投资。在当时的农业经济快速发展形势下，因为地产主与租地农场主之间互信度高、租金低、农产品价格高、投资回报见效快，即便是在任意保有租佃制下对农场进行高额资本投资，租地农场主们的农业

---

① E. J. T. Collins, *The Agrarian History of England and Wales*, Volume, Ⅶ, 1850-1914, part I, Cambridge: Cambridge University Press, 2000, p. 795.

② J. A. Perkins, "Tenure, Tenant Right, and Agricultural Progress in Lindsey, 1780-1850", *The Agricultural History Review*, Vol. 23, No. 1, 1975, pp. 1-22.

③ D. B. Grigg, "The Development of Tenant Right in South Lincolnshire", *Lincolnshire Historian*, 1962, pp. 41-47.

生产活动也几乎不存在任何风险。但在进入19世纪以后，受拿破仑战争、农业不景气等因素影响，农户的不安全感日渐增多，为了更好地抵御风险，他们对租佃期限、投资补偿机制方面的诉求明显增多，随着这一形势的发展，与林肯郡租地农场主的投资与补偿问题相适应的一系列争端解决机制也不断地趋于成熟，并最终形成了独具特色的林肯郡租佃权补偿习俗。

林肯郡习俗采用由入佃者补偿离佃者的租佃权补偿办法，以便为有能力的农户安全使用其租地提供更多的保障。在该补偿机制下，承租者在提高农场土壤肥力方面投入的资本越多，潜在的入佃者所需要的补偿资本也就越多，这势必会促使地产主设法提高租地保有的稳定性，且将潜在农场承租者限定在既有农场经营经验又有雄厚资金的小部分农户群体范围之内，以最大限度地保护离佃农户、入佃农户以及地产主的利益，保证农场的正常持续运营。①

林肯郡习俗补偿机制并非完美无缺。在实践中，租佃权补偿标准久商不决的情况也时有发生，甚至还曾因此而引发过一些不必要的争端或冲突。1835年，在格里姆斯比附近的沃尔瑟姆地产上，一农户因破产通知其地产主将于该年的5月份退佃。即将入佃的新农户于该年2月份向离佃农户请求进入农场播种春季谷物时，因当时双方尚未就未耗尽改良措施的补偿标准达成一致协议，被离佃农户拒绝了。几天后，入佃农户伙同他的农业工人强行进入农场进行春耕，但遭到离佃农户的拒绝而不得不离开。仅仅过了两天，他们又带着农具返回农场强行进行春耕，与离佃农户家族之间发生了暴力冲突，离佃农户方一人的手臂被打骨折了。②

在林肯郡习俗之外，格拉摩根习俗在保护租佃权方面所发挥的作用也不容小觑。格拉摩根习俗存在于格拉摩根的阿凡河以东地区，当地主要以谷物种植业和畜牧业为主，尤以小麦种植业最为普遍。格拉摩根租佃权习俗的基本原则是，在地产主或现任租地农场主发出退佃申请后有序地终止

---

① J. A. Perkins, "Tenure, Tenant Right, and Agricultural Progress in Lindsey, 1780-1850", *The Agricultural History Review*, Vol. 23, No. 1, 1975, pp. 1-22.

② J. A. Perkins, "Tenure, Tenant Right, and Agricultural Progress in Lindsey, 1780-1850", *The Agricultural History Review*, Vol. 23, No. 1, 1975, p. 5.

租佃协议。但对未耗尽改良措施的补偿未能形成一种约定俗成的补偿机制。但许多习惯或惯例补偿元素早在19世纪格拉摩根习俗成熟之前就已经被嵌入其补偿机制之中了。例如，按照惯例，每年2月2日是租地农场主发出或接受退佃通知的截止日期，但在发出或接受通知以后，离佃农户仍然可以在当年的5月1日租期结束之前继续免费使用邻近其宅基地的农舍和牧场。离佃农户通常也可以把干草或稻草运出农场，或者获得与其劳动价值相适应的补偿，对于离佃农户已经播种的谷物或饲草，可以参照其附近两三个农户给出的估值的平均值，给予相应的补偿，入佃农户在征得离佃农户许可后，也可以提前进入农场犁地和种植春季作物。[1] 至19世纪末时，格拉摩根习俗发展为成熟的租佃权补偿习俗。该习俗的租佃权补偿额度很大程度上取决于估值时的农场经营状况，大约相当于一个运营良好的农牧混合农场的两年租金。这一补偿额度，以及前述的其他补偿原则和实施办法相对比较客观、公正。

此外，运用得比较好的主佃关系调节习俗还有伊夫舍姆河谷地区习俗。在伊夫舍姆河谷地区，园艺租地农场主退佃之时的赔偿范围涵盖整个租期内的革新项目，包括其租期内所种植的果树的价值等，补偿赔付交易通常是安排在离佃农户和入佃农户之间，由二者协商进行。该习俗较为客观、公平，其有效实施有助于促进该地区租佃制度的稳定性，有助于补偿市场化租地农场主的正常损失，使地产主摆脱所需的巨额赔偿负担，同时也有助于提高地产主的地产的市场价值。[2]

在上述租佃权习俗之外，也存在一些补偿习俗被滥用的案例。例如，在萨里郡，盛行的非正常租佃权赔偿习俗，鼓励了当地的一些不诚实的租地农场主不停地由一个农场向另一个农场迁徙，并通过每次退佃时要求非正当理由赔偿的方式获取巨额赔偿金。[3]

总起来讲，19世纪时期，英国流行的租佃权补偿习俗，主要限定于租地农场主的未耗尽革新的补偿方面，虽然其效力比不上普通法的法律

---

[1] A. W. Jones, "Glamorgan Custom and Tenant Right", *The Agricultural History Review*, Vol. 31, No. 1, 1983, pp. 1-14.

[2] E. J. T. Collins, *The Agrarian History of England and Wales*, Volume, Ⅶ, 1850-1914, part I, p. 796.

[3] E. J. T. Collins, *The Agrarian History of England and Wales*, Volume, Ⅶ, 1850-1914, part I, p. 796.

效力，但在相当长一段时间内，在一定程度上填补了法律保障机制缺乏的漏洞，发挥了有效协调所在地区主佃关系的重要作用。至于何以此类的习俗会在所在地区发挥如此有效的替代作用，也很值得我们仔细地思考。而对该问题的探讨，似乎不得不涉及英国民众的根深蒂固的思想观念层面。

### 三 民众传统主佃契约观念

大地产租佃农场的地权结构的调整与变革，还与当时英国民众心态，以及英国历久形成的一套意识形态相关。

意识形态作为人们有关世界的一套信念，常与道德、伦理判定等交织在一起，并以"世界观"的形式出现，作为个人与其环境达成协议的一种工具，能有效地节约经济交易过程中所需要的费用，推动经济决策的过程。意识形态有着重要的价值，"一个社会的健全的伦理道德准则是使社会稳定、经济制度富有活力的黏合剂。如果没有一种关于意识形态的清晰理论，或更广泛意义上的关于知识社会学的理论，那么，我们解释现行资源配置或历史变革的能力就会有很大的缺口"[①]。意识形态在制度变革问题上，常是以信念的形式表现出来的。如果我们能够对诺思在对制度研究过程中的思想观念的变革做一梳理的话，将会发现，他晚年非常注重人们的信念等要素在制度变革中的重要性。他认为，个人基于其所处的社会和制度环境，包括文化遗产、社会实践以及知识的学习等所养成的信念体系，"决定了人们所做出的选择，然后，这些选择建构了人类行为的变化"，进而导致不同的制度结构，"信念是建立理解经济变迁过程的基础的关键"[②]。

在以信念为视角理解英国农业地权变革问题上，首先是英国民众心理层面上自古形成的人与人之间的信任理念。英国，一早便是一个信任和开放的国度，这在英格兰地区表现得最为典型。梅特兰曾指出，在英格兰，人们"长期生活在一种'信任'的氛围中"，在该种社会环境下，"信任"日渐成长为英国民众的一种普遍的思想观念，并由此"创造了英格兰所依

---

[①] [美]道格拉斯·C.诺思：《经济史上的结构和变革》，厉以平译，商务印书馆1992年版，第18—20、55、57—58页。

[②] [美]道格拉斯·C.诺思：《制度、制度变迁和经济绩效》，杭行译，上海人民出版社2008年版，第26—27页。

第三章　19世纪农业地权结构及其存在问题

存的根基"①。这种信任对英格兰所产生的巨大价值,为莱恩所重申,他称:

> 人与人之间的信任,一种道德上的信任,是英格兰社会精神所独有的特点……无论有没有订立专门的法律信约(legal covenant),承租人一代代稳坐在那里,虽无书面文件或租约,却从不疑虑地主或房东会不会拒绝或驳回其正当、合理、正常的要求。互相信赖对方的诚信,这个元素在英格兰的社会结构中,较之在任何其他国家,更加紧密地黏合了人与人之间、阶级与阶级之间的关系。②

正是这种高度信任的思想氛围,使英国高效农业的发展并未因缺少有效的法律保障机制而受到过多的阻碍。1840年,菲利普·蒲赛(Philip Pusey)将林赛的任意租地农场主愿意大举投资其农场的意愿归因于"对地产主的充分信任,比如亚伯勒伯爵"。亚伯勒伯爵地产位于林赛东北部地区,面积约为5.5万英亩,普遍实行逐年租佃制,很多农场由同一租地农场主家族世代承租,这一租佃继承特性为亚伯勒地产上的租户姓氏籍册所证实。在该姓氏籍册中记有一位名叫劳森·霍尔姆斯的租地农场主,他是亚伯勒伯爵地产上一位非常受人尊敬的租地农场主,同时也是该处地产上最古老的土地承租家族卡德尼家族的直系后裔,该家族在该处地产上已经承租土地达300年之久。蒙森勋爵位于林赛周边农场上的租地农场主大都跟劳森一样,也几乎都是世袭的农户,他们以"子承父业"形式世代承租同一土地。这种习俗早已根植于当地人思想观念深处,也早已成为一种约定俗成的惯例和习俗,以致当地主佃之间不需要每隔一段时间重订一次租约,也不会出现某一地产主或租地农场主一方要求重新订立租约的行为。③

19世纪时期的著名农学家莱恩,曾对英格兰租地农场主在其承租农场

---

① [英]艾伦·麦克法兰主讲:《现代世界的诞生》,管可秾译,上海人民出版社2013年版,第175页。
② [英]艾伦·麦克法兰主讲:《现代世界的诞生》,第175—176页。
③ J. A. Perkins, "Tenure, Tenant Right, and Agricultural Progress in Lindsey, 1780-1850", *The Agricultural History Review*, Vol. 23, No. 1, 1975, pp. 1-22.

上所享有的实际土地权利状况做过一份纪实性的观察记录。这一记录中的一些内容形象地展现出了当时该地区主佃双方之间相互信赖的这一英格兰元素：

> 我亲眼看见，英格兰的土地承租人尽管不是土地保有（tenure）者，却对道德准则信心十足，自由而又自信地将大笔金钱投资于排水、施肥、改良牛羊品种，投资于各种最昂贵的农业改革。①

同时代的凯尔德也曾关注到民众的思想观念在英格兰主佃关系中所起到的巨大作用。他指出：

> 在实践中，地产主和租地农场主常是一种相互信任的关系，例如，在林肯郡，租地农场主的自信心，并未因缺少租佃权的保障措施而受到影响，在那里，地产主和租地农场主之间良好的信任关系，合理的租金规定，在缺乏有效的租佃权保障机制的情况下，起到了重要的保障作用。②

租地农场主和地产主之间的这种相互信任的关系何以会产生？凯尔德认为，这种关系的产生源自"英格兰历代以来两个阶层对彼此所具有的高贵品质的认同"，正是这种认同性所产生的高度信任感，使租地农场主在缺乏对其租佃地的有效的法律保障机制的状况下，"仍旧敢于源源不断地将大量的资金投入到土地上"③。

毋庸置疑，在英国特定社会发展环境下，英国民众日渐养成的思想观念，在形成乃至维系该时期的主佃关系方面起到了巨大的作用。与此同时，这些思想观念作为建构在特定经济社会基础之上的一种历史事物，又必然会随其经济社会基础的变化而发生相应的变化，进而会推动其所处经济社会基础的进一步发展。例如，租地农场主随其自身经济实力的不断增强，以及其在农场上投资比重的不断提高，其在主佃双方谈判中的话语权

---

① ［英］艾伦·麦克法兰主讲：《现代世界的诞生》，第67页。
② J. Caird, *English Agricultural in 1850-1851*, London：Longman, 1852, pp. 194-196.
③ J. Caird, *English Agricultural in 1850-1851*, 1852, p. 150.

也会不断地提高，与此同时，其对租佃地的租佃权稳定性、安全性的要求也必然会随之"水涨船高"，这一趋势的不断发展，最终推动了当时农业地权结构的历史变革。索尔特（Salter）地产上与此相关的实例印证这一点。在该地产上，因为是租地农场主们承担了所有的基础设施投资，而地产主除了以6%的年利率借给租地农场主的贷款外，并未投资一分钱。正是在这样的地产投资组合方式下，租地农场主们敢于也极力追求与之投资相称的租佃权的安全性法律保障机制。与此同时，在他们的心理层面上，还逐渐形成了一种观念意识，即他们相信和认定"人们的权利是安全地掌握在他们自己的手里的"，这种思想观念在他们随后不断地追求和推动当时的农业地权结构的变革过程中发挥了重要的促进作用。[1]

## 本章小结

19世纪是英国大地产、大农业体制盛行时期，在大地产租佃农场上，农业地权结构界定不清晰，进而影响了土地的社会经济效率。首先，土地所有者仅为其家族地产上的终身地权人，其对土地的出租权、抵押权、出售权等受到严格家族定序授予制的严重制约，其对土地的处分权十分有限；其次，租地农场主的土地使用权也不完整。其在轮耕制自由、猎杀农场小猎物、应获未耗尽革新措施补偿、安全占有农场等方面的权利受到一些外部因素的侵扰，存在诸多不安全性因素，与之相适应的租佃权益法律保障机制缺失。

大地产租佃农场的地权结构还不是完备的现代经济属性上的产权组织，其相应权利主体所享有的土地权利是不完整的、不稳定的，且缺乏相应的统一而完善的法律保障机制，其主佃关系的调节与维护更多依赖的是地产主与租地农场主的个人品质和信誉，两者之间签订的租约，双方在处理彼此间的租佃争端问题上逐渐形成的一些惯例或习俗，以及英国民众在其特定的历史发展长河中历久养成的一套思想观念等。

大地产租佃农场的地权结构也并非一成不变。随着这一农业地权结构

---

[1] "The Ulster Estates", *City of London Livery Companies Commission Report*, Vol.1, London: Eyre & Spottiswoode, 1884, pp.235-246.

所处的经济社会基础的不断变化，该组农业地权内部地产主和租地农场主的土地权利状况及其相应的思想观念也在不断地发生着变化，适应新的不断变化的形势发展需要，该组农业地权结构也需要及时作出新的调整。这种变革农业地权结构的需要，在英国进入"高效农业"发展阶段以后日渐紧迫。在当时的新的农业发展形势下，该农业地权结构越来越成为英国农业经济进一步发展、农业生产效率进一步提升的巨大障碍。当时的英国政府也认识到了这一问题，并通过法律手段不断地调整该农业地权结构，使其更好地适应农业经济效率稳步提升的实际需要。

# 第四章 终身地权明晰化

在以市场为导向的现代社会，农业地权需要获得法律的认可，并在法律允许的范围内依法执行，而政府的存在可以通过确认农业地权的实施边界来降低农用土地在市场上流通的交易成本，进而推动农用土地资源的经济效率的提升。英国政府认识到了这一点，并在19世纪时出台了一系列相关土地法律法规，就各土地权利主体的地权边界及其实施规范做出明确的界定，降低土地抵押、租赁、买卖等交易成本，以国家法律手段调控土地市场，促进农地市场、农业经济的进一步发展。这些地权法律调控措施及其引致的各农业地权利主体的土地权利变化状况，在直观可见的土地法文本本身的变化中清晰可见，在大量不同地权主体增强自身地产处分权的具体实践案例中不证自明。

在19世纪时期的英国，寻求"经济进步"与维持"土地神圣优势地位的古老学说"已是势如水火。鱼和熊掌不可兼得，当时身居英国政府和议会优势地位的土地所有者们，主动或被动地越来越倾向放弃保持家族地产完整不可侵犯的神圣性，以变革终身地权、租佃权等方式来推进农业地权变革，以进一步解放土地生产力，推进英国农业及其他产业的发展。该时期，终身地权、租佃权的变革主要是通过议会立法方式实现的。经过19世纪的农业地权法律变革运动，各农业地权利主体的相应地权都不断地趋于强化。地产主日渐自严格家族定序授予制的束缚中解放出来，其对土地的处分权初步得以确认；租地农场主的租佃权法律保障机制日渐完善，其对土地的使用权的安全性不断趋于硬化；农业工人对土地财产权的渴望，日渐得到社会的广泛重视，并通过份地和小持有地运动取得了一定量的租赁或所有权土地，开始触及所谓的"土地财产权的魔力"。

三类土地权利主体的地权法律变革运动程序都很烦琐，过程也很曲折，绝非三言两语所能说清道明，故在具体论述过程中，拟分作三章，分别就地产主、租地农场主、农业工人的地权问题详加阐释。这三类地权主体分别对应着三类地权问题，即终身地权、租佃权、农业工人"地权"问题。本章将先从地产主的终身地权问题开始讲起。

终身地权立法改革，是19世纪英国地权法律变革的核心要义之一。其相关立法实践活动，始于地产主们的地产处分权宜之计，起初，主要通过申请议会私人法案方式进行，之后才逐渐过渡到立法确认阶段。整个立法过程主要沿着两条线索逐步展开：其一是增强权利主体（终身地权人）的地产处分权，其二是破除限制权利主体（终身地权人）地产处分权的制度性障碍。经过19世纪的相关土地法律改革，终身地权人的土地抵押权、出租权、出售权初步得以确认，而阻碍终身地权人自由处分其终身保有家族地产的严格家族定序授予制也逐渐走向衰落，终身地权得以初步明晰化。

从时间线性发展演变脉络来看，整个终身地权立法确认过程，又可以19世纪末的农业大萧条为界，划分为两个阶段：在农业大萧条爆发以前，是终身地权初步立法确认阶段，主要立法成果集中于增强终身地权人的土地抵押权和出租权两个方面，而出售权虽然也有被不断要求，却并未取得任何实质性进展。但在农业大萧条爆发以后，社会各阶层对自由出售土地的权利的要求日渐强烈，对限制土地自由贸易的严格家族定序授予制的敌意日渐增多。在当时的整个社会民众心态、公众舆论形势影响下，议会不得不做出必要的同时也是最后的妥协，不得不于1882年出台了《严格家族定序授予制法》（Settled Land Act），以法律形式确认终身地权人对其所占有的家族地产自由出售的权力。

1882年《严格家族定序授予制法》的出台，是严格家族定序授予制走向衰落的重要标志，至此，长久以来束缚在终身地权人身上的枷锁已经被抖落掉，终身地权人已经渐次取得了抵押、出租、出售其家族地产的全部权力，其终身地权得以明晰化。终身地权的明晰化，具有重要的历史意义和价值，它为随后即将到来的土地自由流通、土地市场繁荣提供了重要的法律保障。

第四章　终身地权明晰化

## 第一节　终身地权初步立法确认

### 一　私人议案申请

严格家族定序授予制下的终身地权人不能对家族地产进行抵押贷款，这就限制了地产主对土地进行投资与革新的能力。在此形势下，19世纪上半叶的多数家族大地产的农业革新所需要的投资有很大一部分是由租地农场主承担的。正因如此，地产主对租佃农场的申请人的资金状况要求较高。例如，莱斯特伯爵作为大地产的终身地权人，当有人申请承租他的农场之时，他通常会问申请人，"你有多少资金？我将根据你的资金状况给你相应的土地"[①]。在当时普遍盛行的严格家族定序授予制下，终身地权人对土地的处分权是非常有限的。因此，一些具有先进思想的终身地权人，为了更好地经营其家族地产，促进大地产租佃农场生产经营活动的有序开展，致力于寻求各种脱困之法。

最初，终身地权人寻得的脱困之法是，以个人名义向议会申请私人法案（Private Act），通过获取议会立法确认方式，解除严格家族定序授予制对自身有效经营土地行为的限制。通过该方式获取部分地产自由处分权，申请者首先需要向上诉法院提起诉讼请愿书，经大法官批准后，才能将签字盖章后的请愿书递交下议院讨论，在获得下议院批准后，才能进一步提请上议院继续讨论，而只有获得了上议院的审核批准，才能够最终获得其请愿书中所申请的地产处分权。其程序极为烦琐，费时费力，这在一些终身地权人诉诸议会私人议案申请个案中有清晰体现。现以菲利普·蒲赛（Philip Pusey）、托马斯·斯林斯比（Thomas Slingsby）爵士的地产处分私人议案申请具体情况为案例详加说明。

1829年，蒲赛从他父亲处接手了其家族地产，成为终身地权人，为了获得经营家族地产所需要的资金，他像大多数人一样，通过向议会申请一份私人法案的方式获取自由处分家族地产的权力。早在1832年年初，蒲赛在征得其他家族地产相关权利人同意后，向法院递交了请愿书，希望能将其位于肯特郡和伯克郡的某些限嗣继承地产委托出售。经过大

---

[①] Arthur Arnold, *Free Land*, p. 67.

法官们的仔细审阅、调查并获得相关土地权利主体的同意之后，申请被通过并进入下议院讨论阶段。

1832年5月22日，蒲赛的申请在下议院公开讨论并获得通过。此次议会同时讨论并通过了托马斯·斯林斯比爵士家族的地产处分私人议案的申请。在托马斯的申请书中，他希望将其位于斯克里文、斯科顿、法纳姆以及约克郡纳雷斯堡和法纳姆教区的自由保有地产，用以交换他位于约克郡阿普尔顿·罗巴克镇和博尔顿·珀西教区的沃拉斯或伍尔豪斯的部分家族定序授予制地产。①

蒲赛、托马斯的私人议案申请在获得下议院批准之后，被提请至上议院讨论。1832年5月25日，蒲赛的私人议案申请由沙夫茨伯里伯爵报送至上议院进行进一步的讨论工作。② 1832年6月23日，经过上议院充分讨论之后，蒲赛的私人议案申请获得了上议院的批准。③

与蒲赛的私人议案申请过程相比，托马斯的家族地产处分私人议案申请程序还要更为烦琐、耗时一些。其地产处分私人议案直至1832年6月27日才被提请至上议院进行讨论。在提交上议院讨论期间，沙夫茨伯里伯爵向上议院委员会报告说，他们已经充分考虑了"关于将托马斯·斯林比男爵位于斯克里文、斯科顿、法纳姆以及约克郡纳雷斯堡和法纳姆教区的自由保有地产，用以交换他位于约克郡阿普尔顿·罗巴克镇和博尔顿·珀西教区的沃拉斯或伍尔豪斯的部分家族定序授予制地产的议案，以及使查尔斯·斯林斯比先生能够自上述限定地产中析出部分财产以供给年幼的子女使用的议案"，并就其中的相关指控进行了核实，在征得各有关利益方

---

① "House of Lords Journal Volume 64: 22 May 1832", *Journal of the House of Lords*, Volume 64, 1831-1832, (London, [n.d.]), pp. 222-226. 本书使用了大量此类原始资料，这些资料在议会官网均可查阅。相关资料汇编被称为"Hansard-UK Parliament"，国内一般译作《汉萨德英国议会议事录》，它是逐字逐句记录英国议会辩论的官方报告，因相当长历史时期内为汉萨德家族所编辑而得名。现由皇家文书署（H. M. Stationery Office）每日、每周出版一部分，并定期出版装订成册的汇集本，以及每周和每届会期的索引本出版。上议院和下议院各有单独的报告，下议院各常设委员会的辩论亦有部分汇集成册的报告出版，除对议会发言逐字逐句完整记录外，还记录了对质询的答复，无论此答复是书面的还是口头的。而且议事录还记载了议会成员分组投票的情况。现代已被接受的规则是，在法院寻求解释制定法的指导意见时，议事录不能在辩论中被援用。

② "House of Lords Journal Volume 64: 25 May 1832", *Journal of the House of Lords*, Volume 64, 1831-1832, (London, [n.d.]), pp. 238-241.

③ "House of Lords Journal Volume 64: 23 June 1832", *Journal of the House of Lords*, Volume 64, 1831-1832, (London, [n.d.]), pp. 315-319.

的同意后,委员会予以通过并对其做出了若干修正意见。故在此次议会期间,将该议案连同其修正案一并提交上议院讨论。① 在提交该议案申请之后,经过上议院的充分讨论,托马斯的地产处分私人议案申请工作才尘埃落定。与蒲赛地产处分私人议案审批进程相比,托马斯的地产处分私人议案最终获得上议院批准的时间还要更晚一些。

通过蒲赛、托马斯的地产处分私人议案申请案例可以看出,私人议案申请过程极为漫长,前后耗时数月有余,程序也十分烦琐,耗时费力。即便如此,以蒲赛、托马斯为代表的终身地权人通过诉诸议会申请私人议案方式获得对其家族地产自由处分权的做法,仍旧是当时地产主们普遍采用的一种解除严格家族定序授予制限制的方式,当然也可能是当时唯一可行的方法。根据钱塞勒(Chancellor)勋爵的估测,此类私人法案每年约有14件或15件。② 艾琳·斯普森(Eileen Spring)也做过类似的统计,他指出,在1800—1850年,以私人申请方式向议会求取地产处分权的法案共计约有700份。③ 通过这些数据可以看出,终身地权人通过私人议案申请方式解除严格家族定序授予制限制,以实现自由处分其部分家族地产目的,在当时的英国是比较普遍的。

## 二 初步立法确认

鉴于申请私人议案方式面临的诸多困难,一些终身地权人希望政府能够出台一项普通法案,以满足他们按照自己的意愿处分其家族地产的愿望。前面提到的终身地权人蒲赛,亦是此类地产主中极具代表性的先锋人物之一。自19世纪30年代末起,蒲赛开始利用他的议员身份,积极致力于在议会中通过一项普通法案,以便终身地权人为某些特定目的自由处分其家族地产。但他的建议中同时有强调,为了保障家族地产的完整性,欲寻求借贷的终身地权人,必须首先确保他的行为不会对其所在家族地产上的其他相关权益人的利益造成损害。从这一附加性建议中可以看出,菲利

---

① "House of Lords Journal Volume 64: 27 June 1832", *Journal of the House of Lords*, Volume 64, 1831-1832, (London, [n. d.]), pp. 324-328.

② Eileen Spring, "The Settlement of Land in Nineteenth-Century England", *The American Journal of Legal History*, Vol. 8, No. 3, July 1964, p. 223.

③ Eileen Spring, "Landowners, Lawyers, and Land Law Reform in Nineteenth-Century England", *The American Journal of Legal History*, Vol. 21, No. 1, January 1977, p. 46.

普所倡议的终身地权立法确认工作迈出的步子并不大，但作为一个开端，一旦此类的权利诉求被提出并被予以确认，接下来的所有终身地权立法确认工作也都将会变成顺理成章之事。

在19世纪末的农业大萧条爆发以前，与终身地权有关的立法确认工作，在终身地产抵押权、出租权方面取得的成效比较显著，但在终身地产出售权方面，却未能取得实质性的进展。

（一）终身地产出租权与抵押权

租佃制是大地产体制下普遍采用的农业经营方式，但按照严格家族定序授予制的规定，地产主作为终身地权人，其对所保有的家族地产的出租权是受限制的，他唯一能够给予一个租赁者的是一个不稳定的和投机的土地租赁权。这一土地租赁权仅在该地产主的终身地权存续期间才具有合法性，一旦该地产主亡故，其终身地权终止，该租赁权的合法性便不复存在。这在土地家族地产继承人更换之时体现得最为明显，届时若新任终身地权人不认可其前任所做的租赁安排，势必会引发主佃纠纷。虽然在英国惯有的租佃权习俗以及英国的地产主与租地农场主历久以来形成的相互信任的理念的作用下，此类纠纷常能得到妥善地解决，但与之有关的法律层面的保障机制始终是缺失的。针对这一实际，自1855年起，议会开始关注终身地权人对其所占有的土地的出租权问题，并于1856年出台了《租赁与买卖法》（*Leases and Sales Act*）。该法案给予终身地权人以先前不具有的对抗其剩余地权人而出租地产的权利，但终身地权人和大法官法庭的这一权利，要让位于严格家族定序授予制法律设定中有限制此类权利的表达或推定的表达。该法案规定除非限嗣继承地产的文书中有明确的限制，终身地权人或受托人在获得大法官的准许后，可以在其终身地产上行使建造建筑、开发煤矿、革新农业以及出租土地等权力。与此同时，该法案还就最高出租期限做了规定，如农用土地的租赁期限为21年，矿区或水域所涉土地的租赁期限为40年，建筑用地的租赁期限为99年，但根据租赁物所在地的租赁习惯，租期长于上述租赁期限的，或有利于开发利用的，经大法官批准后，可以不受上述期限的制约。此外，除住房租赁以外，土地出租年限少于21年的土地租赁行为，可由终身地权人自行裁定，无须上诉至大法官法庭，无须经由大法官审批授权。① 显而易见，1856年《买卖与租赁法》的出台，给予了终身地权人对其占有的家族地产的出租权以更为安全的法律保障。

相比于终身地产租赁权，终身地产抵押权的立法确认工作启动的时间还要更早一些，且这一权力的确认与终身地权人诉诸土地抵押贷款方式以获取修筑土地排水系统工程的需求有关。在英国，有许多耕地属于黏土质型土地，需要修建大量的排水工程以改良土地，才能推动农业生产效率的不断提升。乔洛克斯（Jorrocks）曾言，"至于排水，应该说是所有农业革新措施中最为基础性的部分"②。针对霍顿（H. B. Houghton）爵士位于兰开夏郡的地产，汤普森曾在一份报告中指出，"我从未想过一份地产需要如此巨大规模的排水工程建造工作"，该处地产的总面积约为4315英亩，其中约有3000英亩是需要修建排水工程的。③ 然而，当时英国土地上的排水工程建设情况，多如克里奇所言的萨默塞特郡的查尔顿农场一般，排水系统很差。在该农场，于1834年以前，几乎每年冬天都会有几大片田地被洪水淹没，甚至某一年的夏天，有一半的农作物被洪水摧毁。④ 因此，为了更好地推动农业排水系统的革新工作，势必需要增强终身地权，给予终身地权人足够的地产处分权，使他们有能力通过土地抵押贷款方式，满足自身对土地排水系统革新工程建设所需的必要资本的需求。

至1840年，在亨利·汉德利（Henry Handley）的帮助下，蒲赛成功地将"使严格家族定序授予制地产的所有者，能够以其地产作担保而借款以满足修筑排水系统所需要的资金"的议案引入议会的讨论之中，基于当时英国农业发展的实际状况所需，议会审核通过了该议案。由此，第一个

---

① Eileen Spring, "Landowners, Lawyers, and Land Law Reform in Nineteenth-Century England", *The American Journal of Legal History*, Vol. 21, No. 1, January 1977, p. 47; A. Underhill, *Changes in the English Law of Real Property During the Nineteenth Century*, Selected Essays in Anglo-American Legal history, Vol. Ⅲ, Boston: Little Brown & Co., 1900, pp. 679-680.

② P. J. Perry, "High Farming in Victorian Britain: Prospect and Retrospect", *Agricultural History*, Vol. 55, No. 2, April 1981, pp. 156-166.

③ David Spring, *The English Landed Estate in the Nineteenth Century: Its Administration*, p. 162.

④ A. P. Baggs and M. C. Siraut, "Creech St. Michael: Economic history", R. W. Dunning and C. R. Elrington ed., *A History of the County of Somerset*, Volume 6, *Andersfield, Cannington, and North Petherton Hundreds (Bridgwater and Neighbouring Parishes)*, London, 1992, pp. 24-26, British History Online http://www.british-history.ac.uk/vch/som/vol6/pp24-26, Accessed Mary 22, 2023.

用以解决终身地权人土地抵押权的普通法出笼。① 该法致力于为终身地权人基于农业排水工程的建造而抵押土地进行借款的权利而努力，这一立法尝试在英国的地权发展史上有着重要的历史意义。当时英国不动产法领域的权威人物爱德华·萨格登（Edward Sugden）爵士评价说，该法案所确认的这一原则，"在该国的不动产法领域中是史无前例的"②，这一评价足见该法的出台所具有的重要价值。虽然有着巨大的法律理论价值，但该法的实践结果并不令人满意。大卫·斯普森（David Spring）通过研究指出，"至1845年时，通过该法所规定的程序诉诸的申请仅有11件"。斯普森认为，导致这一结果的极有可能的原因是，"诉诸大法官法庭所需要的程序和费用仍旧不尽如人意"，他接着举出案例说，"例如，一个名叫约翰·鲍斯（John Bowes）的地产主，虽然通过此方式借到了8000英镑贷款，但他经由此程序所耗掉的花费约为740英镑"，其程序费用耗掉了总贷款额的近1/10，成本费之高，委实令人上头。③

继1840年有关地产抵押贷款的法律出台之后，英国议会又于1846年出台了《公共资金资助排水工程建造法》（Public Money Drainge Act），该法的出台，进一步增强了终身地权人的土地抵押权。该法开始准予以政府提供公共资金方式，帮助终身地权人在其地产上修筑必要的排水系统工程。与此同时，为了保证国库垫款用尽时排水工程的建造活动能够顺利进行，政府还曾先后授权成立了四家重要的私人排水工程建造和农业革新公司，并授权准予圈地委员会监督这些公司的运营活动。这四家公司分别是：（1）约克郡土地排水工程建造公司，它是第一个土地革新公司，但存续的时间很短；（2）土地所有者排水工程和圈地公司，成立于1847年，取得的成绩也很有限，在成立后不久就宣布破产；（3）英格兰西部公司，它是由英格兰西部郡的一些土地所有者联合创建的。该公司所制定的相关法律规定，允许公司为终身地权人以其地产做担保提供贷款，以帮助他们用于以下农业革新目的：筑渠、灌溉、犁地、调田以及开垦土地等；

---

① David Spring, *The English Landed Estate in the Nineteenth Century: Its Administration*, pp. 139-144.
② David Spring, *The English Landed Estate in the Nineteenth Century: Its Administration*, p. 144.
③ David Spring, *The English Landed Estate in the Nineteenth Century: Its Administration*, p. 144.

**第四章　终身地权明晰化**

（4）土地革新公司，它是最为成功的一家公司，至1873年时，该公司提供的贷款达到了约300万英镑，至1880年时，进一步上升至419万英镑。[①]根据1873年上议院就土地革新所召开的委员会报告显示，土地革新公司此类贷款的年息一般为4.5%。借贷年限为25年。[②]总起来讲，在圈地委员会的监督下，通过《公共资金资助排水工程建造法》以及这四家私人公司所提供的贷款帮助，英国土地上的排水系统工程建造活动在政府的监督下进行得很好。

在1846年《公共资金资助排水工程建造法》出台后的20年里，议会又相继通过了一系列允许终身地权人为各种类型的农业革新进行借款的普通法，例如1856年的《买卖与租赁法》，该法给予地产主在得到圈地委员会授权的情况下为农业革新进行贷款的权力。[③]英国陆续出台的一系列法律法规，最终于1864年的《土地革新法》（*Improvement of Land Act*）中得到进一步的巩固。《土地革新法》允许严格家族定序授予制地产上的终身地权人在圈地委员会的指导下，自任何可用的借贷资源处，包括私人公司或国家相关机构，以抵押其终身地产的形式获取贷款用于包括土地上的修渠、筑路、植树种草、建造农舍及其他建造农场基础设施等范围广泛的土地革新目的。[④]通过该法所涉及的上述农业革新内容可以看出，此类贷款可应用的农业革新目的已经由单纯的排水工程建造扩展到了农场建筑设施建造，而在先前缺乏相配套的农业建筑设施的情况下，排水工程所能发挥的作用很有限。该法的出台，是一个巨大的进步，若能有效实施，将会极大地推动英国农业革新事业的发展。

虽然有着一系列的土地抵押贷款权立法确认举措，但是在初期阶段，就英国农业发展的实际需求而论，英国排水工程的建造工作一直进展缓慢，离理想状态始终存在着较大的差距。例如，1851年，针对霍克汉姆地产上的排水设施建造实际，基尔里（Keary）曾指出，在许多黏土质地区，尤其是诺福克郡中部一些黏土质地产上，仍旧需要继续建造一些排

---

[①] David Spring, *The English Landed Estate in the Nineteenth Century: Its Administration*, pp. 155-157.

[②] G. C. Brodrick, *English Land and English Landlords*, London, Paris & New York: Cassell Patter Galpin & Co. , 1881, p. 69.

[③] G. C. Brodrick, *English Land and English Landlords*, p. 69.

[④] David Spring, *The English Landed Estate in the Nineteenth Century: Its Administration*, p. 158.

水系统。① 据统计，在19世纪五六十年代，仅有约15%需要建造排水系统的土地被妥善安排。② 至19世纪下半叶时，英国土地上的排水工程建造工作也仍旧不尽如人意。1870年，上议院中由里奇蒙（Richmond）爵士、索尔兹伯里（Salisbury）侯爵、德比（Derby）伯爵和埃杰顿（Egerton）勋爵四个大土地所有者组成的一个委员会所做的一份调查报告称，在当时的英国，约有2000万英亩的土地需要修建排水系统，但实际上仅有300万英亩的土地建造了排水设施，加上其他一些必要的革新措施，仅有1/5的土地得以较好的革新。③ 另据勒费夫尔（Shaw Lefever）的统计，在1864年以后的28年里，共计约有1211.5万英镑的土地抵押贷款在土地委员会的允许下被用作土地革新目的，其中约有492万英镑被用作建造排水系统，101.7万英镑被用作建造农业工人的农舍，49.8万英镑被用作地产主的宅邸翻修，42.5万英镑被用作修筑栅栏和路堤，而剩余部分则被用作土壤改良。④ 这一数据，就英国农业革新实际所需要的费用而论并不算高。由此造成的后果，正如劳伦斯所言，"我相信，没有人会怀疑我们国家的土地能产出比现在多得多的食品"⑤，根据美琪（Mechi）的估算，当时英国的土地实际产值仅为其应有产值的不足1/5。⑥

虽然终身地权人土地抵押权的获得所取得的农业革新成效与英国农业实际发展所需相比不甚如意，但并不能因此否认终身地权人土地抵押权获得的实际好处，或否定它对英国农业革新事业发展所产生的巨大推动作用。根据大卫·斯普森的统计，在1846—1881年，经由圈地委员会裁定方式支出用作农业革新的费用共计约为1359.76万英镑，其中约有825.94万英镑用于建造排水工程，约有339.71万英镑用于建造农场建筑设施，约有

---

① Susanna Wade Martins, *A Great Estate at Work: The Holkham Estate and its Inhabitants in the Nineteenth Century*, p. 96.

② P. J. Perry, "High Farming in Victorian Britain: Prospect and Retrospect", *Agricultural History*, Vol. 55, No. 2, April 1981, pp. 156-166.

③ Joseph Kay, *Free Trade in Land*, p. 531.

④ G. Shaw Lefever Eversley, *Agrarian Tenure: A Survey of the Laws and Customs Relating to the Holding of Land England, Ireland and Scotland and of the Reforms Therein During Recent Years*, London: Cassell & Co., 1893, pp. 40-41.

⑤ James Howard, *The Tenant Farmer: Land Law and Landlords*, London: Macmillan & Co., 1879, p. 9.

⑥ Joseph Kay, *Free Trade in Land*, p. 531.

82.32万英镑用于建造农舍。① 显然，经过这一系列革新活动，英国的农业生产基础设施已经有了很大的改善。

总起来讲，经过该时期的一系列相关法律变革活动，终身地权人已经基本取得了就其所占有的家族地产进行出租和抵押的权利，这有助于推动英国农业革新事业的进一步发展。

(二) 终身地产出售权

早在19世纪上半期时，前述案例中的菲利普基于他自己的需要，曾希望获得出售偏远地产的权利。② 菲利普的这一想法，代表了当时一些大土地所有者的普遍要求。在这一普遍要求的导向下，一些具有进步思想的终身地权人，以及激进的土地法改革家，开始致力于通过法律变革的形式给予终身地权人以某些特定需求的出售土地的权力。例如，1856年的《限嗣继承地产法》(Settled Estate Act) 及其随后出台的1858年、1864年的修正案，都试图给予终身地权人此类售地权。然而，这些法律所确认的一些地产处分权，皆是一种双重许可，在实践过程中，因受到一系列严格保护家族定序授予制地产上的所有相关利益者的精细预防措施的阻碍，导致除非是在严格家族定序授予制设定中遗漏了对出售权利的限制，否则这些法律所授予的出售土地的权力，即便是经由大法官法庭授权的方式也将难以实施。此外，1856年时的另一部法律，即《租赁与买卖法》，也有关注终身地权人对其所占有的家族地产的土地出售权，但该部法律与前述法律一样，最终也以失败而告终。继这一系列法律之后，康沃思 (Cranworth) 爵、坎塞洛尔 (Chancellor) 勋爵所采取的一项措施在一定程度上扩大了终身地权人的土地出售权，它规定：大法官法庭在得到严格家族定序授予制地产的受托人的同意，以及与该严格家族定序授予制地产有关的所有人员的同意的情况下，可以给予该地产上的终身地权人以出售土地的权力，但出售仅限于 (除非是基于某些特殊的原因) 地产的无足轻重的部分。③

换句话说，非经大法官法庭的批准，终身地权人依旧难以获得自由出售家族地产的权利，而且即便是在获得大法官法庭批准的情况下，他们所

---

① David Spring, *The English Landed Estate in the Nineteenth Century: its Administration*, p. 176.
② David Spring, *The English Landed Estate in the Nineteenth Century: its Administration*, p. 143.
③ Eileen Spring, "Landowners, Lawyers, and Land Law Reform in Nineteenth-Century England", *The American Journal of Legal History*, Vol. 21, No. 1, January 1977, p. 47.

能获得的出售土地的权力,也仅限于其家族地产上的无足轻重的地产部分。由此可见,在当时的情况下,终身地权人还无法获得对其占有的家族地产的完全出售权。实际上,该类权力的获得,还是在农业大萧条爆发以后的事情。

总起来讲,19世纪初期的土地法改革运动,主要是围绕着增强终身地权人的土地处分权进行的。截至农业大萧条爆发前夕,终身地权人在土地的抵押权和出租权方面,已经获得了较为广泛的权力,但在土地出售权方面,还未曾获得实质性的进展。然而,19世纪末的农业大萧条是一个重要的分水岭,在该次农业危机爆发以后,终身地权人对打破严格家族定序授予制限制以自由出售家族地产的渴求日渐增长,激进的土地法改革者要求废除严格家族定序授予制的呼声也日渐高涨,在这两类人士的积极推动下,严格家族定序授予制的面貌发生了根本性的变化,终身地权立法工作取得了实质性的进展。

## 第二节 严格家族定序授予制改革

严格家族定序授予地产制度存有诸多弊端,是封建社会的产物。如果一个家族想要将其家族地产一代又一代地完整地永续传承下去,需要确保两件事:一是地产应始终传给一个继承人,永远不能被分割;二是每一代继承人对地产的处分权力都应受到限制,都无法出售或以任何方式减少家族地产。对于前一项要求,英国的法律并不禁止,但后一项要求却受到英国普通法的一贯反对,为了防止土地长久保留在某一家族内部,避免其阻碍土地市场的自由流通,避免其对英王和其他封君的地产权益可能造成的伤害,英国的大法官们制定了一系列的反永续规则。而土地家族为了破除这一反永续规则限制,达成家族成员内部世代完整传承土地的愿望,雇用强大的律师团帮助他们创设出了迂回而复杂的严格家族定序授予地产制度。这一地产制度设定成功的关键在于长子继承制和限嗣继承制的双重保险设定,通过这一双重保险设定,每一代当世家族地产继承人都仅是其家族地产上的终身地权人,都无权出售或以任何方式减少其家族地产,由此,家族地产得以世代完整地于其家族内部永续传承。

严格家族定序授予制法律设定对终身地权的制约,侵害了作为财产法主体的终身地权人的土地财产权，使他们无法享有其家族地产的完全所有权或事实上的土地所有权，无权在其有生之年就其所保有的终身地产进行抵押、分割、出租或出售。这一限制，一方面使大量地产集中掌握至极少数的大家族手中，导致土地财产权于社会各阶层分配的极大不公平性，另一方面也限制了地产主对其所占有的家族地产进行投资和革新的能力，阻碍了当时英国农业的发展。因而，严格家族定序授予制日渐招致终身地权人、激进的土地法改革者乃至其他社会各阶层人士的强烈不满，要求变革乃至废除严格家族定序授予制的呼声也日渐强烈，尤其是在农业大萧条爆发以后，面对不断发酵的公众舆论，英国政府和议会不得不做出必要的反应以妥善解决这一社会问题，而1882年《严格家族定序授予制法》正是英国通过法律手段应对该社会问题的一项重要的妥协性治理方案，然而，虽是妥协性治理方案，其产生的实际成效却相当瞩目。

## 一 改革呼之欲出

（一）终身地权人主动求变

终身地权人是实实在在处于严格家族定序授予制链条上的一个关键性土地权利人，这一制度对其影响最为明显，因而，在19世纪经济形势发展开始偏离土地利益集团的利益，需要终身地权人摆脱这一制度枷锁，以便宜行事，灵活处理家族地产之时，一些终身地权人开始主动为之，尝试打破这一制度设定。我们不妨以诺森伯兰（Northumberland）公爵家族案例来更直观形象地认识这一问题，主要内容包括该家族严格家族定序授予制度的制定与实施、其历史演变过程，以及19世纪以来的终身地权人对该制度的态度及其所采取的重要针对性举措等。

诺森伯兰公爵家族地产创建于18世纪，其创始人是诺森伯兰郡的乡绅休·史密斯森（Hugh Smithson）爵士。休·史密斯森在与古老的珀西伯爵家族的女继承人伊丽莎白·西摩（Elizabeth Seymour）完婚后，获封诺森伯兰第一公爵。1767年，该家族所拥有的地产总面积共计约有18万英亩之多，根据当时所设定的严格家族定序授予制设定，这一庞大的家族地产由公爵夫人、公爵本人、出生于1742年的公爵长子以及公爵长子的儿子限嗣定序终身保有。1780年，在公爵夫人伊丽莎白去世之后，第一代诺森伯兰公爵成为珀西家族地产的终身地权人。1786年，休死后，他的儿子第二代公爵继承了该家族地产，成为该地产上的终身地权人，第二代公爵的儿子成为该限嗣继承地产的剩余地权人。1806年，第二代公爵的儿子达到法定成人年龄，在他成年后，他与第二代公爵一起成为该家族地产的共同保有人。1817年，第二代公爵的儿子成婚，他成婚后同第二代公爵一起通过"共谋回复诉讼"解除了原来的家族限嗣定序授予制度，但同时又设定了一份新的家族限嗣定序授予地产制度，而此次重置的这一设定维持了相当长的时间。

按照新拟定的制度设定，在第二代公爵去世后，珀西家族地产由其儿子第三代公爵继承，第三代公爵在接手该家族地产后成为该地产上的终身地权人。第三代公爵无嗣而终，按照第二代公爵所设定的家族地产定序继承原则，该家族地产转由第三代公爵的弟弟继承，但第四代公爵与第三代公爵一样，无嗣而终。显然，他们二人都没有机会重置原家族定序授予地产制度设定。第四代公爵去世后，来自第一代公爵的长子一支血脉绝嗣。

按照1817年的严格家族定序授予制设定，该家族地产复归至第一代公爵的次子贝弗利伯爵（Beverley）处，贝弗利伯爵二世因此成为诺森伯兰第五代公爵，成为珀西家族地产上的终身地权人。贝弗利仅仅做了两年的终身地权人便于1867年寿终正寝了，享年87岁，之后由他的长子继承了该爵位。第六代公爵接手该家族地产之时，他的儿子刚好达到法定成人年龄。因此，直至此时，该家族地产上的终身地权人，即第六代公爵，才终于有机会和他的儿子一起重置1817年由第二代公爵和他的儿子设定的家族限嗣定序授予地产制度。从1780—1867年，珀西家族地产一直由前后承袭的终身地权人世代保有，仅在1806—1817年，出现过由第二代公爵和他的儿子共同保有的情况。①

限嗣定序授予地产继承制度的持续存在构成了对财产法主体（终身地权人）的侵扰，到19世纪时，随着当时经济社会形势的发展，这种侵扰尤为明显。当时在位的第六代公爵为了更好地维护自身的地产权益，以及更好地经营其家族地产，在他有机会解除这一家族地产限嗣定序继承制度限制之时，他毫不犹豫地这样做了。对身处19世纪的第六代公爵以及其他终身地权人而言，仍将严格家族定序授予制原则作为家族地产处分原则，

---

① Eileen Spring, "The Settlement of Land in Nineteenth-Century England", *The American Journal of Legal History*, Vol. 8, No. 3, July 1964, pp. 217–218.

第四章 终身地权明晰化

无疑是"彻头彻尾荒谬的"①。1868年,第六代公爵和他的儿子一道通过"共谋回复诉讼"方式解除了1817年由第二代公爵所设定的限嗣继承地产制度,没有重新设置新的制度设定,保留了对家族地产的相当自由的处分权。在接下来的几年里,他们利用这一权利,以设定年金等方式为家族中的其他子嗣做了较为妥善的财产分配安排。1872年,第六代公爵和他的儿子担心他俩死后这种处分家族地产的便宜之举会结束,于是,他们小心翼翼地考虑扩大自己的终身地权,并拟定了一份新的家族地产处分协议。按照这一新的协议规定,终身地权人基于开发、改善和增加地产的价值等的考量,可以出售、出租、抵押或以任何其他方式处分其家族地产。1899年,第七代公爵继承该家族地产,至此,该家族地产上的终身地权人,基于自身利益及更好地经营家族地产的目的主动求变,最终完成了破除严格家族定序授予制,解除其对自己自由处分地产行为的限制的目标。

通过诺森伯兰家族严格家族定序授予地产制度发展演变脉络可以看出,诺森伯兰家族由珀西家族处继承下来的地产在将近一个世纪的时间里,除了在1806—1817年间,以及1868—1880年,分别出现过共同保有人情况外,一直都是由连续的限嗣定序授予制度安排下的终身地权人保有的。②

通过诺森伯兰公爵家族的严格家族定序授予制法律设定及其具体实施状况可以看出,这一法律设定的长久存续,对作为财产法主体的终身地权人的土地财产权利造成了侵扰,使这些终身地权人仅为其家族地产名义上的"保护人",而非完全土地所有权人或事实上的土地所有权人,其终身地权是不完整的、受限制的。这种侵扰和限制,在19世纪里,需要终身地权人更灵活地处分其家族地产,以更好地经营其家族地产,更好地促进农业发展之时,愈加明显,该制度的长久存续使地产主无法将其收入用以农业革新,也无法通过地产抵押贷款等方式来革新农业。③ 正是基于这一实际,以第六代公爵为代表的终身地权人主动求变,积极主动地解除这一制度设定对自身地产处分行为的限制,他们的这一主动求变的行为本身意味

---

① Eileen Spring, "Landowners, Lawyers, and Land Law Reform in Nineteenth-Century England", *The American Journal of Legal History*, Vol. 21, No. 1, January 1977, p. 42.

② Eileen Spring, "The Settlement of Land in Nineteenth-Century England", *The American Journal of Legal History*, Vol. 8, No. 3, July, 1964, p. 218.

③ Eileen Spring, "Landowners, Lawyers, and Land Law Reform in Nineteenth-Century England", *The American Journal of Legal History*, Vol. 21, No. 1, January 1977, p. 42.

着,该制度已是行将就木,距离它彻底被废除的日子已所剩无几。

(二) 土地自由贸易要求呼声迭起

通过诺森伯兰公爵家族的严格家族定序授予制法律设定及其具体实施状况还可以看出,这一法律设定的长久存续,使得大量土地长久滞留在某一土地家族内部,阻碍了土地市场的自由流通,与土地自由贸易原则是截然相悖的。这在19世纪里,随着经济社会形势的不断发展,整个社会要求实现土地自由贸易的呼声愈演愈烈,社会各界人士对这一制度的敌意日益增多之时,势必会成为当时要求实现土地自由贸易的土地法律改革者极力要求废除的一项制度性设定。

按照古典经济学的逻辑,"限制市场自由配置资源的法律或制度是社会的罪恶"[①]。而严格家族定序授予制度正是此类制度性设定,它使得大量土地长久滞留在少数大土地家族内部,无法在土地市场上自由流通和转让,是与土地市场自由配置资源经济法则相背离的,因而必然会招致19世纪时期极力追求土地自由贸易的土地法改革者们的激烈反对。正如当时一些改革者所宣称的,"在该制度下,终身地权人因其保有的缺陷性而无法自由地处分其地产,并使其足量的资本投入到农业地产的运营之中。但如果其对地产的保有是绝对的和不可分割的,则有助于将大量城市和乡村储蓄资本吸引至农业,并最终导致乡村地区出现一个更为公平的土地分配方式。而将土地交由经济法则操控,则有助于以一种更为繁荣的小农土地财产权取代大土地所有者们的大地产,简单廉价的土地转让行为也终将实现"[②]。

19世纪中期,土地法改革运动逐渐发展成为一股政治力量。在这批土地改革者们看来,随着土地产品自由贸易的建立,土地自由贸易本身似乎是下一步必须实现之事。1847年,《经济学人》(*Economist*) 使用了"土地自由贸易"一词,此后还定期就土地法改革问题发表相关评论。1855年,詹姆斯·比尔(James Beal) 以"土地自由贸易"为题撰写了一本书,呼吁取得谷物法改革胜利的法律改革者继续承担这项新的推进土地自由贸易的土地法改革任务。然而,大量的谷物法改革者无视这一呼吁,土地自由贸易明显缺乏面包和黄油所具有的吸引力,也从来没有产生过标志着谷

---

[①] Eileen Spring, "Landowners, Lawyers, and Land Law Reform in Nineteenth-Century England", *The American Journal of Legal History*, Vol. 21, No. 1, January 1977, p. 43

[②] Arthur Arnold, *Free Land*, p. 12.

第四章　终身地权明晰化

物自由贸易高涨的大众舆论热情。然而，一场关于土地法改革的运动仍在继续进行，甚至有时比谷物自由贸易法律改革运动表现得更为强烈。①

1865年，亚瑟·杨（Arthur Young）、詹姆斯·凯尔德（James Caird）加入了英国圈地委员会。凯尔德致力于实现土地自由贸易，强调应该给予终身地权人，尤其是一些债务负担沉重的终身地权人以更大的自由出售土地的权力。至1878年前后，凯尔德更是进一步明确提出，严格家族定序授予制应该被彻底废除。同期，一些土地法改革者曾尝试通过其他一些途径，以在保留严格家族定序授予制的前提下，达成土地自由买卖的改革目标，但奥斯本·摩根（Osborne Morgan）提醒说，想要获得低廉的土地转让成本，就必须简化所有权，而所有权的简化，必须通过破除严格家族定序授予制障碍的方式才能实现。②

但在农业大萧条爆发以前，改革者致力于废除严格家族定序授予制的诸多立法努力并没有取得实质性的成效。乔治·肖·勒费夫尔（George Shaw Lefevre）曾于1877年和1878年两次向议会提案废除严格家族定序授予制度，威廉·福勒也曾于1882年尝试将废除这项制度设定的提案引入议会。这些提案都试图通过阻止创设长子继承制方式，切断这一法律设定链条，从而达到永久阻断严格家族定序授予制实施的目的。在1850—1890年，议会经常收到关于废除长子继承权的提案，在此期间，关于长子继承制度废存的问题，一直是下议院中长期辩论的重要议题之一。以索尔兹伯里勋爵为代表的一方认为，废除长子继承权"本身并不重要，除非是基于战略考虑，否则不值得去费心，但一个不容忽视的、匪夷所思的史实是，它后来竟然发展成为一面标识改革的宣传旗帜"。对他们和大多数改革者来说，合法的长子继承权只是习惯上的长子继承权的象征，因为他们有长子继承财产的惯例和习俗。以奥斯本·摩根为代表的另一方则宣称："我们几乎不知道一个国家的习惯在多大程度上受到其法律的间接影响……法律和习俗相互影响，你不可能单纯地只改变其中一个，而不对另一个构成

---

① Eileen Spring, "Landowners, Lawyers, and Land Law Reform in Nineteenth-Century England", *The American Journal of Legal History*, Vol. 21, No. 1, January 1977, p. 43.
② Eileen Spring, "Landowners, Lawyers, and Land Law Reform in Nineteenth-Century England", *The American Journal of Legal History*, Vol. 21, No. 1, January 1977, pp. 49, 51; James Caird, *The Landed Interest and the Supply Of Food*, p. 109.

任何潜在的影响。"该时期虽有出现关于长子继承制度存废问题的激烈争论，但针对长子继承制的改革从未真正付诸实践，实际上，长子继承制度一直存续至20世纪初，直至1925年才退出英国历史舞台。①

## 二　农业大萧条加快改革步伐

1879年夏天突然爆发的农业大萧条是一个重要的分水岭，自此之后，严格家族定序授予制被废除的速度大大加快，久拖不决的严格家族定序授予制改革问题进入实质性解决阶段。

1879年夏天几乎无止境的雨水和低温，导致了19世纪时期最大规模的农业歉收。1879年春夏时节的降雨量要比正常时期多4英寸，而该时期正是农作物成熟的时节，导致当时的很多农作物都颗粒无收。1880年的夏秋两季同样很涝，洪水肆虐，谷物无法收割，甚至有些直至冬季时才得以收割。② 农业大萧条对英国农业经济发展造成了灾难性的影响，在英国自身农产品产量急剧下滑之时，英国农产品的价格还受到世界范围内价格规律作用的影响，在外国农产品低廉的价格竞争刺激下，英国农产品的价格不升反降，其农业经济下滑形势更是因此而加重。从18世纪中叶开始，在一段相当长的时期内，英国农产品的价格不仅一直维持在高位，还呈现出不断上涨的态势。以小麦价格为例，在1760—1790年，英国小麦的平均价格约为55先令每夸脱，此后一路飙升至1812年的122先令8便士。③ 拿破仑战争爆发以后，英国颁布了《谷物法》，以国家立法手段保护英国谷物农产品价格，保障此类农业生产活动正常维持，在整个谷物法实施期间，英国的小麦的价格也一直保持在较高的水平上。在随后的自由贸易时代开启后的30年里，小麦的价格也未曾受到任何影响，而是始终保持在比较稳定的水平上，每夸脱小麦约53先令，比之谷物法颁行期间的价格水平仅仅低了1/10左右。④ 然而，到19世纪八九十年代时，英国小麦的价格却跌

---

① Eileen Spring, "Landowners, Lawyers, and Land Law Reform in Nineteenth-Century England", *The American Journal of Legal History*, Vol. 21, No. 1, January 1977, pp. 44.

② Jonathan Brown, *Agriculture in England: A Survey of Farming, 1870-1947*, Manchester: Manchester University Press, 1987, p. 2.

③ H. Levy, *Large and Small Holding*, Cambridge: Cambridge University Press, 1911, p. 10.

④ J. D. Chambers & G. E. Mingay, *The Agricultural Revolution 1750-1880*, London: B. T. Batsford Ltd., 1966, p. 158.

至历史谷底,当时每夸脱小麦的价格仅为27先令左右。显然,在农产品产量急速下降之外,世界范围内的农产品价格的大幅度下跌,同样给英国的农场主们的农业生产活动造成了前所未有的巨大冲击。

在农业大萧条面前,严格家族定序授予制对终身地权人的土地处分权的限制越发明显。1879年卡林顿(Carington)勋爵的一段说辞是极好的证明,他说,"作为一个终身地权人,在1879年的恶劣天气之时,我毫无希望让形势好转,以应对恶劣天气,避免租地农场主们的破产"[1]。与此同时,土地所有权所能带给地产主的经济价值也大为降低。拥有大量地产已经不仅不能使许多大地产主获得经济收益,甚至会让他们为此背负上沉重的债务负担,这种新的大地产经济困境不免会使地产主们对待大地产的态度发生变化,甚至出售地产。

多数土地家族地产上都背负着沉重的财务负担,在遭遇农业大萧条之时,许多终身地权人饱受收入下降而支出却无法相应减少的双重挤压,财务困境越发沉重。当时,几乎所有的土地家族地产上都背负着寡妇产和其他一些固定的财务负担,且有些家族还要为其巨额的债务和土地抵押贷款支付固定的利息。在19世纪五六十年代的财务困难时期,这些债务负担被严重低估了,当时的土地所有者们认为,租金是固定不变的且很有可能会上升,因而在支付利息方面并无困难。但在因农业大萧条导致的农业收入急剧下降之时,这种固定的利息便很快成为一个繁重的负担。正如一位作家在1890年时所指出的:"当年景尚好时,这一问题并不显著,但当租金下降时,鞋子便不免开始夹脚了。"租金的下降对许多土地所有者的可支配收入的影响是不容低估的。1880年,据《观察》统计,对于每一个有财务负担的地产,总收入下降30%,意味着纯收入下降50%。剑桥郡受萧条影响很严重,利率支出在1881—1885年时约占总收入的41%,但到1885—1894年时则占到了一个更小收入额的75%。德文郡公爵在1874年时需要将其可支配收入的17%用以支付利息,但到1880年时这一比重上升到了60%。[2] 在农产品的

---

[1] Arthur Arnold, *Free Land*, p. 18.
[2] J. J. MacGregor, "The Economic History of Two Rural Estates in Cambridgeshire, 1870-1934", *Journal of Royal Agricultural Society*, XCVIII, 1937, pp. 146, 151; D. Cannadine, "The Landowner as Millionaire: The Finances of the Dukes of Devonshire, C. 1880 to 1926", *Agricultural History Review*, Vol. XXV, 1977, pp. 87, 97.

价格、土地租金收入大幅下降之外，土地的价值也大幅度下跌。该时期地产的价值下降了至少30%，这吞掉了作为抵押的土地价值和抵押量之间的盈余，对此，一名观察者曾坦言，"对于许多财务负担过重的地产，其萧条所耗掉的远多于为安全担保所获得的盈余"①。

毋庸置疑，当时的终身地权人所面临的地产经济形势已经极为严峻。正如同时代的一些学者所言，已是濒于破产之势。第十一代贝德福德公爵在《一个农业大地产》一书中，曾清晰地警示了当时"地产主的破产、解体之势"②，厄恩利（Ernle）勋爵也曾指出，当时的许多"地产主和租地农场主正站在破产的边缘"③。汤普森也举出案例称，当时的"一个大土地所有者很无奈地说道：'我在我所管辖的地产上所获得的租金收入微不足道，有时几乎为零。我不得不肢解我的地产。'"④

总之，农业大萧条极大地影响了地产主对待其家族地产的态度。现在的地产主迫切地需要被赋予更大的土地处分权，以方便他们自由地按照他们自己的意愿出售某些地产，偿付债务，巩固家族地产，实现投资组合多样化、利润最大化。在农业大萧条爆发以后，终身地权人对自由出售土地的权力的渴求，远比以前要强烈得多。

与此同时，要求实现土地自由贸易的土地法改革运动也进一步高涨，一系列要求土地法改革的作品也如雨后春笋般大量涌现。例如，约瑟夫·凯（Joseph Kay）的《土地自由贸易》，亚瑟·阿诺德（Arthur Arnold）的《自由土地》，乔治·布罗德里克（George C. Brodrick）的《英国的土地和英国的地产主》，佛雷德里克·波洛克·巴特（Frederick Pollock Bart）的《土地法》等。⑤这一系列著作基本上都视严格家族定序授予制为土地市场无法自由流通的罪恶之源，认为它导致了大地产长久维持并逐渐集中掌握至极少数的土地大家族手中。

---

① David Cannadine, *The Decline and Fall of the British Aristocracy*, New Haven, Conn: Yale University Press, 1999, p. 94.

② The Duke of Bedford, *A Great Agricultural Estate, Being the Story of the Origin and Administration of Wobury and Thorney*, Second Edition, London: John Murray, 1897, p. 69.

③ Lord Ernle, *English Farming Past and Present*, London: Longman, 1961, p. 383.

④ F. M. L. Thompson, *English Landed Society in the Nineteenth Century*, p. 303.

⑤ Arthur Arnold, *Free Land*; Joseph Kay, *Free Trade in Land*; G. C. Brodrick, *English Land and English Landlords*; Sir Frederick Pollock Bart, *The Land Law*.

总体来讲，为了更好地应对农业大萧条的打击，满足终身地权人或清偿某些债务负担，或更好地维持和巩固其家族的核心地产，或实现其资本投资的重新组合的目的，以及应对当时社会上广泛存在的变革乃至废除严格家族定序授予制的要求，自由党政府最终于1882年8月出台了《严格家族定序授予制地产法》(Settle Land Act)，给予了终身地权人出售其家族地产的权力，该法的出台，是英国终身地权发展史上具有革命性意义的历史事件。

### 三 改革初见成效

1882年，议会出台的《严格家族定序授予制地产法》是19世纪终身地权立法改革的必然结果，它的出台标志着严格家族定序授予制的衰落。与早期立法不同，该法给予了终身地权人出售其大部分土地的权利，这一地产处分原则与严格家族定序授予制原则截然相悖，意味着限嗣继承地产制度的法律基础在很大程度上已经被摧毁了。

在迪斯雷利未公开发表的一些论文资料中，我们能够看到一些有关《严格家族定序授予制地产法》的早期发展状况。这些材料显示，当时的英国政府已经意识到，是时候废除严格家族定序授予地产制度了，但他们仍旧心存幻想，一拖再拖，始终不愿意将其彻底废除。隐藏在这一立法改革背后的英国政府和议会的态度与情绪，更多的是一种妥协和让步，而非积极主动为之。正如威尔士大地产主波维斯（Powis）勋爵所言，其目的在于抵消意欲推行废除严格家族定序授予制立法改革的土地法改革者们的激进情绪。因此，他们起初提出的一些立法改革措施，并没有什么新的突破性建议。例如，地产主加布里埃尔·戈德尼（Gabriel Goldney）曾建议英国政府建立一个地产委员会，以推进破产的爱尔兰地产主出售其地产。加布里埃尔提议，任何占有1/3以上家族地产的终身地权人，可以向该地产委员会申请出售其终身地产。波维斯勋爵（Lord Powis）建议给予财政负担沉重的终身地权人更多的便利，赋予他们无须取得家族地产上相关地权人或其他人员同意的情况下仍旧可以向衡平法院提请并获得出售其终身地产的权力。劳伦斯（N. T. Lawrence）在一篇于法律协会上发表的演讲中提议，给予终身地权人无须向衡平法院申请即可出售其终身地产的权力。①

在《严格家族定序授予制地产法》出台过程中，英国的公众舆论起到了一定的推波助澜的作用。起初，英国的舆论并不完全站在支持土地法改革者一边。1880年2月24日的《纽约时报》(The Times)曾发文表示，如果圣莱昂纳德勋爵有生之年看到这一法案出台，该会多么沮丧。该文所道出的，正是当时英国许多人的普遍心声。但当时的英国社会舆论发酵得很快，风向转变得也很快，不久之后就开始转为站在支持土地法改革者一边了。《严格家族定序授予制地产法》的相关内容即便是放在几年前的下议院中也绝对是革命性的，很难被同时代人所接受，然而，这些内容却出乎意料地在仅仅过了两年之后的1882年8月就获得了英国上议院的通过，其速度之快，令人咋舌。不得不承认，这一法案之所以能被当时的上议院审核通过，是在当时舆论下，英国议会不得不做出的必然反应，不得不采取的必要措施，其所做出的"在不完全废除严格家族定序授予制的前提下，放松限定土地所有权链条"的有关决定，也极有可能是当时的议会不得不做出的最后的妥协性措施。②

1882年《严格家族定序授予制地产法》要解决的核心问题是终身地权人的土地处分权。法案有明文规定，终身地权人或其他形式的限定地权人，依照本法规定，"可以出售其限定继承地产或其中的一部分，或任何与之有关的地役权或其他形式的特权等"，与此同时，"如果限定继承地产包含一个庄园，则他可以出售该庄园上的任何自由持有地产，或任何自由持有和可继承的公簿持有地产，庄园上的小块土地，含有或不含有排除或保留某些矿藏的土地，以及与采矿目的相关的任何权利或权力"③。从该部分法律所规定的内容可以看出，依照该法，终身地权人所享有的出售其所占有的家族地产的权利，已经非常接近于完全土地所有者的地位了。其致力于解决终身地权人土地处分权的目的十分明确，立法目标也已经基本达成。西奥多·多德（John Theodore Dodd）认为该法的主要目的是给予

---

① Eileen Spring, "Landowners, Lawyers, and Land Law Reform in Nineteenth-Century England", *The American Journal of Legal History*, Vol. 21, No. 1, January 1977, pp. 52.

② Eileen Spring, "Landowners, Lawyers, and Land Law Reform in Nineteenth-Century England", *The American Journal of Legal History*, Vol. 21, No. 1, January 1977, pp. 53.

③ Leopold George Gordon Robbins, *Settled Land Statutes: Comprising the Settled Land Act*, 1882, *the Improvement of Land Act*, 1864, *and the Settled Estates Act*, 1877, London: H. Sweet, 1882, p. 27.

第四章 终身地权明晰化

"一个（地产的）'限定所有者'（limited owner）像绝对所有者（absolute owner）一样的自由处分土地的权力，包括出售、出租、置换和分割等处分方式"[1]。圣·约翰·克拉克（St. John Clerke）也曾指出，该法的目的是，"致力于扩大终身地权人的土地处分权，其本质是要结束先前的将终身地权人视为地产上的一个最大利益人的做法，并对终身地权人委以绝对所有者所具有的地产处分权力"[2]。

然而，依照1882年《严格家族定序授予制法》的规定，终身地权人所获得的出售土地的权力，还要受到其他一些限制性条件的制约，他们还并非完全、绝对的土地所有者。例如，依照法律有关内容的规定，终身地权人这一权力的执行，仅限于严格家族定序授予制地产，与此同时，终身地权人在未得到严格家族定序授予制地产的受托人同意或法庭许可的前提下，无权出售或出租严格家族定序授予制地产上的主要庄园府邸、自领地以及其他附属性地产。[3] 也即，严格家族定序授予制地产上的终身地权人，虽然取得了出售他所占有的大部分家族地产的权利，但并不包括该家族地产上的主要庄园府邸等，这意味着地产在未得到家族地产受托人同意或取得法庭许可的情况下，并不能作为一个完整的实体被出售。再者，按照该法第53条的规定，终身地权人还需要在"尊重该地产上所有相关利益方的利益"的前提下行使其地产处分权[4]，这一规定不免会对终身地权人的土地处分权的实施构成一定的阻碍。

但在实践过程中，法官们的裁定标准，日渐倾向维护终身地权人，以及要处分的地产上的租地农场主和农业工人的利益。发生于1892年的著名的埃勒斯伯伦侯爵售地案，可以说是这种转变的一个极好例证，同时也是英国的法律对《严格家族授予制地产法》所确认的终身地权的第一次清晰的表达。埃勒斯伯伦侯爵售地案曾引起了广泛的社会关注，整个案情跌宕

---

[1] J. T. Dodd, *The Settled Land Act*, 1882, London: Horace Cox, "*Law Times*" *Office*, 10, Wellington Street, Strand, W. C., 1883, p. 2.

[2] Aubrey Saint John Clerke, *Settled Land Act 1882, with Notes and An Introductory Chapter, Together with Precedents of Settlements, Conveyances and Petitions, and Miscellaneous Forms, Adapted for Use under the Act. With An Appendix Containing the Rules and Forms Issued under the Act, Together with Notes Thereon*, London: Maxwell & Son, 1883, p. 2.

[3] Aubrey Saint John Clerke, *The Settled Land Act 1882*, pp. 32, 60-61.

[4] Leopold George Gordon Robbins, *Settled Land Statutes*, p. 102.

起伏，扣人心弦。埃勒斯伯伦家族第四代侯爵，意欲将其家族世代保有的萨维尔纳克森林庄园出售给一个富有的酿酒商，该庄园是英国境内历史最为悠久的古老庄园之一。在购买该庄园之时，买方要求一并买下整个庄园府邸，但侯爵的继承人和其他所有的家庭成员都一致反对卖出，按照该法的规定，出售主体庄园府邸需要获得严格家族定序授予制地产上所有相关利益方的同意的规定，初级法庭在审理该案件之时，驳回了侯爵的售地请求。这一售地案在被英国的报纸刊登后，曾引起了读者们的广泛兴趣，随着案件的发展，公众舆论不断被发酵。在该案件移交至上诉法院审理期间，上诉法院驳回了初级法院的审判结果，批准了埃勒斯伯伦侯爵的售地请求。上诉法院作出这一判决的理由是，住在庄园上的农民和农业工人在有意买下该庄园的资本充沛的商人接手后会比现在生活得更好，新地产主会更有意愿，也更有能力投资和革新该处地产，而当时的侯爵早已不再是声名显赫的富人。上诉法庭认为《严格家族授予制地产法》的目的是，"通过土地流转，防止农业破产，避免生活在土地上的人陷入贫困"。"公众的利益，也即生活在土地上的所有人（包括租地农场主和农业工人等）的利益，应该超越所有对土地家族自身情感和利益因素的考量。"侯爵的家人不认可这一审判结果，辩称《严格家族授予制地产法》中没有"任何关于佃户、土地耕种或村民福利的内容"。随后，他们又向上议院提起了申诉，要求上议院裁撤这一判决结果。但侯爵家人的愿望很快便落空了，上议院驳回了其诉讼请求，继续维持了原上诉法院的裁决。上议院宣称，《严格家族授予制地产法》与以往所有关于限嗣继承地产立法都不同，其所授予的终身地产处分权，不受限嗣继承地产制度设定中所涉及的家族成员利益的限制。[①] 从这一售地案及其审判结果可以看出，终身地权人出售其家族地产的权力已经在一种相当广泛的社会范围内得到了法律的许可和执行。

然而，1882年《严格家族定序授予制法》的出台，并未彻底废除严格家族定序授予制。在该法出台后，虽然受到终身地产普遍可转让性的影响，长子继承制和限嗣继承制度有所削弱，但这两种制度并未被废除，而是被保留了下来，且其影响力在一定程度上仍旧持续存在，显然，此次终

---

[①] Eileen Spring, "Landowners, Lawyers, and Land Law Reform in Nineteenth-Century England", *The American Journal of Legal History*, Vol. 21, No. 1, January 1977, p. 55.

第四章　终身地权明晰化

身地权法律改革并不彻底。在该法案出台后不久，土地法改革者总体上失去了对严格家族定序授予制的兴趣，放弃了彻底废除这一制度的努力。这一法律改革建立于自由贸易思想基础之上，但到19世纪末期，自由贸易本身也开始遭到批评，尤其是在费边社会福利理论出来之后。社会福利理论似乎越来越不关注经济自由，而是改为追求更为广泛的社会平等。在这一追求广泛的社会平等的社会福利思想影响下，土地法改革者及其他社会民众更为倾向通过重新分配土地、对土地所有者征收重税、打破原有地产继承制度等方式来解决所面临的土地问题。

虽然存在着诸多缺陷，但就具体实践结果而论，《严格家族定序授予制法》的出台，确确实实为后来大土地所有者出售其家族地产的行为提供了最为基本的法律保障，保证了他们在后来因某些特定的原因欲出售土地之时，能够按照他们自己的意愿自由地出售土地。例如，卡林顿（Carrington）领主于1868—1895年出售了总价值约23.87万英镑的地产，希尔（Hill）领主于1895年时开始卖出他位于什罗普郡（Shropshire）一块面积约为1.66万英亩的地产，博福尔（Beaufort）公爵于1898—1901年卖出了他在蒙茨斯郡的一块2.6万英亩的地产。[1] 这些出售地产的案例多是因农业大萧条而遭遇巨大的经济困难甚至几近破产而不得不出售地产的案例。客观地讲，这些案例并不具有普遍性，实际上，直至20世纪初时，地产主出售土地的规模并不大，且多是将其一些远离家族核心地产的偏远地产售出。例如，卡莱尔（Carlisle）伯爵于1889年时卖出他家族地产上的一些价值较低的地产。此外，威尔士的很多大土地所有者于1911—1914年时也都有卖出一些无足轻重的地产。[2] 当时绝大多数地产主出售地产的目的，主要是基于下述考虑：通过出售某些偏远地产的方式，获得一定量的货币资本，且以所获资本或偿付先前遗留下的土地抵押贷款，或帮助他们巩固自己的核心地产，使他们更容易、更廉价地管理其全部的地产，或转投到股票或基金等行业，以实现其资本投资组合方式的多样化、利润最大化。此类案例，在20世纪初农业形势开始有所好转，土地价格开始有所恢复时

---

[1] Heather A. Clemenson, *English Country House and Landed Estates*, London: Croon Helm, 1982, p.103.

[2] E. J. T. Collins, *The Agricultural History of England and Wales*, Vol. Ⅶ, 1850-1914, Cambridge: Cambridge University Press, 2000, p.719.

表现得最为明显。例如，沃尔特·朗（Walter Long）将位于沃尔特郡的15404英亩地产的一多半于1914年时卖掉，并逐渐将其投资分散至建筑行业中。① 第九代贝德福公爵于1909年时售出了他位于东盎格里亚和德文郡的地产，此后不久，又售出了他位于伦敦的科芬园地产，并将前述售地款转投到股票和证券之中，因为后者相比于前者能使他获得更为丰厚的利润回报。② 总起来讲，对当时的许多大土地所有者，尤其是许多负债严重的大土地所有者而言，通过出售价值不大的地产或偏远地产，通过重组资本投资组合方式，得以很好地应对了此间的财政困难，并使其家族地产得到了进一步的巩固，也正是通过这种方式，英国许多土地家族的绝大多数地产得以较为完整地维持到了一战前夕。然而，在这一系列的地产出售案例背后，有一个不容忽视的事实是，如若这些地产的所有者们不享有出售其家族地产的自由权利，那么所有这些地产出售行为都将是不现实的。

总体来讲，《严格家族定序授予制地产法》的出台，解除了严格家族定序授予制对土地自由流转行为的约束，终身地权人已被允许按照他自己的意愿自由出售地产，这标志着终身地权人两百年来的土地处分行为受限制的时代的结束。③ 自此之后，"所有试图规避这些条款，使终身地权人无法自由处分其家族地产的尝试都将是令人沮丧的"④。但该法的内容中仍旧包含着某些限制性的规定，不免使得终身地权人出售土地的权力仍旧是不完整的。基于此，西奥多·多德曾一针见血地指出，该法中"对出售或出租'主体庄园府邸等'的限制应该去掉"⑤。然而，即便存在着这许多缺陷，该法的出台仍旧是英国土地法史上的一个里程碑式的事件，该法所给予的终身地权人的土地出售权，标志着终身地权人已经取得了充分的经营管理和处分土地的权利，自此之后，终身地权人和严格家族定序授予制的本来面貌都发生了根本性的变化。

---

① E. J. T. Collins, *The Agricultural History of England and Wales*, Vol. Ⅶ, 1850-1914, p. 719.
② Madeleine Beard, *English Landed Society in the Twentieth Century*, pp. 12-13.
③ John Habakkuk, *Marriage, Debt and the Estate System: English Landownership, 1650-1950*, Oxford: Clarendon Press, 1994, pp. 645-649.
④ Fifty-Seven Writers, *Land: Its Attraction and Riches*, p. 705.
⑤ J. T. Dodd, *The Settled Land Act*, 1882, preface, Ⅴ.

第四章 终身地权明晰化

## 本章小结

通过立法方式实现终身地权明晰化的法律实践活动，始于地产主们的地产处分权宜之计，在很大程度上是他们基于自身的需求，随着英国经济社会形势的不断发展主动变革的必然结果。起初，终身地权人主要通过申请议会私人法案方式获取对其部分家族地产自由处分的权力，之后才逐渐过渡到通过寻求议会出台普遍适用的法律形式就其相应的终身地权予以法律确认。

整个终身地权立法确认过程主要沿着两条线索逐步展开：一是增强权利主体（终身地权人）的地产处分权，二是破除限制权利主体（终身地权人）地产处分权的制度性障碍。经过19世纪的相关土地法律改革，终身地权人的土地抵押、出租、出售权力初步得以确认，而阻碍终身地权人自由处分其终身保有家族地产的严格家族定序授予制也逐渐走向衰落。

从时间线性发展脉络来看，整个终身地权立法确认过程，可以19世纪末的农业大萧条为界，划分为两个阶段：在农业大萧条爆发以前，是终身地权初步立法阶段，主要立法成果集中于增强终身地权人的土地抵押权和出租权两个方面，而出售权虽然也有被不断要求，却并未取得任何实质性进展。但在农业大萧条爆发以后，社会各阶层对自由出售土地的权利的要求日渐强烈，对限制土地自由贸易的严格家族定序授予制的敌意也日渐增多。为此议会不得不做出必要的妥协，并于1882年出台了《严格家族定序授予制法》，授予终身地权人对其所占有的家族地产进行出售的权利。至此，终身地权人已经渐次取得了对其终身保有家族地产进行抵押、出租、出售的全部权利，终身地权初步得以确认。该法既是终身地权立法确认初步完成的标志，同时也是严格家族定序授予制走向衰落的重要标志，二者是同一历史发展进程不同层面的体现，且前者解决的关键在于后者这一制度性障碍的破除，而在后者破除过程中的关键一环则是终身地权人的地产处分权的确认，二者相辅相成，共同推动了终身地权明晰化的最终实现。

总起来讲，经由19世纪时的持久的土地法改革运动，借助相继出台的一系列与终身地权有关的土地法律，至19世纪末时，终身地权人已经初步

109

获得了对其所占有的严格家族授予制地产的处分权，即获得了对其抵押、出租和出售等方面的诸多处分权，这为后来的大土地所有者们出售其家族地产，提供了基础性的法律保障，为接下来的英国土地所有权变革的实现提供了必要的前提。

# 第五章 租佃权明晰化

在19世纪的英国农业生产领域，土地所有者利益阶层在行使其土地所有权的同时，会对租地农场主产生某些不利影响，而这些不利影响所产生的后果由谁承担并无明确的产权根据和相应的法律规定，于是产生了新的"产权问题"——租佃权问题。

租佃权（tenant right），也称"租赁人请求权"。它是"租赁保有农享有的一种权利，指租赁保有农在租赁关系终止时，有权就其在租佃期间内就土地所做的革新仍旧继续发挥效用的部分要求赔偿的权利，如仍旧发挥效用的水渠或人造农用设施等"[①]。租佃权问题产生于土地所有者、租地农场主各自地权领域之外，是在界定不清的两组地权之间发生的产权问题。解决该产权问题，需要从农业地权总体的和边界的角度来寻求问题的解决。租佃权立法既要保护相应地权主体的权利，也要规范相应地权主体的责任，这就要求租佃权的立法范围是有限度的，是地产主和租地农场主之间基于让步、妥协在折中基础上达成的虽非最优但切实可行的相对有效的方案。

19世纪时期，租佃权问题的解决主要通过两条途径实现：一是变革早期时代关于"土地上的附着物属于土地"的不合时宜的法律规定，对地产主的地权实施界限做出明确的限定，并对租地农场主的租佃权给予相应的补偿和法律保障，以避免土地所有者在行使其地权时对租地农场主的租佃权构成损害。二是对租地农场主的租佃权的实施边界做出明确的规定，防

---

① 薛波主编：《元照英美法词典》，法律出版社2003年版，第1333页。

止其在行使租佃权时损害地产主的土地权利或者对土地资源的可持续发展构成侵害。19世纪的租佃权立法正是通过法律途径就主佃双方的地权行使边界做出明确规定的一种立法尝试，而其底层逻辑则遵循新制度经济史学派有关地权的相关理论。该地权理论的核心要义是，只要土地权利的相关界定是清楚的，无论这一权利界定给谁，都能带来农业效率的最优化。经过该时期的租佃权立法实践，租佃权得以明晰化，租佃权的法律边界被予以明确界定，英国的租佃权自此有了英国强有力的普通法的保驾护航，这有助于提高主佃双方尤其是租地农场主对农业的投资积极性，有利于英国农业的发展。

## 第一节 初期租佃权立法实践

### 一 租佃权的由来

在地产主与租地农场主基于土地的权利关系方面，英国早期的土地法倾向保护地产主的利益。爱德华一世时期的《格洛斯特法令》（*Statute of Gloucester*，或称《罗马规约》）规定："土地上的附属物属于土地。"① 根据这一规定，租地农场主在租赁期满后在土地上不再享有任何利益，也无权要求地产主就自己在租赁期内对租赁物的革新投资做出任何补偿或者移除它们。随着英国农业的发展，这一规定越来越构成对租地农场主的农业革新活动的制约性因素。到19世纪早期时代，与之类似的传统土地法仍然继续发挥效用，甚至还不断有新的带有滞后性思想的土地法产生，如1803年的《埃尔维斯·V. 莫法》（*Elwes V. Mawe*）。根据该法的相关规定，土地上的所有农业建筑设施都属于地产主的绝对财产，租地农场主无权移除它们。② 与此同时，在这一倾向保护地产主利益的传统守旧土地法思维之外，随着英国租佃制的不断发展，英国的普通法及各地方习俗也在悄然地发生着变化，在不根本动摇地产主土地利益的前提下，普通法开始尝试给

---

① G. C. Brodrick, *English Land and English Landlords*, p. 208; The Rt. Hon. G. Shaw Lefever, M. P., *Agrarian Tenure: A Survey of the Laws and Customs Relating to the Holding of Land England, Ireland and Scotland and of the Reforms Therein During Recent Years*, p. 47.

② J. M. Lely, *The Agricultural Holdings Act, 1883, and Other Statutes*, London: William Clowes and Sons, 1885, p. 2.

予处于相对弱势地位的租地农场主以特定的法律救济，而地方习俗也不断尝试通过给予租地农场主适度补偿的方式，协调主佃关系，减少主佃纠纷。沿着这一线索，租佃权从给予租地农场主适度法律救济和补偿开始，一步步生根蔓枝，逐渐从传统习俗、普通法特定救济领域走向立法确认阶段，其相关原则不断成熟，相关制度性、法律性保障机制不断趋于完善。

中世纪晚期，受商品货币经济发展、庄园制解体、黑死病暴发、农村劳动力锐减、社会流动性增加等因素影响，附加有一定封建义务的租佃制日益流行。在这一制度下，租地农场主通过契约自土地所有者手中取得投资经营某一农场的权力，并将其资本投资到其租佃农场上，这些资本投资随之或以短期或长期投资形式被固定到土地上，如化学性质的改良、施肥等短期投资，修筑排水渠、建设灌溉工程、平整土地、建造经营建筑物等长期投资。这些固定资本，大部分是或者在某些领域完全是由租地农场主投入的，但是地产主和租地农场主签订的契约期限一满，在土地上进行的各种革新措施，都要作为和实体土地不可分离的一部分变成土地所有者的财产。这不免会产生诸多不良后果，比如租地农场主只重视对土地的使用，或者采取竭泽而渔式的方式使用或革新土地，而不顾及土地的可持续发展问题等。由此产生了诸多的主佃纠纷，主佃双方之间的摩擦不断，相关司法诉讼案件时有发生。

为了协调主佃关系，减少主佃纠纷，以保护相对弱势佃农地位为前提，英国普通法、地方习俗开始尝试通过给予佃农一定的法律救济、补偿方式，维护主佃双方的利益，保障农业的顺利发展。其中比较具有代表性的是"庄稼收割权"（Right to Emblements）。庄稼收割权的实施经历了从传统习俗、特定法律救济到立法确认的完整过程，且在具体实践过程中，其具体实施规则被不断细化，其实施范围也被不断扩大。庄稼收割权起初仅适用于任意租佃地上的租农，是允以租农在地产主终止租期后收割其离佃时已播下种子但尚未成熟的庄稼的权利。在中世纪晚期到近代早期，在任意租佃地上，租农按照领主意愿持有租地，领主在主佃关系中处于主导地位，租期是否延续、租农是否被驱逐受领主意愿左右。由于租期不定或租期太短，租农在租期内的投资未必能切实得到回报，比如租约终止时租农已种下的庄稼未必已收割完毕，这对租农是一笔不小的损失。为此，英格兰一些地方习俗尝试通过给予离佃农收割已种下的庄稼的权利以修正主佃关系，减少主佃纠纷，"庄稼收割权"由此产生。① 中世纪后期，久拖不止的英法百年战争，以及大规模暴发的黑死病，使庄园人口锐减，土地抛荒现象严重。为了留住人口，鼓励耕作，爱德华四世时期，英国政府推出了一些法律救济措施，其中就包括将"庄稼收割权"这一习俗吸收到普通法中以给予租农明确的法律保障。② 随后一些英国法律学家进一步将"庄稼收割权"明确界定为任意租佃制的附带规则，强调在租约终止时，对于租农已经播种但尚未收割的庄稼，租农有权进入租地收割并带走它们。③ 这一权利实施的具体规则还不断地被细化，如针对租约终止时租农已死亡情况下的"庄稼收割权"归属问题，明确规定，对于租农死亡之前已经播下的庄稼当年的收成归租农的遗嘱执行人所有，但若夫妻双方同为承租人，则妻子有权获得当年的收成。此外，这一权利的实施范围也被不断扩大，逐渐从任意租佃地扩大到任何租期不确定的租地上，以保护安全性不高的租农的权利。④

近代以来，随着英国农业的快速发展，租地农场主在农业生产以及农业革新中的投资比重日渐增多，为了增强他们对农业投资的信心，在一些短期租赁制盛行的地区，传统习俗将"庄稼收割权"的适用范围进一步扩大化，包括但不局限于收割当年播下的庄稼，以及适度补偿其所投入的劳动力、生产原料、肥料、修筑的排水设施等诸多方面。⑤ 但在英国各不同

---

① Frederick Clifford and J. Alderson Foote, "English Land Law", *Journal of the Royal Agricultural Society of England*, Vol. 14, London: John Murray, 1878, pp. 350-351; H. M. Jenkins ed., *Memoir on the Agriculture of England and Wales, Prepared under the Direction of the Council of the Royal Agricultural Society of England*, London: William Clowes and Sons, 1878, pp. 84-85; William Francis Walsh, *Outlines of the History of English and American Law*, New York: New York University Press, 1924, p. 173.

② Donald R. Denman, *Tenant-Right Valuation in History and Modern Practice*, Cambridge: W. Heffer & Sons, 1942, p. 29.

③ Thomas Littleton, *Lyttleton, His Treatise of Tenures*, Translated by T. E. Tomlins, London: S. Sweet, 1841, pp. 88-90.

④ John Henry Thomas ed., *A Systematic Arrangement of Lord Coke's First Institute of the Laws of England: On the Plan of Sir Matthew Hale's Analysis; with the Annotations of Mr. Hargrave, Lord Chief Justice Hale, and Lord Chancellor Nottingham; and A New Series of Notes and References to the Present Time*, Vol. 1, Philadelphia: Alexander Towar, 1836, pp. 497-499.

⑤ W. F. Finlason, *The History of Law of Tenures of Land in England and Ireland: With Particular Reference to Inheritable Tenancy; Leasehold Tenure; Tenancy at Will; and Tenant Right*, London: Stevens and Haynes, 1870, pp. 69-70.

地区，租佃权的补偿范围和补偿方式不尽相同。例如在德比郡，离佃农可就其投入的农肥、劳动力、种子等获得相应的补偿。[1] 在林肯郡，离佃者可以获得土壤改良、修筑排水设施等方面的相应补偿。[2]

从上述租佃权补偿机制发展脉络可以看出，对离佃农租佃权的补偿原则，原本仅是为了帮扶在主佃关系中处于弱势地位的租地农，英国普通法在特定历史时期出台的救济性措施，或英国各不同地区针对特定租佃权问题日久形成的约定俗成的补偿措施。但当这些补偿原则的适用范围不断扩大，开始从任意租约扩展到任何不确定租期及逐年租约时，意味着英国的普通法开始通过立法确认租佃权，以提高租地农对农业投资的安全感，通过法律手段鼓励他们进行农业革新和投资。普通法上的这些救济措施，以及传统地方习俗中的租佃权补偿方式，成为英国后来租佃权立法的重要参考。例如，英国早期租佃权立法中吸收了诸多牛津郡习俗中通行的租佃权补偿原则和方法，其中比较典型的是牛津郡递减式赔偿机制，这一递减式补偿机制依照农业革新措施的惯常使用年限和类型来决定具体的赔偿额度。如对于土地上的基础设施通行的惯常使用年限的规定是，农用建筑为20年，篱笆为14年，排水设施为8—14年；持久性土地改良活动如追施泥灰肥、石灰肥、骨灰肥等，惯常使用年限为3—7年；一些临时性的耕种预备措施或为牲畜储备的食物等，惯常使用年限一般不超过2年。[3]

十八九世纪是英国农业高速发展时期，当时的农业生产活动对地产主和租地农场主的农业投资的需求额度大幅度增加。按照理想化凯尔德模型（Cairdian model），地产主和租地农场主都积极参与农业生产活动，地产主提供农场及其附属建筑、固定设施等固定资本，租地农场主则负责其承租期内的劳动和运营资本。这一模型意味着，在十八九世纪竞争日益激烈的资本主义市场经济中，农场是基于地产主与租地农场主之间相互责任与义务的成本分担型企业。[4]

---

[1] W. F. Finlason, *The History of Law of Tenures of Land in England and Ireland*: *With Particular Reference to Inheritable Tenancy*; *Leasehold Tenure*; *Tenancy at Will*; *and Tenant Right*, pp. 81-82.

[2] David Grigg, *The Agricultural Revolution in South Lincolnshire*, Cambridge: Cambridge University Press, 1966, p. 133.

[3] Julian R. McQuiston, *Tenant Right*: *Farmer Against Landlord in Victorian England 1847-1883*, Agricultural History, Vol. 47, No. 2, April 1973, p. 95.

[4] A. W. Jones, "Glamorgan Custom and Tenant Right", *The Agricultural History Review*, Vol. 31, No. 1, 1983, pp. 1-14.

但这仅是一种理想化模式,在具体实践中,主佃双方的权益仍旧面临着一定的风险,主佃双方互相侵权行为仍不时发生,主佃纠纷并未完全消失。

当时的租佃权习俗虽能在一定程度上起到调节主佃关系的作用,但并不能完全杜绝主佃之间的租佃权纠纷,与之相关的司法纠纷仍不时发生。例如,林肯郡的农场主赫顿(Hutton)曾因离佃补偿问题向沃伦(Warren)发起诉讼,双方在巡回法庭上各自广泛举证,进行激烈的辩论,最后经由陪审团裁决,被告沃伦向原告赫顿共计支付了95英镑17先令6便士的赔偿金,以补偿对方在离佃前的庄稼收割、土地改良、劳动力投入等方面的人力、物力资本损耗。[①] 沃里克郡的地产主伍德(Wood)曾因主佃关系变更时牧场被过度损耗问题向其承租农库克(Cooke)发起诉讼。在该起诉讼案件中,被告库克曾以较低的租金自原告伍德处承租了一处牧场12年,在临近租期时,原告因租金过低,不愿意续订租约。被告威胁称,如果原告不予续约,他将会把整个牧场上的牧草全部割掉,并将比往日高4倍的牧牛量投放到牧场上,这种竭泽而渔式的畜牧方式不免会对原告的牧场造成过度的损耗,按照陪审团的估计,被告的这一行为对原告造成的损失达到102英镑3先令之多。[②] 在这些诉讼案件中,相关租佃权纠纷最后虽然都获得了妥善解决,但诉诸这一途径解决或维护主佃双方的自身权益,耗时、费力、费钱,且因各地习俗不同、主佃双方的权责规定不够明晰等原因,在缺乏主佃权安全保障机制的前提下,主佃权益纠纷并不能完全避免或得到妥善解决。

主佃权法律保障机制的缺失对主佃双方的权益都有侵扰,但就主佃双方所承受的风险而论,租地农场主承受的制约和影响较重。这种制约和影响,在高效农业时期尤为明显。该时期为了更好地发展科技农业,不免需要投入大量的资本以保障农场的正常革新和运营工作,而在地产主的土地处分权有限的形势下,此类投资中的相当一部分需要租地农场主自行承担。以英国农业发展所需要的重要的排水系统工程建造状况而论,在地产主处分权有限的情况下,其中很大比例需要由租地农场主承担。例如,在

---

[①] "Lincolnshire Assizes", *Stamford Mercury*, July 24, 1835.

[②] John Middleton, *View of the Agriculture of Middlesex; with Observations on the Means of its Improvement, and Several Essays on Agriculture in General*, London: Printed for Richard Phillips, 1807, pp. 90-91.

## 第五章　租佃权明晰化

霍克汉姆地产上，根据其管家布莱基（Blaikie）的书信以及其他一些相关资料记载，在19世纪50年代以前，地产上的排水系统的建造，主要是由租地农场主承担的。① 即便是在一些地区排水系统的修建主要由地产主承担的情况下，地产主也多会以提高租金方式将这笔革新费用转嫁到租地农场主身上。在达勒姆地产上，到1868年时，大量必需的排水系统建造工作已经基本完成，这些排水工程的建造，是由地产主提供建筑材料，租地农场主提供劳动力的基础上完成的，但这一革新措施所需要的投资资本最终以提高5%的地租方式转嫁到租地农场主身上；在兰开夏郡的德比农场上，地产主的排水系统同样以提高5%的地租方式最终转由租地农场主承担。② 此类案例不胜枚举。与此同时，诸如排水系统工程建造等资本投资又多属于长期投资，很难在短期内获得充足的资本回报。但当时的租赁方式又多以短期租赁、任意租赁制度为盛，以方便随行就市地及时调整地租，或应对其他潜在的租赁与农业经营风险。肯特郡达恩利勋爵的管家威廉·史蒂芬森曾详细地记录了勋爵持有的肯特郡庄园的地租、农场规模、租赁形式和资本改良情况。根据他的记载，在肯特郡庄园上，在1795—1812年，达恩利勋爵逐步缩短了原来的长租期，将其地产上的多数农场租赁方式调整为任意租期租佃制，以便他根据市场行情随时调整地租水平。如在1803年，他将位于肖恩堂区的格林农场中大约400英亩的土地的租期从12年租约调整为任意租约，同时将地租从194英镑调整至350英镑。③ 与此同时，租地农场主在租约到期离佃之时，常常难以就其在租期内所做的革新、所投入的劳动力等获得相应的补偿。例如，租地农场主普劳特曾言："作为一个租地农场主……当我退佃之时，我得不到任何补偿……而他（地产主）的农场在我入租时的地产价值为1.6万英镑，每年的租金收入为560英镑，他不需要支付给我任何费用，现在他的农场价值为3.1万英镑，比当初租给我时高了1.5万英镑，每年的租金上涨至1085英镑，几乎是他原来收入的两倍，而这一增值，并非得益于他自己的努力，主要还是我作为一

---

① Susanna Wade Martins, *A Great Estate at Work: The Holkham Estate and its Inhabitants in the Nineteenth Century*, p. 96.

② G. E. Fussell, "'High Farming' in the North of England 1840–1880", *Economic Geography*, Vol. 24, No. 4, October 1948, pp. 296–310.

③ H. G. Hunt, "Agricultural Rent in South-East England, 1788–1825", *The Agricultural History Review*, Vol. 7, No. 2, 1959, pp. 99–103.

个租地农场主的资本和劳动力投资所得。"① 在此形势下,租地农场主对其所占有的租佃农场的租佃权的安全性的需求日渐强烈是无从避免之事。租地农场主更加渴求一套能够保障他们更为稳定、持久地占有他们的农场,或者在其租期届满时能够就其革新投资的未耗尽部分获得相应的补偿的保障机制。

然而,在当时的英国,与之相适应的法律保障机制一直是缺失的。这一实际与租地农场主的租佃权的安全性和稳定性的要求的日渐增长越来越不相适应,为了更好地保障其资本投资的安全性和稳定性,一套健全的租佃权法律保障机制的建立越来越成为一种必需。这一形势日渐引起了一些进步人士和土地法改革者们的注意,为了更好地维护主佃双方的权益,从源头上杜绝不必要的主佃纠纷,维护英国租佃制度的稳定性,保证主佃双方都能信心满满、毫无顾虑地将资本投入农业生产之中,以保障或推动英国农业的发展,他们开始积极致力于出台此类的相关法律,由此,英国开始逐步走上了一条以立法形式保障租佃权的立法实践之路。

租佃权立法确认之路的开启,与租佃权所具有的互惠性也有很大的关系。租佃权立法对租地农场主和地产主都有利,且有利于提高农业经济效率,促进英国农业的发展,这是英国政府采用"国家治理"方式,走向以法律手段建立健全租佃权法律保障机制的重要原因之一。

第一,依法保障租佃权对租地农场主有利。使他们能够借助资本投资分享其租佃地上的部分土地权益,并获取相应的投资回报。一份对诺福克郡租地农场主罗伯特·布利斯·哈维的采访显示,罗伯特在采取了一些革新措施后,其农场上的谷物产量提高了25%,其资本投资回报大约是5英镑每英亩。但罗伯特同时表示,如果没有租佃权法律保障,他是不会做这些革新措施的,他此前曾承租过一个农场16年,因缺乏租佃权保障未曾做任何改良。针对谁能够从农业改良中获利的问题,罗伯特回答说,在租佃权存在的地方,地产主、农业工人和消费者跟租地农场主一样均能获益,以地产主为例,地产主并未在革新活动中付出什么,离佃农户的改良费用主要由新入佃农户进行赔偿,但地产主的土地却因这些投资而得到了改良。②

---

① John Prout, *Profitable Clay Farming Under A Just System of Tenant Right*, pp. 92-93.
② William Shaw &Henry Corbet eds, *A Digest of Evidence Taken Before A Committee of the Commons, Appointed to Inquire into the Agricultural Customs of England and Wales, in Prospect to Tenant-Rights*, London: Rogerson and Tuxford, 1852, p. 177.

第五章　租佃权明晰化

第二，依法保障租佃权在某种程度上也有利于地产主们的利益。例如，赫福特郡地产主卡普曾因其租地农场主威尔斯在离佃前肆意翻耕草地等破坏农场行为损失了近300英镑，沃里克郡地产主伍德因其租地农场主库克临近租期前一年过量投放牲畜和收割牧草导致其损失了约102英镑。① 此类案例不胜枚举，而依法确认租佃权的实施边界同样能够规范离佃农行为，防止其在临退佃之前采取竭泽而渔式的方式使用或破坏农场，规避地产主可能面临的潜在农场损失，维持其农场土地资源的可持续发展。租佃权有利于刺激租地农场主进行农业资本投资革新农场，同时在一定程度上也有利于维护地产主的利益，对主佃双方都有利，进而能够通过两者的有效合作，促进农业生产效率的提高，推动农业生产的发展。

但退回到19世纪早期，当时现有的租佃权保障机制并不成熟，还仅仅依赖于地方惯例、习俗以及主佃双方良好的个人品质和信誉来加以保障，而主佃双方的地权边界的行使范围界定不够清楚，相关权责划分不够明晰，租佃权纠纷时有发生。这诸多问题的解决，需要政府充分发挥"国家治理"功能，通过法律手段不断建立和完善租佃权法律保障机制方能彻底解决。

## 二　租佃权初步立法确认

英国以立法方式保障租地农场主的租佃权的安全性和稳定性的努力始于19世纪40年代。最早提议在议会中讨论租佃权立法问题的是英国上议院议员波特曼（Portman）勋爵。1943年7月25日议会期间，波特曼勋爵提议再次讨论《主佃权提案》（*Landlords and Tenants Bill*），就租佃权立法事宜提上议会讨论议事日程。波特曼确信这一对地产主和租地农场主双方都有利的议案会获得议员们的一致通过，然而，他的提议遭到雷德斯代尔（Redesdale）勋爵的坚决反对，雷德斯代尔称他与大多数上议院议员讨论后认为该提案是不必要的，也是不明智的，应当被撤回。有鉴于当时许多议会议员不准备就其相关原则进行讨论，而波特曼也不打算在当年就促成

---

① John Middleton, *View of the Agriculture of Middlesex: With Observations on the Means of its Improvement, and Several Essays on Agriculture in General*, pp. 89-91.

该草案在议会通过，所以他宣称只要议员们能在休会期间认真考虑这个问题，他的目的就达到了。① 但后续波特曼一直未曾放弃该议案，也在一直不断地调整、细化主佃权立法提案内容，并积极开展提案举证调查工作。1944年4月26日议会期间，他再一次明确提出，给予租地农场主足够的安全感具有重要的意义和价值，可以吸引他们投资、助力农场革新。在1845年召开的一次议会期间，他进一步提议，可以在地产主和租地农场主达成一致协议的前提下，对租地农场主的永久性革新措施进行补偿。作为卓有见识的土地贵族代表，波特曼的目的是通过有限度的妥协让步来维护地产主们的利益，但波特曼的相关提案并不能真实反映租地农场主们的需要，且租佃权赔偿问题在当时也并未发展到迫切需要解决的地步，故波特曼的提案一再被搁置。②

真正深入观察租佃权赔偿问题并最终促成早期租佃权立法的是英国下议院议员菲利普·蒲赛。作为一个乡绅和农业资本家，蒲赛除了积极致力于推动增强地产主的土地处分权之外，在其有生之年，也积极倡导并就租佃权立法问题提出过许多具有重大价值的提议，是致力于推动租佃权的安全性不断增强的重要先驱人物之一。为避免最终落入波特曼勋爵失败的结局，蒲赛在下议院提交议案之前，充分动员社会舆论的力量，尤其是借助当时已经形成广泛影响力的农业协会和租地农场主俱乐部的影响力，使租佃权问题在社会上先行发酵，并使其最终发展成为当时的政治家们不得不直面的重要政治议题和立法议题。

1838年，由当时一群对农业感兴趣、秉信科技能够帮助英国农业提高生产力、满足不断增长的人口对粮食日益增长的需求的人共同组建起英国历史上第一个农业联合会，这些人员包括但不限于记者、土地所有者、租地农场主和其他热心人士等。1840年，维多利亚女王授予该农业组织皇家特许状，英国皇家农业协会正式成立。随后该组织又于1845年组建起了英国第一个农业研究机构——英国皇家农业学院，此后，英国皇家农业协会在英国农业的快速发展中一直发挥着主导性作用。③ 在该组织的积极引领

---

① "Landlords And Tenants", *Hansard-UK Parliament*, Volume 70：Debated on Tuesday 25 July 1843, https://hansard.parliament.uk/lords/1843－07－25/debates/49aad588－e7b2－4296－8fb1－b94d73b89ef9/LandlordsAndTenants, Accessed Mary 13, 2023.

② 孙小娇：《19世纪英格兰租佃权的历史考察》，《史林》2021年第3期。

③ History-RASE, https://www.rase.org.uk/history, Accessed June 14.

第五章 租佃权明晰化

和带动下，其他地方性农场主组织也积极参与推动租佃权立法的实践活动中。在这些组织中，各地方性农场主俱乐部发挥了不容忽视的作用。例如，莱斯特郡沃特福德农场主俱乐部曾就租佃权问题组织过专门的演讲和讨论活动，其所得结论是，早期租佃权习俗不利于维护主佃双方的共同利益，不利于地力的充分使用和农业的可持续发展；伦敦农场主俱乐部在其发起的事关租佃权问题的集会中，直接发出呼吁，号召农场主们团结起来，以共同推进租佃权立法进程。①

此外，当时一些具有先进思想的知名公众人物，如克拉特巴克爵士、威廉·肖、亨利·科贝特等，也借助自身优势不断影响、左右社会舆论。克拉特巴克爵士身兼地产主和租地农场主双重身份，在主佃权纠纷问题上深有体会，很有发言权，1846年，他在莱斯特郡的沃特福德租地农场主俱乐部召开的一次会议上，结合自身实际，就租佃权习俗问题发表了重要演说。在该演说中，克拉特巴克爵士称，租佃权习俗具有不确定性，无法给予主佃双方权益充分的安全保障，且常会引发一些主佃司法诉讼纠纷，不利于农业的革新与发展，乃至会损及个人及公共福祉。然而，克拉特巴克爵士对即将到来的租佃权立法并不抱多大希望，他认为立法周期太长，也不见得能制定出令主佃双方都感到满意的法律规定。② 1847年，在伦敦租地农场主俱乐部集会期间，具有农场主身份的首席演说家威廉·肖呼吁大家团结起来以促成租佃权立法，他认为拥有较高的租佃安全性是极有必要的。作为对威廉·肖呼吁的回应，同年5月，该俱乐部秘书亨利·科贝特在《伍斯特郡纪事报》（*Worcestershire Chronicle*）上公开发表了一篇文章，亨利在该文中一口气列举了16条有关租佃权立法的优点，力证租佃权立法的重要性，意欲借助新闻媒体的力量继续为租佃权立法造势。③

在借助有影响力的农业组织和知名公众人物掀起社会舆论巨浪之后，1847年，蒲赛开始正式举起了通过议会立法增强租佃权的改革大旗。1847

---

① "'Watford Farmers' Club", *Leicester Chronicle*, April 18, 1846; *The Farmer's Magazine*, Vol. 19, London: Printed by Joseph Rogerson, 1849, p. 22.

② "'Watford Farmers' Club", *Leicester Chronicle*, April 18, 1846.

③ *The Farmer's Magazine*, Vol. 19, London: Printed by Joseph Rogerson, 1849, p. 22; "Tenant Rights", *Worcestershire Chronicle*, May 5, 1847.

年2月22日，蒲赛向议会提交了第一份有关租佃权问题的议案，即《农业租佃权议案》（Agriculture Tenant-right Bill）。① 蒲赛认为，为了更好地保障租地农场主的土地革新活动，以保证更多的农业产出和雇用更多的农业工人，需要扩大和增强农业租佃权习俗，以适应现代农业发展的需要。② 蒲赛在提案中建议离佃农在退佃前3个月向其地产主提供一份有关未耗尽革新措施的清单。若主佃双方之间就未耗尽革新措施补偿问题发生纠纷，则提请三方仲裁，主佃双方各指定一人，再由两名被举荐者指定一人，以此方式进行协商解决。如果纠纷仍不能解决，则由圈地委员会指定一名调解人进行调解。再有，入佃农在离佃农处得到关于未耗尽革新措施的估值的前提下，可同等享有向地产主要求租佃权赔偿的权利。③

蒲赛的提案，得到部分与会议员们的认同，同时他们也提出一些宝贵的意见。来自牛津郡的赫伯特（S. Herbert）议员认为，一项保障租地农场主权利的法律是有价值的，然而，他同时宣称，在他所生活的地区存在明确的租佃权赔偿习俗，足以保障租地农场主的相关权益，租地农场主并未因缺乏此类法律保护而受到任何侵害，任何法律条文都不如惯例和习俗有效。不同情形下的地产主和租地农场主的租佃关系不能一刀切地适用同一条法律规范，应同时考虑英国目前存在的各种合理可行的租佃权制度、安排及特殊的租佃权习俗。芬奇（George Finch）议员认为，租地农场主所做的任何革新措施都应该得到补偿，但这些革新措施应该是善意的，并且需要先行征得其地产主的同意，如果草案能在这些方面稍加修改，将会是一个非常好的租佃权议案。当时英国曾就租佃权惯例和习俗问题在全英范围内举行了广泛的调研活动，其调查结果显示，苏塞克斯、米德尔塞克斯、沃里克郡、德比郡、林肯郡等地存在的地方性租佃权惯例和习俗各不相同，法案中的某些条款是超出这些惯例和习俗的，应该删除。④

---

① Agricultural Tenant-Right Bill（Hansard, 22 February 1847），https://api. parliament. uk/historic-hansard/commons/1847/feb/22/agricultural-tenant-right-bill#S3V0090P0_18470222_HOC_50, Accessed Mary 13, 2023.

② James Howard, *The Tenant Farmer: Land Law and Landlords*, p. 13.

③ Julian R. McQuiston, *Tenant Right: Farmer Against Landlord in Victorian England 1847–1883*, Agricultural History, Vol. 47, No. 2, April 1973, pp. 95–113.

④ Agricultural Tenant-Right Bill（Hansard, 22 February 1847），https://api. parliament. uk/historic-hansard/commons/1847/feb/22/agricultural-tenant-right-bill, Accessed Mary 16, 2023.

第五章　租佃权明晰化

虽然有许多杂音，面临着很多困难，蒲赛一直未曾放弃为法案的出台而奔波努力，一直未曾停止相关举证调查活动。根据1847年5月12日议会就《农业租佃权议案》审议期间蒲赛的说辞，截至当时，他已经递交了三份由租地农场主签署的支持该法案的请愿书。蒲赛坚信其提案中的相关原则不出几年必将成为法律，因为它对地产主和租地农场主都是有利的。①

1848年2月29日，纽德盖特（Newdegate）议员提议成立一个特别委员会，以对联合王国内各地区普遍存在的租佃权惯例和习俗展开广泛调查，并为后续的租佃权立法活动提供必要的依据。纽德盖特称，"租佃权立法问题已经在英国的租地农场主中争论和讨论多年，并引发诸多争议和错误表述，让该问题继续维持现状是非常不明智的，地产主与租地农场主之间应该就租佃权问题协商一致，友好合作"②。纽德盖特的提议得到其他议员们的一致支持，其所成立的15人调查委员会就当时英国各地普遍存在的有关租佃权的赔偿惯例和习俗进行了详细调查，其所得结论是，"扩大离佃农场主的赔偿机制，有利于农业、地产主和租地农场主，能提高土地的生产效率，扩大农业人口就业"③。

此后，议会就英国各地的地产主与租地农场主之间的租佃权习俗展开了激烈的讨论，但法案的出台并未如料想的那般顺利。在《主佃权提案》提交上议院审议期间，仍旧面临着诸多阻碍。尤其是草案中某些条款仅仅顾及了租地农场主的权益，却忽略地产主的权益，遭到地产主们的激烈反对。1950年5月1日，上议院讨论提案期间，斯特里兰克（G. Strichland）称，提案内容有不利于良好农业制度发展的倾向。例如，提案中规定地产主需要对租地农场主承建的所有农业建筑物进行补偿或将这些建筑物拆除全部带走，这一原则非常危险，倘若租地农场主的此类建筑是出于恶意，是不适当或不必要的，势必会损害其地产主的利益，其影响会很恶劣。

---

① Agricultural Tenant-Right Bill（Hansard, 12 May 1847）, https://api.parliament.uk/historic-hansard/commons/1847/may/12/agricultural-tenant-right-bill#S3V0092P0_18470512_HOC_25, Accessed Mary 16, 2023.

② Law of Landlord and Tenant（Hansard, 29 February 1848）, https://api.parliament.uk/historic-hansard/commons/1848/feb/29/law-of-landlord-and-tenant#S3V0097P0_18480229_HOC_38, Accessed Mary 16, 2023.

③ James Howard, *The Tenant Farmer: Land Law and Landlords*, p. 14.

该议案一旦通过，地产主势必会拒绝租地农场主在农场上建造房舍等一切革新举措。① 显然，该时期国家已经认识到了租佃权立法的重要性，但就该权利的实施边界仍界定不清楚，租佃权涉及主佃双方两组产权，需要就各权利主体的产权边界清晰界定，才能保证这一权利的有效实施。总体而言，这一时期的租佃权法案相关内容仍存在进一步修改和完善的空间。

经过下议院、上议院议员们的激烈讨论，在所开展的广泛的举证调查基础上，议会最终以蒲赛所呈递的农业租佃权草案为基础，在1851年通过了第一部关于租佃权问题的法律，即《主佃权法》（Landlord and Tenant Act）。② 该法是第一个规范地产主和租地农场主之间的租佃关系的普通法。该法规定，租地农场主在租赁期满或因其他原因退佃之时，有权移除其在承租土地上自费建造的农场建筑、农用设备或机械等，这在法律上首次给予了租地农场主对租赁土地的添附物的移除权。但租地农场主在移除这些农用建筑或固定设备时，需要提前1个月将他的这一意图通知给他的地产主，且其地产主享有优先购买这些农用建筑或固定设备的权利和机会。如果双方无法就价格达成协议，将启用一个仲裁机制，帮助双方就此类革新的价值作出公正的评估。对于租地农场主已经播种庄稼的情形，允许这些租地农场主继续待在农场上，直至他们的庄稼收割完毕，并允许他们继续保有他们的农场至租期最后一年结束为止。③

《主佃权法》的出台，是租佃权发展史上的一大进步，极大地增强了租地农场主的租佃权的安全性和稳定性。以该法为开端，后续英国就租地农场主的租佃权进行立法的活动日渐增多。与此同时，当时英国的政治经济形势的新发展，以及地产主和租地农场主优势地位和实力对比的新变化，也进一步推动了英国租地农场主的租佃权不断增强的法律变革运动的发展。

---

① Landlord And Tenant Bill-Hansard-UK Parliament, https://hansard.parliament.uk/Commons/1850-05-01/debates/eefa02bd-61dd-4887-8e0e-451896b6fb7f/LandlordAndTenantBill, Accessed Mary 16, 2023.

② 孙小娇：《19世纪英格兰租佃权的历史考察》，《史林》2021年第3期。

③ Marshall Harris, *Reprint of Agricultural Landlord-Tenant Relations in England and Wales*, Wastington, D.C., November 1936, pp.11-12.

## 第二节 19世纪60年代以后的租佃权立法实践

### 一 19世纪六七十年代的租佃权立法实践

19世纪六七十年代，随着英国政治经济形势的新变化，租佃权立法进程加快。当时英国土地社会中的各种土地权利主体的状况都有了新的变化。虽然土地精英们在农业利益和国家政治生活中仍然占据着基础性的不容挑战的地位，但与先前相比，其在农业发展中的重要性，以及于国家政治统治生活中的主导地位，都已是大为削弱。在国家政治统治阶层的构成中，地产主的主导地位处于不断下滑的趋势之中。例如，19世纪40年代，土地贵族约占据着议院3/4的席位，但在1867年第二次议会改革之后，其比重下降到了2/3。[1] 土地贵族在议院中所占议会总席位的下降，是其政治影响力、政治权力、相应社会地位不断丧失，以及商人、专家、工人阶级团体控制投票权利对其形成挤压而致深陷政治困境，乃至被驱逐出政治权力机构的直接结果。这种结果，又使得国家在制定农业政策方面失去偏向土地利益集团的倾向，建立在非土地贵族统治基础之上的新政府，倾向维护土地实际经营者即租地农场主的利益。[2] 在新变化了的政治经济发展形势下，与不断提高租地农场主的租佃权有关的议会法案的日渐增多便成为应然之事。

地产主和租地农场主优势地位和实力对比的新变化，也进一步推动了此类法律变革运动的新发展。该时期英国的地产主和租地农场主之间的优势地位和实力发生转变，前者不断衰落而后者不断增强，自高效农业时期所确立的新的地租和价格之间的评估机制，使农场的大部分利润为租地农场主所获得，而地产主自其地产上能够得到的地租却非常有限。在威尔顿地区，为了提高租地农场主对土地革新的积极性，地产主将其租地农场主于化肥上的花费减少了10%，并将地租水平建立在农产品综合价格的指数之上（当时伦敦的综合价格为，牛羊猪肉：大麦：小麦的价格比为2∶2∶

---

[1] Eileen Spring, "Landowners, Lawyers, and Land Law Reform in Nineteenth-Century England", *The American Journal of Legal History*, Vol. 21, No. 1, January 1977, p. 49.
[2] F. M. L. Thompson, *English Landed Society in the Nineteenth Century*, p. 321.

1），约有 2/3 的威尔顿租地农场主同意他们的地租以此为基础进行估算，而以此确定的地租水平可能会导致的结果是，所有的利润似乎都被租地农场主拿走了。就该地区的实际状况而论，直至 1867 年，彭布罗克伯爵于该处地产上所获得的地租，仅为谷物生产法废除之前的地租的 1%—5%。① 且在 1867 年以后，虽然在 1868—1874 年，农产品的平均价格上涨了 7%—11%，但这一额外的利润同样主要为租地农场主所享有。② 这种形势的发展，使租地农场主的经济实力日渐增强，而地产主除非在农业之外还有其他收入来源，否则在当时租金收入相对比重不断下降的形势下，则不免日渐衰落。

总之，在经济层面上，地产主和租地农场主之间的优势地位以及实力对比状况都已经发生了巨大的变化，这种状况的不断发展，不免使得租地农场主于法律层面上进一步生出与之相适应的更具安全性的租佃权保障机制的渴求。

进入 19 世纪 70 年代以后，英国的租佃权立法活动正式进入第二个阶段，这一阶段最具代表性的成果是 1875 年的《农业持有地法》的出台。1872 年，克莱尔·里德（Clare Read）联合詹姆斯·霍华德（James Howard）一起将他们关于地产主和租地农场主关系的议案列入下议院议题的讨论之中，里德的首创精神标志着英国的租佃权作为一项重要政治议题的开始，作为一名忠实的保守党成员，在迪斯雷利（Disraeli）担任内阁总理期间，里德曾基于当时的租地农场主已经通过议会改革获得选举权实际警告迪斯雷利称，租佃权"将严重影响托利党在下一轮议会选举中的竞选活动"③。基于此，以迪斯雷利为首的保守党政府，以"表面上满足租地农场主约 40 年来的需求"的形式，于 1875 年通过了英格兰首个《农业持有地法》。④

1875 年《农业持有地法》规定，如若租佃契约没有相反的规定，在租赁期满后，地产主应就租地农场主在租赁期内所做的革新进行补偿。该法

---

① F. M. L. Thompson, *English Landed Society in the Nineteenth Century*, p. 243.
② F. M. L. Thompson, *English Landed Society in the Nineteenth Century*, p. 243.
③ Julian R. McQuiston, "Tenant Right: Farmer Against Landlord in Victorian England 1847-1883", *Agricultural History*, Vol. 47, No. 2, April 1973, p. 106.
④ William E. Bear, "Agricultural Politics in England", *The North American Review*, Vol. 138, No. 328, March 1884, p. 227.

## 第五章 租佃权明晰化

还就承租者革新内容、补偿标准、固定设施移除以及退佃通知发起时间等做了详细的规定。[1] 该法在英国租佃权发展史上有着重要的历史意义。首先，租佃权立法可使英国全体民众受益，租地农场主投入资本革新农场积极性会提高，地产主可凭借被革新了的土地在重新签订租佃契约时提高租金，消费者会因农场革新导致的粮食产量增加、粮价下跌而受益，农业也会因为农业新技术、新设备的使用而获得快速发展，如此等等。其次，该法是地产主和租地农场主关系于法律层面上开始转变的一个重要标志，被认为是对"地产主的训诫"[2]。该法比1851年《主佃权法》向前更推进了一步，它搭建起了英国租佃权补偿的基本框架，为后续租佃权立法实践开辟了道路。[3] 依据该法相关内容规定：租地农场主有权就其在承租期内于农场上所做的临时性或永久性革新获得相应的补偿，地产主需要提前6个月（长期租约则需要提前1年）发出退佃通知，租地农场主有权在退佃时移除其在承租期内全额出资添置的固定设施，这些涉及权利极为广泛的租佃权内容使租地农场主的租佃权的安全性有了更进一步的保障。[4] 然而，该法仍旧存在诸多缺陷。例如，该法对租地农场主的革新价值的评估标准是他们的原初花费，这很容易执行，但并不能就其革新的全部价值给予合理的补偿；[5] 最后，该法保留了地产主于该法之外另立租佃契约的选择权，这一点体现出了当时的法律制定者们对地产主的让步，正如里士满（Richmond）公爵所宣称的，"我们不打算干涉（地产主与租地农场主之间的）自由租佃契约制度"[6]。由此，在实践中，地产主经常以"1875年《农业持有地法》不适用于契约租佃地"的措辞，通过另外订立租佃契约的形式

---

[1] J. M. Lely, *The Agricultural Holdings Act, 1883, and Other Statutes*, p. 6.

[2] P. J. Perry, *British Agriculture 1875-1914*, London: Methuen & Co., 1973, p. 6.

[3] Michael Winter, "Revisiting Landownership and Property Rights", in Hugh Clout ed., *Contemporary Rural Geographies: Land, Property and Resources in Britain: Essays in Honour of Richard Munton*, London: Routledge, 2007, p. 75.

[4] Aubrey John Spencer ed., *The Agricultural Holdings Act, 1883*, London: Stevens and Sons, 1883, pp. 1-44.

[5] James Brooke Little, M. A., *The Agricultural Holdings Act, 1883, with Summary and Notes, Epitome of Customs of the Country and Practical Directions as to Valuation of Unexhausted Improvements; Also Statutes and Forms*, London: Shaw & Sons, 1884, Introduction and Summary, xlvii.

[6] Julian R. McQuiston, "Tenant Right: Farmer Against Landlord in Victorian England 1847-1883", *Agricultural History*, Vol. 47, No. 2, April 1973, p. 108.

规避该法的有关规定。① 由此导致的后果，正如一些评论者所指出的，"尽管农业持有地法给予了租佃权以许多法律层面上的安全性保护，但同样也有一百种理由可用来阻止这些法律条文的实施"②。该法的某些规定，还促使许多租地农场主在遭遇19世纪70年代末的农业大萧条之时，以"租佃权"作为他们对抗其地产主的一项重要的防卫武器，在因农业大萧条而不得不退佃之时，将其资本强制性地投入土地上，以期望通过这种非正常的手段自其地产主处谋取尽可能多的补偿。③ 所产生的结果是，地产主发现他们在不得不收回土地，或下一任租地农场主不能支付接手农场的花费之时，常需要就租佃权赔偿支付大量的金钱。地产主不得不寻求通过对将要离开的租地农场主在好年景时曾忽略的一些农业事务对先前的租佃契约造成的破坏性行为做详细的清算，而这种清算估值一般都会非常高，甚至常会超过租佃权赔偿要求的量。④ 这不免使租地农场主的租佃权的安全性受到更多的侵扰。

总起来讲，就实践结果而论，该法的出台并未如期取得它所致力于达到的保障租佃权的目的。例如，在伦敦地产公司（London Companies' Estates）下属的爱尔兰地产上，租地农场主于1881年向谢韦斯（Humbly Sheweth）递交的一份请愿书中的内容显示，该公司以诸多方式剥夺了他们依照原有的阿尔斯特习俗应该享有的权利，比如，"毫无补偿地拿走他们于城镇中依照阿尔斯特习俗购买的房产，以及迫使他们签订会严重损害他们的利益的租约等"。在该请愿书的最后，他们声称，"正是基于上述事实，递交该请愿书，请求谢韦斯在议会面前提出有效的措施以保护我们应有的利益"⑤。由该请愿书的内容可以看出，此处地产上的租地农场主们的租佃权并未获得应有的补偿，且地产主有强迫他们签订一些严重损害他们利益的租佃契约等行为。故该法所具有的重要历史意义，更多的仅是理论而非

---

① J. M. Lely, *The Agricultural Holdings Act*, 1883, and Other Statutes, p. 8.
② G. Thorpe, "Co-operative Agriculture: A Paper Read at A Joint Conference of Members of the Board and District Representative", *LSE Selected Pamphlets*, December 16, 1893, p. 7.
③ J. M. Lely, *The Agricultural Holdings Act*, 1883, and Other Statutes, p. 8.
④ E. J. T. Collins, *The Agrarian History of England and Wales*, Volume, Ⅶ, 1850-1914, p. 798.
⑤ "The Ulster Estates", *City of London Livery Companies Commission Report*, Vol. 1, London: Eyre & Spottiswoode, 1884, pp. 235-246.

实践层面上的。即便如此,该法作为一种普遍适用的法律,它在形式和内容上,无疑都是租佃权立法发展史上的一大进步,为后续保护租地农场主的租佃权相关立法活动提供了重要基础和保障。

## 二 农业大萧条以后租佃权的新发展

在1875年《农业持有地法》之后,英国政治经济形势的发展进一步推动了地产主和租地农场主关系的转变,推动了租佃权法律保障机制的进一步完善。至19世纪80年代时,秘密投票原则和普选制的推行,使地产主的特权选举的运行很难再继续推进,而乡村—城市平衡关系的逆转,又使得政府的关注力逐渐退出农业领域,地产主既无法遏制大宗外国廉价食品源源不断地涌入英国国内的农产品市场,又缺乏解决租佃权问题的有效办法。在这一形势下,地产主和租地农场主的关系,逐渐向前者更为依赖后者的方向转化,这在农业大萧条爆发以后开始变得非常明显。当时世界范围内的农产品的大量涌入,给英国的土地所有者和农场主造成了前所未有的冲击,在当时的市场形势下,即便是一些以乳制品生产为主的小农场主也深受外国进口的黄油、奶酪和培根的打击。当哈格德在英国乡村旅居时,发现他居住的旅店所供应的食品大多来源于国外,在当时的英国,即便是乡村小店也储备着法国和丹麦的黄油、美国的培根和肉罐头、加拿大的奶酪、荷兰的人造黄油等。① 这些农产品的大量涌入,合并该时期英国国内的农业歉收,进一步遭遇了低价格的打击,由此,使当时的租地农场主遭遇了巨大的经济困难。

农业大萧条的巨大打击,一方面给英国的租地农场主造成了巨大的灾难,另一方面,也促进了英国地产主与租地农场主之间的关系进一步转变。在当时的形势下,许多租地农场主拒绝或根本就支付不起地租,只能任由拖欠地租的额度不断上升,为此,地产主只能普遍下调租金。例如,在托尼地产上,在1879—1894年的农业大萧条期间,贝德福德公爵每年都有幅度不等的减租行为,每年都要在10%之上,甚至有时要达到其当年租金的50%。② 然而,即便是许多地产主通过减租方式给予租地农场主以财

---

① G. E. Mingay, *Land and Society in England 1750-1980*, London: Longman, 1994, p.202.
② The Duke of Bedford, *A Great Agricultural Estate, Being the Story of the Origin and Administration of Wobury and Thorney*, p.114.

政帮助，也仍旧有许多租地农场主在萧条时期选择离开农场。一旦要地产主自己经营农场，其利润将会变得更为微薄，为此，许多地产主不得不在地租方面尽量满足租地农场主的需求。留住旧租地农场主和寻找新租地农场主，是萧条时期地产主所面临的重要问题之一，霍克汉姆地产上约翰农场主案例便是一个典型案例。

在霍克汉姆地产上，名曰约翰·哈斯汀（John Hastings）的农场主在遭遇农业大萧条时又刚好赶上病重，无力承担农场的正常运营工作。1882年，他的儿子小约翰首次向该农场的所有者莱斯特勋爵发出了一份退佃申请，称他们将在米迦勒节（Michaelmas）时退佃，同时请求勋爵为他提供一笔贷款以帮助他维持农场正常运营至他退佃之时。勋爵在面临其他许多租地农场主同样有发出减租要求的情况下，拒绝了他的贷款请求。同时，勋爵又不希望有更多的土地闲置自己手中，因此以暂缓交租为条件说服约翰继续留在农场上经营。1885年，迫于形势，勋爵再一次大幅度降低约翰农场的应缴地租，但小约翰（老约翰于1884年时去世）仍旧无力支付地租。至1887年，小约翰的地租拖欠已经达到877英镑。为此，小约翰不得不再次向勋爵发出退佃申请。在农业大萧条期间内，像约翰家这般资历深厚的租地农场主极难寻得。勋爵只得再次以减免600英镑地租的优惠条件说服小约翰继续留在农场上。1891年，农业萧条形势又一次加重，小约翰的农场经营活动再次陷入困境，他无奈第三次发出退佃申请。而勋爵为了继续留住农场主小约翰，只得再一次做出让步，于1891年8月同小约翰签订了一份协议，规定原有地租保持不变的基础上会为小约翰承担某些特定的农场维修事宜，并为小约翰新建了一个牛栏和芜菁存储室（约花费了184英镑）。[1]

霍克汉姆地产上约翰农场主案例显示，农业大萧条使得地产主和租地农场主的关系逐步向前者更为依赖后者的方向发展。地产主对租地农场主依赖性的增加，意味着传统的主佃关系正在发生戏剧性反转，主佃关系越来越转向"地产主依赖租地农场主，而非租地农场主依赖地产主"。此外，农业危机还暴露了1875年《农业持有地法》在解决租佃权问题方面存在的缺陷。先前在新租地农场主进驻农场之时通常能获得1—210英镑每英亩

---

[1] Susanna Wade Martins, *A Great Estate at Work*: *The Holkham Estate and its Inhabitants in the Nineteenth Century*, pp. 122-126.

第五章　租佃权明晰化

的租佃权赔偿，但如果他随后将惯常的轮作制田地用作牧场，则不能获得此类补偿，且在他离开时也不能再要求补偿。农业大萧条期间，种植业区的租地农场主需要经常转换农场类型之时，这一问题变得尤为突出。[1] 例如，在农业大萧条期间，有大量的苏格兰农场主在一些东部郡的大地产主的邀请下，定居到埃塞克斯、诺福克、牛津、亨特福德等一些因谷物价格下跌而损失惨重的英格兰谷物种植地区。他们在定居到这些地区以后，为了更好地发挥他们的优势经营好这些农场，多会改变当地原有的轮耕制度，采用新的将一块田地作几年牧场再进行耕种的轮耕制度。但按照1875年《农业持有地法》的规定，他们在做如此变革之后是无法获得法定的租佃权赔偿的。总之，上述农业发展形势的新变化导致的地产主和租地农场主传统关系的反转，并暴露的更多有关租佃权赔偿的争端问题，势必要求原有的与租佃权有关的法律进一步作出相应的调整。

在此形势下，随后出台的一系列与租佃权问题有关的法律的目的正在于此，也正是通过这些法律，使得1875年《农业持有地法》所确立的一些基本的法律原则，更为完善和更具实践性。例如，1883年的《农业持有地法》在1875年的《农业持有地法》之外，又增加了一些新的条款。该法第34条规定，在租佃期满后，租地农场主在合理限度内对租赁期间于其土地上所做的革新设施享有移除权，但必须提前一个月书面通知地产主，且地产主享有优先购买权。[2] 由这一法律规定可以看出，该法将租佃权的赔偿范围，扩大到了"租地农场主在合理限度内……的革新设施"，而在先前，租地农场主的此类革新补偿，仅限于征得地产主同意的前提下所建造的部分，换句话说，非经地产主同意而自行建造的革新设施仍旧属于地产主的财产，租地农场主不享有补偿权。其次，该法还就补偿标准做了新的规定，就租地农场主的革新措施的价值的评估修改为"革新对下一任租地农场主所具有的价值"，这一评估标准与1875年《农业持有地法》的规定相比，要更具公平性。此外，鉴于当时的地产主多为严格家族定序授予

---

[1] E. J. T. Collins ed., *The Agrarian History of England and Wales*, Volume, Ⅶ, 1850—1914, pp. 743, 798.

[2] Sylvain Mayer, *The Law of Agricultural Holdings, Comprising the Agricultural Holdings Act, 1888 & 1895, the Tenants Compensation Act, 1890, and the Market Gardener's Compensation Act, 1895*, London: Waterlow & Sons, 1898, p. 26.

制地产上的终身地权人,该法进一步规定,地产主在确定补偿租地农场主之后可通过设定租金负担的方式,将补偿费用转嫁到限嗣继承地产上,这一规定使得地产主的补偿义务被法定化。[1] 通过该法的上述新规定可以看出,以前盛行的地产主的特权已被置于一边。再者,该法还就先前的租佃权补偿惯例的缺点做了修正,新加入了就农用土地转为牧场情况时的补偿规定。总之,继1875年《农业持有地法》之后,英国议会在该法的基础上,又相继出台了一系列补充性或修正性的法律,使得1875年《农业持有地法》所确立的就租佃权赔偿的基本原则得到进一步的巩固。这一立法进程,一方面显示了英国与租佃权有关的法律保障机制的不断成熟,另一方面也进一步凸显了1875年《农业持有地法》的重要性,它是英国随后一系列有关租佃权问题的立法文件的基础和样本。

### 三 其他相关法律法规

#### 1880年《小猎物法》

其他一些立法措施,也进一步促进了租佃权安全性的发展,其中最著名的是《小猎物法》(Ground Game Act)。自17世纪以来,农地上的小猎物,如野鸡、野兔、飞禽等在法律上被认作是地产主的财产,除非租赁合同有明确授权,否则即便是这些小猎物损害了租地农场主的利益,租地农场主也无权将其射杀。由此,射杀小猎物的问题,一直是地产主与其租地农场主之间长期争论的一个重要问题,虽然多数地产主在自身传统租佃道德观念的约束下,能做到尽可能地克制此类特权需求,并在租地农场主的要求下,有在双方所订立的契约中规定,租地农场主可以在某些范围内射杀部分小猎物,然而,此类立法层面上的保障机制却始终是缺乏的。在1879年农场主联合会成立以后,该联合会在其主要目标中,明确地提出了"进一步改革小猎物法"的要求。在这一联合会的积极推动下,英国最终于1880年出台了新的《小猎物法》。[2] 该法给予了租地农场主射杀其土地上的野兔、野鸡两类小猎物的法定权利。该法规定:为了有效耕种以及保障土地革新中投入的资本和劳动力,土地上的租地农场主可以不受租赁合

---

[1] James Brooke Little, M. A., *The Agricultural Holdings Act*, 1883, pp. xlvii, 73.

[2] William E. Bear, "Agricultural Politics in England", *The North American Review*, Vol. 138, No. 328, March 1884, pp. 223-224.

同的限制，自由地猎杀租佃地上的野兔等小猎物。① 这一法律取得了很大的成效，它避免了这些小猎物对正在成长中的庄稼所造成的破坏，其最明显的证据是，当时英国大部分地区对野兔等糟蹋庄稼的抱怨都普遍减少了。②

## 1895 年《市场园艺农补偿法》

在农业大萧条爆发以后，英国谷物农产品的价格大幅下跌。诺福克郡农业协会报告当地小麦和大麦两种谷物在 1894 年时的价格约比 1874 年时下降了 70%。罗伯特（Robert）在林肯郡所做的类似统计显示当地谷物在 1894 年时的价格与 1874 年时相比下降了约 66.46%。③ 这些数据说明谷物价格在农业大萧条期间严重下滑。如果价格一直保持在当时的水平，则很难在农业中按照当时的耕种方式继续种植此类农作物，其相应的结果是，英国农业中一定面积的谷物种植区转向了价格更为稳定或生活水平上涨后所需要的农产品的生产，英国的谷物种植面积由此逐渐减少，而畜牧业和园艺业的比重则逐渐升高。例如，在 1878—1894 年，英国小麦的种植面积下降了近 130 万英亩或约 40%，在同一段时间内，英国总谷物的种植面积下降了约 13%。在谷物面积锐减的同时，英国畜牧农场和市场园艺业所占的面积却不断扩大。在 1873—1896 年，英国用于放牧的永久性牧场的面积增长了约 350 万英亩。④ 与此同时，市场园艺所占的土地面积，在 1878 年时仅约为 3.7 万英亩，至 1896 年时上升至约 9.6 万英亩；菜园和果园的总面积，在 1878 年时约为 22.5 万英亩，至 1908 年时上涨至约 25 万英亩。⑤

为了适应英国农业经营模式这一转变，英国政府于 1895 年出台了《市场园艺农补偿法》（The Market Gardeners' Compensation Act），以给予市场性租地农场主在退租时就其栽种的各类果树，以及为了园艺经营目的所

---

① James Brooke Little, M. A., The Agricultural Holdings Act, 1883, p. 370.

② The Rt. Hon. G. Shaw Lefever, M. P., Agrarian Tenure: A Survey of the Laws and Customs Relating to the Holding of Land England, Ireland and Scotland and of the Reforms Therein During Recent Years, p. 53.

③ Francis Allston Channing, The Truth about Agricultural Depression: An Economic Study of the Evidence of the Royal Commission, London, New York and Bombay: Longmans, Green and Co., 1897, pp. 54, 54-55.

④ G. E. Mingay, Land and Society in England 1750-1980, pp. 202, 111.

⑤ Hermann Levy, Larger and Small Holdings: A Study of English Agricultural Economics, Cambridge: Cambridge University Press, 1911, p. 84.

建造的必要的建筑设施等的价值要求相应补偿的权利。① 然而，这一法律不但没有达到预期地保障租地农场主权利的目的，反而产生了一些相反的后果。由于地产主害怕预期的补偿可能会超过土地本身的价值，且不可能自下一任租地农场主处获得足够的补偿。因而，他们阻止租地农场主在其农场上种植市场性的农作物，并将这一限制写入租佃契约之中，也有一些地产主通过自己提供果树等方式以规避此类的补偿要求。现在的租地农场主发现其就革新要求补偿的权利的法定声明受到地产主的阻挠，他们将一些更为严格的条款写入租佃契约之中，这种状况一直持续到1906年。这种状况的长期存在，在当时英国的农业由以谷物生产为主向畜牧业和园艺业的比重不断增多的类型转型过程中，不免产生了不小的阻碍作用。

显然，1895年《市场园艺农补偿法》的有关规定并未对主佃双方地权行使边界做出明确、有效的界定，因而其实施效果并不理想。该法的实施，不利于英国园艺业的发展，与英国农业经营方式不断转型的发展趋势也不相适宜，在后续立法过程中，需要结合英国农业发展做出进一步的调整和规范。

**1906年《农业持有地法》**

继1895年《市场园艺农补偿法》之后，英国政府又于1906年出台了《农业持有地法》。该法的出台给予了租地农场主更多的耕种自由，且进一步增强了租地农场主以其租佃权对抗其地产主的控制的权利。该法规定，任何规定种植类型或阻止特定农产品出售的协约都是非法的、无效的。自此之后，租地农场主可以自主地选择作物种植类型，只要他一直保持土壤的肥力，并在临近租约前的几年里，恢复地产主的作物种植规定即可。按照新法律的有关规定，租地农场主有权就地产主承诺却失于实施的维修等花费要求补偿，且在租约到期时，在征得地产主的同意后，有权移除其在租佃期间所建立的建筑物或固定设备，或在不移除的情况下，退佃之时要求地产主给予一定的补偿。此外，该法还给予了租地农场主就地产主对其造成的无法正常运营的破坏性因素要求补偿的权利。② 但这一所谓的对租

---

① Sylvain Mayer, *The Law of Agricultural Holdings, Comprising the Agricultural Holdings Act, 1888 & 1895, the Tenants Compensation Act, 1890, and the Market Gardener's Compensation Act, 1895*, p.121.

② George Arthur Johnston, *The Agricultural Holdings Act, 1906, with An Introduction Thereto, and Comments Thereon, Together with A Summary to the Law Relating to Agricultural Holdings under the Agricultural Holdings Act, 1883-1900*, London: Effingham Wilson, 1908, pp.25-27, 24, 28-29.

地农场主安全的保障条款仅是一纸空文,在实践中,租地农场主在其地产主选择出售土地时,仍会时常被驱逐。且在当土地卖给郡议会,以按照1908年《小持有地法》分割成小持有地时,他们无法就此要求补偿。为了改变这一处境,当时的英国政府采取措施,以在通过份地和小持有地政策解决土地问题的过程中,尽量保障租地农场主的租佃权的安全。阿斯奎斯(Asquith)在评价1909年《财政法》(*Finance Act*)出台前劳合·乔治及其政府对土地问题的考虑时曾指出,他们这一考虑中,"显而易见地包含着……保护租地农场主对抗反复无常的驱逐行为,尤其是在土地所有权转手之时"[①]。在英国政府部门的这一考虑影响下,随后出台的1910年和1914年《农业持有地法》针对这些问题做了一些新的修正。

至1914年时,自1875年《农业持有地法》所确立的就租佃权进行赔偿的法律原则基本得以完善,与租佃权有关的立法方面的权力天平,已经开始倾向保护租地农场主的权利。自此之后,租地农场主在租佃权、租金和耕种协议等方面的安全性都有了很大的提高。地产主不能再有效地控制租地农场主的种植物选择,在当时的新形势下,正如一个诺福克郡的租地农场主所说的:"我能按照自己的喜好从事耕作事宜"[②];再者,如果土地上的猎物对农作物造成严重破坏的话,地产主已不能再合法地阻止其租地农场主射杀其所承租农场上的小猎物;此外,地产主在就租地农场主于其租赁期间的赔偿方面的控制权也大为降低,其租地农场主现在不仅有权对未耗尽的革新措施要求合理的补偿,还可以在其地产主卖出其持有的农场时,针对这一售地行为对他的正常农场经营活动造成的破坏要求并获得相应的补偿。

然而,在两个重要方面,租地农场主依旧处于劣势。第一,他没有完全的土地保有权,尽管这在过去很少是问题,因为只要他们的耕种令地产主满意并及时地缴付地租,大多数地产主是很少驱逐租地农场主的。第二,1914年时,地产主在固定地租方面仍有不受约束的权利,尽管在实践中地租由土地状况决定,包括农场的位置、农场距离市场的远近程度以及

---

① Bentley B. Gilbert, David Lloyd George, "The Reform of British Landholding and the Budget of 1914", *The History Journal*, Vol. 21, No. 1, March 1978, p. 126.

② Susannah Wade Martins, *A Great Estate at Work: The Holkham Estate and its Inhabitants in the Nineteenth Century*, pp. 119–125.

农场间的相互竞争等。①

总体而论，虽然租地农场主的租佃权的安全性仍旧存在着某些方面的缺失，但地产主与租地农场主之间的关系，却是始终朝着逐步向更有利于租地农场主的方向转变，租地农场主的土地权利不断上升，而地产主的土地权利则相应地缩减。这种形势的发展，对租地农场主和地产主对待土地的态度产生了重大的影响，一方面促使地产主越来越倾向放弃土地所有权，另一方面促使租地农场主在其地产主放弃他所租赁的农场的土地所有权之时，倾向买下这一农场，随着这一形势的不断发展，以土地所有权高度集中为显性特征的大地产逐渐解体，大地产租佃制逐渐为所有权和经营权合一的农地经营模式所取代。

## 本章小结

英国的租地农场主于19世纪时的发展史，是一部对其所经营农场的土地占有权不断硬化的历史，租地农场主与其地产主之间的传统关系已经发生了巨大转变，越来越朝着租地农场主的土地权利不断增强，而地产主的土地权利不断减弱的方向发展。两者在其联结土地上所拥有的土地权利的此消彼长，映射着地产主利益阶层实力的衰落以及租地农场主阶层实力的增强，随之而来的是租地农场主相对于地产主在主佃关系缔结过程中所拥有的谈判地位和能力不断增强。地产主越来越需要寻求租地农场主的资本投资以保证其地产的正常运营，以维持其对地产的"所有权"，也越来越不能忽视租地农场主对其经营地产的土地权利诉求。虽然直至一战前夕，租地农场主仍旧不享有完全的土地保有权，且其地产主仍旧控制着固定地租的权利。但租地农场主在租佃权、租金和耕种协议等方面所享有的权利的安全性，都已经有了很大的提高。

经过19世纪以及20世纪初期一系列租佃权立法实践，英国政府以国家治理方式，通过议会立法手段在吸收、借鉴英国原有租佃权补偿习俗的基础上不断充实租佃权内容，明确地产主和租地农场主之间的地权权能界

---

① E. J. T. Collins, *The Agrarian History of England and Wales*, Volume Ⅶ, 1850–1914, pp. 801–802.

限，整合地方租佃权保障习俗差异性，建立了一套在全英范围内行之有效的统一租佃权法律调节机制。随着租佃权法律保障机制日渐成熟，地产主和租地农场主之间在租佃权问题上的权利边界受到系统法律规定的规约而日渐清晰，英国农业地权之租佃权进一步明晰化。英国政府通过租佃权议会立法活动逐渐弥补了英国农地租赁市场的不足，防止了市场调节农地租赁市场失灵问题，进而有利于推动英国农业经济效率的提升，有利于促进英国农业的发展。

19世纪英国地产主与租地农场主之间主佃关系不断发生转向的发展趋势，除了本章所提到的诸多影响因素之外，还存在一个深层次的原因，即英国的历史土壤，有着保障租地农场主土地权利发展的良好养分。早在中世纪时期，领主与佃农之间的"契约"，已经埋下了促使租地农场主土地权利不断增强的种子，这一契约，正是后来英国租地农场主对其占有土地的权利得以不断硬化的生长点。而封建土地保有制的特征所呈现的地权被高度分割的状态，又使得英国的习俗、法律等在处理有关英国土地争端等的问题时，朝着保障土地实际耕种者的权利的方向不断发展，这无疑推动了英国租地农场主土地权利的不断上升。英国相当长时间内的地产权分割实际，为英国租地农场主土地权利的发展保驾护航。英国租地农场主土地权利的不断上升，乃至最终取得土地所有权，实现其租佃地的使用权与所有权统一于自己一人之手，是英国农业地权历史发展的一个必然结果。

# 第六章 农业工人"地权"相关问题

农业工人是英国农业生产领域中的主力,与之有关的"地权"议题,以19世纪中期为界,前后有所不同。19世纪早期,农业工人问题主要聚焦于因圈地失去土地的小农所面临的低工资问题,以及由此引发的农业工人起义、社会贫困等问题。19世纪中后期,随着农业劳动力规模性转移出农业、农村,农业工人问题开始转为农业劳动力流失,以及由此引发的农业劳动力短缺、农村凋敝问题。针对不同层面的问题,英国政府采取了不同的应对措施。针对前者,英国对当时的济贫法体系进行了改革,完善了社会济贫保障制度;针对后者,英国政府出台了一系列相应的份地与小持有地法令,增进了农业工人与土地之间的连接。在应对19世纪前期的农业工人起义以及中期以后的农业劳动力流失问题过程中,英国的国家治理理念和方式更为成熟,更加符合现代英国经济社会发展需要。

## 第一节 农业工人起义

19世纪早期,农业工人的诉求集中于工资问题,当时农业生产率的提高,农业机械的广泛使用,以及农业劳动力自身的贫困等问题,相互影响,综合作用,最终引爆了农业工人起义。而农业工人暴乱的发生,暴露了英国政府应对社会贫困问题过程中存在的固有缺陷和不足,激起了彻底改革旧济贫法体系的社会需求。1834年《新济贫法》(*Poor Law Amendment Act*)出台,成为英国新旧济贫法体系之间的重要历史分水岭。自此之后,

第六章　农业工人"地权"相关问题

英国的济贫观念及救济方式发生了根本的变化。《新济贫法》的核心救济原则是，穷人应该自救而非依赖国家福利。以该法为标志，英国以国家行政手段治理社会贫困、完善社会福利网络的历史进程往前跨进了一大步。

## 一　摇摆暴动

1770—1830年的圈地运动，永久性地改变了英国乡村的历史面貌，英国约有600万英亩的公地被圈围。几百年来，公地在穷苦农民的生活中具有重要的地位，一直被他们用来放牧牛、羊和猪，种植蔬菜，以维持家庭生活所需。在公地被圈围后，穷苦农民的公地使用权被剥夺，他们变成了"无土地的无产阶级，几乎完全依赖工资劳动"的农业工人。[1] 他们的生活愈发贫困、艰难，只能通过给一些富裕的土地所有者打工赚取微薄的工资收入，以购买自己辛苦种植的食物养活自己及家人。

农业工人的工资收入较低，且极为不稳定，在农业工人生活无以为继之时，农业工人暴动便会不可避免地发生。1830年，英格兰东部和南部部分地区爆发的"摇摆暴动"（Swing Riots）[2] 正是此类农业工人暴动的典型案例。此次暴动也常被称作"斯温船长"暴动（Captain Swing）。这是一场酝酿已久的内乱，动乱的苗头始于18世纪80年代，在拿破仑战争期间逐渐消退，但最终于50年后的1830年彻底爆发。

18世纪80年代，农业工人与农场主和地产主之间签订的用工合同一般为一年期。一年期用工合同为农业工人带来了一定的保障。但后因面临收成不佳压力，一些土地所有者和农场主开始只愿意提供短期用工合同，合同期限一般为一周或几个月。这种短期用工合同给农业工人造成了巨大压力，使他们的工作变得更为不稳定，心理的不满情绪也更为增多，进而出现动乱的苗头。

1803—1815年，农业工人的生活状况有所改善，其暴乱的苗头也逐渐消退。在此期间，拿破仑战争带来的动乱，一度使英国民众不安和恐慌，

---

[1]　E. J. Hobsbawm and George Rudé, *Captain Swing*, London: Lawrence & Wishart, 1969, p. 35.

[2]　"What Caused the 'Swing Riots' in the 1830s?", The National Archives https://www.nationalarchives.gov.uk/education/resources/what-caused-the-swing-riots-in-the-1830s/, Accessed May 7, 2024. 英国国家档案馆收录的这一文献，记载了诸多与此次暴动有关的史实，它们为本部分的"斯温船长"暴动史实梳理提供了重要文献参考依据。

但农业工人的工资却有所提高。当时因劳动力短缺，谷物价格高涨，农业工人工资有所上涨，其生活水平有所改善，故其动乱的苗头逐渐消退。

1815年拿破仑战争的结束改变了这一切，农业工人暴乱的苗头复燃。战后，英国南部港口的军队被解散，一些复员军人搬到内地寻找工作，但当时英国根本没有足够的工作岗位，劳动力供过于求，导致工资下降，失业率不断上升。与此同时，粮食价格开始暴跌。英国进入最黑暗的一段历史时期。

农业机械的出现，特别是脱粒机的使用，成为压垮农业工人的最后一根救命稻草，最终引爆了农业工人骚乱。脱粒机的使用对农民暴乱发生概率的影响很大。根据相关研究给出的统计数据，在农场主没有使用脱粒机的教区，骚乱发生的概率为13.6%；在农场主使用脱粒机的教区，骚乱发生的概率则是26.1%，约增加了2倍。[①] 18世纪，英国农场工人冬季的主要工作之一是打谷，通过手工击打方式实现谷物脱粒。手工脱粒是一项艰苦的工作，但也是农业工人，尤其是男性农业劳动力，在冬季用以维持生计的主要农场工作之一。1786年，安德鲁·梅克尔（Andrew Meikle）发明了第一台脱粒机，但早期的脱粒机价格昂贵且性能不稳定，它们投入使用的速度较为缓慢。1810年以后，随着脱粒机价格的下降和性能稳定性的提高，脱粒机投入生产的使用速度加快。不管是畜力脱粒机，还是水动力脱粒机，其生产效率都要比农业工人手工脱粒的生产效率高5、6倍之多。在冬季，脱粒机越来越剥夺了农村工人的主要收入来源。在脱粒机广泛使用的地区，冬季失业率为7.6%；在脱粒机未使用的地区，冬季失业率则为5.5%。[②] 19世纪20年代末30年代初，英格兰南部地区的一些农场主开始引进脱粒机进行谷物脱粒，这使得当地大量农业工人失业，他们在冬季无工可做，无法赚钱养活自己及家人，因而只能诉诸暴动和威胁方式来保护自己。

低工资、失业、农产品价格下降、脱粒机的引进等因素综合作用，最终引发了农村特别是英格兰东部和南部地区的大量的发出恐吓信、纵火以

---

[①] Caprettini Bruno &Voth Hans-Joachim, "Rage Against the Machines: Labor-Saving Technology and Unrest in Industrializing England", *American Economic Review*, No.3, 2020, p.306.

[②] Caprettini Bruno &Voth Hans-Joachim, "Rage Against the Machines: Labor-Saving Technology and Unrest in Industrializing England", *American Economic Review*, No.3, 2020, p.307.

## 第六章　农业工人"地权"相关问题

及破坏机器等行为。1830年8月28日晚上，在肯特郡东部，一台脱粒机被愤怒的工人摧毁，由此开始，一场席卷南方地区的农业工人起义正式拉开帷幕，随后，一系列骚乱迅速席卷了英格兰许多农村地区，"摇摆暴动"呈现出愈演愈烈之势。暴乱者主要是希望恢复他们原有的生活水平，他们的大多数活动并没有明显的政治性，主要是以捍卫过去的传统权利为措辞。

发出恐吓信是农业工人骚乱的主要方式之一。发起抗议的农业工人，经常以一个虚构人物斯温船长的名义向其雇主发出恐吓信，威胁要给他们造成损失，除非他们提高工资（或至少维持现有的工资水平不变），或者毁掉新机器（打谷机或称脱粒机）。"斯温船长"是一个虚构的名字，他代表了英国农业工人的愤怒，抗议者使用这一名字，主要是想在土地所有者中散布恐惧，保护抗议者不被发现。这些恐吓信首先出现在肯特郡和西苏塞克斯郡，然后蔓延到汉普郡和威尔特郡，并迅速席卷了英格兰东部和南部许多农村地区。

在一些地方，抗议活动还演变成抗议和罢工。在威尔特郡的劳顿，抗议活动演变成在墓地里抽烟斗。而在英国南部诸郡，抗议活动演变为纵火、破坏机器等行为。现以肯特郡和汉普郡为例详加说明。

在肯特郡，相关暴乱包括发出恐吓信、纵火和捣毁脱粒机等行为。1830年，肯特郡哈德洛写给内政部的一封信中，记载了一起谷仓纵火案。在这起纵火案中，被放火焚烧的谷仓位于北弗斯教区，连同该谷仓一起被烧毁的还有一间马车房和一间旅社。据乔治·巴顿先生估算，他因此次纵火案在谷物方面的损失约为300英镑。[①] 同年9月22日，肯特郡发生了一起脱粒机被摧毁事件。该起事件是由一个200多人组成的农业工人暴乱团伙在午夜时分犯下的。暴乱发生后，当地法官着手调查事件原因，但因受到恐吓，一度陷入困局，难以取得可靠的证据来起诉当事人。[②]

在汉普郡，暴乱似乎尤为激烈，而且有知识分子参与其中，如威廉·科贝特（William Cobbett）。科贝特是一位孜孜不倦的改革活动家、小册子作者、农民、记者和国会议员，在他的《乡村之旅》（*Rural Rides*）一书

---

[①] *A Letter from Hadlow in Kent to the Home Office about A Suspicious Fire*, 1830, The National Archives, Catalogue ref: HO 52/8.

[②] *Letter about the Destruction of Threshing Machines in Kent*, 22 September, 1830, The National Archives, Catalogue ref: HO 52/8.

中，他描写了他在英格兰旅行时的一些见闻，其中有一些是关涉农业劳动者的骇人听闻的情况。针对此次农业工人发起骚乱的原因，科贝特有形成一些自己的看法。他在《乡村战争》（"Rural War"）一文中，将农业劳动者的贫困归因于那些不劳而获的人，认为是他们攫取了本应属于农村穷苦劳动者们的利益。科贝特呼吁废除腐败选区，实行议会改革，以减轻农业劳动者的贫困。科贝特常常被看作是煽动汉普郡农村贫民暴动的罪魁祸首，并因此被指控犯了煽动诽谤罪，但他成功地为自己进行了抗辩，最终被宣告无罪。科贝特的呼吁得到一些人士的支持，这些人希望采取一种更为激进的方式，直接与土地所有者进行暴力对抗。可能受此影响，暴乱在汉普郡变得更加严重。

　　1830年11月，摇摆暴动在汉普郡爆发，并在整个汉普顿郡迅速蔓延，以德弗谷和安多弗地区最为严重。11月的严寒中，农业工人的工作时间日渐缩短。寒冷的房屋、空荡荡的食品柜，可能正是这些愤愤不平的农业工人发起骚乱的引爆点。在巴顿·斯泰西，成群的农业工人在村庄里游荡，他们先是向副牧师要了钱，后又捣毁了三个谷仓，这些谷仓可能是用来存放机器的。在米开德弗，约700名工人毁掉了他们能找到的所有打谷机器。在诺辛顿的画眉山庄，抗议者与山庄的主人威廉·巴里发生了直接的暴力冲突。一名叫亨利·库克的小伙子主动出击，将一把锤子砸向了巴里，锤子擦过巴里的头，把他的帽子撞掉了，亨利因此被逮捕并被指控犯了谋杀未遂罪。在安多弗，骚乱持续了好几天。1830年11月20日，一群暴民袭击了塔斯克在上克拉特福德的滑铁卢铁厂，摧毁了所有他们能摧毁的机器。11月21日，抗议者聚向旅店，索要食物和钱财。抗议者队伍还在霍顿磨坊、波辛顿庄园、斯托克布里奇的国王臂章庄园和索姆伯恩国王庄园等地区四处游荡，举行游行示威活动。11月22日，暴徒袭击了塞尔伯恩和黑德利的济贫院，造成了巨大的破坏。直到牧师同意将什一税减半，他们才停下来。①

　　参加摇摆暴动的农业工人，起初确实从骚乱行动中获得一定的现实利益。如一些雇主同意给他们加薪，或者至少不减薪。甚至有报道称，农场

---

① "The Swing Riots", Hampshire History https：//www.hampshire-history.com/the-swing-riots/, Accessed May 7, 2024. 汉普郡历史官方网站提供了关于该郡摇摆暴动的详细信息，有关汉普郡暴乱的相关史实主要来源于该网站所载内容。

第六章 农业工人"地权"相关问题

主为了防止被袭击,主动砸碎了自己的新机器。但对袭击的恐惧很快变成了粉碎叛军的决心。为了阻止起义,农场主们招募了特警,并求助于民兵来镇压起义。发起暴乱的农场工人不是武装士兵的对手,起义领导者也很快被逮捕。

英国政府对摇摆党骚乱的反应是严厉的。墨尔本勋爵是当时的内政大臣,尽管他希望做出温和的回应,但他认为人们对暴徒表现出了太多的同情,他将骚乱的升级和持续归咎于过于仁慈的地方法官。墨尔本亲自出马处理摇摆暴乱事件,他任命了一个特别法官委员会来审判暴徒,给予暴徒严厉的惩罚。在骚乱平息后,共有19人被处决,644人被监禁,505人被流放到澳大利亚。

然而,随着暴乱威胁的消失,许多农场主和地产主再次降低了农业工人的工资,农村地区面临的社会贫困问题变得更加严重。与此同时,摇摆叛乱的经历对多塞特的农场工人产生了深远的影响,使他们认识到必须采取一种更为可行的方法来抵制减薪行为,而不是诉诸暴力,此即著名的托尔普德尔6名农业工人蒙难事件。

## 二 托尔普德尔蒙难事件

在摇摆暴动之后不久,托尔普德尔也发生了一场著名的农民抵抗运动,史称"托尔普德尔蒙难事件"(Tolpuddle Martyrs)。该事件的发生与摇摆暴动相同,都与所在地区的农业工人低工资、贫困问题有关。但两者采取的抵抗方式不一样,摇摆暴动采用的是暴力抵抗手段,而托尔普德尔的农业工人则诉诸联合,以成立工会的方式抵抗雇主的减薪行为。托尔普德尔事件是早期工会发展史上的著名历史事件,事件中遭难的6名农业工人,常被误认为是工会主义的创始人,后逐渐演化为一种政治标签,进入英国国家历史和人民大众的历史视野,成为英国一个广为流传的民族叙事故事的一部分。

托尔普德蒙难事件的发生有其历史必然性。19世纪早期,多塞特郡的农业劳动力贫困问题十分突出,托尔普德尔地区的农业劳动力工资水平更是低于该县其他地区,该处农场上的农业工人周薪仅有9先令,生活贫困得可怕。19世纪30年代初,托尔普德尔的一个农场工人代表兼卫理公会牧师乔治·洛夫莱斯(George Loveless),曾从当地雇主手中获得了一份适

143

度提高农业工人周薪的协议，但托尔普德尔农场主不但不遵守这一协议，反而还降低了工人们的周薪，从原来的9先令降至6先令。此次减薪，已是农业工人连续遭遇的第三次减薪。农业工人极为不满，他们向当地法官提请了上诉，但没能成功。与此同时，才刚刚平息的摇摆暴动，又使这些农业工人清醒地认识到，诉诸暴力是徒劳的，必须采取一种更为可行的办法来抵制雇主的减薪行为。

在此背景下，1833年10月，洛夫莱斯在托尔普德尔成立了一个劳工分会，组织农业工人进行讨价还价。在《联合法案》被废除后，工会主义本身不再非法，但托尔普德尔劳工的组织尝试是秘密进行的，成员是通过宣誓仪式加入的。他们秘密结成一个团体，或是在村庄草地上的梧桐树下会面，或是在托马斯·斯坦菲尔德小屋的楼上碰面，以共同讨论如何改善他们的生活，并阻止雇主进一步减薪。[1] 他们的活动被一名间谍发现，并告知了当地的地产主兼地方官詹姆斯·弗兰普顿（James Frampton）。1769年，弗兰普顿出生于托尔普德尔附近的莫尔顿府，出身于一个历史悠久的乡绅家庭，他对教会、宪法、国王和国家以及维持现状充满了热情。19世纪30年代，血腥的法国大革命和摇摆暴动对社会造成的震荡，久久停留在英国当权派的脑海中，挥之不去。故在政府的支持下，以弗兰普顿为首的地产主们决心消灭所有形式的有组织抗议，以控制一切反对意见。因此，当弗兰普顿听说他的一群农业工人组建了工会时，他试图将其扼杀。但当时《联合法案》已经被废除了，工会已是合法的社团组织，弗兰普顿没有理由对托尔普德尔工会进行绞杀。然而，当时该工会是以秘密宣誓的方式组建起来的，易授人以柄，而弗兰普顿正是以此为借口，以非法宣誓的罪名对该工会的组建者提起了诉讼。[2]

1834年2月24日，太阳升起的时候，洛夫莱斯告别他的妻子贝琪和他们的三个孩子，出发去工作，但当他离开他在托尔普德尔的乡村小屋时，这位37岁的劳工接到了逮捕令。同时被逮捕的还有他的兄弟詹姆斯、

---

[1] Clare Griffths, "From 'Dorchester Labourers' Club to 'Tolpuddle Martyrs': Celebrating Radicalism in the English Countryside", in Quentin Outram & Keith Laybourn ed., *Secular Martyrdom in Britain and Ireland: From Peterloo to the Present*, London: Palgrave Macmillan UK, 2008, pp.59-84.

[2] "Tolpuddle Martyrs: Before the Arrest" https://www.tolpuddlemartyrs.org.uk/story/before-the-arrest, Accessed May 7, 2024.

## 第六章 农业工人"地权"相关问题

詹姆斯·哈米特、詹姆斯·布林、托马斯·斯坦菲尔德和托马斯的儿子约翰，6人都被指控犯了非法宣誓罪。被逮捕后，6人被押到多尔切斯特接受审判。其最终的审判结果是，6人被判处7年有期徒刑并流放海外。多尔切斯特律师法庭的法官特别评论了这一判决，称其提供了"一个例子和警告"。6名农业工人实际上做了当地司法局的"替罪羊"。判决发出后，全国工会联盟领导了反对这一判决的抗议活动，威廉·科贝特向议会递交了一份请愿书，并举行了大型的公开会议，最终在伦敦的哥本哈根田野举行了大规模的示威活动。到1835年夏天，国会议员托马斯·瓦克利声称，已经有多达80万人签署了释放这些男子的请愿书。1836年3月，辉格党内政大臣约翰·罗素勋爵提出了对6人的全面的赦免。1838年3月，6人中有5人返回英国，詹姆斯·哈密特次年返回。[①]

托尔普德尔蒙难事件，虽然涉案人员仅有6名农业工人，却在英国劳工史上占有重要的历史地位。6人常被误认为是工会主义的创始人。他们的抗争决心，曾激励了几代人与不公正和压迫作斗争。在多尔切斯特监狱里，洛夫莱斯曾潦草地写下过几个字：我们高举自由的口号！我们会的，我们会的，我们会自由的！这一号召，很能表明他们的抗争决心，也极具感染力。

起初，该事件并未被明确命名为托尔普德尔蒙难事件，故早期时代的历史记载中，很难找到关于这一历史事件的直接证据。19世纪90年代，德国历史学家威廉·哈斯巴赫出版了一部关于英国农业工人的历史，其中并没有提到托尔普德尔，而是评论了"多尔切斯特工人"的情况。西德尼和比阿特丽斯·韦伯在1920年出版的有关工会主义的历史一书中，使用的也是"多尔切斯特劳工"一词。直至1935年，英国工会大会的秘书长沃尔特·西特林提出，有必要给予托尔普德尔事件以更为精确的界定，以确立其在劳工运动的编年史上的适当位置。自此之后，托尔普德尔蒙难事件才正式进入历史学家们的叙事范围，并获得应有的重视。

以摇摆暴动和托尔普德尔蒙难事件为代表的农业工人抗议活动，是失却土地变成仅依靠低微的农业工资收入的社会贫民在因生活无以为继之时诉诸武力相抗争的结果，是由社会贫困问题所引发的。19世纪的英国，生

---

① "Tolpuddle Martyrs: The Story" https://www.tolpuddlemartyrs.org.uk/story, Accessed May 7, 2024.

产力水平已经相当之高,但贫困问题仍然存在,甚至更甚从前,不能不说是社会本身出了问题。该时期的社会贫困,是因社会整体上追求经济效率,使一些人的某些权利被剥夺所引发的社会问题,其问题的源头在于小农的"地权"失却。这一社会贫困问题,单依靠市场调节机制本身无法解决,需要更多借助国家、政府力量的干涉,以寻求可行的解决之道。1834年,英国议会所出台的《新济贫法》正是英国应对这一社会贫困问题的重要国家治理之策。

### 三 社会贫困救济

以摇摆暴动和托尔普德尔蒙难事件为代表的农业工人抗议活动,暴露了英国旧济贫法体系的固有缺陷。农业工人的抗议活动主要发生于英格兰南部和东部地区,这些地区是英国旧济贫法流行地区。穷人聚众暴乱,四处抢掠,撕碎了农场主和地产主的社会安宁梦,他们开始认识到单是通过缴纳济贫税方式并不足以换得社会安宁,旧有的济贫法体系存在固有缺陷,需要对之做出必要的改革和调整。

旧济贫法体系初建于16世纪,其主体是1601年的《伊丽莎白济贫法》(Poor Laws)。该救济法令以法律形式确认了英国政府对社会贫困负有不可推卸的责任和义务,强调政府有责任向贫苦民众提供救济,并帮助有劳动能力的人实现就业,同时对有能力而拒绝就业的人施以惩戒。《伊丽莎白济贫法》作为英国旧济贫法体系的发端,其所确定的原则被长期延续下来。自此之后,社会贫困问题被正式纳入英国政府可控、可治理的良性轨道之中。

随着社会的发展,《济贫法》不断有新的法令出台,有新的济贫制度诞生,如《居住法》《Act of settlement》、斯频汉姆兰(Speenhamland)制度等。《居住法》和斯频汉姆兰制度,对当时英国的经济和社会发展产生的影响很大,它们一直存续至1834年。

《居住法》出台于1662年,原名《为本王国的贫民提供更好救济的法律》,其目的是,通过"定居"的手段,使贫民得到必要的教区救济。但该法令违背了劳动力自由流动原则,不适应18世纪以来市场经济日渐发展的需要。18世纪,随着市场经济的不断发展,劳动者离开出生地到外地谋生的需求增多。但《居住法》限制了劳动力的自由流动,使一些劳工无法

## 第六章 农业工人"地权"相关问题

在出生地以外的教区得到较稳定的工作。正如亚当·斯密所言,《居住法》"妨碍劳动的自由流动……贫民除了在所属教区内,不易取得居住权,甚至不易找到工作的机会……而且使贫民不能转地劳作"①。在当时的英国,允许劳动力自由流动,按照市场经济自身运行机制实现劳动力资源的自由流动,是符合当时英国社会经济发展形势的,但《居住法》却因噎废食,运用国家行政手段强行阻断了劳动力的自由流动,强行干扰了劳动力市场自身运行机制。

斯频汉姆兰制度出台于1795年,该救济制度的实施是英国救济制度发展史上的一大进步。18世纪末期,遭遇农业歉收和拿破仑战争,英国的粮食价格持续上涨,生活必需品价格也大幅上涨,随之,就业状态下低收入贫困问题出现。为了解决这一新型贫困问题,伯克郡的地方官制定了一个有针对性的地方救济措施,它依照小麦价格高低来界定劳工最低工资标准,规定每个劳工的周薪不低于3先令,凡是低于这一基本生活标准的部分,由教区补足。② 这一救济措施,能够有效应对就业状态下的低收入贫困问题,因而很快被推广开来。斯频汉姆兰制度同样存在一些固有缺陷。例如,因为有教区补贴托底,一些农场主会蓄意压低农业工人的工资,以将自身所应负担的一部分成本转嫁给所在教区的全体济贫纳税人身上;对一部分纳税人,尤其是一些小土地所有者而言,需要按照土地面积缴纳的相对较高的济贫税,在拿破仑战后时期的农业歉收年份,足以将本就收入微薄的他们逼至破产边缘;对于一些工资收入水平刚刚超过救济标准的人而言,在缴纳济贫税后,其实际收入水平甚至会低于接受救济的人,对他们而言,这很不公平。总之,斯频汉姆兰制度存在许多弊病,其在具体实施的过程不仅没有解决社会贫困,反而还很容易引发贫困人口增多问题。由于贫困劳工可以通过该救济制度获得必要的工资补贴和儿童津贴,故而会刺激他们毫无顾忌地早婚、生子,从而使贫民数量不但不因救济而减少反而增加。

斯频汉姆兰制度出台后,英国的济贫支出不断上升。1776年英格兰和

---

① [英]亚当·斯密:《国民财富的性质和原因研究》上卷,郭大力、王亚南译,商务印书馆1972年版,第130页。

② Joel Wiener ed., *Great Britain, The Lion at Home: A Documentary History of Domestic Policy 1689-1973*, Vol. I, New York: Chelsea House Publishers, 1974, p. 804.

威尔士的济贫支出约为 154 万英镑，1783—1785 年，平均年济贫支出约为 200.4 万英镑。① 进入 19 世纪以后，济贫支出更是进一步攀升，如 1803 年为 426.8 万英镑，1820 年为 733 万镑。与此同时，需要接受救济的人口数量，非但没有减少反而还在不断增加，其占总人口的比重约保持在 10%。② 如 1776 年受救济者的人数在人口中的比例约为 9%，1803 年时约为 11.4%③。而这一时期的英国总人口是不断增加的。19 世纪以前，因为缺乏准确的人口普查结果，英国的人口总数只有一些估算数据。例如，据估算，1780 年，英格兰人口约为 710 万，苏格兰约为 140 万，威尔士约为 43 万，爱尔兰约为 405 万，英国人口总数约为 1298 万。1801 年，英国组织了第一次大规模的人口普查工作，自此之后，英国的人口数据有了准确的参考依据。根据 1831 年人口普查结果，当时英格兰人口为 1310 万，苏格兰为 237 万，威尔士为 91 万，爱尔兰为 777 万，英国人口总数为 2415 万。在 1780 年至 1831 年的 50 年间，英国的人口总数翻了将近一番（见表 6—1）。

表 6—1　　　　1780 年至 1831 年英国人口统计数据　　　（单位：百万）

|  | 1780 年（估值） | 1801 年 | 1831 年 |
| --- | --- | --- | --- |
| 英格兰 | 7.10 | 8.30 | 13.10 |
| 威尔士 | 0.43 | 0.59 | 0.91 |
| 苏格兰 | 1.40 | 1.63 | 2.37 |
| 爱尔兰 | 4.05 | 5.22 | 7.77 |
| 联合王国总数 | 12.98 | 15.74 | 24.15 |
| 英格兰（占比） | 54.7% | 52.7% | 54.2% |

资料来源：[英] 克里斯托弗·哈维、H.C.G. 马修：《19 世纪英国：危机与变革》，韩敏中译，外语教学与研究出版社 2007 年版，第 184 页。

从 18 世纪后期开始，英国自由市场经济的特征已经非常明显，以

---

① George Nicholls, *A History of the English Poor Law*, Vol. II, London: John Murray, 1854, p. 101.
② B. R. Mitchell ed., *British Historical Statistics*, Cambridge: Cambridge University Press, 1988, p. 605.
③ Lynn Hollen Lees, *Solidarities of Strangers: The English Poor Laws and the People*, Cambridge: Cambridge University Press, 1998, pp. 44-45.

## 第六章 农业工人"地权"相关问题

《居住法》和斯频汉姆兰制度为代表的英国旧济贫法体系,开始不再适应新的经济社会发展要求。它们构成国家对经济的不必要的干预,是一种不成熟的国家治理理念、治理方式。与此同时,在新变化了的政治、经济、社会形势下,人们关于贫困以及贫困救济的观念也开始发生新的变化。在这一系列因素综合作用下,彻底改革旧济贫法,建立一种更为适应新形势发展的《新济贫法》体系成为一种历史的必然。

1832年,英国启动了对旧济贫法体系进行彻底改革的行动。其催化剂是1830—1831年的英国农业工人起义,即摇摆暴动。此次农业工人起义集中在英国南部,集中在贫困救济较高的几个县。韦伯称,该次起义把对革命的恐惧注入了英国统治阶级的心中。同时,该次农业工人起义也加强了对旧济贫法改革的诉求,土地所有者认为,这次骚乱是一个强烈的信号,它表明当地救济穷人的政府管理不善。1817年以后,实际救济支出的增加,加重了农业劳动者的不满。劳动者的要求和租农的反映表明,由教区提供的工资补贴救济,变相增加了土地所有者的收入,造成了更多的社会不公。政府应进行必要的干预,以减少教区的救济开支,并提高地产主在救济中应承担的必要责任。为了应对这种压力,英国政府在1832年年初组建了由七名成员构成的皇家济贫法委员会(The Royal Poor Law Commission)。当代经济学家J. R. 麦卡洛克(J. R. McCulloch)称,皇室济贫法委员会的委员们,似乎绝大多数都决心在旧的济贫法中寻找滥用职权的证据,并充分利用它们。[1] 调查委员会的相关工作为改革旧济贫法提供了必要依据。对贫困救济管理的调查工作由纳索·西尼尔(Nassau Senior)和德温·查德威克(Edwin Chadwick)主持。西尼尔认为,在斯频汉姆兰制度下,各种方式的工资补贴救济方式扰乱了自由市场经济的运行。查德威克认为,有必要为穷人提供必要的救济,但对他们所提供的救济,不应超过依靠劳动生存的人的收入。

1833年,调查委员会的调查报告初步完成。这份调查报告通过对一系列实证调查案例的具体分析得出结论称,斯频汉姆兰制度应该被彻底废除,因为该制度实际上创造了更多的贫困,鼓励了人们不劳而获。这一调查报告的相关评价引起了一些学者的批评。如托尼认为,该调查报告的相

---

[1] Sidney Webb and Beatrice Webb, *English Local Government*: *English Poor Law History*: *The Last Hundred Years*, London: Longmans, Green & Co., 1929, pp. 45, 84.

关结论极不具有历史意义,"委员们认为现有的救济管理方法非常糟糕是正确的;但他们将主要原因归咎于管理松懈是错误的……他们对社会贫困的原因的探讨是极其肤浅的"①。虽然有一些不同的声音,但不能因此否定该调查报告在英国济贫制度发展史上所具有的重要历史地位。

1834年,该调查委员会向议会提交了其最终调查报告。这一报告对英国救济制度的改革起到了至关重要的作用,此后不久,议会便通过了《济贫法修正案》,也称《新济贫法》。②该救济法令是英国新旧济贫法体系之间的重要历史分水岭。自此之后,英国的济贫观念及救济方式发生了根本的变化,原则上不再无条件地向有工作能力的人提供救济。在旧济贫法体系下,英国政府依照"家长制"观念应对社会贫困问题,对贫困人口实施救济,仅考虑救济本身,忽视救济措施所产生的社会经济后果。而《新济贫法》的颁布,转变了这一救济思路。《新济贫法》在广泛吸收李嘉图、马尔萨斯等学者们的新经济思想的基础上,将社会贫困问题的解决聚焦于贫困救济的实际效应基础之上,强调在实际解决贫困问题的同时,还应关注其对经济社会发展的影响。

总之,19世纪早期时代,农业生产率的提高,农用机械的广泛使用,以及农业劳动力贫困等问题,导致英国南部以农业生产为主的县区爆发了农业工人起义,尤以摇摆暴动为代表。以摇摆暴动为代表的农业工人暴动释放了一个强烈的信号,表明当地救济穷人的政府管理不善,激起了彻底改革旧济贫法体系的社会需求。而1834年《新济贫法》的出台,则标志着英国的济贫观念及救济方式发生了根本的变化,同时也表明当时的英国政府已经对18世纪以来的英国经济社会变化有了较为清晰的认识,其治理社会贫困问题的理念和思路也更为成熟。1834年《新济贫法》是英国政府应对农业工人暴动,解决社会贫困问题的积极举措,以之为标志,英国在治理社会贫困问题、完善社会福利网络历史进程中往前迈进了一大步。

摇摆暴动和托尔普德尔蒙难事件还说明,当新技术取代足够多的工人时,他们可能不会默默承受。如果他们的损失足够大,他们有可能团结起来,暴力攻击现行秩序,而目标则是新技术和新机器本身的本地赢家。这

---

① R. H. Tawney, *Religion and the Rise of Capitalism*, Harmondsworth: Penguin, 1926, pp. 269, 322.
② George Nicholls, *A History of the English Poor Law*, Vol. II, p. 282.

第六章　农业工人"地权"相关问题

也给技术乐观主义者一个警醒，技术不是存在于真空当中的。并且，替代就业机会也很重要，因为它们有助于工人吸收新技术带来的冲击。完善社会福利网络和扩大替代就业形式，而不是限制技术采用的步伐，似乎更为可行，也更为符合现代社会的发展需要。[1]

## 第二节　农业劳动力流失及应对

19世纪中后期，终身地权人的土地处分权不断增强，租地农场主的租佃权不断强化，与此同时在英国农业地产领域，与农业地权法律变革有关的另一条重要的地权演变主线是满足一部分农业工人对少量土地需求的立法实践活动。该问题产生于当时的农业工人的数量不断锐减，并因之对英国农业的发展造成阻碍，对农村社会的稳定造成威胁之时。对该问题的解决，主要是通过政府颁布法律的形式，在政府的主导下，通过创制份地和小持有地运动方式进行的。就其产生的结果而论，份地和小持有地的创建，对农业工人自身福祉乃至社会的稳定发展都产生了一定的积极影响，但其效果远未达到当时的英国政府预期，所能创设出来的份地和小持有地的规模和数量也都还很有限。

### 一　农业劳动力流失

在19世纪的英国，尤其是在第一次工业革命爆发以后，随着新一轮生产率的提高，英国的农业生产技术有了新的发展，尤其是农业机械化、科技化的发展，使对农业劳动的需求量减少。与此同时，工业化、城镇化也不断发展，一批新型非农产业如雨后春笋般迅速崛起。且相比于农业，从事非农产业所能获得的收入要明显高于农业生产活动。于是乎，一些农业、农村地区的剩余劳动力受非农产业高工资收入所吸引，纷纷离开农业、农村，流向非农产业和城镇地区。随着这一规模性人口迁徙的不断发展，农业生产领域出现了严重的劳动力短缺问题，农业生产活动受到阻碍，农村地区也日渐凋敝。

---

[1] Caprettini Bruno & Voth Hans-Joachim, "Rage Against the Machines: Labor-Saving Technology and Unrest in Industrializing England", *American Economic Review*, No. 3, 2020, pp. 317-318.

农业人口流出农业生产领域，最为基础性的因素是农业生产率的提高。19世纪初，英国的农业产量是法国的2.5倍之多，而法国农业本身就已经比欧洲其他地方效率高得多，结果就是，不断从乡村流向城镇并且还在不断增长的人口都有饭吃。① 农业生产率的不断提高，使农业生产领域出现劳动力剩余，这些剩余劳动力势必要转移出去。

在农业生产率不断提高的同时，英国的工业化、城镇化也在不断发展，一批新型非农产业如雨后春笋般迅速崛起。英国推行重商主义政策，国内国外商贸和货物流通畅通，使生产率的提高能够转化为利润、信贷和进一步的投资，从而为非农产业的兴起与发展创造了条件，同时也使得30%脱离了农业生产并转移至城镇定居的人口有饭吃、有衣穿、可取暖，这是当时任何一个其他欧洲国家都无法与之比肩的。此外，相比于农业，投资非农产业的获利优势也很明显。罗伯特·皮尔（Robert Peel）爵士靠从事棉布印花业发家致富，所雇用的印染工一度达到1.5万名，1799—1829年，其新拉纳克纱厂在回报5%的红利后，还为罗伯特及其合伙人净赚了30万英镑的利润。1764—1772年，是英国大运河时代，英格社会各富裕阶层，包括绅士、商人、制造业者、银行家等都大规模投资运河建设，此类投资的分红收益也相当可观，如牛津运河的分红收益可达30%。相对丰厚的获利也刺激了英国非农产业的不断发展，为英国农业人口流出农业、农村创造了重要的基础和前提。②

19世纪时期，英国已经有了比较详细的人口调查统计数据。1801年，英国组织了第一次大规模的人口普查工作，根据此次人口普查结果，英格兰人口为830万，苏格兰为163万，威尔士为58.7万，爱尔兰为522万。英国的人口自18世纪中期以来有了明显的增长，据统计，在1750—1801年，英国人口增长率高达25%，比同期欧洲平均值高出50%。随着英国食品供应和卫生条件的不断改善，流行性传染病的杀伤力已经明显减弱，婴儿死亡率明显下降。而自工业革命以来不断上升的制造业以及规模型资本主义农场的发展，使得劳动力的价值上升，人们的生育意愿随之上升。著名农业作家阿瑟·杨（Arthur Young）的话很能体现这一点，他曾劝导说，"去吧，小伙子

---

① ［英］克里斯托弗·哈维、H.C.G.马修：《19世纪英国：危机与变革》，第184页。
② ［英］克里斯托弗·哈维、H.C.G.马修：《19世纪英国：危机与变革》，第185—186，187，189页。

们，生孩子去"，"孩子比以往任何时候都值钱"。而在规模性资本主义农场上，有更多的农业工人从事农业生产，意味着每英亩土地的产量可提高到原来的3倍。于是，在1780—1851年，英国的人口一直呈现出大规模上涨态势。①

在英国总人口不断上涨的同时，就农业生产领域而言，自19世纪中叶开始，英国农业中的就业人口数量还呈现出不断下滑的态势。表6—2数据来源于1851—1901年英国人口普查数据，从中可以看出：1851年，从事农业的人口数量约为190.47万人，至1861年时，下降至约180.3万人，这10年间下降了约5.3%；1871年时，进一步下滑至约142.38万人，该10年间下降了约21%。在经历了随后到来的19世纪末的农业大萧条以后，英国的农业工人的从业数量更是进一步大幅度锐减。1881年，农业工人的数量约为119.98万人，至1891年时，下降为约109.96万人，减少了约10万人，这10年间的降幅约为8.4%；至1901年时，进一步跌至约98.83万人，减少了约11.12万人，这10年间的降幅约为10%。对比分析从1891—1901年共计50年里的每10年的农业人口下降幅度，还可以看出，1861—1871年农业人口下降得最快，而这10年正是英国农业高度繁荣的时期。根据英国人口普查数据，就地区性农业人口下降数据而论，在当时的英国，除阿格尔西岛和弗林特以外，农业工人的数量普遍都有减少。②1861—1881年，农村工人大量外流的原因，无疑是经济的繁荣，制造业和矿区的工资普遍上升。农业工人被城镇、铁路和农村警察的高工资所诱惑，想要放弃农业生产活动。部分原因也是农村地区的劳动者越来越不愿意务农，他们渴望到城镇中去，以获得更大的独立和生活自由。

表6—2　　　　英格兰和威尔士农业工人数据统计表　　　　（单位：人）

| 年份 | 20岁及以上农业人口 ||| 20岁以下农业人口 ||| 全部农业人数 |||
|---|---|---|---|---|---|---|---|---|---|
| | 男性 | 女性 | 总数 | 男性 | 女性 | 总数 | 男性 | 女性 | 总数 |
| 1851 | 1140900 | 336230 | 1477130 | 327620 | 99950 | 427560 | 1468510 | 436170 | 1904690 |
| 1861 | 1119000 | 301030 | 1420030 | 323100 | 59920 | 383020 | 1442110 | 360942 | 1803040 |
| 1871 | 972000 | 122440 | 1094440 | 277180 | 52240 | 329420 | 1249180 | 174080 | 1423860 |

---

① ［英］克里斯托弗·哈维、H. C. G. 马修：《19世纪英国：危机与变革》，第183、184页。
② *Report on the Decline in the Agricultural Population of Great Britain*, London: Darling & Son Ltd., 1906, pp. 115, 8.

续表

| 年份 | 20岁及以上农业人口 ||| 20岁以下农业人口 ||| 全部农业人数 |||
|---|---|---|---|---|---|---|---|---|---|
| | 男性 | 女性 | 总数 | 男性 | 女性 | 总数 | 男性 | 女性 | 总数 |
| 1881 | 884270 | 50050 | 934320 | 254480 | 11020 | 265500 | 1138750 | 61070 | 1199830 |
| 1891 | 816460 | 39730 | 856290 | 237110 | 6240 | 243350 | 1053570 | 46000 | 1099570 |
| 1901 | 749800 | 43390 | 793190 | 186070 | 9060 | 195130 | 935880 | 52460 | 988340 |

资料来源：Lord Eversley, "The Decline on Number of Agricultural Labourers in Great Britain", *Journal of the Royal Statistical Society*, Vol. 70, No. 2, June 1907, p. 269.

流出农业、农村地区的农业工人，主要流向了一些非农产业和城镇地区。例如，根据乡村人口和城镇人口统计数据，1861年，英国的乡村人口和城市人口分别约为736.97万人和1269.65万人，但至1871年时分别上升为约778.30万人和1492.92万人，在这10年间，英国农业人口和城镇人口的人口增长率分别约为5.6%和17.6%。英国的城市人口增长速度明显要比乡村人口快得多，且已经远远超过农村人口在总人口中所占的比重，英国的城镇人口占比已经达到了约66%。显而易见，截至19世纪晚期，英国的城市化水平已经达到了较高的水平，英国已经初步实现了由传统农业型社会向现代化社会的转型。[1] 在这一转型过程中，城市人口的增多有很大一部分源于乡村人口的流出，人口由乡村地区向城镇地区的规模性转移运动，是该时期英国社会中存在的一个普遍现象，同时也是该时期英国的工业化、城市化不断发展的一个必然结果。[2]

农业工人数量的锐减，对租地农场主的农场正常运营工作、农业生产的良好发展乃至乡村社会的稳定等都造成了很大的消极影响。对租地农场主而言，自19世纪中期以来，随着市场经济的发展，以及规模性劳动力不断转移出农业生产领域，使得当时许多租地农场主难以雇用到充足的劳动力。尤其是在农业萧条期间，农业劳动力的大规模流失，使得租地农场主的经营面临更大困境。正如同时代一名学者所称，"在目前形势下，对农场主最大的威胁，不是外国的竞争，或农产品价格的下跌，而是很难找到

---

[1] P. A. Graham, *The Rural Exodus: The Problem of the Village and the Town*, London: Methuen & Co., 1892, p. 3.

[2] Arthur W. Ashby, *Allotments and Small Holdings in Oxfordshire*, Oxford: Clarendon Press, 1917, p. 93.

第六章 农业工人"地权"相关问题

足够的劳动力以满足耕种农场的需要"①。与此同时，农业工人的工资还呈现出不断上涨的态势。1907年，埃弗斯利勋爵在英国皇家统计学会杂志上给出了一份有关该时期英国农业人口下降状况的调查报告，根据他在该份调查报告中所提供的数据，在1850年时，英国农业工人的平均周工资约为9先令4便士，但到1901—1903年，已经上涨到了14先令7便士。② 在农业萧条期间，农业工人工资也并未因为农业歉收而降低多少，反而一直处于稳步增长状态。高额的农业工人工资，更增加了租地农场主们的农场经营困境。1906年，威尔逊·福克斯（Wilson Fox）曾在英国皇家统计协会上宣读了一份有关19世纪晚期英国农业工人工资状况的调查报告，这份报告所涵盖的时间段集中于农业大萧条前后，大致能够反映出农业大萧条期间的英国农业工人工资变动状况。根据威尔逊在该份调查报告中所提供的数据，英国农业工人的工资，1871—1881年约增加了11.8%，在1881—1891年约增加了1.3%。这两个时间段刚好将19世纪末期断续发生的农业大萧条时期包含在内，从中不难看出，英国农业工人的工资并未因农业萧条、农业歉收而有所减少，反而一直处于稳步增长态势之中。此外，农业工人的政治意识和反抗性也在不断地增强。自19世纪60年代开始，农业工人获得了更多的经济自由，自此之后，他们与其租地农场主之间的关系变得更商业化，更为趋向于一种纯粹的"金钱关系"。而70年代末农业大萧条的爆发，在加重租地农场主的农场经营困难的时候，也使他们对农业工人的要求更为苛刻，这不免进一步激化了农业工人和租地农场主之间的矛盾，使农场工人们的反抗性更为增多。③ 布罗德里克（Hon. George C. Brodrick）曾敏锐地认识到了这一点，并将该时期农业工人联合会的成立视为其政治意识觉醒的重要标志。④ 在农业工人数量急剧减少，工资水平不断提高，反抗性不断增强以及政治意识不断觉醒的形势下，租地农场主已经很难寻得合适的、充足的劳动力以满足其农场的正常农业生产

---

① The Rt. Hon. G. Shaw Lefever, M. P., *Agrarian Tenure: A Survey of the Laws and Customs Relating to the Holding of Land England, Ireland and Scotland and of the Reforms Therein During Recent Years*, p. 80.

② Lord Eversley, "The Decline on Number of Agricultural Labourers in Great Britain", *Journal of the Royal Statistical Society*, Vol. 70, No. 2, June 1907, p. 280.

③ *Report on the Decline in the Agricultural Population of Great Britain*, p. 10.

④ Hon. George c. Brodrick, *Political Studies*, London: C. Kegan Paul & Co., 1879, p. 280.

活动需要。

　　随着农业人口被非农产业优势工资、城镇优势生活环境吸引而向非农产业、城镇地区规模性转移，农村地区相继出现了大量土地被抛荒或废弃的现象，随之，农村地区日渐凋敝，日渐呈现出一片萧条的景象。1904年时的一篇文章曾鲜明地指出了这一点，根据该文的记载，当时，在（英国）许多地区，存在大量土地被抛荒或废弃的现象，一些乡村人口已经转为主要依靠大城市提供的粮食和蔬菜维持生活，尽管当时这些来自城市的农产品的质量很差，而且价格很高。①

　　综上所述，该时期英国的农业人口，尤其是农业工人的数量大幅度减少，对英国农业的发展以及乡村社会的稳定与繁荣都产生了巨大的阻碍。势必需要英国政府出台相应的政策以解决这一困境，以有效化解农业劳动力短缺困境，进而保障农业生产活动的有序进行，维护乡村地区的社会稳定。

## 二　政府应对之策

　　为了更好地留住农业劳动力，保障农业生产活动的有序进行，维护乡村社会稳定，英国政府以地权入手寻找破局之法，并出台了一系列相应的份地与小持有地法令。那么，该时期英国都出台了哪些份地与小持有地法令，其具体落实情况如何，被创设出来的份地与小持有地又具有哪些潜在的价值和意义呢？

　　（一）以地权入手寻找破局之法

　　19世纪是英国地权进一步明晰化的时代，不论是严格家族定序授予制地产上的终身地权人的终身地权，还是大地产租佃农场上的租地农场主的租佃权，都逐渐得到英国法律的确认和保护而逐渐趋于硬化、明晰化，但在大地产体制下的农业工人与地权之间的联系近似于无，他们唯一的希望是追求较高的工资收入，而在工业化和城市化不断扩张的过程中，日渐增多的工厂、车间、煤矿等诸多相比于农业或乡村地区更容易获得收入的途径，不免会诱使大量农业工人源源不断地涌入城镇地区或进入其他非农产业之中，进而会造成农业、农村地区的劳动力短缺。

---

① James Long, *Small Holdings*, London: Collins Clear-Type Press, 1973, p.11.

## 第六章　农业工人"地权"相关问题

面对人口源源不断涌向城市、非农产业而造成的农业、农村地区的劳动力短缺问题，一些社会思想家们给出的答案是，给予农业工人一定量的占有地或所有权土地，通过增强其与土地之间的联系，达到将其留在农业、农村之中的目的。正如詹姆斯·朗（James Long）所指出的："对这一状况的补救措施在于人们对拥有房屋、土地等财产的天然的渴望，为了一个接一个地获得这些财产，他将愿意忍受永无止境的劳动，以及简单、重复、单调的生活方式。"① 统治阶级中以科布登（Cobden）、张伯伦（J. Chamberlain）和克林顿（Farl Carrington）等为代表的政治家们出于更好地维护其统治的目的，给出的答案也是给予农业工人一定量的份地和小持有地，以补足其基本生活所需，进而达到维持农业人口和维护农村社会稳定的目的。

1894年，科布登在写给布赖特（Bright）的私人信件中，表达了他的这一想法，他写道：

> 在这一国家中，权威阶层的堡垒之所以如此顽劣，是因为大量的土地财产集中掌握在极少数人之手，除非我们能得到处于中间社会阶层的有产者阶级的帮助，并设法帮助一部分工人阶级成为该有产阶层中的一员，否则我们将无法攻破这一堡垒。②

张伯伦在他于1885年出版的《激进的改革》一书中同样表达过相似的观点，他称：

> 对于缺乏土地资本的租地农场主或农业工人而言，很少有机会脱离租地农场主和农业工人阶层。需要一些特定的立法以阻止土地垄断和集中于少数人之手，需要引导并恢复至其他国家以及之前英格兰存在的那种耕种者与土地之间的利益关系。在这一特定形势下，可通过国家帮助的方式确立这一土地占有者的所有权和农民土地所有权。③

---

① James Long, *Small Holdings*, p. 12.
② Avner Offer, *Property and Politics 1870-1914: Landownership Law, Ideology and Urban Development in England*, Cambridge: Cambridge University Press, 1981, p. 153.
③ J. Chamberlain, *The Radical Programme*, London: Chapan and Hall Ltd., 1885, p. 117.

克林顿在其所发表的一份演讲稿中,同样有提及:

> 我们的目标是一个和平的乡村变革,它的实施不会伤害现有的利益集团,不会损伤与土地有关的所有阶层的优势,……促进依靠土地为生的人们的物质繁荣。①

劳合·乔治也曾指出:

> 目前两党都认为真正的解决办法是建立一个小持有地制度。②

通过上述言论可以看出,从地权入手,似乎可以寻得一条解决当时英国所面临的严重社会问题的可行之法,至于究竟什么样的方法是可行的,他们所给出的具体方案虽然有所不同,但无一例外,都有提到给予农业工人一定量的土地,通过搭建农业工人与地权之间的关系,创建小农土地所有权,推行小持有地制度,促进依靠土地为生的人们物质繁荣的方式,以获取农业工人阶层的支持,进而最终实现维护其所在统治阶级的利益的目的。综合这些社会思想家、政治家们的观点,其基本的解决思路是,让工人阶级能够触及土地财产权的魔力,以达到阻止乡村人口的日益萎缩,减轻城市人口的过度拥挤,维持乡村社会的稳定,以及增进国家和人民的繁荣。

从地权入手,的确不失为解决农业、农村劳动力短缺的一条可行之法。土地所有权具有三个方面的重要价值,即情感、政治以及保有的安全性方面的价值。就情感价值而论,在当时的英国,存在成为其小块土地的实际所有者的吸引力,这一渴望主要表现为每一个成功的商人、小商贩或职业人士希望拥有一块位于乡村地区的小土地,对他们来说,这是一种情感上的享受。就政治价值而论,在当时的英国,占有一定土地财产的感觉,会让农业工人发展起强烈的热爱社区和共同体的意识,由此会在

---

① Farl Carrington, K.G., P.C., *National Congress on Rural Development and Small Holdings*, London: P.S. King & Son, 1912, p.14.

② Avner Offer, *Property and Politics 1870-1914: Landownership Law, Ideology and Urban Development in England*, pp.358, 356-357.

## 第六章　农业工人"地权"相关问题

一定程度上防止乡村人口的外流，保证乡村农业劳动力的供给，维持乡村社会的稳定，增进农业乃至国家的繁荣。就保有的安全性价值而论，小土地所有权似乎有着更大的优势，所有权比租佃权要更具优势，所有权的获得，能够给其保有者提供对所占有土地的更具安全性、稳定性的土地权利。①

然而，问题的解决需具体落实到实实在在的"受力者"农业工人身上。当时的农业工人中的确存在着对土地所有权的普遍渴望，尤其是在工资收入较低的地方。这也是为什么在一些工资相对较低的地区，份地和小持有地数量相对较高，而在一些工资水平较高的地方，份地和小持有地数量相对较低的原因。1887年，格拉吉（P. G. Graigie）曾就英格兰和威尔士的份地状况做过一份调查，其调查结果显示，在工资较低的地区，份地的数量通常较多。② 阿夫纳·奥弗（Avner Offer）给出的另一份数据显示，在一些工资相对较高的地方，如达拉莫、威斯特摩兰、北汉普郡、坎伯兰、莱斯特郡等对份地的需求相对较少。③

1884年议会改革法出台以后，农业工人对土地所有权的渴望比之以前要更为强烈。当时小持有地和份地日渐成为英国农业工人灵魂的表达以及对他们的雇主的一个挑战，并由此引发了广泛的讨论，这些讨论议题主要涉及以下三个方面：

（1）（份地或小持有地）是否对全社会（农业工人、农场主和土地所有者）有利，工人阶级是否应该获得土地？

（2）小份地的规模多大合适？是提供兼职小份地还是全职小持有地更好一些？

（3）在存在（对份地和小持有地）的需求之时，当如何满足？这些所需土地应该由慈善机构还是教会所属的土地中拨付？所提供的土地应是出自赞同该制度的地产主的自愿行为，还是应该由国家通过强

---

① Arthur W. Ashby, *Allotments and Small Holdings in Oxfordshire*, pp. 1; Edwin A. Pratt, *Small Holders: What They Must Do to Succeed*, London: P. S. King and Son, 1909, pp. 20, 1, 21.

② P. G. Graigie, "The Size and Distribution of Agricultural Holdings in England and Wales", *Journal of the Royal Statistics Society*, Vol. 50, No. 1, March 1887, pp. 86-149.

③ Arthur W. Ashby, *Allotments and Small Holdings in Oxfordshire*, p. 3.

制措施加以推行？如果是后者，应该对农业工人采取出租土地还是出售土地的方式进行？①

通过这些讨论议题不难看出，农业工人对土地权利的渴望已经成为当时社会形势下一个颇受关注的议题，这同时暗示着，在当时的社会形势下，极有必要为农业工人提供一定量的份地或小持有地，以在一定程度上满足他们对土地所有权的渴望。问题的争议点、关键点仅仅在于应该采取哪些可行的措施以获得所需土地，以及应该采取何种方式以将这些土地转交到农业工人手中。

最后，农业工人对土地所有权的渴望汇聚于当时英国对大地产和租佃制日渐不满，且对小土地所有权的追求日渐增强的社会洪流之中。大地产体制下的租佃制，将地权在地产主和租地农场主之间分割开来，其结果不免降低了与地权相伴随的责任，致使地产主和租地农场主之间永无止境的争执和诉讼。如就租期结束时的租地农场主各种革新措施的补偿问题的争执等，且为解决这些问题，国家不得不一次又一次地颁布各种法令以调节之。地权的分割，即土地所有权和经营权分别为地产主和租地农场主所有的地权制度，在不能明确各不同权利主体的产权实施边界的情况下，是一个在常规经济条件下无法长久存续的地权制度。就这一地权制度对农业工人的影响而论，在大地产体制日渐不适宜于新的经济社会发展形势的需要的社会背景下，农业工人已经开始无法继续按照旧有的大地产制度规则进行有效的农业生产活动了，为此，需要给予农业工人更多的自主性。租地农场主和农业工人之间的关系必须更为灵活。在当时的社会形势下，已经无法再仅仅依靠每周低廉的工资而将农业工人束缚于农场之上，如果想要留住优秀的农业工人，让他们继续从事农业劳动的话，有必要给予他们一定的拥有土地财产的可能性，让他们能够获得一小块由自己支配、按照自己意愿随心所欲进行耕作或蓄养家禽、牲畜等的土地，借以提高他们在大农场上的工作效率。租地农场主和农业工人不应该是对立的，而应该是相互联系在一起的。与此同时，在英国的某些地区，拥有土地所有权的可能性是唾手可得的。亚瑟·杨早在19世纪早期访问斯霍姆岛时的小土地所有者时，就发

---

① Avner Offer, *Property and Politics 1870-1914*: *Landownership Law*, *Ideology and Urban Development in England*, p.352.

现那里存在着"(小土地)所有权的魔力",并一一记述了他们及其子孙后代的名字,以证实这些地区存在着小农土地所有权的事实。[1] 这种状况,至德鲁斯(Druce)于1879—1880年再次访问斯霍姆岛时,仍旧未曾发生变化。[2] 小土地所有权的魔力,虽不曾在整个英格兰呈现,但在小耕种者中发展非常迅速。

综上所述,在19世纪的英国,农业工人中普遍存在着对土地所有权的渴望,英国的社会思想家、政治家们也认识到了这一点。在这一背景下,英国政府出台了一系列致力于为农业工人提供小规模土地的法律法规,并制定了一些具体的执行措施以推动其实践的不断发展。

(二) 份地与小持有地立法与实践

**份地和小持有地概念**

根据1917年亚瑟·W. 阿什比(Arthur W. Ashby)所给出的定义,所谓份地是指"将土地分割成小块耕种土地,给予农业工人和其他小村民,供他们在完成一天的日常工作之后的空闲时间里耕种使用的(土地)",或者"使其所有者或占有者能够通过耕种这块土地,帮助自己维持整个家庭成员的生计所需的小块土地,但自该土地上的收入不足以取代他的日常工资收入"[3]。这是关于份地的相对比较客观、准确的定义。但就英国历史发展实际而论,"份地"历史的开启时间,要远远早于它法律上的概念所确立的时间,"份地"是从实践中不断发展成熟,而后被引入法律,并逐渐在法律层面上获得准确的法律定义的一个概念。

就"份地"于实践、法律上的起源与发展概况而论,一般认为,"份地"的历史,始自伊丽莎白时期出台的旨在保护小农利益的《保护茅舍农土地持有和公地权利法令》(31 Elizabeth, c.7),但该法令所规定的份地仅是紧邻农舍的一小块土地。[4] 1887年的《份地和农舍菜园地法令》(Allotments and Allotment Gardens Act)就份地概念做了进一步的补充和完善,按照该法令的规定,份地应是"邻近或者不邻近农舍的,自地产主处租赁的,面积不超过2英亩,用作农地或菜园地,或者兼作农地和菜园地的小

---

[1] Hermann Levy, *Larger and Small Holdings*: *A Study of English Agricultural Economics*, p. 135.
[2] William E. Bear, *A study of small holdings*, p. 14.
[3] Arthur W. Ashby, *Allotments and Small Holdings in Oxfordshire*, p. 3.
[4] Arthur W. Ashby, *Allotments and Small Holdings in Oxfordshire*, p. 1.

块土地"。① 至 1907 年《小持有地和份地法令》（Small Holdings and Allotments Act）出台之时，"份地"的概念再次被细化、具体化。按照该法令的规定，由地方政府依照该法令提供的份地的面积不得超过 5 英亩，或者若超过 5 英亩，则其出租或出售时为了税收目的评估的年价值不得超过 5 英镑；② 对于租赁性质的份地，若依照 1887 年《份地和农舍园地谷物赔偿法令》的规定就其革新要求赔偿，则份地面积不得超过 2 英亩。从 1887 年到 1907 年的相关法律规定中可以看出，份地的概念一直处于不断被细化、具体化的发展状态之中，但更为完善的有关份地的规定还要到 1922 年的《小份地法令》出台之后才真正出现。实际上，现在所谓的"份地"（allotment）概念，确立于 1922 年的《小份地法令》。按照该法令的规定，"份地"指"任何邻近或者不邻近农舍，面积不超过 2 英亩，自地产主处租赁，用作农地或菜园地，或者兼作农地和菜园地的小块土地"③。

小持有地（the small holings）有时也称小农场，它在英国历史上于某些地区一直广泛存在，至于它法律上的定义，在以创制小持有地为主要目标的 1892 年的《小持有地法令》中有着明确的界定，因下文的论述中就该问题有较为详细的说明，故在此不再详细展开论述。

**份地与小持有地立法实践**

19 世纪，英国第一个致力于创建小持有地和份地的法律是 1882 年的《份地扩大法令》（Allotments Extension Act），该法令规定，在存在此类土地需求的地方，需要举行一个公众调查，以明确是否存在此类可供出售或出租的土地，如果没有，则通过由农业部下达一个临时命令的形式，制定一个强制购买规定，并由地方政府当局购买可供此类目的使用的土地。④ 继此之后，英国政府又相继出台了一系列以创设份地或小持有地为目的的法律。例如，1887 年、1890 年的《份地法令》（Allotments Act），首次承认农

---

① E. Lawrence Mitchell, *The Law of Allotments and Allotment Gardens*（England and Wales），London: P. S. King & Son, 1922, p. 1.

② Sidney W. Clarke, *The Law of Small Holdings in England and Wales*, London: Butterworth & Co., 1908, p. 1.

③ E. Lawrence Mitchell, *The Law of Allotments and Allotment Gardens*（England and Wales），pp. 63, 73, 197.

④ Susanna Wade Martins, "Smallholdings in Norfork, 1890-1950: A Social and Farming Experiment", *The Agricultural History Review*, Vol. 54, No. 2, 2006, p. 305.

业工人可自地产主和租地农场主处，以强制方式获得土地用作耕种之用；1892年《小持有地法令》（Small Holdings Act），对创制小所有权土地问题做了专门的法律规定；1894年《地方政府法令》（Local Government Act），是仅有的关于地方政府创建小份地的重要法律；继此之后出台的是1907年《小持有地和份地法令》，该法令对1892年《小持有地法令》做了适时的修改和完善，就国家主导创制小租佃地和小型所有权土地的规定做了根本性的改革。[1]

1887年《份地法令》规定，农业工人可以拥有1英亩的耕地，该法令中的农业工人包括乡村小商贩、邮递员、妇女等。[2]但该法令实施以后所取得的成效并不大。据统计，1886年时英国的份地的数量约为43.63万个，至1890年时上升至约45.5万个，在这4年里，仅增加了约1.87万个。[3]另据昆丁·博恩（Quentin Bone）的统计，1887—1894年，仅获得了413英亩用于创建此类份地目的。[4]且该法令规定的所谓的强制方式，在当时的条件下是很不现实的。该法令最大的贡献在于，它创建了教会委员会，虽然法令刚刚执行之时，该委员会的作用还很微乎其微，但该委员会在后续的份地和小持有地法令执行过程中所发挥的作用却不容置疑。1894年《地方政府法令》出台以后，该教区委员会开始被给予了提供份地的权利，而先前由1882年法令所授予的地方政府当局的强制购买权，也一并被移交给该教区委员会，这一权利的获得，显著增强了该委员会在份地创设过程中所具有的能动性以及所能发挥的巨大作用。据统计，在1894—1903年，英国政府共计获得了约1.8万英亩土地用作创建小持有地和份地。[5]而这些所获土地中，有很大一部分是经该教区委员会之手获得的。

1892年英国出台的《小持有地法令》，是英国创建小持有地史上的一项重要法令。该法令是在科林斯（Collings）等人的推动下出台的。先前的

---

[1] J. L. Green, F. S. S., *Allotments and Small Holdings*, p. 5; Hermann Levy, *Larger and Small Holdings: A Study of English Agricultural Economics*, p. 125.
[2] J. L. Green, F. S. S., *Allotments and Small holdings*, pp. 11, 24.
[3] Edwin A. Dratt, *Small Holders: What They Must Do to Succeed*, p. 7.
[4] Quentin Bone, "Legislation to Revive Small Farming in England 1887-1914", *Agricultural History*, Vol. 49, No. 4, October 1975, p. 656.
[5] Arthur W. Ashby, *Allotments and Small Holdings in Oxfordshire*, p. 35; Quentin Bone, "Legislation to Revive Small Farming in England 1887-1914", *Agricultural History*, Vol. 49, No. 4, October 1975, p. 656.

创建份地的相关法律规定并不能使科林斯感到满意,他希望并不单单是创建小于5英亩的份地,同样也应满足某些较大土地的需求,创建一些5—50英亩的小持有地。科林斯一直积极致力于小持有地法的通过,他的这一努力得到了其他一些政府官员的支持。例如,1882年,索尔兹伯里勋爵在他于埃克塞特发表的演讲中指出:"小持有地虽然不是实现土地利用的最有效的方式,但此类农场的持有者,将是'对抗革命变革的最强有力的堡垒'。它所具有的社会和意识形态方面的价值,远比经济和农业的目的更引人注意。"[①]

在科林斯、索尔兹伯里勋爵等人的积极推动下,《小持有地法令》最终于1892年通过。该法的主要内容可简要概括为以下几点:如果存在足够的小持有地需求,则郡议会有权创建它们;国家以低息方式提供必要的资本帮助购买者购买土地,但购买者需要支付购买价的至少1/5,且可以土地上的永久性地租抵作1/4的剩余资本,余下的3/4可以分期付款的方式支付本金及利息,此类土地的规模为1—50英亩,或者若超过50英亩则其土地的年租金价值不得超过50英镑;在不存在购买小持有地需求之时,郡议会可以通过出租小持有地方式创设,但此类小持有地的规模不得超过15英亩,或者若超过15英亩则其年租金价值不得超过15英镑。[②]

通过1892年《小持有地法令》的具体规定可以看出,这一法令的主要目标是:通过为农业工人创建规模相对较大的小所有权土地或租赁土地,将农业工人留在农业、农村之中,以满足农业生产的需要,促进农业的发展,增进国家的繁荣;通过为乡村人口提供获得土地的机会,应对乡村地区的人口锐减。[③]

1892年《小持有地法令》适合于各种类型的乡村人口对不同类型的土地的需要。例如,农业工人、小农、小商贩或其他人员对较小面积土地的需求,以及从事纯耕种活动的人对较大面积的土地的需求。[④] 然而,这一

---

① Susanna Wade Martins, "Smallholdings in Norfork, 1890-1950: A Social and Farming Experiment", *The Agricultural History Review*, Vol. 54, No. 2, 2006, p. 305.

② W. H. R. Curtler, *The Enclosure and Redistribution of Our Land*, Memphis: General Books LLC, 2009, pp. 208-209.

③ Horance E. Miller, LL. B., *The Small Holdings Act, 1892, and the Statutory Provision Incorporated Therein*, London: Waterlow & Sons, 1892, p. 5.

④ Horance E. Miller, LL. B., *The Small Holdings Act, 1892, and the Statutory Provision Incorporated Therein*, p. 4-5.

第六章　农业工人"地权"相关问题

法令的具体执行状况并不尽如人意，并未真正实现其发起者们所要达成的愿望。尽管该法令强制郡议会成立委员会接收和审核申请，但根据利维的统计，在英格兰和威尔士的27个郡和苏格兰的14个郡中，从1892—1902年共计10年的时间里，仅获得了652英亩的土地用于此类小持有地创设目的。而从1902—1906年共计4年的时间里，仅出现过两个案例是关于郡议会依照该法购买了土地的，其中一个购买了46英亩土地，另一个则购买了92英亩土地。① 另据福尔克纳（J. I. Falconer）的统计，从1892—1907年共计15年的时间里，仅有9个郡议会执行过该法，以此获得的用于创设小持有地的土地总面积不足900英亩。②

1892年《小持有地法令》实际执行效果一般的原因，通常被认定为该法令执行得不充分。一个郡议会常会因某种特定的原因置该法令的具体规定于不顾，在许多案例中很难准确估算对小持有地的需求力度，即便是对小持有地有需求的人，也常会将该法令置于一边。然而，并不能因此将1892年《小持有地法令》的失败完全归咎于郡议会职责的不能充分履行。尽管委员会将这一原因置于首位，但就专家的观察以及他们列举的证据而论，并不能掩盖该部法令的整个运作机制方面的固有缺陷。该法令的某些相关规定是错误的、不切实际的，不具有可执行性，其中有许多根本性的条款需要彻底修改才行。

此外，其他一些要素的存在也影响了该法令的实际执行效果。即便是在郡议会并不缺乏意愿和动力执行该法令的地方，如果没有适合的土地用于此类的分割目的也仍旧无法有效地执行该法令。在当时的英国，由于当时大地产体制下的严格家庭授产地产制度制约着"土地所有者"的地产处分权，以及相关的土地流转配套法律不健全等原因，在具体实践过程中，该法令执行部门很难获得充足的可用于创制份地和小持有地的土地。③ 当时存在的一个普遍的现实是，租佃大农场确实不时地会出现在土地市场上，但土地市场上的小持有地存量或潜在获得量却很有限。1892年，在小

---

① Hermann Levy, *Larger and small holdings: A study of English Agricultural Economics*, p. 126.
② J. I. Falconer, "The English Land Situation", *Journal of Farm Economics*, Vol. 6, No. 1, January, 1924, p. 91.
③ L. Jebb, *The Small Holdings of England: A Survey of Various Existing Systems*, London: John Murray, 1907, p. 320.

持有地议案呈交议会进行讨论之时，一个土地代理人曾鲜明地指出了这一点，他说：

> 我们有许多1000英亩至10000英亩甚至更大规模的地产要出售，他们中的许多是连在一起的，且他们中的许多由一整个教区或两三个相邻的教区构成。对于此种类型的大地产，其所有者并不愿意以50英亩或100英亩的规模卖给地方当局……以作创建小自由持有地或小租借持有地之用……而这些待售地产对小规模土地需求者往往有着巨大的吸引力，但其所有者并不愿意将这些整块的地产予以分割，以在其上创设小规模的小持有地或租佃地，因为这样做将极不利于其所有者在这些土地上获得其所诉求的必要的休闲娱乐的目的需求。①

土地上所凝结的政治和社会属性，通常会使土地的价格远远高于地产本身的经济价值，这也导致了一些大地产在被分割成5—50英亩的小持有地时，其价格要远远高于小耕种者所能负担或愿意负担的价格。而1892年《小持有地法令》规定，要购买的土地的价格，不应超过小耕种者最终所能负担的购买能力，郡议会由此需要避免购买土地价格高于其资本价值的土地。在此情况下，郡议会也不免很难获得价格合适的土地用于创建此类小持有地。

为了解决这一困境，英国的相关立法活动开始倾向制定一个强制性的购买政策。虽然强制购买政策的立法预期，很可能有助于将一个更大比例的农村人口固着于农业土地之上，但在该政策讨论之初，还是遭到了一部分人的强烈反对。例如，萨尔斯堡勋爵曾指出，"我认为强制购买会引发敌意"②。但这些反对意见并不能阻止强制购买政策的出台，强制购买政策有其出台的必要性，实际上，这一政策已为小份地创建案例所充分证实。根据《小份地法令》和1894年《地方政府法令》的规定，社区和教区议

---

① The Rt. Hon. G. Shaw Lefever, M. P., *Agrarian Tenure*: *A Survey of the Laws and Customs Relating to the Holding of Land England*, *Ireland and Scotland and of the Reforms Therein During Recent Years*, p. 268.

② The Rt. Hon. G. Shaw Lefever, M. P., *Agrarian Tenure*: *A Survey of the Laws and Customs Relating to the Holding of Land England*, *Ireland and Scotland and of the Reforms Therein During Recent Years*, p. 86.

第六章 农业工人"地权"相关问题

会在得到郡议会授权的情况下，可强制购买或租赁土地。在杰西·柯林斯（Jesse Collins）的推动下，理查德·温弗里（Richard Winfrey）和克林顿（Carrington）勋爵最终于1907年通过了《份地和小持有地法令》，该法令要求每个郡成立份地和小持有地委员会，且规定土地可以出租而非出售给申请者，与此同时，该法令还给予了郡议会委员会强制购买权。根据该法令的相关规定："如果一个郡议会无法以协议形式获得适合的土地用于前述目的，他们可以依照该法令规定通过强制方式获取相应的土地。"① 通过这一法律规定可以看出，该法令致力于推行的强制权力不仅仅针对购买权，同样涵盖租赁权。然而，强制租赁权的价值还要远远高于强制购买权，且更为符合当时英国民众的实际需求，故这一措施常被视为该项法律中最为重要的一项革新举措。

1907年《份地和小持有地法令》所规定的强制租赁权，产生于强制购买权不能有效实施之时，在此之前，以购买方式复苏小土地所有权的实践所取得的成就很有限，在此背景下，强制租赁权的重要性凸显，且其具体执行效果确实优于强制购买权。根据现有的一些统计结果，1892—1902年，由郡议会取得的569英亩土地中，仅有162英亩卖给了其耕种者，而余下的373英亩则是出租的。② 出现这一结果的原因，不难理解，地方当局的干涉，确实在许多方面便利了小耕种者获得土地，但无法解决其所面临的根本性难题。地方当局需要以高于资本年价值的土地价格购买土地，但如果购买土地所需的资本对小耕种者来说是难以负担或不值得考虑的，他将更倾向将其资本投资于租赁一个小农场而非购买它们。就当时的英国历史实际而论，的确如此。当时虽然农业工人中普遍存在着对份地和小持有地的强烈渴望，但他们更倾向租赁而不是购买它们。温弗里于1907年时发表于《经济学杂志》（*The Economic Journal*）上的一篇文章中所记载的一个调查案例，形象地再现了英国小持有地保有者们的这一心态。温弗里将这一心态通过耶伯勒（Yerburgh）与林肯郡一小持有地保有者之间的对话呈现出来：

> 耶伯勒：你认为成为一个小自由保有农会不会比作为一个租地农

---

① Hermann Levy, *Larger and Small Holdings: A Study of English Agricultural Economics*, p. 131.
② Hermann Levy, *Larger and Small Holdings: A Study of English Agricultural Economics*, p. 132.

场主更好?

小持有地保有者：如果是处于一个好的地产主统治下的话，不是的。

耶伯勒：你是说给予一个好的租佃保有权要比自由保有权更好吗？

小持有地保有者：我认为的确如此。①

这个案例真实地再现了当时英国的小持有地保有者对其所保有的土地的租赁权或所有权的选择倾向。很明显，在当时的英国，份地和小持有地的申请者们更倾向以租赁而非购买方式获取此类用地需求。

这种倾向的出现，也与当时英国地产实际经济形势有关。赖德·哈格德（Rider Haggard）的解释印证了这一点，他称："拥有土地比租赁土地的小持有者面临更大的经济危险。所有者可能会将其土地抵押，因此他需要向放贷人支付固定量的利息，这有时对他而言是一个难以忍受的沉重负担，结果是，这些人需要更艰辛地工作以支付他的借款利息，且一些不成功的、不那么幸运的小土地所有权者的土地，可能会被迫出售，或被其土地抵押贷款的放贷人抵走。"②

针对这一实际，1907年《份地和小持有地法令》引入了新的强制租赁政策，并将创建小租佃性质的份地或小持有地放在重要地位。至此，应该采取强制租赁还是购买土地的决定，主要取决于其特定情况下的实际用地需要和地产经济状况。

1907年《份地和小持有地法令》关于强制购买或租赁的规定，具有一定的积极社会效果，该法令于剑桥郡的执行状况印证了这一点。剑桥郡共有50万英亩耕地面积，从1907年《份地和小持有地法令》通过后至1908年1月为止，剑桥郡议会委员会收到的份地和小持有地申请所涉及的土地面积达到了约1.2万英亩，这说明在当时的剑桥郡，对此种类型土地的需求量还是非常大的。依据1907年《份地和小持有地法令》，剑桥郡委员会共约获得了1531英亩土地用以创设此类用地，其中约有692英亩以20英

---

① R. Winfrey, "The State and Small Holdings", *The Economic Journal*, Vol. 17, No. 65, March 1907, p. 124.

② Edwin A. Dratt, *Small Holders: What They Must Do to Succeed*, p. 35.

第六章 农业工人"地权"相关问题

镑每英亩的价格被卖出，余下的839英亩则是以7—21年的租期、以低于1英镑每英亩的价格被租赁出去的。① 这一数据显示，在当时的剑桥郡，一方面存在着大量的对小持有地和份地的需求，另一方面，此类土地的申请者们又多倾向以租赁而非购买的形式获得此类土地。就该法令于英国实施的总体状况而论，斯特雷奇（E. Strachey）于1908年11月4日的下议院上给出的一份统计数据可资参考。他在报告中指出，截至当时，依照《小持有地和份地法令》共计收到约2.3万份申请，总面积约为36.37万英亩，获得"许可"的数量约为1.26万个，涉及土地面积约为17.54万英亩，已经执行的土地面积约为1.5万英亩。② 根据这一数据，大致能够看出1907年法令的具体执行情况。在当时的英国，的确存在着一定量的对份地和小持有地的需求，但最终落到实处、真正创设起来的份地和小持有地并不是很多。根据斯特雷奇提供的数据，截至1908年11月，所创设的份地和小持有地所涉及的土地总面积也仅有1.5万英亩，这一数据远远低于当时英国政府和民众的预期，这显示出该法令的实际执行效果一般。

1907年《份地和小持有地法令》所具有的更多的仅是一种理论层面而非实践层面上的重要意义。首先，强制原则仅在无法达成自愿协议之时才实施。实际上，它并未改变当时的土地所有权状况，与一般的土地所有者们的计划相比，它拒绝限制一贯的土地财产权，仅在纯经济层面上阻碍其发展时才进行限制。其次，虽然1908—1909年，郡议会为创建小持有地获得了6.09万英亩的土地，其中3.42万英亩为购买，2.67万英亩为租赁，就与早期立法的结果相比较而论，这一数据是令人满意的，但直至1909年末时所获得的这部分土地并未全部转给小耕种者，其创设进程是非常缓慢的，而且以上所给出的不管是土地购买还是租赁数据，在许多案例中还仅是一纸合同，直至1909年以后也并未执行。③

即便如此，该时期出台的《份地和小持有地法令》还是取得了一定的成绩，尤其是在进入20世纪以后，在英国土地所有权大规模流转之时，有

---

① C. R. Fay, "Small Holdings and Agricultural Co-operation in England", *The Quarterly Journal of Economics*, Vol. 24, No. 3, May 1910, pp. 502-503.

② Edwin A. Dratt, *Small Holders: What They Must Do to Succeed*, pp. 11-12.

③ Hermann Levy, *Larger and Small Holdings: A Study of English Agricultural Economics*, pp. 147, 148.

很多小土地需求者开始依照这些法令，将其所渴求的土地购买下来，从而成为小土地所有权人。例如，依照1907年和1908年的《份地和小持有地法令》，至一战前夕，政府共计获得约19.23万英亩的土地，至1919年1月1日时，购买的总土地面积达到约20万英亩，由此创建了约1.5万个小持有地，且与19世纪时不同，此次创设小规模土地过程中所涉及的土地，约有68%为其耕种者所购买而非租赁。①

**潜在的社会意义与价值**

纵观19世纪末期20世纪初期的份地与小持有地立法实践活动，最终被创设出来的份地和小持有地并不是很多，但这些被创设出来的有限的份地和小持有地，对于增进农业工人福祉、促进社会稳定具有一定的不容忽视的客观价值和意义。

份地和小持有地的创设，对农业工人自身福祉以及社会稳定与发展具有一定的积极意义。对农业工人而言，份地和小持有地的创设，有助于帮助其持有者提升自己的生活水准，增加一定的经济收入，补足生活所需，提高自身体质。只要能够获得足够的土地，"一个有技能的人就能够生产出许多种类繁多的农产品"。若该种类型的土地是用作菜园地，则能为其持有者提供充足的新鲜蔬菜，帮助他们应对艰苦的生活，并有助于增进他的孩子们的健康，促进其体格的发育。孩子们在绿野中生活，以牛奶、自制面包、新鲜蔬菜和水果为食，有助于更好地将其体重控制在合理的范围之内，有助于促进他们的身高以及精神状态的发展。② 对一些邻近大城市里的消费市场的小持有地保有者而言，还可以通过在这些新创设的份地和小持有地上生产一些高价值的农产品而获得相当不错的收益。正如克林顿·爱德华（Colonel Edwards）所言："我确信，在劳动力较为稳固，且其妻子为一个好的经营者，可以自己挤奶和管理他们的小奶制品农场的情况下，在其农舍近处拥有几英亩草地，将会对他们很有帮助。"③ 再进一步考虑，如果这些份地和小持有地所处的位置非常好，比如位于伦敦近郊地

---

① J. I. Falconer, "The English Land Situation", *Journal of Farm Economics*, Vol. 6, No. 1, January 1924, p. 91.

② James Long, *Small Holdings*, pp. 15, 14; J. L. Green, F. S. S., *Allotments and Small Holdings*, p. 37.

③ The Earl of Onslow, *Landlords and Allotments: The History and Present Condition of the Allotment System*, London: Longmans & Co., 1886, pp. 66-67.

第六章 农业工人"地权"相关问题

区，其保有者若在这些规模的土地上进行园艺生产活动，他们将能获得相当不错的生活条件。①

份地和小持有地的创设，还可以使一些农业工人初步触及所谓的土地财产权的魔力，并使他们有希望升至农业土地占有者或所有者阶层中较高的位置，如从份地持有者上升至小持有地保有者，其社会地位显著上升，进而成为所谓的有产者。例如，在牛津郡，1825—1840年有600个至800个份地，1871年时上升至9000个，1885年时上升至1.47万个，至1889年时已达到近1.8万个。至此，在该地区几乎每一个农业工人都能获得一个或多个份地，且在此期间有2%—3%的农业工人在一代人的时间里实现了对其耕种土地的独立保有地位，也有少量案例中，一个人由农业工人和份地持有者上升为小持有地者，不再需要于耕种自己的持有地之外从事其他工作。②

份地和小持有地的创设，对恢复乡村经济有着重要的战略性影响。拥有一小块可耕种土地的农业工人，比无地的农业工人更倾向留在土地上，份地和小持有地的创设，有助于在一定程度上阻止乡村人口的大规模流出，有助于将一些对土地、乡村怀有一定感情的人重新拉回到土地上，重新将他们吸引回乡村地区。英国政府关注份地和小持有地的重要性，并努力创设此种类型土地。在此背景下，旧有的为农业工人提供土地以耕种或饲养牲畜的尝试再次复苏，并以立法形式获得充分的表达。

份地和小持有地也存在固有的缺陷和不足，需要给予客观公正地评价。份地和小持有地作为一项重要的社会政策，由于其执行机构以及地产主、农场主、农业工人等各自的原因共同使然，其具体执行落实情况一般，所产生的实际社会效果也一般。客观地讲，所谓的份地和小持有地的巨大社会价值，更多的仅仅是理论上的推定。就当时的实际情况而论，给予一块1/4英亩的土地，远远不足以实现让他们留在乡村，或者将已离开土地的人吸引回来。例如，在1890年时，林肯郡约有4092个50英亩的小持有地为其耕种者所有，比英国其他郡的小持有地要多1000多个。此外，还有约1.6万个份地和超过1.6万个小农场。但这一现实并未阻断林肯郡

---

① F. Clifford, *The Agricultural Lock-out of 1874*, London: W. Blackwood and Sons, 1875, p. 269.

② Arthur W. Ashby, *Allotments and Small Holdings in Oxfordshire*, pp. 3, 9.

的农业工人像其他郡的农业工人一样离开土地,该地区同样存在着一些城镇人口迅速增多而乡村地区日渐荒芜的现象。①

份地和小持有地的创设并非完美无缺之举。一位匿名评论员曾指出,增加小土地所有者的数量和回归到旧有的"公地制度"虽有重要的社会作用,却是一种历史的倒退。人们并不能完全依靠小持有地的产出而养活全体国民。在本国所生产的粮食、肉食之外,英国还需要大量依靠进口以补充国内农业生产的不足。据统计,至1914年时,英国约有近一半的食品依靠进口,其中包括逾60%的粮食和相当比例的动物食品。在1905年6月至1909年10月期间,英国每年的食品供给需求量中有43.3%为国内生产,17.7%自英国所属的殖民国家进口,39%纯粹由外国进口。②

份地和小持有地政策最初是针对农业中的农业工人制定的,但就其实际实施效果而论,此类份地的增加还主要是一些城市工人、裁缝、鞋匠、乡村小商贩、店主等一些非农业工人。例如在达拉莫和格拉摩根等重要煤矿地区,小份地的数量在1889年以后约增加了2倍,但这些新增加了的份地多为煤矿工人所有。③

但不管怎样,份地和小持有地政策还是对农业工人产生了一定的影响,虽然这种影响远远小于当时英国政府和普通民众的心理预期。毋庸置疑的是,借助份地与小持有地创设立法实践活动,英国的农业工人已经开始逐渐触及了所谓的土地财产权的魔力,虽然这一土地权利的获得还很初级、很微弱。

总之,19世纪中期以后,农业劳动力持续流出农业、农村,引发了农业工人短缺、乡村凋敝等问题,针对这一实际,英国政府采取了可行的治理措施。其基本治理思路与目标是,借助可行之法,尽可能地将农业工人留在农业、农村中,以满足农业的正常生产活动所需要的劳动力供给量,以维持乡村地区的社会稳定,以防止乡村社会的进一步凋敝、衰败。英国政府采取的治理方式与路径是,出台一系列的份地和小持有地法令,通过给予农业工人一定量的小规模所有权土地或租赁地,让农业工人在一定程度上触及所谓的"土地财产权"魔力,以此增强他们对土地的感情,强化

---

① P. A. Graham, *The Rural Exodus*: *The Problem of the Village and the Town*, p.137.
② E. J. T. Collins, *The Agricultural History of England and Wales*, Vol. Ⅶ, 1850–1914, p.224.
③ P. A. Graham, *The Rural Exodus*: *The Problem of the Village and the Town*, p.115.

第六章 农业工人"地权"相关问题

他们与土地之间的传统纽带，最终实现将一定量的农业工人留在农业生产领域、农村地区的目的。但就立法创设份地与小持有地活动所产生的实际社会效果而论，虽有一定的成效，却远远达不到当时英国政府的预期。此外，19世纪中后期，英国政府的治理理念与思路已经相对比较成熟，该时期，英国政府在应对农业劳动力流失问题时，并未采取任何类似强制性的"堵"之举措，其相关措施着力点在于"调控"和"服务"，这显示出英国国家治理理念和思路已经比较成熟，但其相对有限的治理成效，也提醒英国政府需要进一步转换治理思路，采用更为先进的治理理念，制定更为可行的治理之策，方能达到良治目的。

## 本章小结

19世纪是英国国民经济结构迅速转型的重要历史时期，顺应这一历史发展趋势，助力推进这一经济结构转型完成，强化英国政府宏观调控能力，以政府优势补足市场经济发展固有缺陷，设法给予在国民经济结构中已经转为相对处于弱势地位的农业领域以更多的帮扶、优惠政策，以国家力量不断推进农业科技化、现代化的不断发展，才能真正地解放农村生产力，解决农业工人起义及流失问题，才能更好地平衡好经济发展与整体社会稳定之间的关系。19世纪的英国政府治理正处于这一重要历史转型时期，而英国政府也较好地完成了这一转型，新转变后的英国政府治理理念和思路，在大地产时代落幕后的新型小农时代得到切实的体现，但这是后话，在此不作详解。

将本章中所涉及的农业工人土地问题的出现以及国家的应对措施等，与前述的租地农场主们的租佃权问题放在一起综合思考，将不难发现，该时期英国的国家政策已经开始偏离了地产主们的利益。而前面章节中所涉及的地产主的土地处分权的不断增强的最终结果也与地产主们的原初目的相悖，他们本是意欲通过这一方式在自由卖出一部分不甚重要的、偏远的地产或者通过实现资本投资组合多元化方式进一步巩固他们的家族地产，却不承想实为自掘坟墓，最终从法理层面上推进了其家族地产解体的步伐。地产主、租地农场主和农业工人土地权利发展的趋向和结果，无不指向一个共同的话题——大地产的解体已近在咫尺，延续近四个世纪之久的以土地所有权高度集中为显性特征的"土地社会"即将土崩瓦解。

从地权视角出发，综合地产主、租地农场主、农业工人相关土地权利的发展状况可知，终身地权增强、租佃权立法保障体系完善、份地和小持有地运动等地权变革活动，都是19世纪新发展了的政治经济社会形势下，英国政府通过法律手段治理英国新一轮农业地权问题，以实现农业地权明晰化，促进农业、农村可持续发展的重要法律治理实践活动。但具体到不同层面的农业地权，该时期所要解决的侧重点有所不同。

在土地所有权领域，其核心是终身地权人的终身地权问题，如果大土地所有者的地权界定不清晰，其所保有的大量家族地产就无法放置到土地市场上进行流通，无法自由地就土地进行抵押、出租和出售，而19世纪的终身地权法律变革运动，正是通过法律途径清晰界定终身地权人的地权。而终身地权的明晰化，又为即将到来的大量土地家族地产经由土地市场自由流通、交易，提供了重要的基础性的产权法律保障。

在土地使用权领域，其核心是租地农场主的租佃权问题。租佃权涉及主佃双方共同利益，其权利的行使，发生于主佃双方两组地权之间，如果双方的地权实施边界规定不明确，势必造成一方权利的行使对另一方权利的维护造成侵害。因此19世纪英国租佃权立法的关键在于通过立法途径明确租佃权的实施边界，该项立法确认实践，最终在保护相对处于弱势地位的租地农场主基础上，通过地产主阶层的适度让步与妥协方式实现。租佃权立法确认，消除了租地农场主地权行使过程中他者对其产权的不当侵犯，并对这一产权本身的实施边界做出明确界定，防止其权利的行使可能会对他者造成的损害。

就英国农业生产领域中的另外一个重要的农业利益阶层农业工人而论，作为农业生产领域中的主力，堪为英国整个农村社会的稳定器与安全阀。在当时不断走向工业化、城市化的英国，使农村劳动力稳定、持续地留在农业领域，对农业经济效率的提升和可持续发展同样至关重要。基于此，作为国家治理主体的英国政府站在顶层设计者的角度，进行了一系列与之相适应的法律改革实践，如1834年的《新济贫法》和一系列份地和小持有地法令，它们使农业工人的基本生活有所保证，并能在一定程度上触及所谓的土地财产权的魔力。

总起来讲，19世纪的英国政府充分扮演并发挥了其在国家治理中的角

第六章 农业工人"地权"相关问题

色与功能，在适应英国新时期政治权力格局，有效应对不同土地利益阶层之间博弈的基础上，通过了一系列保障地产主、租地农场主和农业工人土地权利的土地法律法规。这些立法治理实践活动体现了英国政府决策者们的经济理性，是英国已然高度发达的商业社会精神在议会立法决策中的体现。在资本主义市场自发调节机制作用下，农业土地、劳动力和资本虽然可以自发地经由市场完成配置，但在农业地权各权能界定不明晰，非市场性交易成本虚高情况下，还需要加强政府的宏观调控能力，以更好地弥补市场配置农业土地资源过程中存在的缺陷和不足。需要充分发挥政府的国家治理功能，以议会立法形式清晰界定地权各权能界限，才能更好地促进资本、劳动力、土地资源实现最优化的配置，防止市场配置农业土地资源功能失灵现象的发生，进而保障英国农业土地市场流通自由、顺畅，实现英国农业经济效率的稳步提升以及农村社会的稳定繁荣。

# 第七章 农业地产形势新变化

　　利益集团是对抗性社会和非对抗性社会中普遍、客观、真实的存在。不存在没有其利益的集团，每个集团都有其利益，利益集团不论是在对抗性社会还是非对抗性社会，都具有不容忽视的地位和作用。19世纪的英国，明显存在工商业利益集团与土地利益集团之间的对抗，虽然工业资产阶级日渐崛起，但传统土地贵族仍具有相当稳固的经济、社会存在基础。与此同时，土地贵族的这一基础也在不断地被弱化，农业利益集团的优势地位，逐渐让位于工商业利益集团。

　　19世纪的英国社会，既是一个土地利益集团与工商业利益集团激烈对抗的分裂型社会，也是一个"急速转型的社会"，英国日渐由传统农业国家转向现代化工业国家、城市国家。在19世纪里，随着《谷物法》的废除，以及国际贸易自由化的实现，农业利益不断下降，而工商业利益稳固上升，工业化、城市化进入快速发展时期。与此同时，议会改革、农业大萧条等事件的发生与发展，又使得土地上所凝结的政治、社会等价值不断被剥离掉，使得农业地产形势发生新的变化，英国政府的政治目标和国家政策也越来越偏离土地利益集团的利益。在一系列因素的综合作用下，自16世纪以来逐渐形成的大地产政治、经济、社会形势急转直下，土地所有权高度集中的农业大地产体制即将解体，英国传统土地社会即将土崩瓦解。

第七章　农业地产形势新变化

## 第一节　农业地产经济价值下降

在经历了一段"高效农业"发展时期之后，英国农业大地产的经济形势每况愈下，概因受多方面因素影响。19世纪40年代，《谷物法》的废除以及国际自由贸易的兴起，标志着英国传统的农业保护政策的结束，英国开始以牺牲农业利益为代价，以换取工商业和海外贸易的迅速发展。自此之后，农业地产经济形势开始逐渐下滑。19世纪末期，遭逢农业大萧条危机，英国农业地产经济越发不景气。

### 一　《谷物法》变革与国际自由贸易兴起

《谷物法》变革运动，是19世纪英国最重要的历史事件之一，英国政府根据当时具体经济社会状况的变化，随时调整其谷物贸易政策，较好地平衡了各不同利益集团之间的微妙关系。《谷物法》变革与国际贸易状况密切相关，在国际贸易中，当一项贸易政策能使一个利益集团受益而另一个利益集团受损时，每个利益集团都会通过向立法者施加政治压力而使政策有利于本集团的利益，国家最终所制定的政策取向，对能在这一过程中施加优势影响的利益集团一方会有所倾斜。在该时期的谷物贸易政策变革过程中，这一点体现得非常明显。1815年《谷物法》的出台，是当时农业利益比较优势发展的必然结果；1846年《谷物法》的废除，则是当时农业利益比较优势下降的重要体现，同时也是工业革命期间逐渐壮大起来的工商业经济发展的必然结果。

在该时期的谷物贸易政策变革期间，英国政府适应英国经济社会发展形势新变化，不断调整和完善谷物贸易政策，其中也体现出了英国良好的国家治理能力，反映出英国政府在调控农业发展方面的能力不断提高、政策不断完善。

（一）1815年《谷物法》

19世纪的英国，作为世界上第一个工业化国家，其工商业的良性、快速发展，需要以全球自由贸易为基础，但国际贸易自由化对英国谷物种植业发展不利。在英国谷物种植业缺乏国际竞争比较优势的情况下，实行谷物自由贸易政策，容易使英国谷物生产者被其外国竞争者击垮，也容易引发英国自身的粮食安全危机。粮食是人类生存和社会发展的重要基础,粮食安全是第一大事,一旦出现粮食安全危机,势必会引发一系列异常连锁反应,进而损害一国的总体经济发展并引发严重的政治危机。在一国与其他国家发生战争之时,也极容易在粮食安全问题上被敌方国家扼住命脉,进而危及自身的国家安全。

　　拿破仑战争期间,英国曾遭遇了切实的粮食安全危机。战争期间,拿破仑借助禁止向英国出口谷物的国际贸易政策所推行的大陆封锁政策,给英国谷物供给造成了巨大灾难。1806年,英国的小麦进口量(含小麦粉)约为31万夸脱,但受拿破仑大陆封锁政策影响,1812年,英国能够获得的小麦进口量仅为29万夸脱,与1806年相比,下降了约6.45%;在进口量下降的同时,受市场上小麦供给量减少的影响,英国小麦的价格急速上涨。1806年,英国的小麦年度平均价格为79先令1便士每夸脱,但至1812年时,上涨到了126先令6便士,涨幅约为60%。[1] 除了受拿破仑大陆封锁政策的影响,英国谷物供给量及谷物价格的变化,还与国内的气候反常所造成的谷物歉收有关。受战争以及谷物歉收两大因素综合影响,英国遭遇了严重的粮食危机,并使英国的国家安全受到严重的威胁。为了打破这一危局,英国政府采取措施,大力发展国内谷物种植。在政府的支持和鼓励下,一些农场主大规模开发贫瘠土地,投入大量的资金进行谷物生产,其最终的结局是,英国实现了本土的谷物自给,有效应对了拿破仑的"饥饿战略",维护了自身的国家安全。

　　战争期间,受战争和谷物歉收影响,英国谷物价格总体较高,农场主的谷物生产活动有着较大的盈利空间,其开垦荒地、投资谷物生产的积极性也相应地比较高。但1813年的谷物大丰收打破了这一态势,谷物价格降至19世纪以来的最低点,地产主和农场主的既得农业经济利益受到严重损害。为稳定谷物价格,地产主和农场主联合向英国议会发出请愿,要求议会出台相关法律法规,限制谷物进口。这一请愿,引起了议会内外有关谷物法的广泛讨论。在此次讨论中,相关人员主要分作两派:一派以马尔萨斯为代表,主张扩大农业保护,限制谷物进口;另一派以李嘉图为代表,主张废除农业保护政策,实现谷物自由贸易。

---

[1] 李国镇、胡怀国:《新发展格局下我国粮食安全治理研究——来自19世纪英国〈谷物法〉争论的启发》,《当代经济》2024年第1期。

第七章　农业地产形势新变化

马尔萨斯从国家安全和社会整体利益考虑，强调安全重于财富，关注粮食安全，认为谷物作为一国民众赖以生存的必需品，只有谷物自给自足才能确保安全。如果一国过于依赖进口谷物，容易遭受对方国家中断谷物供给，进而危及国家安全。马尔萨斯的这一观点与当时的粮食安全观不谋而合，拿破仑战争期间英国所遭遇的粮食安全危机也为其提供了实证理论依据。[①]

李嘉图反对农业保护政策，主张谷物自由贸易。李嘉图认为，当时的英国在工业品制造上具有比较优势，在农业生产上不具有比较优势，因此，在进行国际贸易时，英国应进口谷物并出口工业制成品。通过国际自由贸易，英国可以把资本更多地投资于制造业上，以促进经济更快地发展。但如果限制谷物进口，则会造成贸易失衡，不利于英国工业品出口，会使经济发展陷入停滞状态。[②]

1815年新修订的《谷物法》的出台，标志着这一争论的终结。英国政府出台这一法令的目的是保护英国谷物生产者，防止其被外国竞争者击垮。同时也是对农场主的一种报答，拿破仑战争期间，英国农场主积极响应国家号召，大力发展谷物生产，助力英国政府对抗拿破仑的"饥饿战略"，有效维护了国家安全。

1815年《谷物法》规定，英国境内的小麦价格达到80先令每夸脱时，可以适量进口外国小麦。这一法令保护了地产主和谷物生产者的利益，但损害了工业资本家尤其是底层工人等广大消费者的利益。在缺乏完善的社会救济保障体系情况下，他们的生活将难以为继。工人阶级代表约瑟夫·肖（Joseph Shaw）曾在一次反《谷物法》集会上指出，《谷物法》严重损害了工人阶级的利益，他认为实行谷物贸易保护政策，会使英国谷物价格居高不下，他举出案例说，"食品价格高，人们花在购买食物上的钱就多，能用以购买衣服的钱就会相应地减少。当人们没有钱买衣服时，衣服就很难卖出去；要将衣服大量卖出，衣服价格就要便宜；衣服售价降低了，就没有足够的钱来生产它们。其结果是，工厂工人工资降低，工厂倒闭，商

---

[①]　李国镇、胡怀国：《新发展格局下我国粮食安全治理研究——来自19世纪英国〈谷物法〉争论的启发》，《当代经济》2024年第1期。
[②]　李国镇、胡怀国：《新发展格局下我国粮食安全治理研究——来自19世纪英国〈谷物法〉争论的启发》，《当代经济》2024年第1期。

业凋零，举国贫困"①。

(二)《谷物法》变革(1815—1846)

《谷物法》的实施，遭到一些人士尤其是信奉贸易自由人士的强烈反对，他们越来越寻求变革《谷物法》，实行自由贸易政策，实现国际贸易自由化。迫于压力，议会对《谷物法》做出一些相应的调整，以在谷物贸易保护政策和国际自由贸易政策之间寻求平衡。1822 年，在上议院辩论中，时任托利党政府首相利物浦勋爵指出："政府和议会的职责是尽可能维持所有重大利益的平衡。然而，我非常关注农业，如果一定要稍微有所偏重的话，我会说应该偏向农业利益。但是，农业不是英国的唯一利益，甚至不是最大的利益。"② 基于这一考量，英国政府出台了《进口法》(1822)，该法规定，当国内谷物价格达到每夸脱 80 先令时，可以允许谷物进口。但自该法颁布之日起，一直到1828 年，英国本土谷物价格一直未曾达到过每夸脱 80 先令，显然这一法令的实际效力有限。1828 年，英国政府又重新修订了《谷物法》，确定了新的浮动关税：当国内谷物价格低于每夸脱 52 先令时，关税为 34 先令 8 便士；当谷物价格上涨至每夸脱 73 先令时，关税降为 1 先令。③ 这一新修订的《谷物法》，实施效果也并不理想，它不仅未能彻底打消工商业者们的怨气，还引发了农场主们的不满。农场主们认为，新修改后的《谷物法》已经不能维护他们的农业利益了。此后，英国反《谷物法》运动的阶级基础不断扩大，斗争形式也日益走向组织化、规模化。

1838 年，曼彻斯特"反谷物法协会"(Anti-Corn Law Association) 成立，其目标是改革《谷物法》，使人民获得他们用劳动交换尽可能多食物的自由。④ 1839 年，曼彻斯特"反谷物法协会"更名为全国性的"反谷物法同盟"(Anti-Corn Law League)。"反谷物法同盟"是英国历史上第一个压力集团，主要利用群众斗争方式制造政治压力，以迫使统治阶级同意废除《谷物法》。该同盟组织在全英范围内拥有广泛的影响力，其常用的斗

---

① John Bright and James E. Thorold Rogers eds., *Speeches on Questions of Public Policy by Richard Cobden*, Vol.1, London: Macmillan, 1870, p.156.

② 刘成：《英国废除〈谷物法〉刍议》，《史学集刊》2013 年第 1 期。

③ Schonhardt-Bailey Cheryl, *From the Corn Laws to Free Trade: Interests, Ideas, and Institutions in Historical Perspective*, Cambridge: MIT Press, 2006, p.9.

④ Archibald Prentice, *History of the Anti-Corn League*, Vol.1, London: Cass, 1968, p.75.

## 第七章　农业地产形势新变化

争手段包括出版书籍、报刊、小册子，散发传单，宣传演讲，召开群众会议等。"反谷物法同盟"的核心人物包括科布登（Richard Cobden）、约翰·布莱特（John Bright）等。

1841年，科布登当选为英国下议院议员，随后不久，他就向议会递交了废止《谷物法》的提案，但因遭到激烈反对，该提案最终流产，未能获得议会通过。1845年，英国遭遇了严重的粮食供给危机，爱尔兰也因马铃薯减产发生了大饥荒。针对这一危局，英国政府认识到，废除谷物贸易保护政策，废止《谷物法》，让外国价廉质优的粮食自由进入英国，是化解当时危局的唯一可行之法。[1] 此后，废除《谷物法》的相关事宜，正式被纳入皮尔政府的议事日程。

（三）《谷物法》的废除及其影响

1846年1月27日，皮尔在下议院中明确指出要废除《谷物法》。但为了避免引发不必要的事端，规定先预留三年减税缓冲期，给有关农业利益部门留出时间进行调整，采用逐步降低关税方式以平稳达到谷物零关税的最终目标。皮尔的提议，得到一些议员们的支持，且拥有广泛的群众基础。这些表示支持的议员中，既有从事商业或制造业的议员，也有完全依靠土地生活的议员。例如，阿格利昂比议员认为，"废除《谷物法》的议案是迈向自由贸易的重要一步"。辉格党首相罗素勋爵认为，《谷物法》是19世纪最有害的一项制度，应该被废除。但皮尔的提议也遭到了一些保守派议员们的强烈反对。例如，纽德盖特（Newdegate）议员认为，如果废除《谷物法》的议案被通过，势必会引发灾难。虽然遭遇了一些保守派议员们的强烈反对，但议会最终还是通过了废除《谷物法》的议案。1845年5月15日，废除《谷物法》议案最终以329票对231票的优势在下议院被通过。随后，该项议案于1846年6月25日在上议院获得通过。至此，在英国存续了相当长时间的《谷物法》，最终被埋入历史坟墓。[2]

《谷物法》的废除，损害了农业生产者的利益，但其实际影响力起初并不明显。《谷物法》被废除后，英国谷物进口量开始大增。1830—1839年，英国小麦、大麦的年均进口量分别为3743千夸脱、659千夸脱；

---

[1] F. W. Hirst, *From Adam Smith to Philip Snowden: A History of Free Trade in Great Britain*, London: Fisher Unwin, 1925, p.23.

[2] 刘成：《英国废除〈谷物法〉刍议》，《史学集刊》2013年第1期。

1840—1849年，分别上涨至10667千夸脱、2182千夸脱，上涨幅度分别达到185%、231%之多；此后，英国谷物进口量一直处于稳步增长状态，至19世纪末期农业大萧条爆发前夕，英国小麦、大麦的年均进口量已经达到50406千夸脱、11088千夸脱（1870—1879年数据）。农业大萧条期间更是进一步增加，根据1880—1889年统计数据，当时英国小麦、大麦的年均进口量已经达到了70282千夸脱、14849千夸脱，与1830—1839年的数据相比，分别上涨了约18倍和22倍。[①] 虽然《谷物法》的废除直接导致了大量外国农产品涌入英国，但它起初不仅没有对英国的农业和农产品市场造成大的冲击，反而是刺激了英国国内农业的革新运动，推动了英国农业的进步。小麦的进口量在19世纪40年代早期时达到了之前的2倍甚至是3倍，至19世纪60年代，进一步达到英国小麦总供给量的1/3。随着谷物进口量的不断增长，英国市场上的谷物供给量明显增多，但该时期的英国人口也在急速增加，这使得英国的谷物需求量非常大，一直未曾因谷物大量进口而出现谷物供给量过剩问题，农产品的市场价格总体上保持着相对稳定的态势。实际上，小麦和其他谷物价格的下跌，直至19世纪八九十年代时才呈现出来。[②] 在谷物法废除后的同一时期内，肉类和奶制品的价格也是不断上升的。且在此形势下，通过政府提供的贷款帮助，土地所有者和租地农场主一起投资于深挖渠道和兴建农业设施，提高牲畜繁殖能力，通过更有效的工具和新措施致力于提高农地的产量。总之，在谷物法废除之初，英国农产品的价格仍旧保持相对稳定的状态，且英国的农产品的产量在这一国际竞争刺激下，也有较大的提高，外国竞争可能引致的经济影响并未立即呈现出来，在一段相当长的时间内也未被感觉到，这种状况一直持续到19世纪末的农业大萧条前夕。[③]

《谷物法》的废除，作为自由贸易政策得以实施的一个重要前提，它与自由贸易政策一起，使英国与世界的农产品市场连为一体。自此之后，英国农产品市场价值规律作用的封闭空间被打破，英国的农产品市场开始

---

[①] Peter Mathias, *The First Industrial Nation: An Economic History of Britain 1700-1914*, London: Methuen, 1983, p.439.

[②] M.E. Turner, J.V. Beckett, B. Afton, *Agriculture Rent in England 1690-1914*, Cambridge: Cambridge University Press, 1997, pp.245-246.

[③] G.E. Mingay *Land and Society in England 1750—1980*, London: Longman, 1994, p.62.

第七章　农业地产形势新变化

走向世界化，英国农产品生产活动开始高度易受国际农产品市场的影响。在当时的自由贸易市场环境下，在英国国内农产品产量下跌之时，世界范围内的农产品供应量却源源不断地增加，它们大量地涌入英国国内市场，一定程度上解决了其农产品供应量不足的问题，同时抵消了因国内农产品的生产不足而可能催生的农产品价格上升之势，并将其农产品价格带至世界农产品所处的价格水平。自此之后，英国农产品价值规律作用的空间不断延展，英国原有的因国内恶劣天气、动物瘟疫等的影响而致使国内农产品价格短期内发生剧烈变动的状况不复存在，其可能的市场变动借由自外国的农产品进口得以调节。不只是谷物农产品，至19世纪中期，英国的畜牧业产品和乳制品也开始受到来自欧洲大陆和爱尔兰进口的牲畜、黄油、奶酪、水果、蔬菜等的广泛影响。至19世纪70年代晚期，外国的农产品更是严重充斥于英国的国内市场。例如，就小麦而论，在1850年时约有1/4的小麦供给量是从外国进口的，至1873—1875年时其比重达到了50%。[1] 大量涌入的外国谷物产品虽然弥补了英国本土谷物产品生产的不足，但也影响了英国国内原有谷物产品的市场价值规律。詹姆斯·凯尔德（James Caird）爵士所提供的一组统计数据印证了这一事实，根据他的统计结果，在1851—1862年萧条时期，小麦的平均产量下降至24蒲式耳每英亩时，其价格上涨至61先令6便士；而在19世纪70年代一个相同年限的萧条时期内，谷物平均产量跌至19蒲式耳每英亩时，其价格却仅为49先令10便士。[2]

《谷物法》的废除，对英国不同地区的农业生产者的影响力度不同。西部游牧地区的农业生产者所受的影响较小。但在诺森伯兰郡、约克郡谷地、林肯郡、东盎格里亚郡和东肯特郡等以谷物种植为主的地区，其农业生产者所受的影响却非常明显。在以谷物生产为主的地区，因地产主的收入依赖租地农场主们的谷物生产所提供的利润状况，故其得自这些土地的地租收入也受到一定的影响，但因为大多数大地产主的地产多是分散在全国各地，由谷物种植农场和畜牧农场混合组成，因而他们所受的整体影响

---

[1] Jonathan Brown, *Agriculture in England: A Survey of Farming, 1870 – 1947*, pp. 9 – 10; G. E. Mingay, *The Transformation of Britain 1830 – 1939*, London: Routledge & Kegan Paul, 1986, p. 111.

[2] Jonathan Brown, *Agriculture in England: A Survey of Farming, 1870-1947*, p. 10.

并不大。然而,《谷物法》的废除,整体上意味着不可避免的土地利益的衰落以及工商业利益的胜利,但也有一些人认为,《谷物法》的废除,在一定程度上对英国农业、农村发展也是有利的,其影响并不必然是全然消极的。一些人从国家整体利益的角度出发,认为自由贸易是有利于乡村发展的,因为乡村越来越依赖于工业生产以满足就业和贸易需求。再者,他们认为谷物贸易保护主义不能促使种植业更具活力和更有效地运行,一旦保护主义被废除,农产品价格下跌,将会促使农场主采用最先进的"高效农业"理论更好地运营农场。最终,自由贸易理论被政府以提供廉价贷款用以修渠和农业革新的条款所支持,而土地利益集团,如果想在一个食品价格成为一个主要关注问题的更为工业化和城市化的社会中,作为一支政治力量继续存在,需要做出一定让步。

19世纪中叶以前,英国土地贵族势力在统治阶级中占据绝对优势地位,他们利用自己强有力的影响力给政府施压,并最终在1815年的《谷物法》中如愿以偿地维持了谷物保护政策。在此后10多年里,《谷物法》较好地平息了农场主们的不满情绪,但一切都是有代价的。当时英国政府的关注力仍集中于土地利益集团,聚焦于农业、农村领域,甚至对该时期无限制的工业化抱有怀疑态度。在走向自由化贸易、系统化管理和司法改革过程中,仍然依靠农业利益集团,惧怕进一步发生劳工暴动。对英国南部郡区爆发的摇摆暴动的残酷镇压,以及托尔普德尔6工人事件的残酷处理方式,正显示出当时的英国政府十分保守的本性。同时,一些社会人士还对产业由乡村转向城镇感到遗憾,他们仍然寄希望于农村、农业来实现社会的稳定。如沃尔特·司格特(Walter Scott)认为,在乡间工厂中,制造业者能够对依靠它和工厂,并与之有着密切联系的人施加良性影响。罗伯特·欧文(Robert Owen)也同样寄希望于农业,幻想通过铁锹耕种的方式,使农业重新成为吸纳大量劳动力的重要行业。而威廉·布莱克(William Blake)更是在其《纯真的征兆》诗篇中写道,"当金子和宝石装点起耙犁,怨恨定向和平的技艺把腰弯"①。显然,19世纪早期时代,不论是英国政府,还是一些社会人士,其思想中的保守性都十分明显,英国社会仍然是土地所有者的天下。

---

① [英]威廉克里斯托弗·哈维、H. C. G. 马修:《19世纪英国:危机与变革》,第207—208页。

19世纪中叶开始，土地贵族们的优势政治地位开始发生转变。当时英国农业扩展已经达到顶点，而工业仍旧有着无限的发展潜力，在这一形势下，是继续实行谷物贸易保护政策，以维护传统的农业利益，还是引入自由贸易政策，以牺牲农业为代价换取工业进一步扩张的空间，成为当时广泛争论的议题。就英国政府的最终政策走向而论，英国政府选择了以牺牲农业利益为代价换取工商业的迅速、稳步发展。

《谷物法》的废除和自由贸易政策的实施，为英国工商业部门的发展，开辟了更为广阔的空间，也为英国由传统农业国向现代工业化、城市化国家转型，为英国的产业和社会结构向现代化的转型，提供了必要的前提条件。自此之后，英国工商业稳步发展，而农业及农业地产经济形势则不断下滑。

### 二　农业地产经济形势下滑

《谷物法》的废除和自由贸易政策的实施，是英国传统农业衰落和现代工商业迅速发展的重要体现。自此之后，英国的农业比较利益迅速下降，其在国民经济中的主导地位逐渐为工商业所取代。在遭遇19世纪末农业大萧条以后，英国农业地产经济形势更是进一步下滑。

（一）农业比较利益下降

19世纪，随着工业革命和国际贸易的不断发展，英国的工商业在国民经济中所占的比重不断上升，而农业所占的比重则不断下降。随之，农业的比较利益不断下降：农业在经济获利、吸纳劳动力就业等方面的能力不断下降，农业从业人口比重也不断下滑。

随着经济创造的比农业更少依赖于土地资源的生产的发展，所占国民收入的份额会相应地下降。但所谓的1855—1914年地租所占国民收入比重的整体趋势是下降的观点并不完全准确。在19世纪70年代以后，虽然农业地租普遍下滑，但城市地租却随城镇扩张而于国民收入中的份额逐渐增加。在某些特定地区，土地所有者可自将农业土地转为非农业土地利用类型后获得更为可观的租金收入。再者，即便就农业租金的下降而论也并非完全准确，因为许多花费仅仅是自租金册转移至了食品进口的订单上而支付了国外的农业租金。然而，虽然总的租金收入占英国国民收入的比重没有发生大的变化，但这些租金收入中有很大一部分是来自城市和殖民地土地上的租金，而英国国内农用土地上的租金收入的下降是确定无疑的。

在工业化迅速发展的形势下，农业部门中的劳动力和资本占整个国民经济的比重，也必然会有所降低。18世纪中期时，英国每10个人中约有7个是直接或间接与土地有关的。① 但在接下来的时间里，这种状况发生了很大的变化，尤其是在1830—1939年，该时期是英国的社会形态发生急剧转变的时期，由一个乡村社会日渐转为一个城市社会。② 在此过程中，主要建立于城镇及工业乡村的工商业的规模逐渐扩大且重要性不断增强，而农业在国民经济中的主导地位则下降。根据马修斯（Mathews）等人的统计，1856年英国农业（包括林业、渔业）部门中的劳动力和资本在整个国民经济中所占的比重约为29.6%和19.1%，但至1937年时其比重则下降至5.3%和5.7%。③

然而，19世纪的英格兰还不能简单地以农业和工业、城市和乡村进行划分，在19世纪60年代时，约有1/3的英格兰和威尔士人口直接或间接以农业为生。④ 但至20世纪初，就民众的需求而论，其国内的产出仅够维持其国民自周六至周一的生活所需，而剩下的天数则需要依靠国外的进口维持。⑤ 伴随着农业机械的广泛使用，农业中的就业机会减少，而迅速发展的城市化进程则提供了更多的就业机会，英国民众随之由农业部门大批转移至其他部门之中。根据1871年和1911年英国各行业中从业人员分布状况统计数据。1871年时，农业为15%、采矿业为5%、制造业为32.5%、建筑业为6.7%、贸易业为13.3%、运输业为5.8%；1911年时、农业为8.6%、采矿业为6.4%、制造业为33.3%、建筑业为6.4%、贸易业为13.4%、运输业为8.1%。⑥ 通过这一数据变动状况可以看出，除了农业，其他行业从业人员数量所占总人口的比重基本处于不断增长或者基本维持不变，在1871年时农业中尚有15%的人口，而至1911年时这一比例则锐

---

① G. E. Mingay, *Land and Society in England 1750—1980*, London and New York: Longman Group Limited, 1994, pp. 1.

② G. E. Mingay, *The Transformation of Britain 1830-1939*, Preface: xi.

③ R. C. O. Mathews, C. H. Feinstein, J. C. Oldling-Smee, *British Economic Growth 1856-1973*, Stanford: Stanford University Press, 1982, p. 222.

④ Barry Reay, *Rural England: Labouring Lives in the Nineteenth-Century*, New York: Palgrave MacMillan, 2004, Preface: xi.

⑤ C. S. Orwin, *The Future of Farming*, London: Oxford, Clarendon Press, 1930, pp. 1-2.

⑥ G. E. Mingay, *The Transformation of Britain 1830-1939*, p. 46.

第七章 农业地产形势新变化

减至8.6%，从事农业人口数量在该时段内明显下降。

就农业所处乡村地区的人口变动状况而论，随工业化迅速发展而日渐加快的城市化进程，不免会诱使大量乡村居民转移至城镇地区，从而造成乡村人口的日渐萎缩。虽缺乏准确的数据，但也有资料显示，早在19世纪中期时，乡村和城市人口就已大致相当，尽管这一时期的一些城镇人口与农业土地还存有相当的利益，但有相当多的乡村人口已很少或不从事农业生产活动。① 根据目前已有的统计结果，1861年时英国的城市人口和乡村人口分别约为1270万人和737万人，至1871年时分别上升为约1493万人和779万人。显然，英国的城市人口增长速度要比乡村人口快得多，且已经远远超过农村人口的比重。② 城市人口的增多有很大一部分来自乡村人口的涌入，该时期工业、商业等行业相比于农业的高收入，城市生活相比于乡村生活的舒适、丰富，使许多农业人口认为他们在土地上缺乏发展前途，故倾于离开土地流向城市。大量农村人口向城市转移，使非农人口迅速增多，这部分人主要依赖自商店和城镇市场购买生活必需品维持生活，由此，农业要以比之前更少的劳动力投入生产更多的食品供给。且在维多利亚时期英国民众的整体生活水准上升，许多人能负担至少一周一次的肉类消费，能够购买优质的奶制品、水果、蔬菜等奢侈品。③

农业比较利益的下降，意味着英国农业发展的黄金时代即将结束，这在19世纪末期遭遇农业大萧条之时成为不容置辩的现实。

（二）农业大萧条后农业地产经济形势进一步下滑

1879年政府指定皇室委员会在里奇蒙（Richmond）爵士的带领下，就当时的农业部门的萧条形势做了一个调查，该次调查结果汇总于1882年的委员会报告之中。该调查结果显示，当时的天气很恶劣，其后的两年同样如此，持续的恶劣天气摧毁了庄稼，使农业产出大幅度减产。至于此次农业大萧条爆发的原因，该调查给出的结论是，"所有我们调查的证据显示，该次萧条主要是由一系列的恶劣天气影响引致的"④。的确，恶劣天气的影响对农业萧条的发生有着重要的影响，且就大众的认识而论，也是最为直

---

① G. E. Mingay, *Land and Society in England 1750–1980*, p. 1.
② P. A. Graham, *The Rural Exodus: The Problem of the Village and the Town*, p. 3.
③ G. E. Mingay, *The Transformation of Britain 1830–1939*, pp. 109–110.
④ Jonathan Brown, *Agriculture in England: A Survey of Farming, 1870–1947*, p. 1.

接和显而易见的因素。

19世纪70年代以后连续几年里，英国气候确实很恶劣，当时洪涝灾害很严重。1875—1882年的降雨量比往年的平均水平高14%，有些地区比这还要严重。例如，伯克郡的某些地区为35%，林肯郡为33%，沃克郡为29%。其间，1879年最涝，而1880年时要好一些，1879年夏天几乎无止境的雨水和严寒，导致了19世纪最严重的农业歉收。根据1879年政府工作报告，当年的降雨量就其频度和量而论最多，尤其是中部和东部地区受到的雨灾影响非常大。从1878年11月到1879年10月，伯里·圣埃·德蒙兹（Bury St. Edmunds）地区的降雨量为12.13英寸，比平均值高51%；梅德斯通地区为3.7英寸，比平均值高15%；约克为1.5英寸，比平均值高5%。1879年和1880年，有些季节确实很涝，结果导致了当年农作物产量严重下降。例如，1879年，春夏时节的降雨量，要比正常时期高4英寸，而这正是农作物成熟的时节；1880年，夏秋两季同样很涝，在沼泽地区洪水肆虐，谷物无法收割，甚至有些直至冬季时才得以收割。[①] 农业大萧条对英国的谷物种植业和畜牧业等都造成了灾难性的影响，使其产量大幅度下降。

在农产品产量大幅度减少的同时，农产品的价格不升反降，这使得英国的农业大萧条形势进一步加剧。自19世纪70年代后期开始，农产品的价格直线下降，除了偶有的短暂回升外，这种萧条一直持续到二战之时。在维多利亚"高效农业"的繁荣时期，每夸脱小麦的价格为50—55先令，但至19世纪八九十年代时，降至27先令，至1894年时，进一步降至22先令10便士。不容否认，世界范围内的农产品价格的下跌，给英国的土地所有者们造成了前所未有的冲击。

此外，许多土地所有者还发现他们深受收入下降而支出却无法相应减少的挤兑。几乎所有的地产都背负着寡妇产和其他一些必需的开支，且有些家族还要为其巨额的债务和土地抵押贷款支付固定的利息。在19世纪五六十年代的困难时期，这些负担被严重低估了，当时的土地所有者们认为，租金是固定不变的且很有可能会上升，因而在支付利息方面并无困难。但进入19世纪70年代以后，伴随着收入的减少，这种固定的利息便

---

① Jonathan Brown, *Agriculture in England: A Survey of Farming, 1870-1947*, p. 2.

## 第七章　农业地产形势新变化

很快成为一个繁重的负担。正如一位作家在1890年时所指出的："当年景尚好时，这一问题并不显著，但当租金下降时，鞋子便不免开始夹脚了。"租金的下降对许多土地所有者的可支配收入的影响也是不容低估的。在1880年时，据《观察》统计，对于每一个有负担的地产，总收入下降30%，意味着纯收入下降50%。剑桥郡地产受萧条影响很严重，利息支出在1881—1885年，约占总收入的41%，但到1885—1894年，则占到了一个更小收入的75%。德文郡公爵在1874年，需要将其可支配收入的17%用于支付利息，但至1880年时，这一比重上升到了60%。① 另据英国皇室农业调查委员会的统计，对英格兰和威尔士的地产主而言，假定1886—1892年时的平均年租金收入为100英镑，则其中约有39英镑4先令为日常支出所耗尽，另有15英镑12先令为地产革新所耗尽，而留给地产主的纯收入仅约为45英镑4先令。换句话说，地产主们的总租金收入中，约有55%为地产的再支出部分所耗尽。②

在农产品价格、土地租金收入大幅下降之外，土地的地产价值也大幅下跌。该时期的地产价值下降了至少30%，这吞掉了作为抵押的地产价值和抵押额之间的盈余。正如一名观察者所说的，"对于许多负担费用过重的地产，其萧条所耗掉的远多于为安全担保所获得的盈余"③。在这一形势下，许多保险公司不得不重新审视他们的土地抵押贷款业务，而一些深深卷入土地抵押贷款事务的律师也是如此。他们开始更为小心地应对土地抵押贷款事宜，甚至要求土地抵押人支付更多的保险，或至少一次性支付不少于某一货币量的预付款，这一非常谨慎的行为，足以证明当时的土地已是鲜值得冒险之事。

总之，土地不再是最优越、最安全的财富来源。全球范围内的农产品价格下跌，土地租金收入和地产价值的下降，减少了许多土地机构可用以

---

① J. J. MacGregor, "The Economic History of Two Rural Estates in Cambridgeshire, 1870-1934" *Journal of Royal Agricultural Society*, XCVIII, 1937, pp. 146, 151; D. Cannadine, "The Landowner as Millionaire: The Finances of the Dukes of Devonshire, C. 1880 to 1926", *Agricultural History Review*, XXV, 1977, pp. 87, 97.

② Robert J. Thompson, "An Inquiry into the Rent of Agricultural Land in England and Wales During the Nineteenth Century", *Journal of the Royal Statistical Society*, Vol. 70, No. 4, December 1907, p. 603.

③ David Cannadine, *The Decline and Fall of the British Aristocracy*, p. 94.

维持其金融策略的相当大的空间。对许多地产主来说，曾经充沛的可支配收入迅速下降，在平时可以承受的固定费用和利息支出，在土地价值下降之时，成为一项沉重的负担，而且在过去较容易获得的额外贷款现在也很难申请到。在 19 世纪末的农业大萧条的巨大打击下，主要依赖土地的租金收入为生的大土地所有者们的纯收入已经严重缩水，对大土地所有者而言，农业大地产的经济获利价值已不复从前。

## 第二节 土地政治价值丧失

在英国，相当长一段历史时期内，土地对于贵族而言所具有的价值，绝非仅仅是获取租金收入。实际上，土地贵族不断扩大家族地产，想方设法将家族地产永久留在其家族内部的目的，更在于获取土地之上所凝结的重要政治、社会乃至休闲娱乐等价值。拥有 6.3 万英亩地产的德比勋爵，曾于 1881 年写道：

> 一个人在欲成为土地所有者时……我认为他通常需要估算欲购地产所能给他带来的以下几个方面的价值：一是政治影响力，二是社会威望，这两项是土地所能带来的最为显著且确定无疑的财富。三是对租地农场主的控制权以及经营、监管和革新地产本身的乐趣。四是居所的乐趣，包括休闲娱乐等。五是资本投资回报，即地租收入。[①]

显然，对土地贵族而言，不断获取大量地产的目的并不仅仅是谋求经济利润，更在于获取凝结在土地之上的政治权力和社会威望等价值。但历经 19 世纪的一系列议会改革运动，土地上所凝结的政治权力、社会威望价值逐渐丧失。自此之后，土地不再是获取政治权力的基础，土地贵族也越来越无法凭借对土地所有权的占有而享有对其租地农场主的控制权。在地产上所凝结的政治价值被不断剥离的同时，土地上所凝结的社会威望价值，连同与之相连的乡间居所的娱乐价值等，也逐渐消失殆尽。随着地产上所凝结的

---

[①] Avner Offer, "Farm Tenure and Land Values in England, c.1750–1950", *The Economic History Review*, New Series, Vol. 44, No. 1, February 1991, pp. 1-2.

第七章　农业地产形势新变化

诸多经济、政治、社会威望、娱乐等价值的不断丧失，土地家族大地产最终不可避免地走上了解体之路，长久以来的土地社会也即将走到尽头。

1688年光荣革命后所确立的议会政体，较完整地保存了土地贵族们的政治权力优势地位，但随着19世纪时期的工业化和城市化的迅速发展，城市中的中产阶级，以及农业中的富裕的农场主阶层的力量，日渐增强，他们越来越成为挑战传统土地贵族优势政治地位的不可小觑的新兴力量。这一社会经济形势的新转变，要求当时的英国政治运行机制作出相应的调整，这在当时最为明显的证据是，自由主义思潮的兴起与发展，以及一系列议会选举制改革运动的发生与发展。根据马斯洛的人的不同需求的层级理论，在一个人的生存需求获得满足以后，会生出其他更为高级的需求，诸如安全、平等、自由、民主等。19世纪的英国恰逢民众向这种需求转变的时期。在此之前，于农业革命和工业革命相继发生所创造的极大丰富的物质财富基础上，工业中的新兴中产阶级以及农业中的富裕农场主阶层的财产状况大为改观，他们的思想观念也随之发生了很大的变化，当时的他们，迫切地要求在政治领域实现更为广泛的政治民主自由。这要求政府必须扩大政治参与的范围，其最重要的实现途径是扩大议会选举权。

19世纪，英国民众不断谋求扩大议会选举权，实行议会改革。经过该时期几次大的议会改革运动，英国的民众逐步获得了议会选举权，随之而来的是，议会中大土地所有者的比重逐渐下降，大土地所有者对议会选举的控制权逐渐丧失，土地财产与政治权力逐渐脱钩。凝结在土地上的政治权力被剥离，主要体现为土地贵族在议会的政治影响力不断下降。但在不同类型的议会选区，土地上的政治权力不断丧失的具体路径有所不同。在市镇（或城市）选区，土地贵族所具有的政治影响力，受城市中工商业资产阶级力量不断发展壮大的影响，基本上呈现出直线下降的态势；但在郡（或乡村）选区，受传统主佃契约关系的影响，土地贵族相对具有比较政治优势，其政治影响力发挥的空间相对比较大，在时间线性层面上，其所拥有的政治影响力所能延续的时间也更久一些。纵观19世纪整个议会改革历程，在不同议会改革阶段，针对土地贵族在市镇（或城市）选区中所丧失的部分政治权力，英国政府有限度地在郡（或乡村）选区给予了土地贵族一定的补偿，这使得在郡（或乡村）选区，土地贵族们的政治影响力在某些议会改革阶段呈现出不降反增的发展态势，但总体而

191

论，土地贵族在郡（或乡村）选区的政治影响力，仍旧是朝着不断下降的方向发展的。

## 一 市镇（或城市）选区

1832年议会选举制度改革以前，英国议会代表选区的划分多与人口的分布状况无关，且选民的资格是"身份性"的，此外，为了确保王权的维护者们能够进入下议院，还特别设立了一些小自治市镇选区。后随着英国工业化的不断发展，英国各郡（或乡村）和市镇（或城市）的人口分布状况发生了很大的变化，这使得之前所规定的选区划分和议席分配呈现出严重的不公平性。一些曾经经济繁荣、人口众多的地区逐渐变得经济萧条、人口凋敝，甚至无人居住，但它们仍旧保留着1个或2个议会议员资格；而凭借优越的工业发展环境，逐渐成长起来的人口众多、经济繁荣的地区，例如利物浦、伯明翰、曼彻斯特等，却没有相衬的议会议员资格。在这种状况下，一些具有进步思想的大臣甚至国王都感到改革议会选举制势在必行。亨利·格雷伯爵在就他的父亲与国王之间的来往信件汇编成的《1832年改革法案》一书清晰地印证了这一事实，他在该书的前言中写道："对于我的父亲，我意识到，他的信件中不时地、强烈地透露出改革下议院对国家稳定和繁荣具有重要意义"；在国王给他父亲的回信中同样有显示：在当时极为关键的时期，对早已被要求的议会选举制做出改革，将是对民众利益和国家影响最为深远的事件，国王已经充分认识到了这一观点，并准备毫不迟疑地予以批准。[①] 即便如此，以大土地所有者和金融寡头为主导的贵族院出于维护其自身利益的需求，极力拖延、一再否决通过改革议案，直至国王发出通牒，声明如果议案再次遭到否决，将会新增设80名新贵族成员，以使议案获得多数票通过。最终贵族院不得不于1832年7月通过了《大改革法案》（Great Reform Act），他们深知册封新贵族远比通过议案对他们的危害更大。

新法案根据各地区社会经济发展和人口的分布状况，就选区划分、议席分配和选民资格做了新的调整。在选区划分和议席分配方面：首先，将

---

[①] Henry Earl Grey, *The Reform Act, 1832, the Correspondence of the Late Earl Grey with his Majesty King William IV and with Sir Herbert Taylor from November 1830 to June 1832*, London: Sporttiswoode and Co., 1867, Preface Ⅵ, p.97.

## 第七章 农业地产形势新变化

英格兰和威尔士划分为大城市、东南、南米德兰、东部、西南、西米德兰、米德兰、西北、北部、南威尔士、北威尔士选区,加上苏格兰、爱尔兰选区。改革法案实施之后,英国共计有 13 个大议会选区;其次,取消或减少了一些衰败的自治市镇选区的议席(143 个议席),并将其重新分配给其他一些郡选区(65 个议席)和人口增多、经济繁荣了的市镇或城市选区(65 个议席),此外有 8 个议席分配给了苏格兰选区,5 个分配给了爱尔兰选区。① 这一新的选区划分和议席分配产生了一些明确而重要的变化,即许多原有的由腐败选区选派的议员,现在都由其所在的郡或其附近的市镇选区选举产生。例如,威廉姆·S. 达格戴尔(William S. Duglale)在 1831 年时为沃尔沃克的布兰贝尔的议会代表,在 1832 年时则成为沃尔沃克北部选区的议会代表。② 在选民资格方面:改革法案出台之前的选举权资格是"身份"性的,它源自 1429 年的《40 先令自由保有农法》的规定,"作为议会代表的郡骑士,应当由该郡的常住居民选举产生,且这些居民需要拥有年价值不低于 40 先令的自有保有地产"③。也即,早期选举权是一种身份性的,当时的选举人不仅需要拥有年价值不低于 40 先令的自由保有地产,且必须为郡的常住居民。④ 总之,仅包括拥有 40 先令以上财产的自有保有人和罗马天主教教职人员。1832 年改革法案,放宽了选举人的资格限制。在市镇或城市选区:选民需为该市镇(或城市)或其附属选区的常住男性居民,并在该地区以自由或租借方式保有房屋、仓库、商店等建筑,或以单独或合伙方式保有土地,且其每年的纯收入不低于 10 英镑。⑤ 对比 1832 年前后选举人的资格限定可以发现,选举权资格的限制,在市镇或城市选区,已经由一种身份资格转变为财产资格。

经过 1832 年议会选举制改革,理论上市镇或城市所拥有的议席已经超过了郡选区。假如所有郡议员都代表土地所有者(但实际上并非如此),

---

① Charles Seymour, *Electoral Reform in England and Wales*: *The Development and Operation of the Parliamentary Franchise 1832-1885*, New Haren: Yale University Press, 1915, p. 535.

② S. F. Wolley, "The Personnel of the Parliament of 1833", *The English History Review*, Vol. 53, No. 210, April 1938, p. 241.

③ Chris Given-Wilson, *The Parliament Rolls of Medieval England*, *1275-1504*, X, Henry VI, *1422-1431*, London: Boydell Press, 2005, pp. 405-406.

④ G. C. Brodrick, *English Land and English Landlords*, p. 202.

⑤ David C. Douglas ed., *English Historical Documents*, Vol. VIII, *1783-1832*, London & New York: Eyre & Spottiswoode Ltd., 1977, pp. 342-344.

则土地所有者们在新议会中将拥有253个席位,而房屋保有者则拥有405个,即新的议席分配使城市或市镇选区的房屋保有者们的议会代表人数超过了郡选区的土地所有者们的议会代表人数。① 然而,这仅仅是理论层面上的,实际上,法案并未使土地所有者们的议会代表人数发生大的变化,辉格党并不比托利党更允许将政治权力转交给工商业利益集团,他们很少就查杜斯(Chandos)提出的给予年租金价值50英镑的任意期限的租赁保有农选举权以帮助土地所有者们的条款提出异议便是最好的证明。再者,土地贵族们的代表并非都由小市镇选区选举产生,同样也产生于一些大的选区,因为一些新获得了选举权的中间阶层仍旧保留着与旧家族之间原有的忠诚关系。此外,尽管有些小自治市镇选区被取消了,在其他许多市镇选区,公开投票制原则的实施,使得由大土地所有者家族推荐的候选人仍旧享有优先权。新的财产资格的设定,意味着新登记制度和缴税期限开辟了经济因素在影响选票方面的新途径,虽然这一财产资格,并未将选举权扩大至所有凭借其自身劳动、道德和品性应该获得的人身上。当然,在当时的社会环境下,如果户主纳税人获得选举权是否会更好,还是很大的未知数。② 但有一点是确定无疑的,即新选举资格的设定,使英国的议会选举之门,开始向其他非大土地所有者阶层开放,"他们现在被给予了选举权,其长远的意义在于它开启了通向普选制的旅程,它已经被实施了一次,还将会再被实施"③。总之,在当时的社会环境下,市镇或城市选区的选举权优势,仍旧掌握在土地所有者们的手中。

在1832年英国议会改革法案之后,英国乃至整个欧洲的社会形势,都发生了很大的变化。宪章运动、1848年欧洲革命、国际工人联合会(第一国际)的成立以及工会主义运动的蓬勃发展等,都显示出工人阶级的力量已经足够壮大,以之为基础,他们开始要求与其实力更为相适的政治权力。与此同时,正如布莱特所言,"大土地所有者阶层的统治已经衰败得厉害,他们沉醉于自己的权力和财富,在其脚下,正潜伏着一个巨大的被

---

① S. F. Wolley, "The Personnel of the Parliament to 1833", *The English History Review*, Vol. 53, No. 210, April 1938, p. 248.

② Nancy Lopatin-Lummis, "The 1832 Reform Act Debate: Should the Suffrage be Based on Property or Taxpaying?", *Journal of British studies*, Vol. 46, No. 2, April 2007, pp. 343-344.

③ C. P. Hill, *British Economic and Social History 1700-1982*, fifth edition, London: Edward Arnold, 1985, p. 176.

第七章 农业地产形势新变化

他们一直忽略的危险"[1]。

为了继续维持英国社会的稳定，有必要再次对议会选举制度进行改革，以使更多的人获得选举权，并以之为代价换取大土地所有者们的继续统治。这正是1867年议会改革法案出台的原因及其要解决的主要内容。此次议会选举法案引入了一套新的选民资格标准，以在市镇或城市选区满足城市工人力量不断壮大对扩大选举权的新要求。新法案规定，享有选民资格的人为：在过去12个月内作为占有人、所有人或租赁人，保有一项课税价值在12英镑以上的地产，且该地产必须为缴纳济贫税而被评定过，并缴纳了该税。[2] 根据这一新选民资格规定，除了农业工人、矿工和妇女，该时期工人阶级的上层主体都已经获得了选举权。经过该次改革，户主选举权已然稳固地在市镇或城市选区中确立起来了。虽然该次改革使得农业选区的大土地所有者们的选举控制权有所扩大，但市镇或城市选区的户主选举权向郡选区的扩张仅仅是时间问题。"一旦迈出了这第一步，便没有人会再怀疑接下来的路。"[3] 由此而论，此次议会改革运动是英国政治民主化发展过程中至关重要的一环，自此之后英国走上了政治民主化的道路，尽管这条道路还并不能像罗伊（Lowe）所说的一样"平坦开阔"[4]。

1867年改革法案，是其执行者（保守党）在当时英国新社会形势下对公众舆论的又一次让步，是一项适时的改革。然而作为一次"英国政治史上最无意识的改革"[5]，在就法案讨论之时，即便是最精明的政治领导者，也不能准确地预知选举权将会扩大的程度。[6] 但不管法案的执行者们最初的改革意图是什么，它最终的结果是，在市镇或城市选区确立了户主选举权制度。就当时英国整个的社会发展形势而论，适应该时期英国城市工人力量不断壮大的实际，给予其选举权是适宜的。然而，这一选举权在公开

---

[1] Joseph H. Park, *The English Reform Bill of 1867*, New York: Columbia University 1920, p. 110.

[2] David C. Douglas ed., *English Historical Documents*, Vol. IX, *1833-1873*, London & New York: Eyre & Spottiswoode Ltd., 1977, pp. 182-183.

[3] Gertrude Himmelfarb, "The Politics of Democracy: the English Reform Act of 1867", *Journal of British studies*, Vol. 6, No. 1, November 1966, pp. 97-138.

[4] Joseph H. Park, *The English Reform Bill of 1867*, p. 8.

[5] Robert Saunders, "The Politics of Reform and the Making of the Second Reform Act: 1848-1867", *The Historical Journal*, Vol. 50, No. 3, September 2007, p. 590.

[6] Francis H. Herrick, "The Second Reform Movement in Britain 1850-1865", *Journal of the History of Ides*, Vol. 9, No. 2, April 1948, p. 191.

投票制原则下,"选举制度是完全被动的、失败的"[①],选民们实为一个无辜的阶层,根本没有任何自己独立的政治观点可言,只能被动地按照富人和地产主们的要求行使其选举权。有鉴于此,议会于1872年通过了秘密投票制原则。秘密投票制的实施以及户主选举权确立所导致的选民人数的急剧增加,大大降低了土地贵族大家族对选举结果的控制力度,但他们依然可以通过在选举过程中拉选票、贿赂等腐败行为换取自己所需的利益。在此情况下,"如果贿赂和威胁不能得到有效地制止,改革法案要比没有更为糟糕"[②]。新的选举法案,可能使"我们的议会……比1832年以来的任何时候都要更差,充满了贿赂和腐败"[③]。针对这一实际,议会又于1883年通过了《选举舞弊和非法行为禁令》,该法令的通过与实施,很大程度上减少了选举中的贿赂等腐败行为。至此,在市镇或城市选区,户主选举权和自由行使投票权力的保障机制确立起来,自此之后,土地贵族对市镇或城市选举过程的控制权丧失殆尽,这同时意味着土地贵族在该地区政治权利的丧失。

但就整个国家层面而论,该时期的土地所有者并未完全丧失对议会选举活动的控制权,还无法达到约翰(John)勋爵一直追求的所谓的"平民院是英国人民的代表"[④]的水准,他们在郡(或乡村)选区的选举过程中还占据着明显的政治优势地位。那么,土地贵族在乡村或郡选区所享有的议会选举权优势,又经历了一个怎样的演变趋势呢?土地贵族在该选区的影响力是否也像市镇或城市地区一样最终被剥离掉呢?

## 二 郡(或乡村)选区

在郡(或乡村)选区,1832年改革法案同样就其选民的资格做了调整,根据新法案的规定,在该类选区享有选民资格的人员为:(a)保有普通法或

---

[①] John A. Phillips and Charles Wetherell, "The Great Reform of 1832 and the Rise of Partisanship", *The Journal of Modern History*, Vol. 63, No. 4, December 1991, p. 623.

[②] John A. Phillips and Charles Wetherell, "The Great Reform of 1832 and the Rise of Partisanship", *The Journal of Modern History*, Vol. 63, No. 4, December 1991, p. 623.

[③] Robert Saunders, "Lord John Russell and Parliamentary Reform, 1848–67", *The English History Review*, Vol. 120, No. 489, December 2005, p. 1314.

[④] Alexander Paul, *The History of Reform: A Record of the Struggle for the Representation of the People in Parliament*, London: George Routledge & Sons, 1884, p. 116.

第七章 农业地产形势新变化

衡平法上的任何地产或公簿持有地产及自由地产之外的其他保有地产，且扣除全部租金和税务后的年净产值不低于10英镑的成年男性（法律明确禁止的除外）；(b) 自由保有或其他形式保有土地或房屋的成年男性承租人或委托人，但其创制年限应不低于60年且扣除所有地租和税务之后的年净产值不低于10英镑，或其创制年限不低于20年且扣除全部地租和税务后的年净产值不低于50英镑，或占有年租税负担不低于50英镑的保有地产或房屋；① 这一新选民资格实际上是对土地所有者们在市镇或城市选区所损失利益的一种补偿，有助于强化他们对郡（或乡村）地区的选举权的控制力度。

就选民资格的扩大程度而论，1832年改革法案在郡（或乡村）选区的新选民资格设定上，虽然将选民资格由原有的自由农，扩大到了公簿农、租地农等土地耕种者阶层，但原有的自由农选民的比重仅下降至约70%，其他形式的租地农约为30%，整个乡村或郡选区的选民构成并没有发生很大的变化，且有不少选区几乎未经改革。例如，在南斯坦福郡，自由农的比重仍旧高达90%；在剑桥、南达拉莫、埃塞克斯南部和北部、北安普敦郡北部、汉普郡北部、西诺福克郡等地区，公簿农和租地农的比重仅为10%—15%；在其他一些地区，这一比重还要更少一些，如北莱斯特仅为9人，肯特为25人，南柴郡为1人。此外，在威尔逊地区的12个选区中，有6个选区没有此种类型的选民。由此可见，在乡村或郡选区新增加的选民人数实际上是很有限的。就选民享有的选举权而论，在法律层面上，土地耕种者们享有了更多的选举权利，政治权利地位上升，但在土地家族大地产盛行的情况下，这一部分选民资格的增多，实际上变相增加了地产主们的选举特权。正如弥尔顿（Milton）伯爵所抱怨的，农民选民资格的获得将会产生一个依赖于地产主的阶层。此外，一个作家在维斯特敏斯特评论上也曾提到，农民选举权的行使完全依赖于其地产主的意愿。相似的例证还存在于一些反对这一选举制度的人的观点之中。巴林（Baring）认为，农民身份的复杂性会导致是否给予特定租期的租地农以选举资格的困惑。一些反对这一选举制度者，出于对农业发展的担心，称该选举制度可能会刺激地产主们将地产分割成较小的年租金价值约50英镑的小地产进行出租，以便创制更多的虚拟选票机会。的确，50英镑租佃地产的选民资格规

---

① David C. Douglas General ed., *English Historical Documents*, Vol. Ⅷ, 1783-1832, pp. 342-344.

定,虽本意是维护租地农场主的利益,但在实践过程中,却进一步强化了地产主对租地农场主议会选举意向的控制权。①

50英镑租佃地产选民资格规定,首次出现于由查杜斯(Chandos)侯爵制定和实施的一个修正案中。查杜斯认为应该直接以农业利益为基础设定乡村或郡的选民资格,在郡(或乡村)地区,除大土地所有者利益阶层之外,租地农场主同样是一个重要的农业利益集团,应该对他们因隐忍和忠诚遭受的痛苦有所怜悯,让其与城市中的房屋租住者们一样获得选民资格。但在实践过程中,该选举制度并未给租地农场主带来他们所期望的实惠。在大地产体制下,受地产主和租地农场主之间的传统主佃契约关系制约,地产主对租地农场主有着很大的政治权力优势,租地农场主只能按照其地产主的意愿行使其选举权,"若租地农场主在此形势下违背了其地产主的(选举)意愿,他将会因此而失掉他在其租地上的所有资本投入"②。

郡(或乡村)选区的新选举资格的设定,在租地农场主缺乏有效保障其选举权实施的机制下,实为一种不公平的选举权,它实际上变相强化了地产主对郡(或乡村)选区选举结果的控制权。由此出现的结果,正如坎伯兰郡一份自由农的请愿书中所表达的,租地农场主们反对这一选举制度,因为他们担心自己的选票会被卷入地产主们的控制之中,这正是当时许多郡或乡村地区的新选民对待新选举制度的真实心态。③

乡村或郡选区的这一选举形势,在1867年改革法案出台之后被进一步强化。1867年改革法案虽然在市镇或城市选区确立起了户主选举权,但"这一改革法案是存在缺陷的"④,它并未将户主选举权扩大到郡或乡村地区。根据新议会选举法案规定,在乡村或郡地区享有选民资格权利的人包括:占有普通法或衡平法上的土地所有者,且其纯地产价值在5英镑以上者;租赁期限不少于60年的公薄农、租地农等土地持有者,且纯地产价值

---

① Charles Seymour, *Electoral Reform in England and Wales: The Development and Operation of the Parliamentary Franchise 1832-1885*, pp. 78, 17.

② Charles Seymour, *Electoral Reform in England and Wales: The Development and Operation of the Parliamentary Franchise 1832-1885*, p. 18.

③ Charles Seymour, M. A., *Electoral Reform in England and Wales: The Development and Operation of the Parliamentary Franchise 1832-1885*, pp. 17-19.

④ W. M. Molesworth, *The History of the Reform Bill of 1832*, London: Chapman and Hall, 1865, p. 338.

第七章 农业地产形势新变化

在5英镑以上者。①

1867年议会改革法案在郡（或乡村）选区产生的影响力有限。该法案仅将之前的10英镑的纯地产收入标准降低为5英镑，并未给所有的土地持有者以选举权，且将农业工人完全排除在选举权的资格范围之外。与此同时，该次议会选举制改革虽使选民人数大增，使郡和市镇的选民人数分别由1866年时的约54.26万人和约51.40万人上涨至1869年时的约79.19万人和约120.32万人，但新增加的选民中约有3/4来源于城镇地区，在仍旧能够产生1个或2个议员的郡选区和一些小自治市镇选区，土地贵族大家族的影响，仍旧是决定选举结果的一个重要因素，成为郡议员仍旧是较高的社会地位的一个重要标志。就议席的重新分配而论，此次议会改革法案共计重新调整了52个议席，且这些议席都是由小自治市镇撤下来的，其中有19个重新分配给了大城市，25个给了郡选区。② 换句话说，在新选民增加较多的市镇选区，被给予的议席数相对较少，而新增选民人数较少的郡选区，却获得了相对较多的议席。因此，在户主选举权实行的地区，其议会代表人数所占其选民人数的比重相对减少了。例如，伯明翰选民的人数由10823人增加到63909人，但其议会代表人数仅由2个上升至3个。在谢菲尔德选民人数由8389人增加到42402人，但其议会代表人数并没有发生变化。③ 一般而论，城镇地区的选民多倾向激进派，而郡选区的选民则偏向大土地所有者为主体的保守派。由此可见，该法案实际上是给予了激进派更多的选民，给予了保守党更多的议席。实际上，大土地所有者对选举的控制权进一步强化，其政治影响力也有所增加。在以迪斯雷利为首组建的政府中，可明显看到大家族影响的身影。许多托利党大家族都有在该时期的政府内阁中获得一个相应的职位，且一些被驱逐出政府的郡绅士们也可能在政府机构之外获得"一席"办公场所。④ 就郡或乡村选区的实

---

① David C. Douglas general ed., *English Historical Documents*, Vol. Ⅸ, 1833–1873, London & New York: Eyre & Spottiswoode Ltd., 1977, pp. 182–183.

② Charles Seymour, M.A., *Electoral Reform in England and Wales: The Development and Operation of the Parliamentary Franchise 1832–1885*, pp. 533, 536.

③ Francis H. Herrick, "The Reform of 1867 and the British Party System", *Pacific Historical Review*, Vol. 3, No. 2, June 1934, p. 221.

④ E. J. Feuchwanger, "The Conservative Party under the Impact of the Second Reform Act", *Victorian Studies*, Vol. 2, No. 4, January 1959, p. 302.

际选举权的发展状况而论，因为该时期英国正处于"高效农业"时期，也是所谓的"土地社会"发展到巅峰时期，因而在当时这种缺陷性的存在是必然的、无法逾越的。就实际选举结果而论，也的确像奥尔索普所担心的，法案给予大土地所有者利益集团的东西太多，导致了地产主们对选票的控制权不断强化。1870年委员会就郡选区的选举形势所做的一份委员会调查报告清晰地显示了这一后果。但土地耕种者作为乡村或郡选区的一个最强大的潜在的农业选举力量，给予其相适应的选举权是必须的，问题在于，在当时盛行的大地产体制下，如何保证他们选举权的有效实施。1871年、1883年相继出台的两部议会选举法令，对租地农场主自由投票权的法律保障机制予以了确认。但这两部法令，还不足以完全确立起乡村或郡选区的户主选举权原则，作为农业大地产体制中重要构成人员的农业工人，此时还未获得应有的议会选举权。

在经历了一系列的议会选举制改革之后，市镇或城市选区确立的户主选举权原则，被逐渐推广到郡（或乡村）选区。给予农业工人选举权，则是议会改革的下一步目标。1884年，以格莱斯顿为首的自由党政府，通过了第三个议会选举制度改革法案。该法案给予了乡村地区的所有成年男性户主以议会选举权，自此之后，农业工人也获得了应有的议会选举权。理论上讲，1884年法案是对1867年改革法案的一个补充，但该议会选举制度改革法案的出台过程，及其取得的改革成果的重要性，值得更为详尽的描述。

对于是否应该给予农业工人选举权，以及他们获得选举权可能产生的后果等问题，曾在议会内外引发了广泛的讨论。但给予农业工人选举权，使之分享相应份额的政治权利，是当时乡村政治民主化进一步发展，以及农业工人自身政治权利意识日渐觉醒的一种历史必然。农业工人与其他相关的农业利益阶层一样，关心真正的农业利益问题。作为一个日渐萎缩的农业阶层，农业工人现在要求获得议会选举权，他们认为议会和政府不应忽视他们的实际处境，不能毫不顾及他们的政治权力诉求。当时的农业工人的总人数正急剧锐减，他们中大量的年轻、有活力、有知识的人员大批流入城镇地区，仅剩下一些年迈、思想落后的人。且在当时的社会情况下，他们没有条件成为土地的所有者（甚至无法成为他们居所的所有者），在许多地区，大农场的不断增加吞掉了大量的小土地所有者，所有农业工

第七章　农业地产形势新变化

人可能希冀的提高社会地位的途径都已荡然无存。由此，给予农业工人以议会选举权，让他们能够选出自己所处阶层的议会代表，以代表他们于议会中陈述他们的状况及需求，成为当时英国政治社会中的一个至关重要的问题。当时许多先进人士也都认识到了这一点。例如，斯宾塞（Spencer）认为，农业工人渴望且有能力同其他社会成员一样行使议会选举权；安德森（Anderson）认为，公民议会选举权是每个成年男性内心固有的一种权利，一旦将其给予农业工人，他们将很快熟知利用它来做什么；贝雷福德·霍普（Beresford Hope）认为，将公民的议会选举权视为一项"权利"还不够，应该实现普选制，使农业工人在议会中占有一定的比例；巴伦（Barren）认为，农业工人同样对国家法律负有义务，因而他们有权利在制定这些法律时能够表明他们自己的想法；金伯利伯爵（Kimberley）认为，户主选举权已经在市镇或城市选区确立起来了，同样的制度也应该在乡村或郡选区确立起来，并不能因为农业工人比城市中的工人阶层更为危险、能力更为低下就将其排除在议会选举权的范围之外。实际上，农业工人也是非常精明的人，他们洞悉自己的利益，熟悉其所耕种的土地，他们同样应该被给予议会选举权。①

农业工人对议会选举权的渴望，最终在1884年的选举法案中得以落实。该法案规定：

> 一个统一的户主选举权，或一个统一的租户选举权，应该于联合王国的所有郡（或乡村），以及市镇（或城市）选区的选举过程中确立起来。任何一个男性成年人，若在英格兰、威尔士和苏格兰的郡或市镇拥有一个户主或租户资格，则有权作为一个选民，在该郡或市镇议会选举时进行投票。爱尔兰的郡或市镇选区，如果拥有这一选举资格，同样有权作为一个选民，在该地区的郡或市镇选举时进行投票。②

---

① James Murdoch, *A History of Constitutional Reform in Great Britain and Ireland: With A Full Account of the Three Great Measures of 1832, 1867 and 1884*, Glasgow: Blackie & Son, 1885, pp. 306, 307, 323-324, 330, 363.

② David C. Douglas ed., *English Historical Documents*, Vol. X, 1874-1914, London & New York: Eyre & Spottiswoode Ltd., 1977, p. 104.

农业工人议会选举权的获得,对土地所有者的政治权利状况的变化产生了重大的历史影响。亨廷顿(Hartington)侯爵认为:"农业工人议会选举权的获得,会终止租地农场主在乡村或郡选区的选民中占主导地位的优势,会消灭农业利益集团。"劳瑟(Lowther)也同样认为,农业工人议会选举权的获得,会使"英格兰的整个农业利益集团被消灭"①。诸如亨廷顿侯爵、劳瑟的评价虽过分夸大了农业工人议会选举权的获得所能产生的政治影响力,但其隐含的担忧明确显示出,农业工人议会选举权的获得,会大大削弱英国的农业利益集团在议会中的政治地位和政治影响力。

农业工人议会选举权的获得,标志着户主选举权原则在英国乡村或郡选区的确立,标志着土地所有者对该地区议会选举过程的控制权的终结。在农业工人获得议会选举权之后,英国选民的人数上升至约占全部成年男性的2/3,且"个人首次成为议会选举的一个基本单位",下议院议员选举的基本原则,首次以现代民主形式确立起来。②自此之后,土地对于土地贵族而论,已然失去了其原有的政治属性价值。

### 三 土地政治权利价值丧失

19世纪缓慢而平稳的历次议会选举改革,在一定时期内,实际上延长了大土地所有者们对国家政治权力的控制,在改革过程中一直充斥着大土地所有者阶层和其他社会阶层之间的妥协与斗争。谢登(Sheddon Rothblatt)认为,土地所有者们一再地放低议会选举权的资格限制,是因为"他们意识到他们仍旧可以维持统治(也仅仅是形式上的政治统治而已),如果他们能够得到城市工人阶级的支持,这可能很讽刺,但的确,对贵族统治最好的捍卫是扩大议会选举权,改变议会代表选举制度"③。正如罗素所言,"公众的舆论有着十足的影响,他们应该拥有选举权以选出他们在下议院的代表"④。但他们同时希望将扩大议会选举权的底线控制

---

① James Murdoch, *A History of Constitutional Reform in Great Britain and Ireland: With a Full Account of the Three Great Measures of 1832, 1867 and 1884*, p. 302.

② G. E. Mingay, *Land and Society in England 1750–1980*, p. 137.

③ Sheddon Rothblatt, "1867: Disreali, Gladstone and Revolution: the Passing of the Second Reform Bill by Maurice Cowling", *The Journal of Modern History*, Vol. 41, No. 1, March 1969, p. 100.

④ Robert Saunders, "Lord John Russell and Parliamentary Reform, 1848–67", *The English History Review*, Vol. 120, No. 489, December 2005, p. 1303.

第七章 农业地产形势新变化

在：将"中间阶层吸收进国家现有的政治机构之中,使他们将下议院发展成为一个他们的不满可以被讨论和补救的最终审判之地"①。英国经由一系列的议会改革活动,的确实现了这一目标。对此,托克维尔曾评价说,没有其他哪个国家的统治阶层可以经由遭受如此少的损失而保持如此多的东西。②的确,英国贵族中诸如格雷(Grey)、皮尔(Peel)、迪斯雷利(Disreali)等进步人士所具有的政治才能、勇气,以及他们所具有的妥协和革新精神,使英国的议会制度,一直以渐进改革的方式,不断地维持在公众意志所能触及的范围之内,使英国能够持续地、平稳地,而非像法国、德国一样经历激烈的革命运动,才最终实现向现代民主政治社会的转型。

就最终的结果而论,19世纪英国的议会改革运动,使英国一直希望的逐渐将政治权力由贵族向大众转移成为现实。议会选举权的不断扩大,慢慢地改变了英国下议院的议员组成结构。在19世纪40年代,土地所有者占据着约3/4的下议院议员名额;在1867年的第二次改革法案出台后,其在下议院中的比重下降至2/3;至1880年时,土地所有者所占下议院议席已经成为议会中的少数,这在英国历史上是首次。③

英国议会普选权的实现,对英国政治、社会形势的未来发展走向有着决定性的意义。自此之后,英国的土地贵族因土地所能享有的政治权力被彻底剥离掉。但这一过程的实现,并不意味着大土地所有者阶层的完全衰落,并不表示大土地所有者社会已经达到解体的地步。实际上,除了经济、政治属性,英国的土地上还凝结着社会威望和休闲娱乐等的价值和功能,而后两种属性,在接下来的时间里,使得英国的社会财富仍旧被持续不断地汇聚到土地之中,并由此保证了土地家族大地产得以继续较完整地维持至第一次世界大战前夕。

---

① Asa Briggs, "The Background of the Parliamentary Reform Movement in Three English Cities (1830-1832)", *Cambridge Historical Journal*, Vol. 10, No. 3, 1952, p. 316.
② Ellis A. Wasson, "The Spirit of Reform, 1832 and 1867", *Albion*, Vol. 12, No. 2, Summer 1980, p. 173.
③ Eileen Spring, "Landowners, Lawyers, and Land Law Reform in Nineteenth-Century England", *The American Journal of Legal History*, Vol. 21, No. 1, January 1977, p. 49.

## 第三节　国家政治与政策目标转向

随着英国社会政治、经济、社会形势的不断变化，英国民众心态开始发生变化，社会舆论导向也发生了新的变化。在这一新的时代背景下，英国政府在发挥自身宏观调控能力，制定国家政策之时，越来越偏离大土地所有者们的利益，越来越谋求社会的公平、公正的实现与福利国家的建立。

### 一　对土地所有权高度集中化的诘难

18世纪后期至19世纪五六十年代，是英国土地所有权日渐集中，以及大地产的重要性迅速上升的时期。至1861年时，根据当年的一个普查数据，当时的英格兰，约有一半的土地掌握在不到150个土地贵族家族手中。[1]继此之后，1865年，唐森德（Townsend）就英格兰的土地所有者的数据做了一个详细的调查，以修正1861年的数据。根据他的调查所提供的数据，当时的英格兰约有202个大土地所有者，且其中仅有36个拥有的地产总面积是低于1万英亩的，而在这36个人中有9个是在联合王国以外的地区还拥有土地的，其拥有的土地面积全部加起来也都要超过1万英亩，还有14个虽然拥有的土地面积不大，但其从土地所能获得的年租金收入也都要超过1万英镑。[2]这两组数据无一例外地显示出英国的土地所有权是高度集中的。面对这些数据，诸多土地所有者试图找出相反的证据，以应对对土地所有权高度集中化的诘难，以回避可能会因此而招致的社会问题。在这一背景下，自19世纪70年代开始，英国掀起了一场就土地所有权集中状况问题的激烈辩论。土地所有者中最具代表性的人物是第15代德比伯爵，他曾将土地所有权集中化的问题引入到上议院的议会讨论之中，认为英国政府的注意力是：

> 确定联合王国的土地和房屋的所有者的数量，以及每一位所有者

---

[1]　E. J. Collins, *The Agricultural History of England and Wales*, Vol. Ⅶ, 1850-1914, pp. 694-695.

[2]　F. M. L. Thompson, *English Landed Society in the Nineteenth Century*, p. 28.

## 第七章　农业地产形势新变化

都拥有哪些土地财产？针对外界不时地就土地过于垄断的抱怨，政府有必要确定都是谁拥有土地……政府需要就土地所有权调查进行财政拨款，以为土地所有者应对改革者们的斗争提供必要的支持。[1]

为此，德比伯爵要求举行一个全新的、全面的末日审判调查，强调其调查结果应像第一次末日审判调查之时的结果一样准确、详细。这一土地调查计划虽具有很大的吸引力，但在实际调查过程中，英国政府所做的远远不够，且举行此次土地调查的原初目的是满足土地所有者应对激烈反对其土地所有权高度集中的现实需要。因而，基于此次土地调查编制而成的《土地所有者调查报告》(Return of Owners of Land)，在某种程度上仅是一个妥协的结果。根据《土地所有者调查报告》提供的数据：英国各贵族阶层，包括公爵、侯爵、伯爵、子爵、男爵共计525个人，占据着英国约1530万英亩的土地，或约占全国土地总面积的1/5，其年租金价值约为1253万英镑；在伦敦以外的英格兰和威尔士地区，共计约有97.28万个土地所有者；拥有土地面积在1—1000英亩的土地所有者的人数，在英国不同地区总的土地所有者人数中所占的比重，在英格兰和威尔士约为95.5%，苏格兰约为90%，爱尔兰约为88%。但这一调查数据，并不是一个完全准确的数据，它存在着许多错误和不足：首先，对于土地面积的统计，此次调查并没有统计出贵族们所占有的林地、草地、荒地、城市建筑用地、公路、河流、港口、桥梁等；其次，对于土地年租金价值的估算，此次调查所给出的数据要比其实际土地年租金价值低1/4，甚至更多；再次，此次调查中所统计的许多土地所有者，实际上仅是限嗣继承地产的承租人，凡承租年限超过99年，或者具有永久续租权的人，都被计入了土地所有者的名单之中；最后，此次统计数据中未包含新晋土地贵族们的数据，当时的许多新晋土地贵族，包括大土地乡绅，其所占有的土地面积也都要在1000英亩以上。总之，同时代的人利用许多证据，证明该调查报告至少存在着不下25万处错误。[2]

这一调查报告所提供的数据存在的诸多错误，激发了后人就土地所有者的真实数据进行修正的努力。约翰·伯特曼曾就此写作了一部著作《大

---

[1] E. J. Collins, *The Agricultural History of England and Wales*, Vol. Ⅶ, 1850-1914, p. 695.
[2] Arthur Arnold, *Free Land*, pp. 1-10, 2-7, 27.

不列颠和爱尔兰的大土地所有者》，他在该著作中详细列出了联合王国内所有拥有土地面积在 2000 英亩及以上，以及土地的年租金收入在 2000 英镑及以上的土地所有者的名单。根据他的统计，共计约有 1688 个土地所有者，他们共计占据着约 1400 万英亩的土地，其所占有的土地面积约占到全英土地总面积的 43%。①

伯特曼的统计数据同样存在着一些缺陷。阿诺德认为，对大土地所有者土地占有状况的统计，应涵盖所有占地面积在 1000 英亩以上的土地所有者。由此，他在 1880 年出版的《自由的土地》一书中，就当时此类土地所有者的人数，做了进一步的估算，认为其人数约为 7000 人，占地面积约为 5208 万英亩，或约占英国土地总面积的 4/5。② 一些研究该问题的现当代历史学家认为，这一数据可能更接近当时的英国大土地所有者阶层占有土地的真实状况。

以上这些争论性的数据，一方面显示出当时英国土地所有权的高度集中化已经引起了广泛的社会注意力，另一方面也进一步证实了当时的土地所有权高度集中化的问题非常严重。这在 19 世纪后期民主化日益增多的英国，无疑是一个极大的时代性错误，而同时代的阿诺德等人，更是将这一土地垄断行为视为"一个民族性的坟墓"③。

总起来讲，土地所有权的高度集中化已经引起了英国民众的普遍抱怨，这对于当时的英国政府而言已是一种危险，对其所有者地产主自身而言也已经不再安全，人们对土地所有权高度集中化问题的忍耐度已快达至顶点。这一实际的不断发展，合并该时期出现的新国家干涉主义和集体主义思想的不断兴起与发展，使英国政府的国家政治和政策目标开始发生转向，英国政府在实施国家宏观调控政策之时，其政策取向越来越偏离大土地所有者们的利益，越来越关注社会的公平与公正的实现，越来越关注社会福利国家的建设问题。

## 二 国家干涉主义和集体主义兴起

早在 17 世纪时，英国的政治哲学就已经确立起了个人于政治上针对政

---

① John Bateman, *The Great Landowner of Great British and Ireland*, London: Harrison & Sons, 1883.

② Arthur Arnold, *Free Land*, p. 7.

③ Arthur Arnold, *Free Land*, p. 14.

第七章 农业地产形势新变化

府（当时指王权政府）的独立地位。其实质是要求每个人都能在政治上获得一份权利，政治统治的权利必须来自个人，由此开始，逐渐发展起了英国政治上的"自由主义"理论原则。当时英国政治家们的治国术语，正是建立在自由放任的基础原则之上的。当时的自由放任主义理论原则的基本观点是：国家行为应止步于个人自由之前，自由贸易是适合英国的唯一政策，政府或议会确定工资水平就如同确定面包、衣服价格一样没有任何好处。

进入19世纪以后，自由放任主义开始遭遇挫折，而杰里米·边沁（Jeremy Bentham）的功利主义（utilitarianism）则为越来越多的人接受。边沁的功利主义，本质上是对享乐主义的修正，强调根据行为后果评估行为本身，认为社会行为或政策目标应该是产生"最大多数人的最大幸福"。边沁及其一些追随者被称为"哲理激进派"，包括约翰·斯图尔特·穆勒（John Stuart Mill）、约翰·奥斯丁（John Austin）、罗伯特·欧文（Robert Owen）等人，他们提出了体制改革与政治连续性结合的改革方案，从这些改革设想中衍生出的中央集权型国家行动模式和公共干预理论，对19世纪以后的历史发展进程产生了巨大的影响。边沁的功利主义理论设想，强调"地方政府应在规模适当的地区增收不动产税和采取行政行动"，以遏制有产者们的某些挥霍、贪腐等行为，同时给予民众一定的政治权力，以使他们能够否决官员的行动，但其能获得的政治权力上限也仅限于此。[①]

在功利主义思想之外，集体主义思想也日渐兴起。集体主义理论赞成为人民大众的利益而行使国家干涉权，它要求"国家代表弱者对强者进行干预，为了劳动者的利益而对资本家进行干预，为了解决匮乏与苦难，而对奢侈和享受进行干预"。所有接受这一原则的人都相信，"国家的行动与干预能为大多数人带来福利，即便是干预那些本应该留给个人的不受干涉的领域"[②]。"集体主义"主张用国家的行政和立法功能促进社会财富的再分配，实现社会的公平与公正。也即，国家需要采取有效的措施，剥夺有产阶级不劳而获的收入，以此增加公共财政收入和工人阶级的工资收入，

---

[①] ［英］克里斯托弗·哈维、H.C.G.马修：《19世纪英国：危机与变革》，第203页。
[②] ［英］戴雪：《公共舆论的力量：19世纪英国的法律与公共舆论》，戴鹏飞译，上海人民出版社2014年版，第203、212页。

以促进社会普遍消费水平的提高等。在具体执行过程中，可采取的措施包括：增加对有产者的税收的征收力度，如增加对有产者的所得税、遗产税等的征收力度；规定最低工资标准，创设社会养老金和社会保险等，以促进工人阶级生活消费水平的提高。这些主张得到英国社会主义者、工联主义者和一些中产阶级人士的支持，进而为自由党的社会改革运动奠定了广泛的理论和社会基础。

自19世纪末起，越来越多的集体主义理论家提出以征收累进所得税、遗产税等方式筹措社会公共支出所需要的资金。他们认为，"政府在征税时应将'劳动所得'和'非劳动所得'区别开来，劳动所得乃维持生活和生产之必需，政府不必对之过多征税，非劳动所得属于与社会脱节的额外节余，政府理应对之征收高额税。而且首当其冲的应该是那些靠不动产维持富裕生活的地主阶级"①。1892—1895年的自由党政府，正是朝着这个方向迈出了重要的一步，它通过有效征收遗产税的方式，一定程度上满足了自身用以社会改革和军队建设的财政所需。② 根据维尔弗雷多·帕累托的"帕累托有效"理论，对某一资源配置的任何微小偏离，都不可能使每个人享有的社会福利都增加，而只可能会使一些人得益的同时使另一些人受损。③ 该时期英国政府的这一税收政策，明显是通过对土地贵族不劳而获的地产收入部分征收重税方式，来满足国家财政需要，实现社会财富的再分配，促进社会的公平与公正。

功利主义思想和集体主义思想的兴起，以及英国国家政策目标的发展趋向，说明英国政府越来越关注社会公平与公正政治目标的实现，其国家政策目标的关注点已经逐渐偏离大土地所有者的利益，越来越偏向社会普通民众的利益。这一转变，与当时以大土地所有者阶层为主体的保守党力量的日渐衰落，以及以普通民众为阶级基础的自由党力量的崛起，有着密不可分的联系。早在1865年时，迪斯雷利就曾预言，"我预测暴风雨即将来临，在政治生活中将会有大的变迁"，迪斯雷利的这一预言，在1884年以后成为现实。1884年普选制给予农业工人的选举权，无从避免地导致了

---

① 阎照祥：《英国贵族史》，人民出版社2015年版，第329页。
② [英] 克里斯托弗·哈维、H. C. G. 马修：《19世纪英国：危机与变革》，第315页。
③ [美] 张五常：《经济解释——张五常经济论文选》，易宪容、张卫东译，商务印书馆2000年版，第216页。

第七章 农业地产形势新变化

自由党的崛起。"在1885年的议会选举中，'农业工人通过他们的选票彰显了他们的反抗精神……反对其地产主和已经建立的教会'，他们所期望的，'自从很多年前就已经被认识到了……占主导地位的农业工人倾向自由党一边'。"① 由此导致的结果是，至1882年时，自由党取代保守党，成为新一届的执政党。自由党的政治理念，与维护土地贵族的传统利益相背离，更为强调社会普通民众的利益。

1882年，自由党执掌国家政权后，英国政府所面临的真正考验是公共政策所要求的解体土地家族大地产的要求。如何在满足现存这一要求的情况下，制定一个以相对公平的方式实现依法没收且不损害现有统治阶级的利益的税收制度，是当时的国家税收政策制定者们不得不仔细考虑的一个重要问题。② 而社会福利事业的发展似乎愈加需要的不只是经济自由，同时还应包括更广阔的平等权，这一要求也明确表达为对土地的再分配，也即有计划地促进大地产解体的积极活动之中。在此形势下，当时的英国税收政策制定者，越来越倾向制定一项促进土地家族大地产解体，以及促进社会公平与公正实现的税收政策，其中最具代表性的一项税收政策是1894年的新遗产税。对于该税对大地产解体、农地所有权变革的影响，在接下来的章节中会有详细的探讨，此处不再赘述。

## 本章小结

19世纪的英国，是一个"急速转型的社会"，英国日渐由传统农业国家转向现代化工业国家、城市国家。在该世纪里，随着《谷物法》的废除，以及国际贸易自由化的实现，农业利益不断下降，而工商业利益稳固上升，工业化、城市化进入快轨道发展时期。与此同时，议会改革、农业大萧条等事件的发生与发展，又使得土地上所凝结的政治、社会等价值不断被剥离，使得农业地产的经济价值进一步下滑，而英国政府的政治目标和国家政策也越来越偏离土地利益集团的利益。

在19世纪的《谷物法》变革过程中，英国政府根据具体经济社会状

---

① F. M. L. Thompson, *English Landed Society in the Nineteenth Century*, pp. 269, 273.
② The Earl of Winchilsea and Nottingham, "The New Duties in England", *The North American Review*, Vol. 160, No. 458, January 1895, p. 104.

况的实时变化，随时调整其谷物贸易政策，较好地平衡了各不同利益集团之间的微妙关系。《谷物法》变革与国际贸易状况密切相关，在国际贸易中，当一项贸易政策能使一个利益集团受益而另一个利益集团受损时，每个利益集团都会通过对立法者施加政治压力的方式而使政策有利于本集团的利益，而国家最终所制定的政策取向，也会偏向能在这一过程中施加优势影响的利益集团一方。在该时期的谷物贸易政策变革过程中，这一点体现得非常明显。1815年《谷物法》的出台，是当时农业利益集团所处比较优势发展的结果；1846年《谷物法》的废除，则是当时农业利益集团比较优势下降的重要体现，也是工业革命期间逐渐壮大起来的工商业经济发展的结果。该时期的谷物贸易政策变革的相关政府行为也体现出了英国政府所具有的良好国家治理能力，反映出英国政府在调控经济发展方面的能力不断提高、政策不断完善。

《谷物法》的废除和自由贸易政策的实施，是英国传统农业衰落和现代工商业迅速发展的重要体现。自此之后，英国的农业比较利益迅速下降，其在国民经济中的主导地位逐渐为工商业所取代。在遭遇19世纪末农业大萧条以后，英国农业地产经济形势更是进一步下滑。至19世纪末时，土地不再是最优越、最安全的财富来源，对大土地所有者而言，大地产的经济价值已不复从前。

固然土地的经济获利价值已经严重下滑，但土地上还凝结着诸种非经济价值，如政治、社会、娱乐等价值，而这些价值随社会生产力的发展而变迁的速度非常缓慢。也因此之故，至19世纪时，英国土地社会虽然已经呈现出诸多的弊端，却仍旧长久存续了相当长一段时间，一直处于"僵而不化"的状态。但随着19世纪议会改革运动的不断发展，土地贵族在议会中的政治影响力不断下降，土地上所凝结的政治价值属性也逐渐丧失。至19世纪末期，土地上的经济、政治等价值都已经基本丧失殆尽，民众对土地所有权高度集中的诘难也日渐增加。在当时的社会形势下，土地所有权高度集中化问题，对英国政府而言已是一种相当危险的存在，土地财富对地产主自身而言也已经不再安全，土地所有权的集中化已经引起了英国民众的普遍抱怨，人们对它的忍耐度已快达至顶点。这一实际，加之该时期出现的新国家干涉主义和集体主义思想等综合因素使然，使英国政府的国家政治和政策目标开始发生转向，越来越偏离大土地所有者们的利益，更为关注社会的公平与公正，关注福利社会建设问题。

总之，历经19世纪期间一系列不利于地产形势发展的事件的发生与发展，自16世纪以来逐渐形成的大地产政治、经济、社会形势急转直下，土地所有权高度集中的传统土地社会已是行将木，即将土崩瓦解。

# 第八章 遗产税与农地所有权变革

查尔斯·亚当斯（Charles Adams）、卡罗林·韦贝（Carolyn Webher）、亚伦·维尔达斯凯（Aaron Wildavsky）等学者指出，税收能够助推社会变革与发展，推进人类文明进程。[①] 这一论点适用于英国。在英国历史上，就个人财产遗赠行为进行征税的历史实践出现较早，且在不同历史时期形成诸多不同形式的征税原则和形式，这一征税实践及其发展过程，使得英国的遗产税制度遵循一定的历史演进规律不断向前发展。

1894年遗产税（estate duty）是英国遗产税制度长期演进的历史产物，是在英国传统"遗产税"理论业已高度成熟基础上，于19世纪末期，在英国政治民主化进程高速推进，以及自16世纪以来日渐缔造起来的农业大地产与英国国内、国际发展新形势日渐不相容的特定政治、经济与社会背景下，通过戈申、哈考特等自由党人士的努力推动，英国政府出台的一项特定导向性税收政策。遗产税的出台与实施，深刻影响了英国农业地权的变革力度及其发展趋向，导向性地推进了英国历时近4个世纪的土地贵族大地产的解体及其相应农业地权结构的转型。

遗产税导向下的农地所有权变革和土地贵族大地产解体运动，是英国历史上具有税收导向性质的典型社会变革运动之一。遗产税在英国征收的时间段限，与英国土地贵族大地产解体及其农业地权转型的时间段限基本

---

[①] 任超：《英国财税法史研究——从诺曼征服到光荣革命》，博士学位论文，华东政法学院，2006年，第2页。

## 第八章 遗产税与农地所有权变革

吻合，遗产税的出台、实施乃至退出英国历史舞台的发展历程，与英国土地贵族大地产解体及其农地产权转型的历史进程共生、共进、共退。遗产税一经出台，便被视作大土地所有者们的一项灾难性税收政策，在该税具体征收实践过程中，其税额的差异性和区分度标准几经调整，但征收目的及核心原则一直未曾有变，其税率的调整主要是为了不断满足英国政府解决自身财政危机，以及逐步解体土地贵族大地产的政治、经济、社会需要。经此社会变革，租地农场主在原有农场经营权基础上，又取得了农场所有权，实现了其所经营农场的所有权和经营权的权能合一，农民生产积极性提高，英国农业得到进一步的发展。

## 第一节 "遗产税"的现代性溯源

### 一 古代英国动产税征收原则

在封建制度下，英王的权力受到强有力的限制，英王更多需要依靠自己而过活。传统的封建税并不能完全满足英国王室及国家公共财政支出需要。在对土地征税受限的情况下，英国国税征缴对象逐渐由土地转向动产领域，并在基于动产征税实践过程中逐渐形成并践行了"量能征税""累进制""劫富济贫""维护社会稳定"等诸种现代税收原则与目的。

英格兰的动产税首征于12世纪。1166年，英王亨利二世响应罗马教皇东征号召，在全英范围内就教俗两界所有自由民的收入和动产征收1/40的税，以筹措军费，支持"十字军"东征。此次征税前未曾做任何估税事宜，而是依照习惯征收。在13世纪以前，该税多是封建私税性质的，仅在1207年，其征税目的被冠以为了满足国家公共财政需要，并以全体世俗臣民为征税对象，因而具有一定的国税性质。与此同时，该时期此税的征收目的、税率以及征收频次等一直未成定制。[1] 以爱德华一世时期的动产税征收情况为例，爱德华在位期间共计征收9次动产税，如表8—1所示：

---

[1] 任超：《英国财税法史研究——从诺曼征服到光荣革命》，博士学位论文，华东政法学院，2006年，第24—25页。

表 8—1　　　　爱德华一世时期动产税征收状况统计表

| 征收时间 | 税率 | 征收对象 | 征收时间 | 税率 | 征收对象 |
|---|---|---|---|---|---|
| 1275 | 1/15 | 教会 | 1296 | 1/12 和 1/8 | 王国臣民 |
| 1283 | 1/13 | 教会 | 1297 | 1/9 | 王国臣民 |
| 1290 | 1/15 | 王国臣民 | 1301 | 1/15 | 王国臣民 |
| 1294 | 1/10 和 1/4 | 王国臣民 | 1306 | 1/13 和 1/20 | 王国臣民 |
| 1295 | 1/11 和 1/17 | 王国臣民 | — | — | — |

资料来源：Bryce Lyon, *A Constitutional and Legal History of Medieval England*, New York, 1980, p.386。

由表 8—1 所显示的数据可知：历次动产税征税对象存在不同，1275年、1283 年时的征税对象仅为教会，但从 1290 年开始，征税对象开始扩大到全王国臣民，从这一征税对象可以看出，自 1290 年起，英格兰的动产税开始具有了一定的国税性质；就动产税税率而论，一直未曾形成定制，但 1294 年、1295 年、1296 年、1306 年采用了不同的税率征税标准，体现出了一定的差异性和区别度，是为后期英国赋税征收原则中的"累进制"原则源出形态。

1332 年，英国实施了动产税税率改革，固定了动产税税率，并按照"惯例"将动产税指派给郡、市镇和教区等地方当局征收。此次动产税改革是英国税制发展史上具有转折性的一场改革，它进一步确认和推进了英国动产税制度的发展，具有深远的历史影响。[①]

1337 年，英法百年战争爆发，整场战争久拖不决，直至 1453 年才结束。其间，英格兰王国数次面临安全威胁，尤其是在 1364 年法王查理五世继位以后。查理五世上台后，积极整编军队，改革赋税制度，在做好充分的备战之后，于 1369 年向英国发动了连续进攻，将之前法国丧失的土地几乎收复殆尽。在此阶段战争期间，英格兰全王国及其全体臣民的安全受到极大威胁，为了应对安全危机，在战费不足的情况下，国王政府诉诸议会寻求帮助，希望通过议会名义在全英范围内征税以筹措对法战费。该次征税是出于英格兰王国公共利益需要，面向全英范围内有一定财产的臣民所

---

[①] 顾銮斋：《中西中古税制比较研究》，社会科学文献出版社 2016 年版，第 342 页。

征收的一种应急性税收。此次征税以普尔税"poll tax"[①] 名义征收，共计三次，分别是在 1377 年、1379 年和 1381 年。该税的征收在英国赋税制度发展史上具有里程碑式的意义，将英国赋税制度的历史发展进程往前推进了一大步。在普尔税征收过程中，1894 年遗产税制度中的"量能赋税""累进制"原则都有了一定程度的体现。顾銮斋、李玲通过梳理普尔税有关的档案文献资料，并结合道尔（Stephen Dowell）、米歇尔（S. K. Mitchell）、多布森（R. B. Dobson）等人的研究成果指出，普尔税的征收，具有一定的合理、合法性，是英国首次以议会名义在全英范围内征收的一种税收。1377 年普尔税首征之时，议会出于征税之便，无论贫富，税率一致，这一税收征缴方式和原则忽视了被征税者的纳税能力，存在一定局限性。议会意识到了这一问题，故于 1379 年将这一征税技术和原则改为"量能征税"原则，其具体做法是，将爵位、等级视作税额征收的差异性和区分度标准，始征"累进制普尔税"（graduated poll tax）。这一新型征税方式和原则具有一定的合理性，其基本逻辑是，某人的爵位、等级越高，财产状况越好，缴税比例也就越高。然而，爵位、等级高低虽在一定程度上反映了纳税人的财富状况，但并不完全等同于其财产的多寡，该征税技术仍有疏漏之处。基于此，1380 年，议会进一步将征收标准设定为财产多寡。至此，聚焦于个人财产状况的"量能赋税""累进制"征税原则初步形成。总之，普尔税初步形成并实践了现代税收制度中的"量能赋税""累进制"征税原则，而这两项征税原则，同时也是英国现代税收制度制定和实施过程中，所遵循的具有明显的差异性和区分度的征税原则的源初形态，对英国现代税收制度的产生具有深层次的历史意义和价值。[②]

---

[①] 顾銮斋、李玲在《英国中古 poll tax 辨析》一文中，改变了之前学者将该税笼统地称为"任意税""人头税"的方法，采用直译原则，将其译为普尔税。（顾銮斋、李玲：《英国中古 poll tax 辨析》，《经济社会史评论》2023 年第 1 期。）侯建新在《中世纪英格兰国王的土地产权》一文中涉及了该税收的性质，他认为，"普尔税"与地租、任意税、人头税、盾牌钱等不同，是基于英格兰王国公共利益需要而面向臣民征收的一种非常态的应急税收，是一种"协助金"。英法战争对当时英格兰王国及其全体臣民都构成了安全威胁，在此情况下，国王有权力征缴"协助金"，臣民也同样有义务交纳"协助金"，因为"臣民有义务协助国王政府抵抗外敌"。但此次征缴的"协助金"又与之前的封建性质的"协助金"存在不同之处，其税收的征缴不是基于国王的权力，而是基于议会的权力。（侯建新：《中世纪英格兰国王的土地产权》，《历史研究》2023 年第 6 期。）基于议会权力面向全英范围内的全体臣民征收，在英国历史上是第一次，意义重大。

[②] 顾銮斋、李玲：《英国中古 poll tax 辨析》，《经济社会史评论》2023 年第 1 期。

"税富济贫""维护社会稳定"的现代税收基本精神在法律上的明确源头是 1601 年伊丽莎白一世颁布的《济贫法》,该法案明确规定向教区内所有居民、神职人员等征缴济贫税,以为济贫事业提供经济来源。济贫税税率不定,不实行全英统一征税税率标准,而是由各地治安法官定期举行会议以确定所在教区的济贫税税率。该法案是第一个具有法律效力的济贫税征收方案,以税收救济贫困,维护社会稳定的现代税收精神显现,该济贫法是人类文明发展进程中的重要阶段性成果。[①]

英国国税征收主体由土地税转向动产税,且历经几次动产税改革,以及普尔税、济贫税的征收实践,英国的税赋征收原则随英国社会形态的演变而不断走向成熟。当时的英国社会正处于激烈的社会变迁之中,不断地由以土地为基本社会纽带的固态化的传统农业社会秩序,向充满变数的以市场为导向的近代资本主义社会秩序转变,而隐含在英国赋税征收原则历史演进背后的历史逻辑,是英国政府以税收手段应对社会问题的国家治理思路与方式的不断变化。在这一发展演变过程中,英国政府的税收治理手段不断成熟和发展,这为英国出台 1894 年遗产税以调控农地所有权分配提供了重要的税制理论前提和基础。

## 二 古代"遗产税"的历史蜕变

(一)"遗产税"征税机构的变化

在中古英格兰,遗产税起初是一种动产税,且其发展演变状况与英国整体税制发展演变状况类似,深受习惯要素的影响,其征税原则不断通过调适、变通、成文等获得承续与更新,最终形成极具特色的遗产税征收体系。[②] 波洛克和梅特兰称,中世纪晚期的遗产税至少有着四种古代的因素:

> 曾经接受领主装备的士兵在死后要将装备归还给领主;自领主处取得耕畜的农民在其死亡时也需归还,若其后人要继续保留,就必须为此以放弃某种最好的物件的形式作补偿;就严格的法律理论而言,农奴的全部财产都属于领主,因而领主取走其中最好的一件仅是其权

---

① 侯建新:《英国地权变革中的社会问题及对策》,《探索与争鸣》2022 年第 6 期。
② 顾銮斋:《中西中古税制比较研究》,第 391—392 页。

## 第八章 遗产税与农地所有权变革

利的象征；在依据遗嘱处分财产之始，欲立遗嘱者必须用金钱自国王或领主处换取同意或授权，否则遗嘱不成立。①

在这四种要素中，最后一种尤为重要，中古英格兰的动产继承主要以遗嘱方式进行，而遗嘱需要法律的认证，其认证机构起初为教会，后转为遗嘱检验法庭，遗嘱管辖权的主管部门也经历了由教会系统向世俗当局的转变。

在中古英格兰，遗嘱首先是教会的管理机器即教会法庭的产物，遗嘱管辖权原隶属于教会系统。目前留存下来的很多遗嘱来自副主教和教会的特权法庭，如坎特伯雷特权法庭和约克遗嘱验证权的档案中，有留存下来一些事关遗嘱的详细的个人财产清单。首先，遗嘱的出现与教会对死者财产的安排密切相关。在诺曼征服之前的英格兰，死者的权利和义务向其继承人的转移最初是由部落习惯、村社习惯调整的，死者的个人所有财产除了保留给死者作为陪葬品的一部分，其余则分配给活着的配偶和子嗣。在基督教传入后，死者的保留份被以为了死者灵魂的利益而用作虔诚的宗教善行。这种做法至封建制度确立后，一直作为一种惯例而存续。但这一时期的遗嘱还并非现代意义上的遗嘱。因为：它无法撤销，不可变更，且没有规定任何赠予人死亡时的代表或其他用于其财产管理的程序。

12世纪，教会创制了一种新的遗嘱法，并确立了一种遗嘱有效性以及解释和执行遗嘱的规则体系。根据新的遗嘱执行规定，在遗嘱人死后，继承人并不能立即继承遗产，而需要由遗嘱中所任命的遗嘱执行人先行占有全部遗产，并依照遗嘱对遗产进行处理。"行使遗嘱人权利和承担他的债务的不是继承人，而是执行人。"不止如此，无遗嘱死者的财产也要由教会法官（主教或其"教会法院推事"的代理人）进行处分，后发展为任命一名管理人负责分配无遗嘱死亡者的财产的管理制度，此处管理人的职能类似于遗嘱执行人。② 此后英国遗嘱法中的死者遗产由遗嘱执行人和管理人予以管理的制度正源于此。彼时，所有有关遗产继承的争议都隶属教会

---

① H. S. Bennett, *Life on the English Manor: A Study of Peasant Condition 1150–1400*, p. 144.
② ［美］哈德罗·J. 伯尔曼：《法律与革命·第一卷·西方法律传统的形成》，贺卫方等译，法律出版社2018年版，第307—308页。

法院管辖，这构成对封建经济政治关系的一种干预，封建法和世俗当局反对土地遗赠权，并为此做了诸多的努力。

教会和世俗当局围绕着"土地遗赠"权问题有着相当长时间的斗争。中世纪的封建法规定，土地不能通过遗嘱进行传承，未经国王允许其直接封臣不得转让土地。格兰维尔也称，只有上帝才可以创设土地的继承人，而人则不能。① 中古英格兰土地继承制度与其封建制度相伴而生，逐渐通过长子继承制的形式而于土地之上确立了一种永久限嗣继承制度，这种制度得以实行的主要手段是遵循长子继承制和限嗣继承制原则。然而，这一土地继承制度的广为流传，是因为在封建制度下，封地的分裂会使家族中的每个人受到损害，而封地的"铁板一块"则能使每一位家族成员得到好处。封建家族的力量会因土地权力集中掌握在一人之手而变得更为强大，而其他法律、制度等的实施又使得获得土地继承权的长子并不会因此而在占有、利益等方面获得更为优越的条件。总之，长子继承制的实行，以及土地不能通过遗嘱继承原则的实施，使英国的土地（不动产）继承逐渐受制于家族地产永久限嗣继承制度原则。但这一原则的实施并非坚不可摧，在实践中，它自始至终受到教会遗嘱继承制度的挑战。起初，教会主要通过设定"生前赠予"的方式规避世俗当局对土地遗赠的禁止，世俗当局通过设定永业法方式制止教会的"生前赠予"行为。此后，土地所有者或采取将土地赠给教会团体，或以相当长的期限（比如 1000 年）租给教会团体，进而以附庸身份或保留在土地上的终身地权的形式，规避世俗当局的永业法的限制。最后，教会又发展起了信托遗赠制度，将土地所有权转给一位俗人，后者以受托人身份占有该地，在赠予人死后，教会团体将拥有该土地的收益权。② 在一段相当长的历史时间内，不管是遗嘱执行人还是后来的受托人，凡涉及依照遗赠人愿望进行财产分配的义务，都要由教会法院实施和监督，凡涉及动产的遗嘱都需经由主教或教会大法官法庭进行验证，教会所享有的这一庞大的司法管辖权一直存至 1857 年。该年里，英格兰创设了遗嘱检验法庭（Court for Probate），自此之后，原属教会法庭管辖的有关遗嘱案件转移至该法庭。

---

① F. Pollock and F. W. Maitland, *The History of English Law before the Time of Edward I*, Vol. 2, p. 314.

② 王娓娓：《中世纪西欧法律中的宗教因素》，《株洲师范高等专科学校学报》2005 年第 4 期。

总之，在一段相当长的历史时期内，英格兰存在土地（不动产）和动产继承两套继承制度。土地一般依照严格家庭定序授产制的原则进行传承，动产则通过遗嘱方式继承并由教会管辖。但1857年遗嘱检验法庭的创设将教会的这一管辖权转交给世俗当局所有，自此之后，英国的遗产税制度成为一种现代国家政府框架体系下的税收制度。不止如此，两套继承体系之间的差异性还存在着逐渐淡化的趋势，它主要表现在遗产税征收原则的历史演变上。

（二）"遗产税"征收原则的历史演变

近代以来，针对"死亡"发生时的遗产税征收行为始于17世纪末。1694年，英格兰出台《印花税法》（Stamp Act），开始以印花税（stamp duty）形式，在全英格兰范围内对动产（包括租借持有地）的继承征收5先令的印花税，此即遗嘱检验税。该税当时是作为筹措对法战争军费而设立的一个新税种，其征税对象为每一块用于价值超过20英镑的遗产的遗嘱认证或写给遗嘱管理部门的信件的羊皮卷或纸张。也即，其征税对象是法定遗嘱执行文件或诉诸法庭审理的必备要件。

1789年，英格兰税收当局在遗嘱检验税之外增加了一个新的税种——动产遗产税（legacy duty）。该动产遗产税就因遗嘱或非遗嘱方式传下的礼物征税，这些礼物或收益折算计入死者的动产部分进行缴纳，但要排除死者全部财产中已经缴纳过遗嘱检验税的部分。对于死者临终前所授予的礼物、临终前所做的捐赠等，尤其需要缴纳动产遗产税。动产遗产税的税率因受益人与死者之间关系的亲疏程度不同而不同，如死者的妻子或丈夫免缴继承税，死者的直系亲属或后代以及他们任何一方的妻子或丈夫税率为1%，死者的兄弟姊妹及其后代或他们任何一方的妻子或丈夫税率为3%，死者的父母的兄弟姊妹及其后代或他们任何一方妻子或丈夫税率为5%，死者的外祖父母的兄弟姊妹及其后代或他们任何一方的妻子或丈夫税率为6%，死者的旁系亲属或无血缘关系者税率为10%。[①]

1853年，英格兰新出台了《继承税法案》（Suclession Duty Act），该法案在1789年动产遗产税之外又创制了一项继承税（Succession duty）。它就不管是以遗嘱方式还是其他方式继承的动产和不动产征税，但不附加于已

---

① Charles Beatty, *A Practical Guide to the Death Duties and to the Preparation of Death Duty Accounts*, London: Effingham Wilson, 1907, p. 69.

就受益于相同财产征收了动产遗产税的财产之上。这一法案规定，租借持有地产不再缴纳原动产遗产税，而是以继承税方式缴纳应负税额。与动产遗产税一样，继承税的税率取决于受益人与死者之间的关系亲疏程度，如死者的妻子或丈夫免缴继承税，死者的直系亲属或后代以及他们任何一方的妻子或丈夫税率为1%，死者的兄弟姊妹及其后代或他们任何一方的妻子或丈夫税率为3%，死者的父母的兄弟姊妹及其后代或他们任何一方妻子或丈夫税率为5%，死者的外祖父母的兄弟姊妹及其后代或他们任何一方的妻子或丈夫税率为6%，死者的旁系亲属或无血缘关系者税率为10%。[1]

1881年，英格兰出台了新的继承税法案，该法案对遗嘱检验税做了进一步的修改。该法案规定，不管死亡发生于何时，都需要对遗嘱检验或管理部门的证明信的获得而纳税。在旧法案下，一些财产很容易自遗嘱检验税的征收范围内逃脱，根据这一实际，该法案采用了一种新的称作遗嘱清算税（account duty）的税收制度，其目的正在于抵制任何此类避税企图。遗嘱清算税仅对包括租借持有地在内的动产征收，其税率与遗嘱检验税一致。遗嘱清算税就发生在死者死前一年内的所有未经清算的动产征税，任何可能逃避遗嘱检验税的财产都将被计入遗产清算税的范围之内。

1894年，英国财政大臣威廉·哈考特（William Harcourt）爵士将业已存在的针对某人死亡时所发生的财产转移征收的四种"死亡税"——遗嘱检验税、动产遗产税、继承税、遗嘱清算税合并为单一遗产税（即1894年遗产税）。该遗产税与当今英国通行的遗产税基本相似，其征税对象聚焦于死者而非继承者，所征收的遗产额按照死者死亡时的全部遗产额征收，这些遗产尤其包括死者生前所持有的全部地产遗产的总价值，其地产价值按照当时的市场价值进行计算，且将该死者临死前几年从其遗产中赠送给别人的礼物也一并计算在内，其遗产税税率按其总的遗产额从1%至8%不等。这是英国遗产税制度中首次将死者的土地纳入遗产税征缴范围，势必会对英国的地权、土地市场发生深远的历史影响。

---

[1] Charles Beatty, *A Practical Guide to the Death Duties and to the Preparation of Death Duty Accounts*, p. 80.

第八章　遗产税与农地所有权变革

## 第二节　1894 年遗产税

**一　遗产税的出台**

1894 年遗产税所实行的最基本的征收原则，最早源自伦道夫·张伯伦的提议。张伯伦曾意欲使不动产税和动产税合二为一，并将适度累进制的实施原则，聚焦于每一份遗产的实际受益者，即聚焦于"生者所得到的，而不是死者所遗留的"部分，但他的这一设想，并未被当时的财政预算政策的制定者们所采纳，而是最终流产了。[①] 继张伯伦之后，1874 年，威廉·尤尔特·格莱斯顿（William Ewart Gladstone）爵士在届时举行的议会普选活动中，又一次提出了征收此类遗产税的主张，其提议同样遭到了议会的拒绝，但他在其后的数年政治生涯中，从未踌躇于提出该议案。[②] 至 1888 年时，张伯伦和格莱斯顿爵士所提出的新遗产税理念，在乔治·乔基姆·戈申（George Joachim Goschen）那里得到了初步的实施。

在 1888 年议会讨论期间，戈申提出将遗产税的征收引入地方当局、县和市镇议会的改革之中，以满足他们对税收的不断增长的需求。他的这一提议在议会讨论期间获得了通过，遗产税制度的雏形初步确立起来。在该法案中，戈申所提出的遗产税，通常又被称作戈申遗产税，它是一种临时遗产税（temporary estate duty）。该遗产税规定，自 1889 年以后，对每份财产价值超过 1 万英镑者，就其超过此价值的部分，征收 1% 的附加税，该制度为后来的遗产税累进征收原则奠定了初步的基础。法案规定，如果有人就发生在 1889 年 7 月 1 日以后的价值超过 1 万英镑的遗产提出进行遗嘱检验或获取管理部门的书信的，需要在遗嘱检验税的誓章中，就其财产的价值给予说明。同样对为 1 万英镑的遗产清算税缴纳目的而进行清算的，也需要在递交的声明中注明。对于任何此类的说明，需要就其财产价值的每 100 英镑或 100 英镑的余数缴纳 1 英镑的税务。

张伯伦、格莱斯顿、戈申等人的先进税制思想，最终在威廉·哈考特

---

[①] [英] 克拉潘：《现代英国经济史·下卷·机器和国与国的竞争（1887—1914 年）附结论》，姚曾廙译，商务印书馆 2009 年版，第 534 页。
[②] John Lubbock, "The Income Tax in England", *The North American Review*, Vol. 158, No. 447, February 1894, pp. 150-156.

（William Harcourt）那里得到真正的实现。1894年5月7日议会期间，哈考特在回答埃德蒙·诺克斯（Edmund Knox）的提问时指出，英国税务局估计，整个王国的遗产税最终将增加30万英镑。[①] 哈考特在1894年时将遗产税（estate duty）引入当年的《财政法》之中，由此确立起了英国的遗产税制度。[②] 该法案规定，就发生在1894年8月2日及以后的基于死亡而发生的全部财产，包括动产或不动产、限定授予或非限定授予的，附带的或推定的主要资本价值进行征税。[③] 该法案的出台，实现了将对不动产的课税和对动产的课税合二为一的目标，且遗产税的征收，不是聚焦于生者的收益额，而是死者的遗赠额。

哈考特得以在1894年时成功引入这一新遗产税制度，与当时正逢自由党政府执政有着很大的关系。于1894年引入新遗产税的自由党领袖曾宣称，"现在我们都是社会主义者"[④]。这一说辞，形象地再现了遗产税出台时的社会政治背景。"社会主义"的政治理念中，有一条非常重要的内容，即实现社会的公平与公正。由此可见，当时的自由党政府执政期间所创建的国家政治环境，是哈考特得以成功引入遗产税制度的一个重要原因。此外，该税收制度的引入，还与哈考特本人的家庭出身、从政背景对他的思想观念所产生的影响有关。

威廉·哈考特是英国历史上一位著名的律师、新闻工作者和自由派政治家，曾任英国王室法律顾问、内阁大臣以及财政大臣等要职。他于1894年引入的遗产税制度，一度被视为是哈考特最伟大的成就，该遗产税使得土地首次与动产一样被征收遗产税。与此同时，因为他是雷夫·卡农·威廉·弗农·哈考特的次子，作为一名旧家族的次子，按照他所设定的遗产税征收原则，是不需要缴纳遗产税的，故他引入的遗产税制度，常被打趣为"次子的报复"（second son's revenge），虽然这并非他引入该税的真实原因。更为有趣的是，他本人随后不久同样成为他所引入的遗产税的直接

---

[①] The Estate Duty（Hansard, 7 May 1894）, https://api.parliament.uk/historic-hansard/commons/1894/may/07/the-estate-duty, Accessed May 25, 2023.

[②] David Cannadine, *The Decline and Fall of the British Aristocracy*, p. 96.

[③] Robert Dymond, Reginald K. Johns, *The Death Duties*, London: Solicitor's Law Stationery Society, 1920, p. 1.

[④] Jermemy Moody, "Farm Business Tenancies", *Journal of the Royal Agricultural Society of England*, Vol. 159, 1998, p. 46.

第八章 遗产税与农地所有权变革

受害者。就在他于 1904 年 3 月宣布不再继续参加竞选之后不久，他的侄子就死了，他由此自他侄子处继承了哈考特家族大规模地产。早在他接手该家族地产之前，因农业大萧条的打击，该家族地产已经面临了巨大的经济困境。例如，哈考特家族位于牛津郡的纽纳姆（Nuneham）地产，是当时该郡以及整个英格兰遭受 1879 年农业大萧条严重打击的众多地产之一。而在农业大萧条尚未结束之时，哈考特就引入了新遗产税，他规定地产价值在 200 万英镑以上者应缴纳 8% 的遗产税。至哈考特本人接手哈考特家族地产之时，原本已是陷入经济困境的地产，更因此而雪上加霜，为了凑钱缴纳他本人所设定的遗产税，他在当时唯有选择同其他许多大地产的继承者们一样的办法，即出售部分家族地产。①

尽管新遗产税引入之初时的征收额度仅为 8%，对当时看似价值巨大的大地产来说似乎微不足道，但它却是对大地产的一个沉重的打击。此后英国政府为了满足它某一阶段的特定政治目标，一直不断地提高遗产税的税率，对土地家族大地产的继承和维持造成了巨大的灾难性影响，也因此招致了大土地所有者们的诸多不满甚至激烈反对。就随后该遗产税的征收所引致的社会后果而论，这一新遗产税的征收，的确对英国的土地家族大地产的维持以及以之为主体的大土地所有者社会造成了巨大的破坏性影响，也的确招致了土地贵族们的激烈反对。曾就 20 世纪的英国大土地所有者社会进行过专门研究的比尔德（Madeleine Beard）称，"这一遗产税政策，使英国的大土地所有者社会于 20 世纪时，被渐渐地、无情地解体掉了"②。而当时出现的各种类型的规避遗产税的办法，以及"地产主联合会"的成立等，正是地产主反对该税收制度的最好例证。

## 二 遗产税的主要内容

1894 年《财政法》所规定的遗产税的相关内容主要包括以下几个方面：（1）就发生在 1894 年 8 月 2 日及以后的基于死亡而发生的全部财产征收遗产税。该法所规定的遗赠财产，包括死亡发生时发生的实际转移财产，以及未转移但被遗产税所认定为转移的财产。同时也包括死亡之时立

---

① Madeleine Beard, *English Landed Society in the Twentieth Century*, p. 8.
② Madeleine Beard, *English Landed Society in the Twentieth Century*, p. 8.

即转移，一段时间转移，必定或偶然、以原初或有限替代形式以及在临死前包括曾经某一"将死之时"表达的转移财产。因此，作为"遗赠"的财产实际上是一种非实体财产，无论是否是不动产，是否是死者的私有财产，不管是以何种方式进行"遗赠"，不管是"遗赠"给何人，也不管死者在其上有无利益，或它的财产属性是什么，如果这笔财产在死者死亡发生时，是"遗赠"或"被认定为是遗赠"的财产，除非有明确的免除规定，否则都需要缴纳遗产税。（2）为了方便管理和评估遗赠财产，遗产税一生只征收一次，且遗产税需要在死者死亡发生之时上缴[①]。（3）遗产税与死者直接相连，而与继承者的收益及与死者的关系亲疏程度无关。（4）遗产税实行累进制征收原则，按照死者遗产的实际价值的一定比例征收[②]。遗产税的税率从不足500英镑时的1%至100万英镑时的8%不等，对于财产价值不足100英镑者则免征遗产税。（5）为了更方便地确定遗产税的税率，1894年《财政法》采用新的"总计"（aggregation）原则进行征收。根据这一征税原则，当遗产中出现几个不同的财产构成部分时，为确定任一财产的遗产税税率，需要把所有的财产累加到一起，然后将汇总后的财产应缴纳的遗产税税率确定为死者应该缴纳的遗产税税率。例如，假定死者A的财产包括以下几个构成部分：他私有的不动产和动产，价值约为3000英镑；根据婚姻契约而预先分配的财产约为4500英镑；由其父亲以契据形式授予的不动产约为6000英镑。则根据总计原则，该死者全部的财产价值为13500英镑，需要缴纳的税率为4%，他所拥有的各部分财产都需要按照这一税率缴纳。（6）引入新的"市场浮动价格评估机制"（open market value），并以之作为遗产税价值的评估标准，"按照委员会的观点，遗产的基本价值的估算标准，是基于遗产取得时死者的财产若自市场出售可能获得的价格"[③]。

综上所述，英国的"遗产税"属性有着较大的历史变革。起初，遗产

---

[①] Tibor Barna, "The Burden of Death Duties in Terms of an Annual Tax", *The Review of Economic Studies*, Vol. 9, No. 1, November 1941, p. 28. （注：在1919年《财政法》通过后，除非另作说明，则"死亡"的判定是以一个人死亡之日算起的。）

[②] R. F. Bailey, "Double Taxation in Regard to Death Duties", *Journal of Comparative Legislation and International Law*, Third Series, Vol. 27, No. 3/4, 1945, p. 48.

[③] Charles Beatty, *A Practical Guide to the Death Duties and to the Preparation of Death Duty Accounts*, p. 165.

税的征收主要针对动产的继承而论，包括遗嘱检验税和动产遗产税两类，直至1853年继承税出台，才首次规定将遗产税的征收范围扩展至不动产继承领域。遗产税对不动产（土地）继承的征收意味着动产继承与不动产继承体系之间差异性的消除，遗产税逐渐成为调节两类财产继承的单一税收手段，教会的管辖权消除成为必然，而在统一的国家遗产税制度下，遗产税又经历了一个由对继承者征收向死者征收转移的过程，并最终于1894年确立起了英国真正意义上的现代遗产税制度。

### 三　国家不断提高遗产税的税率

1894年遗产税出台以后，英国政府为了实现它于某一阶段的特定财政以及政治、社会目标等，一直马不停蹄地提高遗产税的税率。

对于遗产税税率的变化，是一个很值得思考的问题，自遗产税产生之日起，税率一直处于不断升高的态势。在1907年的《财政法》中，政府规定了17个税率等级，不仅将遗产价值超过15万英镑的税率做了大幅度提高，且规定价值超过100万英镑者，其超过100万的部分要额外缴纳11%—15%的税；1909年《财政法》进一步提高了遗产税的税率，将遗产价值超过100万英镑的税率统一调整为15%，并将原来的处置遗产税提高到2%；1914年的《财政法》和1919年的《财政法》更是在原来遗产税的税率基础上，大幅度提高了遗产税的征收比例。至1914年时，遗产价值超过100万英镑的税率已经上升到了20%；到1919年时，遗产价值超过200万英镑的税率达到了40%。

在当时的英国，遗产税的负担是日益沉重的，且它主要是财政调整的一个结果，其主要目的是，增加税收，顺应国家、社会形势肢解土地贵族大地产，实现土地所有权的再分配等。例如，1907年，英国政府曾以遗产税的初步提高和加强来弥补国家在所得税方面的损失，但它当时所提高的仅是15万英镑以上者的遗产税税额。如将地产价值为15万—25万英镑者的税率由原来的6.5%提高到了7%，将地产价值为25万—60万英镑者的税率由7%提高到了8%，将地产价值为75万—100万英镑者的税率由7.5%提高到了10%。显然，政府是将遗产税作为它的一项可行的、有效的税收手段加以对待的，由此，政府也便极为重视它，且不断地于其财政政策中规定越来越高的遗产税税率,以实现其既定的财政目标。①

遗产税自其产生之日起,是一个日益繁重的量,尤其是在进入20世纪以后。遗产税的影响主要存在于它所产生的社会、经济后果上,在英国国家的债务和税收委员会的调查中,很大程度上关注的重点正是英国的不动产、动产和继承税方面的问题。② 遗产税主要用于支付地方在警察、贫困救济、公路和教育方面的支出,而且遗产税的征收,是矫正劳动性和非劳动性收入之间不公正的一种补充性税收政策,是以才能论或支付能力理论为基础的一种税收政策。③

总之,1894年遗产税是国家实现其财政、社会福利等目的的重要财源之一,且国家一直不断地提高遗产税的税率,加大遗产税的征收力度。若将这一日益繁重的遗产税放置到处境日益恶劣的大土地所有者们的身上,其后果将是不堪想象的。且就其征收所导致的社会后果而论,的确对当时的大土地所有者社会造成了巨大的冲击,是导致土地家族地产的当世家主或继承者们大规模出售其家族地产,促使土地家族大地产迅速解体的重要原因之一。

## 第三节 农业大地产抛售潮

希瑟(Heather A. Clemenson)称,"自有自营农场和租佃农场比重的变化,在20世纪初时,几乎完全是以租佃农场比重的下降和自有自营农场比重的上升为主要表现形式的,这种转变,很大程度上与大地产主的土地所有权的持续不断地弱化有关,部分地,尽管不是完全的,是由税收负担的加重引致的"。对于这种税收负担,希瑟主要提及了遗产税,他指出,"尤其是1919—1921年,许多农业大地产,因税收负担引致的出售而解体。在这些年里,高昂的土地价格,不仅超过了土地的资本投资回报,同

---

① Robert Dymond, *The Death Duties*, pp. 386, 399, 407, 412, 417; J. Watson Grice, "Recent Developments in Taxation in England", *The American Economic Review*, Vol. 1, No. 3, September 1911, p. 492.

② James k. Hall, "Incidence of Death Duties", *The American Economic Review*, Vol. 30, No. 1, March 1940, p. 46.

③ R. F. Bailey, "Double Taxation in Regard to Death Duties", *Journal of Comparative Legislation and International Law*, Third Series, Vol. 27, No. 3/4, 1945, p. 46.

第八章　遗产税与农地所有权变革

时也意味着，土地所有者面临的用以缴纳遗产税而评估的土地价值，超过其对土地投资所获得的收入。因此，大土地所有者及其继承者们，将1919—1921年视为出售土地的一个应急时期，许多大地产被分割成单个农场单位，并出售给当时的租地农场主，同样的趋势也发生于二战后初期，以及20世纪的五六十年代"[1]。显然，遗产税是导致地产主的土地所有权弱化，以及土地家族大地产解体的一个重要的原因。

## 一　地产遗产税负担

遗产税的征收对农业大地产的继承者产生的影响不容小觑。例如，依照1894年遗产税的税率计算，贝德福德公爵的托尼地产应该缴纳的遗产税约为2.5万英镑。但在经历严重的农业大萧条之后，托尼地产并没有租金收入进账，且因之前的地产经营不善还留下了4万英镑的财政亏空。由此，该地产的继承人为继承该地产不得不背负上6.5万英镑的债务[2]。就经济层面来说，该时期的土地遗产已是其继承人的一项沉重的负担。此外，遗产税的实际价值，是按照遗产取得时死者的土地财产的市场价值评估的，对于这一评价标准，迪肯（H. Dicken）和布拉德利（J. R. Bradley）评价说，"在许多案例中，所估算出的价值，会比实际价值要高，由此导致遗产税的缴纳者需要支付的遗产税额度远比其实际价值虚高很多"[3]。同时出售价是以农民个体而非整块地产而定的，这便导致了更高的估价。更为糟糕的是，财政部不接受以土地代替现金支付。这意味着，当土地市场萎缩之时，土地所有者需要付出更高的代价，因为他们无法找到他们土地的购买者。在此形势下，对一些地产主，尤其是对一些单纯依赖纯地租收入为生的地产主来说，拥有地产已经成为一项沉重的负担。

1895年，温奇尔西（Winchilsea）和诺丁汉（Nottingham）在《北美评论》（*The North American Review*）上就1894年遗产税的征收对土地和其他动产造成的不同影响的比较，很能体现遗产税的征收对土地财产的继承

---

[1] Heather A. Clemenson, "Agricultural Land Tenure in England and Wales and Ontario: Past, Present and Future", *Agricultural Administration*, No. 14, 1983, p. 217.

[2] The Duke of Bedford, *A Great Agricultural Estate, Being the Story of the Origin and Administration of Wobury and Thorney*, pp. 48-74.

[3] H. Dicken and J. R. Bradley, "Open Market Value: Estate and Stamp Duties on Reversions and Life Interests", *Journal of the Staple Inn Actuarial Society*, Vol. 16, No. 4, July 1961, p. 275.

者所造成的深重灾难：设定 A 和 B 同时获得了一份价值 10 万英镑的遗产，但 A 获得的遗产为动产，而 B 为土地。根据遗产税的缴纳规则，A 仅需要缴纳 6000 英镑的动产遗产税，而余下的 9.4 万英镑则成为他的净资产。但 B 除了需要缴纳 1.1 万英镑的遗产税，还需要额外支付一项利率为 4% 的土地抵押贷款利息。此外，为了筹措资金以使该地产正常运营，他还需要就该地产再次进行抵押贷款。当然，他也可以选择将该地产拍卖掉，但在拍卖之时，他还需要向政府和拍卖委员会支付一定比例的费用，且要承受土地实为滞销品，不得不以远低于其市场价格的售价卖出的事实。由此，最终 B 因继承该土地遗产不仅没有获益反而还耗掉了他原有的大量资产。① 这一案例足见遗产税征收对农业大地产的继承者所造成的灾难性影响。

在当时的社会形势下，土地已经不再具有经济上的优势和政治上的重要性，也不再容易获得政府政策上的帮助，大土地所有者们的家族地产已然失去了它历史和心理上的重要意义，由此导致的结果是，"一个人并不希望成为旧家族地产的继承人"②。林肯郡的布朗洛（Brownlow）勋爵曾言，"拥有巨大的、广袤的地产，是一个需要付出昂贵代价的错误"③。这一评说道出了当时的许多土地贵族们的普遍心态，在已是面临穷途末路之时，又逢上繁重的遗产税，许多土地家族的终身地权人不得不做出大量出售其家族地产的决定。

一早就有许多学者认识到遗产税的征收会给当时的土地社会造成灾难性影响。如 D. M. 桑德拉（D. M. Sandral）认为：增加遗产税的征收会加速大地产的减少和大型的非劳动性收入规模的缩减。④ 贝维尔·托尔马什（Bevil Tollemache）认为，当时英国的立法倾向，以及地产上所负担的税务，会让一些坚持保守主义的地产主们面临灾难。⑤ 的确，当时旧家族地产的继承者们，多有诸如新继承的里奇满和蒙特罗斯公爵似的无奈：不得

---

① The Earl of Winchilsea and Nottingham, "The New Duties in England", *The North American Review*, Vol. 160, No. 458, January 1895, pp. 106-108.

② David Cannadine, *The Decline and Fall of the British Aristocracy*, p. 103.

③ Madeleine Beard, *English Landed Society in the Twentieth Century*, p. 42.

④ D. M. Sandral, "The Burden of Taxation on the Various Class of the Community", *Journal of Royal Statistical Society*, Vol. 94, No. 1, 1931, p. 87.

⑤ Bevil Tollemache, *The Occupying Ownership of Land*, London: John Murray, 1913, pp. 22-23.

第八章　遗产税与农地所有权变革

不出售其所继承的家族大地产的某些部分以筹集资金缴付遗产税。① 1883年，沃尔特·朗格家族拥有坐落于沃尔特郡的整个地产，其面积达到1.5万英亩，但至1910年时，他决定卖出该处地上的一部分地产，因为他感到在当时的负担之下已经无法完整地维持该处地产。② 1913年，第26代克劳福德和巴尔卡雷斯侯爵死后，他的继承人面临着50万—60万英镑的遗产税、债务等财务负担，这使得新家族地产继承人不得不出售其家族地产，以摆脱这些沉重的债务负担。③ 此外，威斯敏斯特公爵也因缴纳这一新遗产税不得不出售其部分地产。1899年，第一代威斯敏斯特公爵去世时，根据1894年遗产税的统计标准，威斯敏斯特家族的地产需要缴纳60万英镑（其中约有90%为伦敦地产需要缴纳的税额）的遗产税。在该家族新任继承人接手该家族地产后，该家族一贯持续进行的所有土地革新和农场建筑设施翻建活动都停止了，因为新任威斯敏斯特公爵需要凑钱缴纳这一遗产税。为了筹措这笔钱款，威斯敏斯特家族于历史上首次开始出售其部分家族地产。该家族所进行的售地活动包括：1902年，公爵将其位于伦敦市维多利亚大街上的邻近啤酒厂的一份自由地产出售给了一个名叫沃特尼（Watney）的酿造商，将该家族位于格罗夫纳地产（Grosvenor estate）上的海德公园角（Hyde Park Corner）地产的一部分出售给了圣·乔治医院（St. George's Hospital）。1911—1912年，公爵将该家族位于哈尔金（Halkyn）城堡、弗林特郡（Flintshire）及其周边的一些偏远地产一并卖了出去。④

总之，在当时的英国，在面临这一沉重的遗产税税负压力时，有许多地产主卖掉他们的全部或大部分地产。到1921年时，英格兰已经有超过1/4的土地易手。一位历史学家说，如此规模巨大而突然的土地转手行为，"自16世纪修道院解散以来前所未见……甚至自诺曼征服以来，也没有堪与匹敌者"⑤。该时期的土地转手状况，不仅涉及的土地面积巨大，而且往

---

① David Cannadine, *The Decline and Fall of the British Aristocracy*, p. 109.

② Avner offer, *Property and Politics, 1870-1914: Landownership, Law, Ideology and Urban Development in England*, p. 362.

③ David Cannadine, *The Decline and Fall of the British Aristocracy*, p. 131.

④ "The Estate in the Twentieth Century", in F. H. W. Sheppard ed., *Survey of London*, Vol. 39, *the Grosvenor Estate in Marfair, Part I (General History)*, London: London County Council, 1977, pp. 67-82.

⑤ F. M. L. Thompson, *English Landed Society in the Nineteenth Century*, pp. 332-333.

往还涉及一类新的购买者。大地产是第一次倾向不作为整体或大部分出售，而是被分割出售，其购买者不是传统的大地产主，而是多为现有地产上的实际租地农场主。此次地产出售活动所开启的，是"土地家族大地产解体"进程，英国几个世纪以来所特有的贵族土地占有制度逐渐趋于解体。①

## 二 一战后初期的地产抛售潮

第一次世界大战爆发以前，因缴纳遗产税而出售地产的案例并不多，且就当时的遗产税的征收税率而论，也还不是很高。但第一次世界大战是一个重要的分水岭。第一次世界大战对英国的大土地所有者阶层造成了巨大的创伤，致使大量大土地所有者及其家族地产的继承人死亡，故在第一次世界大战后初期，许多家族地产都面临着缴纳遗产税的困境，且有些家族因不止一代家族地产所有人或继承人死亡，故还要面临不止一次缴纳遗产税的困境。与此同时，第一次世界大战结束初期，遗产税的税率还存在一个大幅上涨的问题。如在1919年时，遗产价值超过200万英镑的税率提高到了40%。在当时的社会形势下，遗产税的征收无疑会迫使许多土地贵族不得不大规模地出售其家族地产，以筹措钱款缴纳遗产税。

第一次世界大战是英国贵族阶层所面临的一次大劫难。在战争爆发后不久，许多贵族世家子弟，在"骑士精神"的鼓舞下，纷纷奔赴战场。例如，在第一次世界大战爆发时，刚满20周岁，且刚从牛津大学毕业的贵族子弟麦克米兰（Horold Macmillan），声称他同辈"最大的担忧""是错过战争"。所以，尽管麦克米兰当时刚做完阑尾炎手术，他还是设法通过了体能测试，并加入了英国的皇室步兵队，积极投身第一次世界大战。来自温彻斯特的莫斯利（Oswald Mosley）勋爵，也说过同麦克米兰类似的话，他说"我们最大的恐惧""是我们到达战场时，战争已经结束了"。当然战争并未立即结束，他随后加入英国的皇室陆军航空队对敌作战。② 此类例子不胜枚举，当时有许多贵族及其子嗣，以满腔的热情投入第一次世界大战的战场之中。然而，第一次世界大战作为人类历史上的一次巨大的灾难性事

---

① Eileen Spring, "Landowners, Lawyers, and Land Law Reform in Nineteenth-Century England", *The American Journal of Legal History*, Vol. 21, No. 1, January 1977, p. 40.

② J. M. Winter, "British's 'Lost Generation' of the First World War", *Population Studies*, Vol. 31, No. 3, November 1977, p. 452.

## 第八章 遗产税与农地所有权变革

件,带给这些贵族及其子嗣的远非荣誉,而是难以言说的巨大伤亡之痛。康纳汀在《英国贵族的衰落》一书中曾指出,"第一次世界大战是英国贵族的一场大劫难,约有 1/5 的贵族及其子嗣在战争中死亡"①。此外,玛斯特曼(C. F. G. Masterman)在他于 1922 年出版的《战后英格兰》一书中也有写道,"第一次世界大战是自玫瑰战争以来,贵族伤亡人数最惨重的一次"。而曾就战争与贵族伤亡问题进行过专门研究的霍林斯沃斯(Hollingsworth),更是通过数据对比的形式,向我们证实了这一点。霍林斯沃斯指出,"在 1330—1479 年出生的公爵家族的男性约有 46%死于战争,而出生于 1880—1939 年的同级贵族成员约有 48%死于战争"②。

第一次世界大战使大土地所有者及其子嗣们的人数锐减的同时,也使许多大土地贵族地产更换了新的主人。德布林特(Debrett)曾详细整理出了在第一次世界大战期间英国所有的公爵、侯爵、伯爵、子爵、男爵及其子嗣们的阵亡名单。将这一阵亡人员名单,同伯特曼之前关于 3000 英亩以上大土地所有者的名单进行对照,可以发现,有许多大土地贵族地产更换了新的主人。在这些新更换了主人的土地家族中,约有一半的家族,由其长子继承家族的地产和爵位,而在余下的案例中,或为长孙继承,也或为其他家族成员继承。例如,在沃里克郡拥有 19000 英亩地产的艾尔斯福德(Aylesford)伯爵唯一的儿子,于第一次世界大战爆发后的第二个月战亡,该家族的地产和爵位为他的长孙继承;在英格兰拥有 10 万英亩地产的第九代巴纳德(Barnard)男爵,同他的三个儿子都参加了第一次世界大战,且在他的长子于 1917 年战死后的第二年,他本人也战死了,经此变故,他的贵族头衔和家族地产,按照严格家族定序授予制规定,由他的次子所继承;在什罗普郡拥有 6 万英亩地产的第四代波伊斯(Powis)侯爵所占有的家族地产和爵位,也同样因为波伊斯侯爵在战争中意外亡故,使该家族的家族地产和爵位由波伊斯侯爵的次子赫伯特(Hon. Mervyn Herbert)所继承。③

此外,当时大土地所有者们的大地产的经济形势也十分令人担忧。自 19 世纪 80 年代开始的地租下降趋势在一战后有增无减,很少有大土地所

---

① David Cannadine, *The Decline and Fall of the British Aristocracy*, p. 83.
② J. M. Winter, "British's 'Lost Generation' of the First World War", *Population Studies*, Vol. 31, No. 3, November 1977, pp. 464–465.
③ Madeleine Beard, *English Landed Society in the Twentieth Century*, p. 26.

有者能够通过提高土地租金的方式增加收入,也很少有人希望这么做。而税收和乡间宅邸维护的费用却比第一次世界大战前高很多,他们不得不减少对宅邸和地产的投入,减少工人和佣人的数量。一个有名望的乡绅称,"在第一次世界大战结束后初期,土地乡绅们的收入远不如第一次世界大战以前,但他们的支出却上涨了两倍……没有哪个英格兰大土地所有者可以如从前般地生活"①。1919年,罗伯特·豪(Robert Howe)爵士曾就10个农业大地产的纯收入状况做过一个调查统计,这些地产的面积共计约为1.6万英亩,资本价值约为250万英镑,但得自这些地产的收入却仅为2.3万英镑,或者说投资回报率不足1%。② 与此同时,维持地产所需要的费用又大幅上涨。例如,据统计,在1909年时,此类费用所占总租金收入的比重约为24%,而至1920年时,上涨至36%。此外,英格兰的地方税,自1914年以后,上涨了约100%,什一税至1922年时上涨了约50%,与此同时,个人所得税等也都有大幅度的上涨。③ 由此可见,第一次世界大战结束初期,大地产的所有者们还面临着收入锐减,而支出却不断增加的困境。

许多土地家族因其家主在战争期间意外伤亡而更换家族继承人之时,不得不面临缴纳遗产税的困境。与此同时,这些大土地所有者的家族大地产的经济形势又很恶劣,故在前述的遗产税税率大幅度提高的情况下,再逢上因第一次世界大战而导致的土地价格有所升高之时,不免会倾向做出大规模地出售其家族地产的决定。该时期的一名拍卖商曾指出,"有许多地产所需要缴纳的税额消耗掉了它全部的租金收入"。在当时诸如克里斯蒂(Christy)等拍卖公司里,可以看到许多大地产分割出售的众多案例。④ 例如,米德尔顿家族,于1922年和1924年时面临了两次缴纳遗产税的困境,为了筹措这笔需要缴纳的税款,该家族不得不于1925年时将其位于诺

---

① "Big English Estates Disintegrating: Income Taxes and Death Duties Force of Land and Art Collections", *Barron's* (1921–1942), July 21, 1924, p.11.

② J. I. Falconer, "The English Land Situation", *Journal of Farm Economics*, Vol.6, No.1, January 1924, p.85.

③ J. I. Falconer, "The English Land Situation", *Journal of Farm Economics*, Vol.6, No.1, January 1924, pp.86–87.

④ "Big English Estates Disintegrating: Income Taxes and Death Duties Force of Land and Art Collections", *Barron's* (1921–1942), July 21, 1924, p.11.

## 第八章　遗产税与农地所有权变革

丁汉的地产拿至土地市场上出售。① 与此同时，该时期所要缴纳的遗产税税率也很高。例如，根据1919年的遗产税税率规定，按照当时的地产价值评估标准，诺斯克里夫（Northcliffe）勋爵家族的地产约值500万英镑，他需要缴纳的遗产税税率为40%，故该家族共计需要缴纳约200万英镑的遗产税。对于这一高额遗产税，1923年时发表于《巴伦周刊》（Barron）上的一篇文章，将其描述为"一种报复性的税收"，并认为依照这一征税法则，不出三代人的时间，政府便能解体掉某些大地产。②

一些土地家族继承人不甘于缴纳大笔遗产税，他们积极寻求可行的避税之法。遗产税可以说是大土地所有者维护其家族地产的劲敌，正如1894年时的一幅著名漫画所调侃的，"如果我们还能在我们的头上保留一个坟墓，我们将是万幸的了"③。基于这一实际，土地所有者不免会对高额遗产税产生强烈的抗议，并想方设法规避缴纳遗产税。对遗产税的逃避，是一个一直都存在的问题，惯用的规避遗产税的办法，是降低应缴纳遗产税的财产价值，一般是将其全部占有的地产价值低估2%—5%。此外，当时为土地所有者服务的律师们，还设计出了多种好用的规避遗产税的方法：如将财产通过信托或者设立私人地产公司等形式转移。根据1919年国内税收的估算，约有12%—15%的严格家族定序授予制地产是以信托形式保有的。④ 虽然存在多种规避遗产税的方法，但对绝大多数大土地所有者而言，其最终的选择仍以出售其家族地产为多，然后将其所获得的售地款转投到股票、基金等商业领域，也或者于海外购置地产或购买股份。由此导致的后果是，由该时期开始，英国本土的土地贵族大地产逐渐地走上了解体之路。

在经历了一战后初期因缴纳遗产税大量出售家族大地产的高潮之后，遗产税导致的此类地产出售潮有所降落，但并未完全停止。即便是在遭遇20世纪20年代末30年代初的经济危机导致的土地价格再次大幅下滑之

---

① John Beckett & Michael Turner, "End of the Order? F. M. Thompson, the Land Question, and the Burden of Ownership in England, c. 1880–c. 1925", *The Agricultural History Review*, Vol. 55, No. 2, 2007, p. 287.

② "Death Taxes and Capital Waste", *Barron's (1921–1941)*, February 19, 1923, p. 9.

③ David Cannadine, *The Decline and Fall of the British Aristocracy*, p. 96.

④ Avner Offer, *Property and Politics, 1870–1914：Landownership, Law, Ideology and Urban Development in England*, pp. 110–112.

时，也仍有一些家族因迫于遗产税税负压力而出售其家族地产。例如，第二代威斯敏斯特公爵，至1930年时，年龄已经过了50岁，且没有子嗣，很明显，公爵死后，该家族地产将会面临巨额的遗产税税负压力，且他们唯有通过出售大量家族地产的方式来支付这笔费用。与此同时，如果这一地产出售活动发生于公爵死后，则不免要以压低售地价格的方式进行，该家族地产势必需要在一个相对较短的时间内，完成大规模的售地活动。为了尽量避免这一不利形势的出现，以及弱化所要缴纳的遗产税所带来的不利影响。威斯敏斯特公爵约自1929年起，开始有意识、有计划地出售某些特定地产。例如，针对公爵家族地产上的伦敦地产，在1929年时，威斯敏斯特公爵售出了该处地产下属的米尔班克地产（Millbank estate）的一部分；1930—1932年，威斯敏斯特公爵售出了该处地产下属的康诺克酒店（Connaugh Hotel）、梅弗尔公寓（Mayfair House）、芳烃公寓（Fountain House）、公园路第139号至第140号、格林大街第32号，以及牛津街第415、第417和第419号等处地产。此外，该地产下属的米尔班克等地产也有部分土地被售出……在经历了这一系列的售地活动之后，至1953年公爵去世时，根据1971年《英国每日电讯报》（The Daily Telegraph）的报道，该家族仍面临着巨额的遗产税缴纳压力，故在公爵死后，该家族地产继续被其新继承人大规模售出。①

### 三 二战后的地产抛售潮

二战期间，又有更多的大土地所有者家族惨遭浩劫，第七代兰斯顿（Lansdowne）侯爵、第六代布雷伯恩（Baron Brabourne）男爵、第八代布雷布鲁克（Baron Braybrooke）男爵、第二代里兹代尔（Baron Redesdale）男爵唯一的儿子等大批贵族及贵族子弟均战死沙场。随着大土地所有者及其子嗣们的再次大规模战死，许多旧家族的地产和头衔再一次更换了新的主人。例如，沃里克郡的第九代艾尔斯福德（Aylesford）侯爵，在他父亲于第一次世界大战中战死后，继承了该家族的地产和贵族头衔，但他本人又于二战期间阵亡，在他死后，其所占有的艾尔斯福德家族的地产和贵族

---

① "The Estate in the Twentieth Century", in F. H. W. Sheppard ed., *Survey of London*, Vol. 39, *The Grosvenor Estate in Marfair*, Part I (*General History*), London: London County Council, 1977, pp. 67-82.

第八章　遗产税与农地所有权变革

头衔，由他的叔叔所继承。由此，艾尔斯福德家族再次面临了缴纳遗产税的困境。该时期，许多土地家族像艾尔斯福德家族一样，都再次面临了缴纳巨额遗产税的困境，且有些家族不止面临一次这种困境。此外，为了筹措战费，英国政府再一次大幅度提高了遗产税的税率。至1940年时，地产价值在100万英镑以上的地产所需缴纳的遗产税税率已经达到了65%。为了筹措钱款缴纳遗产税，很多大土地所有者被迫再次大规模出售其家族地产。与此同时，在当时的英国，生活消费品等价格飞涨，而土地价格却一直停留在1800年时的水平，出售家族地产实际所得非常有限。但保留土地更是不行，至1951年时，新出台的议会法案又将地产价值在100万英镑以上的地产的遗产税的税率提高到了80%，且不缴纳也不行，因为拖欠税款还需要额外缴纳一个8%的罚息。例如，在第十代德文郡公爵逝世时，其地产、宅邸、收藏品等的估价约为600万英镑，按照80%的遗产税税率，其继承人需向政府缴纳480万英镑的遗产税。因无法筹措足够的税款，第十一代德文郡公爵只得拖欠税款，为此他不得不额外缴纳一个8%的罚息，平均每天约为1000英镑。为了偿还该笔税款，他只能大量出售其家族地产以及艺术收藏品等，并将他在德文郡的哈德威克庄园抵给了政府。由此导致的结果是，德文郡公爵家族的家族地产，在20世纪50年代时，由约120万英亩减少到了约7.2万英亩。1947年，第六代哈伍德（Harewood）伯爵逝世，按照当时的遗产税税率估算标准，哈伍德伯爵家族的家族地产价值约为54.9万英镑，为此该家族地产继承人需要缴纳18.2万英镑的遗产税。但至1951年时，根据新的遗产税评估标准，该家族地产的价值被重新估算为150万英镑，为此，需要缴纳的遗产税上涨至80万英镑，为了筹措该笔税款，第七代哈伍德伯爵不得不将他位于约克郡的2.2万英亩地产的一半多拿到市场出售。①

高额遗产税的征收，引起了大土地所有者们的强烈不满和抗议。为了对抗这一高额遗产税，他们成立了专门的"地产主联盟"。且在这一联盟的积极努力下，国家不得不对遗产税征收方式做出适度的调整。按照新调整后的遗产税征收规则，如果大地产的所有者在其死亡发生3年以前已经将他的地产转给了他的继承人，可以免缴遗产税，这一期限在1946年以后

---

① Madeleine Beard, *English Landed Society in the Twentieth Century*, pp. 82-84, 91, 105.

延长至5年。由此，许多地产主便提前办理了财产转交手续。但该种规避遗产税的方法，对一些年龄较大、身体状况不佳的地产主来说未必管用，因为他们中的很多人并不能活过5年的时间。例如，第十二代贝德福德公爵在1953年时因病意外死亡，当时距离5年期还仅有1个月的时间。因为还不足五年，该家族继承人不得不缴纳近500万英镑的遗产税，为了筹措这笔税款，该家族继承人也不得不部分卖出其所继承的家族地产。据统计，为了筹措这笔税款，第十三代贝德福德公爵共计卖出了约1.3万英亩地产，其中包括该家族位于白金汉郡的一处已经拥有了460年的1000英亩的地产，此外，还卖出了该家族位于伦敦的一处"黄金地产"。再如，德文郡公爵于1950年11月时忽然离世，当时离他的5年期还仅有三个半月的时间。① 此类案例不胜枚举，显然并非所有的地产继承人都能从新调整后的遗产税继承规则中获得实惠，有不少人仍然面临着不得不缴纳高额遗产税的税负压力。

20世纪40年代后期至70年代中期，是土地贵族最不堪回首的岁月。1951年时的一篇文章写道，"遗产税的最高税率已经提高到了80%，精算师和律师必须尽其所能地去做一些必要的工作，否则，其受益人的地产，将被一点点地蚕食掉"②。就当时的实际状况而论，在英格兰乡村地区，遗产税所迫使的土地出售约使土地家族地产减少了一半，许多家族自中世纪以来就占有的大量地产因筹措钱款缴纳遗产税而被拿到市场上卖掉。由此引发的结果是，许多古老的大土地家族消失了，土地贵族大地产进一步大规模地解体了。康纳汀曾就某些大土地家族于1876年和1976年时的家族地产的面积做过统计，根据他的统计结果，许多大土地家族的地产面积，在这一年限内都有大幅度的减少，甚至有些大土地家族的地产已经所剩无几。例如，布鲁斯（Ailesbury）侯爵家族的地产，约由1876年时的53362英亩，减少至1976年时的5500英亩，减少了约90%；卡莱尔（Carlisle）伯爵家族的地产，约由78541英亩减少至3000英亩，减少了约96%；莱肯菲尔德（Leconfield）勋爵家族的地产，约由10.9万英亩减少至1.3万英亩，减少了约88%；此外，诸如贝德福德公爵家族、斯坦福德（Stamford）伯爵

---

① Madeleine Beard, *English Landed Society in the Twentieth Century*, pp. 107-108, 105.

② David Houseman, "Estate Duty on Life Policies and Annuities", *Journal of the Staple Inn Actuarial Society*, No. 10, 1951, p. 231.

## 第八章　遗产税与农地所有权变革

家族、豪（Howe）伯爵家族、雷德斯代尔（Redesdale）勋爵家族、利斯伯恩（Lisburne）家族等的家族地产的减幅也都要在80%以上。[①] 通过这些数据可以看出，经过自19世纪末开始的一系列对大地产长久维系不利的事件之后，至20世纪70年代时，英国多数旧家族的大地产已经几近完全解体了。

总体而论，涵盖地产继承的1894年遗产税于英国历史上存在的时间，刚好是英国大地产解体的时间，它首征于1894年，至1975年时被资本转让税所取代。而土地贵族大地产的解体始于19世纪末期，终于20世纪六七十年代。英国历史上大规模的大地产出售活动共有两次，第一次是在1919—1921年，至1919年对遗产价值超过200万英镑者征收的遗产税的税率达到了40%，加上一战及其他一些因素的综合作用，迫使大地产的所有者们大规模地出售土地。据统计，1918—1921年，共计约有600万英亩—800万英亩的土地易手，[②] 至1921年时，共计有超过1/4的土地被转手。[③] 第二次是在20世纪四五十年代，1940年以后地产价值在100万英镑以上的地产的遗产税的税率很快高达65%，至1951年时，进一步升至80%，为了筹措资金缴纳遗产税，很多土地贵族被迫再次大规模出售其家族地产。至1976年时，英格兰和威尔士土地贵族的地产减少了约76%，苏格兰减幅约为65%，至此，英国土地贵族大地产解体基本完成。总之，1894年遗产税的出台及其实施，与英国土地贵族大地产解体之间有着密切联系，英国遗产税的主要社会价值正在于促进了英国土地贵族大地产的解体，推动了英国大土地所有者社会的瓦解。

抛开1894年遗产税的巨大社会功用价值，单就该税本身而论，存在诸多不完善之处，而其所存在的固有缺陷和不足，也是它在完成其基本的社会功用目的后最终走向消失的重要原因之一。早在1927年，科尔温委员会（The Colwyn Committee）的调查就已经关注到了这一点，其当时的调查报告结论称，将税率与遗产价值对接是遗产税存在的公平基础，但它忽略了实际中承担税收负担的遗产受益人的情况。委员会建议，可以制定遗产和

---

[①] David Cannadine, *The Decline and Fall of the British Aristocracy*, p. 725.

[②] F. M. L. Thompson, "Presidential Address: English Landed Society in the Twentieth Century I Property: Collapse and Survival", *Transactions of the Royal History Society*, Fifth Series, Vol. 40, 1990, pp. 1–24.

[③] Eileen Spring, "Landowners, Lawyers, and Land Law Reform in Nineteenth-Century England", *The American Journal of Legal History*, Vol. 21, No. 1, January 1977, pp. 40–59.

继承义务,使整个遗产税制度的关注点落在受赠人而非遗赠者身上。事实上,英国在此之后并未在这些方面做任何改变,死亡税的基本结构直到1974年才有所改变。对绝大多数普通纳税人来说,没有什么比得上让比自己更好的人利用现有法律的漏洞逃税更难以接受的了,他们中的大多数人都受制于纳税人。如果现有的遗产税有效运作,私人财富的大量集中和富人的继承人及其亲属一代又一代所享有的许多不公平的优势就已经被打破了。然而,在实践中,遗产税存在漏洞,例如礼物赠予中的"七年免税规则"(seven year rule)和信托豁免(the exemption of trusts)制度等。尤其是关于在某人死亡发生7年以前赠送给别人的礼物属于免税范畴的规定,遭到一些人士的激烈批评。一般而言,一个人一生中所赠予的礼物不属于遗产税征收范畴,但将某人死亡前夕赠予别人的礼物算在遗产税范畴内,目的是防止某人通过临死前大量转移财产的方式避税,以致将其应缴的遗产税缴纳额降至最低水平。为了堵住遗产税上的这两大漏洞,1974年3月,新财政大臣丹尼斯·希利(Dennis Healey)宣布,作为他的预算声明的一部分,将在当年晚些时候起草第二份财政法案,对所有免费的资本转移征收新税,包括终身赠予(lifetime gift)和死亡赠予。资本转让税于1975年正式实施,至此1894年遗产税退出历史舞台。[①]

在英国土地贵族大地产大规模解体的同时,与之相应的地权结构尤其是农业地权结构也发生了重大变革。被解体的土地贵族大地产中的农业大地产部分的土地所有权,多由这些农业土地的地产主手中转手至这些土地的原租地农场主手中,英国农地所有权的社会分配状况被重新大洗牌,农业地权由土地所有权和使用权"分割型"向"合一型"转型。

## 第四节 土地所有权变革

### 一 一战前的土地所有权变革

19世纪晚期以来,土地财产在英国民众心理上的经济价值日渐降低,土地日益成为一种奢侈品,其所有者能够从土地中获得的经济回报非常

---

① Antony Seely, *Inheritance Tax*, Research Paper 95/107, 1 November 1995, Business & Transport Section, House of Commons Library.

## 第八章 遗产税与农地所有权变革

少。由此，人们自经济层面上对土地投资的心态开始发生转变，开始考虑是否应该将他们的财富转投到其他更有利可图的行业中。该时期的土地所有者们虽已认识到了该问题，但整个社会仍将继承的基于土地的社会身份置于优先的地位，一些新富裕者仍会将大量的钱财用以购置土地，并以设定严格家族定序授予制的方式将土地长久地保持在该家族手中，以此逐步增加其子孙后代的社会优越感。土地在当时尽管已经没有了经济上的吸引力，但还有着相当大的社会影响力，没有土地，他们可能会更富有，但社会地位却会很低。与此同时，农业土地所有权确实更加昂贵奢侈，许多土地所有者发现他们付出了昂贵的代价，却得不到与之相称的财富增长。这里不可避免地存在着一个财富和地位的两难困境：没有土地，他们不再是土地贵族；拥有土地，只有那些足够幸运，能从其他行业中获得相当多的利润的土地贵族，才足以维持他们的优势政治、社会地位。

总体而论，凝结在土地之上的社会威望，使英国的农业土地社会直至19世纪70年代末期仍同工业化和城市化并驾而存。许多旧家族一直不断地扩大他们的持有地的规模，而许多从商业和经济领域崛起的富人也不断地寻找着在土地上的竞争之道。但1879年是一个分水岭，该时期英国国民经济的发展、国际市场形势的转变，以及农业大萧条的爆发，使得土地所具有的经济价值丧失殆尽，土地不再安全，地租下降，土地价值下跌，土地所有者们抱怨得厉害。这一形势促使一些地产主被迫或主动出售部分家族地产。然而，这并不意味着所有地区的土地所有者们都开始大规模地自其地产上撤离。但有一个看得见的趋势，从19世纪70年代末开始，有足够的证据显示，大土地所有者们面临着严重的财政困难，而唯一的解脱方式是出售其家族地产。

继此之后，土地社会虽又较完整地维持了一段相当长的时间，但因各种促使土地社会解体的因素日渐发展，土地社会逐渐走向解体。这些因素既包括经济层面上的，也涉及政治、社会乃至国家政策层面上的。大地产经济价值的下跌，地产主的土地处分权的确认，租地农场主的租佃权的硬化，农业工人份地和小持有地运动的不断推进，议会改革运动对土地上的政治权力的剥离，国家政治与政策目标的转变，以及新遗产税的开征等，无一不是土地社会解体趋势的征兆，这些因素构成了促进土地社会解体的一系列重要因素。总之，自19世纪70年代末起，土地不再具有经济上的优势，不再是获取政治地位的唯一方式，也同样不再具有社会威望上的价值。在人们心理层面上，土地已经逐渐失去了它存在的历史心理和现实价值上的重要意义。在此背景下，大土地所有者们开始出售其家族地产，土地社会解体的帷幕渐次被拉开。

土地社会逐步解体的过程，同时也是英国的土地所有权逐步变革的过程。在大地产解体的过程中，相当一部分土地自地产主手中转移至租地农场主之手，且这一转变趋势越往后期表现得越明显。此类土地所有权变革运动，在第一次世界大战爆发以前，规模并不大，主要集中于爱尔兰地区，而同期的英格兰和威尔士地区相对还比较少。

在爱尔兰地区，土地所有权的变革运动，最初主要是在当地进步民族主义势力的领导下，通过租地农场主长期反英抗租的"土地革命"，迫使英国政府出台土地购买法令的方式进行的。爱尔兰的土地问题始于1835年，在该年，沙曼·克劳福德（Sharman Crawford）引入了首个租佃权议案（*Tenant Right Bill*），但该议案并未获得议会通过，而是最终流产了。1843年，德文郡委员会提出，"解决爱尔兰租佃权困难的现实途径是，实行土地购买的办法"①。自此之后，以土地购买的方式实现爱尔兰土地问题的解决，得到了越来越广泛的关注和认可，后经过一系列的努力，至1870年时，首个用于解决爱尔兰土地问题的法令，即《爱尔兰土地法》（*The Land Law (Ireland) Act*）得以出台。该法令给予了爱尔兰的租地农场主以法定方式购买他们所承租的租佃地的合法权利。但该法令关于土地购买的规定，存在诸多不公平之处。当时就土地价值的评估标准是格里菲斯评估标准（Griffith's Valuation），该评估标准所评估的内容包含租地农场主的住房，而这些住房是由租地农场主自己建造的，依照格里菲斯评估标准就租地农场主自己建造的住房进行估价，并让他们自己出钱将其购买下来，显然有失公平。在实践过程中，因这一评估标准造成的不公平事件屡见不鲜。例如，卡瑟（Cather）在他承租的隶属于菲施蒙格（Fishmonger）地产的土地上修造了一座建筑，其年价值约为200英镑或300英镑。依照阿尔斯特地产习俗判定，该处建筑属于卡瑟先生的私有财产。但依照1870年《爱尔兰土地法》的规定，却需要卡瑟先生自己出钱，依照格里菲斯评估

---

① W. J. Johnston, M. A., "The Land Purchase Problem" (read 23rd February, 1906), *Journal of the Statistical and Social Inquiry Society of Ireland* (1900–1906), p. 397.

第八章　遗产税与农地所有权变革

标准所评定的购买价格，重新"购买"该处建筑，显然有失公允。① 该土地法的一些规定，不免激起了爱尔兰租地农场主们的激烈反对。例如，在阿斯特地区的德雷伯公司（Drapers' Company）下属的一个地产上，当时的租地农场主们曾集体向谢韦斯（Humbly Sheweth）递交了一份请愿书。在这一请愿书中，可以明显地感受到他们对1870年《爱尔兰土地法》的强烈不满情绪。② 这些租地农场主在请愿书中申诉道：

> 德雷伯公司自从接管该地产以来，并未遵从国王创建该地产的原初目的，而是对我们征收较高的地租，甚至比许多其他私人地产上的租地农场主们收取的地租都要高……我们和我们的先辈们在该地产上进行的修建农场建筑设施、翻整土地、栽种篱笆、修筑水渠等的革新措施，并未自1870年的《爱尔兰土地法》的相关规定中获得相应的保护……自从该法诉诸实施以来，该公司试图强迫政府当局制定规则，以拿走乡村中的租地农场主自由买卖其在土地上建造的房屋的权利，而根据旧有的阿尔斯特习俗，租地农场主享有这些自建房屋的自由买卖权。而且在那些租地农场主不愿意卖掉的案例中，该公司甚至强迫他们签署放弃他们的这一财产且不给予任何补偿的合约……我们这些请愿人恳请您，利用您的影响力，促使国王履行他的权力，将这些地产卖给它的租地农场主们，并请求您这样做时，考虑以下几点事实：
>
> （1）我们已经遭遇了恶劣天气的影响，农场生产的产品的价格很低，而地租又很高，我们的购买力委实有限。
>
> （2）该公司对该地产的投资很少，他们现在不能对它多有要求。
>
> （3）因遭遇目前的农业萧条，爱尔兰的土地财产的价值已经大幅降低。

---

① "Evidence, 1882: Deputation of the Tenants on the Ulster Estates", *City of London Livery Companies Commission Report*, Vol. 1, London: Eyre & Spottiswoode, 1884, pp. 213–235. British History Online https://www.british-history.ac.uk/livery-companies-commission/vol1/pp213-235, Accessed August 18, 2024.

② "Evidence, 1882: Deputation of the Tenants on the Ulster Estates", *City of London Livery Companies Commission Report*, Vol. 1, London: Eyre & Spottiswoode, 1884, pp. 213–235.

上述案例显示，在爱尔兰地区，地产主与租地农场主之间存在着激烈的利益冲突，且该地区的地产主的土地所有权的价值已经大幅下滑。在此形势下，似乎最好的解决办法是，加快让当地的租地农场主成为其所耕种土地的实际所有者的步伐。1886年，索尔兹伯里勋爵指定的库柏委员会（The Cowper Commission）给出的一份报告中也有类似的表述：

> 英格兰的地产主，"在爱尔兰是不存在的：（这里的）地产主不再是所有者，他们的地产权成为一项负担，他们不再有兴趣于革新土地，他们先前的良好形象已经削弱了，如果土地为实际耕种者所有……他们将乐意尽心地对其土地进行革新和耕种"①。

在爱尔兰地区，在1870年《爱尔兰土地法》所设定的不公平购买原则下，虽然存在着诸如索尔兹伯里勋爵所称的让租地农场主成为其承租土地的实际所有者的广泛共识，以购买方式实现土地所有权变革解决该地区的土地问题的方式却很难推进。故以购买方式实现的土地所有权的变革进程发展非常缓慢，且实施范围也很小。1903年，英国政府出台了《温德姆法》（Wyndham's Land Act）。在该法令出台后，以购买方式推进土地所有权变革的速度有所加快。按照该法令的规定，租地农场主购买土地的借款的还款年限延长至68.5年，借款利息降至3.25%，且政府还会给予12%的无偿补贴金。这些措施极大地推动了该地区的土地转手速度，加快了该地区的土地所有权变革进程。据统计，在1870—1896年的26年里，英国地产主出售的爱尔兰土地仅约为250万英亩，但在1903—1909年的6年里，土地出售的规模却高达1900万英亩，这一数据，足见1903年法令出台以后爱尔兰土地所有权的变革速度之快。据不完全统计，至1914年时，在爱尔兰地区，共计约有1.1亿英亩的土地由地产主之手转至租地农场主之手，政府为此支付的补偿金高达1亿英镑。②

英格兰和威尔士地区的土地所有权的变革状况与爱尔兰地区不同。在第一次世界大战爆发以前，其土地所有权变革的规模和范围一直都比较

---

① W. J. Johnston, M. A., "The Land Purchase Problem" (read 23rd February, 1906), *Journal of the Statistical and Social Inquiry Society of Ireland* (1900-1906), p. 398.

② David Cannadine, *The Decline and Fall of the British Aristocracy*, pp. 104-105.

## 第八章 遗产税与农地所有权变革

小,当时很少有将地产全部卖掉的状况,且大地产的所有者们通常是将一些远离其家族核心地产的偏远地产卖给其租地农场主。在该时期,此类的一个典型案例是第十一代贝德福德公爵。他曾被描述为"'土地家族大地产解体'进程中的一个先锋"[1]。公爵自1893年从他哥哥处接手该家族地产起,一直掌管该地产至1940年。而该时期,恰恰是英国的现代民主社会不断发展,以及旧土地家族不断衰落的时段,该时段内公爵约出售了近一半的家族地产。1909年,公爵将他的托尼地产卖给了当地的租地农场主,并卖出了他位于贝德福德郡和德文郡地区的一些较为偏远的家族地产,此外,还卖出了一部分隶属于多塞特(Dorset)的地产。这些地产中有相当一部分出售给了这些地产上的原租地农场主。总体来讲,在英格兰和威尔士地区,一战前的地产出售行为,多是土地所有者应对其财政问题的一个积极回应,尤其是对一些单以纯地租收入为主要收入来源的地产主来说,以此方式实现其投资形式的多样化,将部分原投资于土地的资金撤出,转投到股票与证券等更具获利性的行业中,是极有必要的。

在英格兰和威尔士地区,就第一次世界大战爆发以前的地产出售案例而论,已经存在大土地所有者将其农业地产卖给租地农场主的案例,但这种案例在遗产税报告中记录得很少。至于为什么,汤普森给出的观点是,可能就此状况给出一个清晰而明确的结论还为时过早。在当时因土地所涵盖的政治及社会价值,使得严格家庭定序授予制地产依旧可以继续维持存在。[2] 但此种出售土地的案例,已然隐含了大土地所有者们所面临的困境,暗示着英国土地贵族大地产的解体已是不容避免之事,并预示了土地贵族大地产解体后农业地权可能的走向,即土地所有权由地产主向租地农场主转移,土地的所有权和经营权向合一化方向发展。

总起来讲,除爱尔兰地区以外,一战前英国农业大地产出售的规模和范围还比较小,土地所有权的性质并未发生实质性的变化。但在第一次世界大战爆发后初期,许多英格兰和威尔士的大土地所有者们开始掀起大规模出售其家族地产的狂潮,且这一时期的地产多是被划成小块出售给实际

---

[1] "The Bedford Estate: The Sale of the Estate", in Covent Garden ed., *Survey of London*, Vol. 36, London, 1970, pp. 48–52.

[2] Avner Offer, *Property and Politics, 1870–1914: Landownership, Law, Ideology and Urban Development in England*, pp. 110–112.

经营土地的租地农场主。此类土地的转让行为，使英国的租地农场主逐渐获得了其承租农场的土地所有权，而大地产主则逐渐自农业土地产权的结构中退出，英国农业土地产权结构的性质开始发生实质性的变化。此次土地转移规模比较巨大，且存在土地所有权的激烈变革，故该次大规模地产转移活动，常被视为英国历史上的一次"土地所有权革命"（Revolution in Landowning）。

## 二 一战后的土地所有权变革

马尔堡公爵的父亲早在1885年时就曾说过，"英格兰有一半的土地明天将会被抛到市场上"①，这一预言，自一战爆发后逐渐地在整个英国变为现实。乔纳森·布朗（Jonathan Brown）指出，1918—1921年，除了地租下降，所有商品的价格都大幅度上涨。在此形势下，"地产主决定是时候将他们的钱转投到其他行业，且在农业地产的价格仍旧很高时，迅速这样做"②。从1919年春开始，英国大地产的出售迅速增多，至该年3月底，约有超过100万英亩的土地被投放到市场上。③ 在一战后初期，尤其是从1919年开始，有越来越多的旧家族地产被拿至市场上出售，当时地产领域最具权威和影响力的刊物《地产公报》（Estates Gazztte），于1919年3月发表的一期刊物中宣称，在当时的英格兰，"土地所有权革命"正在发生。与此同时，当时的土地市场报告中也满是"英格兰正在转手"的话语。④ 当时的一家大型伦敦地产经销商对《巴伦周刊》一名通信记者说道，"现在一个月的土地转手量，要比一战以前两年的量还要多"⑤。《地产公报》于1921年12月31日出版的最后一期刊物中，就一战后的4年里土地交易总量做过一个统计，它援引当时一家伦敦地产代理公司在这4年里共计出售了约178万英亩土地的案例推断说，如果这一交易额是一个具有普遍性

---

① F. M. L. Thompson, *English Landed Society in the Nineteenth Century*, p. 330.
② Jonathan Brown, *Agriculture in England: A Survey of Farming, 1870-1947*, p. 85.
③ F. M. L. Thompson, *English Landed Society in the Nineteenth Century*, p. 330.
④ F. M. L. Thompson, *English Landed Society in the Nineteenth Century*, pp. 330 - 331; John Beckett & Michael Turner, "End of the Order? F. M. Thompson, the Land Question, and the Burden of Ownership in England, c. 1880 - c. 1925", *The Agricultural History Review*, Vol. 55, No. 2, 2007, p. 269.
⑤ "Big English Estates Disintegrating: Income Taxes and Death Duties Force of Land and Art Collections", *Barron's* (1921-1942), July 21, 1924, p. 11.

### 第八章 遗产税与农地所有权变革

的代表案例，则约有600万—800万英亩土地于1918—1921年被转手了，这无异于是一次土地所有权革命。后来的学者曾就这一推断提出过怀疑。例如，2007年，约翰·贝克特（John Beckett）和迈克尔·特纳（Michael Turner）在他们共同于《农业历史评论》（The Agricaltuel History Review）上发表的一篇文章中，利用1918年休战以后的一些可资利用的有关土地交易量的数据，包括伦敦市场和温切斯特议政厅所统计的土地交易量、郡委员会登记在册的土地交易量，以及以私人合约形式进行的土地交易量等，就该时期的土地转手规模状况做了新的评估。根据两位学者的统计，1917—1922年，土地交易量所涉及的总价值共计约为7250万英镑。[①] 虽然各不同统计数据之间存在一定的差距，但不容否认，的确有大量旧家族的地产在该时期被卖掉了。例如，拉特兰（Rutland）公爵于该时期共进行了5次出售土地的活动，第一次是在1918年，其他几次是在1920年。其登记在册的土地出售活动中，有三次售地面积约为2.85万英亩，出售获得款为7.8万英镑，另外两次为60.7万英镑。[②] 在1919年时，埃尔斯福德领主卖出了它位处沃尔克郡1.7万英亩地产上的2000英亩家族地产，亚伯勒伯爵售出了他位处英格兰东部的林肯郡5万英亩地中的2000英亩家族地产，乔姆利侯爵卖出了他位处柴郡地产中的2000英亩家族地产，彭布罗克第十五代伯爵卖出了他位处威尔顿4万英亩地产中的7000英亩家族地产。[③]

该时期的土地流转，不仅在于转手的土地量非常大，更在于相比于一战以前它有一个新的广泛的购买者阶层，这些大地产多被划成小块出售给实际耕种土地的租地农场主，这极大地改变了该时期英国土地所有权的分布状况。在当时，大土地所有者在欲出售其地产时，多是优先出售给其地产上的实际承租农。第十代利兹（Leeds）公爵在欲出售他位于约克郡的地产时对他的租地农场主们的说辞堪为佐证：

---

[①] John Beckett & Michael Turner, "End of the Order? F. M. Thompson, the Land Question, and the Burden of Ownership in England, c. 1880-c. 1925", The Agricultural History Review, Vol. 55, No. 2, 2007, pp. 269, 274.

[②] John Beckett & Michael Turner, "End of the Order? F. M. Thompson, the Land Question, and the Burden of Ownership in England, c. 1880-c. 1925", The Agricultural History Review, Vol. 55, No. 2, 2007, p. 286.

[③] Alun Howkins, The Death of Rural England, A Social History of the Countryside since 1900, London: Routledge, 2003, p. 36.

> 正如你们可能已经意识到的，由于高额税收及维持地产所需要的巨额花费，使得整个郡的大地产的负担都非常沉重，鉴于我们的家族与西路丁地产上的租地农场主历经数代人时间建立起来的关系非常良好，我是非常不愿意割断这一关系的……如果有必要，我将给予你们一个适当的期限，以使你们能够妥善地安排你们农场上的相关事宜，如果你们不能购买它们（租地农场主各自的承租农场），该处地产将不得不被拿到拍卖市场出售。①

1920年春，诺福克郡的尼古拉斯·培根（Nicholas Bacon）爵士写给他的租地农场主们的一封信中也曾表达过相似的观点，他写道：

> 你们丝毫不用怀疑所听到的关于我的不幸遭遇之实与否，我不得不采取同其他地产主一样的行动，也即卖出我的相当大一部分地产……我很不愿意这么做，但高额的战争税，自去年开始激增的遗产税，生活成本的迅速上涨，我家庭成员的不断增加，以及一些先前的法律规定，都迫使我走到了这一步。我仅能希望我地产上的租地农场主们，能够自己买下所承租的农场，这样就不用离开自己的家园……在拿土地去市场拍卖之前，（我）将优先给予租地农场主们一个购买机会……②

在此形势下，叠加其他一些因素的综合作用，使该时期的土地所有权多由地产主转售至租地农场主手中，由此导致了英国土地所有权和经营权合一的持有地类型逐渐增多。例如，普拉巴·特瓦兹（Prabhat Vaze）指出，"大地产租佃农场的收益状况，要受到许多不可视因素的影响，如管理技能、诚信等，且有许多重要的要素，需要地产主和租地农场主在签订合约之时，进行某些主观性的评估，在无法获得全部有效信息的情况下，作为租地农场主一方，很容易签订一份对己不利的合约，以致对其后的农

---

① Madeleine Beard, *English Landed Society in the Twentieth Century*, p. 39.
② John Beckett & Michael Turner, "End of the Order? F. M. Thompson, The Land Question, and the Burden of Ownership in England, c. 1880–c. 1925", *The Agricultural History Review*, Vol. 55, No. 2, 2007, p. 280.

## 第八章 遗产税与农地所有权变革

场经营造成某些不便"①。此外，在遭遇农业危机、土地所有权转手之时，租地农场主的正常农场经营活动还要受到更严重的影响，在遭遇这种境遇之时，租地农场主也唯有将其承租土地购买下来，通过取得土地所有权的方式，以保证对其当时所经营农场的安全占有。对于这一点，约翰·弗朗西斯（John Francis）曾在1911年时于《地产公报》上写道："大地产的解体开始普遍起来……租地农场主……在巨大的不确定性形势下，唯有将土地购买下来。"1951年时的柴郡政府工作报告印证了这一点，该报告指出，"大地产继续解体、促使许多租地农场主被迫买下他们正在承租的农场"②。

土地所有权由地产主向租地农场主转移的土地流转方式，早在一战以前的爱尔兰土地革命时期就已经广为存在。例如，1870年时，仅有3%的爱尔兰租地农场主拥有少量属于自己的土地，但至1908年时，拥有自己的土地的爱尔兰租地农场主的比重已经增加到了46%。③但在英格兰和威尔士地区，这种现象出现的时间还要略晚。在这些地区，1909年时，约有13%的持有地是具有所有权性质的，至1927年时，这一比重上升至36.6%。在英格兰和威尔士地区，农场主拥有土地所有权的比重显著增多，主要发生在1919—1927年，尤其是在1919—1921年。④

第一次世界大战是一个重要的分水岭，自此之后，英格兰和威尔士的土地所有权的性质开始发生激烈的变革，尤其是自1918年以后，开始掀起了大规模出售大地产的浪潮，且其出售形式多是将大地产划成小块直接出售给实际耕种土地的租地农场主，这意味着英格兰和威尔士的土地所有权的属性开始发生了实质性的变化。该时期就租地农场主购买土地的地区分布状况而论，还存在着一个地区性的差异。1909—1927年，购买土地的行为主要发生于容易获得土地的地方，如一些北部郡。在约克郡的赖丁东部和北部、兰开夏郡、柴郡等地区，租地农场主们购买土地的数量也要高于全英平均水平；且在威尔士，购买形势还要更为突出一些，即便是在一战

---

① Prabhat Vaze, "An Economic Analysis of Tenure in East Anglia Using Qualitative Data", *Journal of Agricultural Economic*, Vol. 49, No. 3, September 1998, pp. 443-444.

② S. G. Sturmey, "Owner-farming in England and Wales, 1900 to 1950", *The Manchester School of Economics and Social Studies*, Vol. XXIII, No. 3, September, 1955, pp. 250, 267.

③ David Cannadine, *The Decline and Fall of the British Aristocracy*, p. 105.

④ Alun Howkins, *The Death of Rural England*, *A Social History of the Countryside since 1900*, pp. 36, 39.

以前，威尔士租地农场主也要比与他相当程度的英格兰同行们有着更大的购买热情，当然也有着更多的购买机会，1918—1922年的地产转手高峰时期，几乎每一位主要的威尔士土地所有者都至少将其部分地产放置到市场上进行出售。据统计，在这些年里，约有26%的威尔士农业土地转手至先前的租地农场主手中。① 在英格兰，多是在一战后才开始购买土地的潮流的，1919—1921年，是英格兰土地大规模转手的重要时期。

除英格兰和威尔士以外，该时期在爱尔兰也同样存在着土地所有权激烈变动的状况，至1923年《霍根法案》(The Hogan Act)出台以后，政府又花费了约2100万英镑自地产主处购买下了约310万英亩土地以将其转手至租地农场主手中。总体而言，就英国和爱尔兰立法影响下的土地转手状况而论，在总面积约为1700万英亩的土地中，约有1500万英亩土地是通过政府低价收购的方式，由地产主转移至租地农场主手中的，政府为此所耗掉的总花费约为1.5亿万英镑。至20世纪20年代末时，租佃性质的土地在爱尔兰已经消失了，或者说，在爱尔兰已经不存在旧式的"地产主"了②。

总体来讲，该时期联合王国的土地转手规模非常大，故常被称作英国历史上的一次"土地所有权革命"，然而，我们还需要仔细审视这一时期土地的转手状况。客观地讲，如果有1/4的英格兰和威尔士的土地主要由贵族和乡绅手里转出，则有3/4依然掌握在他们的手里，以此而论，1918—1921年大量土地转手行为并不意味着大土地所有者地产的终结。但土地所有权的状况在某些地区确实发生了重大变化，可视为英国土地所有权发展史上的一个重要分水岭。这在爱尔兰地区表现得最为显著，其次是威尔士地区。在威尔士地区尽管不存在1883年时超过2万英亩的土地家族大地产者于1922年时完全消失的状况，但他们已近耗尽，而一些中等规模的土地所有者和小乡绅的地产则完全消失了。此外，即便是在英格兰也存在着大地产发生剧烈变动的地区，例如，至1930年时，在德比郡约有1/3的大地产被售出。③ 因为尚缺乏总体性的统计数据，所以不能确定这一数

---

① Alun Howkins, *The Death of Rural England*, *A Social History of the Countryside since 1900*, p. 39.

② David Cannadine, *The Decline and Fall of the British Aristocracy*, pp. 105-106.

③ Alun Howkins, *The Death of Rural England*, *A Social History of the Countryside since 1900*, pp. 55-56.

据与其他地区相比较的状况,但最近的地区史给人的印象是,许多土地出售行为同样存在于北部郡,甚至米德兰地区。

经历了第一次世界大战后初期的土地所有权激烈变革之后,英国的土地所有权变革速度有所减缓,甚至几近停止。在该时期,就因土地所有权性质的转变而导致的农场性质发生转变的数量和面积所占英国农地总数量和面积的比重而论,相对还是比较低的。例如,直至1941年时,租佃农场的数量和面积所占英国全部农用土地的面积和数量的比重仍高达61%和62%。总起来讲,这种土地所有权的更大规模的变革运动,还是发生在二战以后的事,二战的浩劫以及二战后初期遗产税和所得税等的飙升,再次掀起了二战后初期的大地产大规模出售狂潮,至1983年时,英国租佃农场的数量和面积所占的比重已下降至仅为29.6%和39.8%,也即约有2/3的农场摆脱了地产主们的控制,转为土地所有权和经营权合一的农业地权类型。至此,英国土地所有权的变革最终落下帷幕,英国农业地权转型基本完成。

## 本章小结

在中古英格兰,与土地、个人财产有关的征税实践已然以不同的形式实施过,英国能够以遗产税为抓手推进英国现代地权变革,除受古代英格兰土地继承规则演变的影响外,还与英国古代赋税制度的发展演变存在深层次的内在关系。土地、动产继承规则趋于统一是1894年遗产税得以出台的基础和前提,其相关税收要素是在动产税征收实践中,通过英国征税原则、技术和方法等层面的不断"调适、排异、变通、成文等获得承续与更新"[1],逐渐发展完善起来的。经由中世纪英国土地继承规则与赋税制度的互动发展,在进入近代以后,英国开始逐渐基于"死亡"就个人部分或全部财产征收遗产税,且随着与英国地产有关的税制理念的不断发展和成熟,英国动产与不动产遗赠征税方式不断趋同,以之为基础,至19世纪末期,英国政府基于解构"土地社会"和推动土地市场转型需要,抛出1894年遗产税也便成为历史的必然。总之,英国政府得以通过1894年遗产税为

---

[1] 顾銮斋:《中西中古税制比较研究》,第392页。

抓手调整农地所有权分配，推动土地贵族大地产解体，推进土地社会瓦解，有其深层次的古代地权与税制发展基础，绝非无源之水、无本之木，它是自盎格鲁-撒克逊时代以来英国土地继承规则与英国赋税制度长期演进、双向奔赴、合力促生的必然历史结果。

  1894年遗产税的出台，是当时社会形势下的一种有效选择结果，且自产生之日起，便被土地所有者们及其继承人视为一项沉重的税收负担，被社会普通民众和国家决策者们视为实现肢解大地产的一项重要的税收手段。遗产税的征收及其税率的不断提高，极大地刺激了大土地所有者们，加速了他们做出出售家族大地产的决定。伴随着遗产税税率的日渐提高，以及其他肢解土地贵族大地产的社会因素的逐渐成熟，英国的土地家族大地产最终于20世纪初开始逐步解体，土地社会也随之逐渐瓦解。

  在当时的英国，以遗产税助推土地家族大地产解体，尤其是其中的农业大地产部分，调整农地所有权分配状况，调动农民生产积极性，进而推进英国农业的发展，算得上是一项成功的、有效的税收治理措施。在农业大地产逐步解体的同时，英国的土地所有权的性质也开始发生根本性的变革。在此次土地所有权再分配过程中，英国的大地产主阶层逐渐从原地权结构中撤离，而租地农场主阶层则逐渐获得了其原承租土地的所有权，历久以来的地权分割状态初步结束，英国的农业地权结构开始向所有权和经营权合一的形态转型。与此同时，租地农场主土地所有权的获得，同时意味着他们现在所耕种的农场的属性发生了变化，租佃农场的比重日益下降，而自有自营型家庭农场的比重则日渐升高。

# 第九章 地权转型后的新型农场

随着农村土地社会的大规模解体,与之相应的土地产权结构以及租佃农场经营体制也逐渐解体,并为土地所有权和经营权合一型的土地产权结构以及权能合一型农场类型所取代。这种土地产权结构和农业经营体制的转变,在于土地所有权和经营权两种权能合一型农场是与当时英国的新农业发展形势更为适宜的一种农业经营体制。"一个新制度是否有生命力,除了看它的适应性外还要看它是否有先进的导向性,即看它是否有利于社会生产力的发展,其中最重要的是看它是否有利于调动劳动者的生产积极性。"[1] 诺思曾言,一个有效率的经济组织"需要在制度上做出安排和确立所有权以便造成一种刺激,将个人的经济努力变成私人收益率接近社会收益率的活动"[2]。权能合一型地权及新型农场经营模式确认了农场主对其所经营农场的土地财产权,对农场主是一种激励。在这一新型农业地权制度下,农场主的生产积极性得到最大限度的调动,他们能够以市场为导向采取最优化的生产方式经营土地,进而能够推动英国整体农业经济效率的提高。

## 第一节 新型农场兴起

### 一 概念辨析

对于该时期土地所有权和使用权合一后的新型农场称谓问题,学界未

---

[1] 侯建新:《现代化第一基石——农民个人力量增长与中世纪晚期社会变迁》,天津社会科学院出版社1991年版,第33页。
[2] [美] 道格拉斯·诺斯、罗伯斯·托马斯:《西方世界的兴起》,第4页。

曾形成一致意见。历史上曾出现过的称法以"自有自营农场""家庭农场"为多。本书将该时期农业地权变革后初期的新型农场称为"自有自营农场",且仅以该词泛指该时期出现的新型土地所有权和经营权合一型的农业经营模式。就历史发展实际而论,自19世纪末期以来,于英国历史上出现的自有自营农场有多种类型,但最终向单一型演化,并呈现出与当下的家庭农场概念趋同化的发展态势。

在19世纪末至20世纪初时,按照农场所有者身份的不同,可以将自有自营农场划分为以下几种类型:农场主自有自营农场(owner-farming)、占有者自有自营农场(owner-occupation)和地产主暂代自有自营农场(farm-in-hand)。前两类自有自营农场,都是在农业大地产解体过程中兴起的非租佃性质的农场类型,且因其所有者的身份不同而有所区别。农场主自有自营农场的所有者为农场主所有者(owner-farmer),在农业大地产解体过程中,租地农场主在其地产主出售其正在经营的农场之时,出于各种考虑而自己出钱买下了其正在经营中的农场。占有者自有自营农场的所有者为占有者所有者(owner-occupier),其来源相对复杂些,既包括前述的自有自营农场主,同时也包括一些从事其他职业的人。这些从事其他职业者,多是出于某种考虑买下小块土地,以及在小持有地和份地创制过程中以购买方式取得了一定量的土地而成为土地所有者,这些人员并非以专职经营农场为生,通常仅是将从事农业视为其第二职业,其成员包括一些小商贩、手工艺者、农业工人等。地产主暂代自有自营农场的所有者为暂代农场主职务的地产主(farmer-in-hand),是以地产主或因农业萧条无法将其农场出租,或在农业形势转好后意图在农业生产经营活动中分得一杯羹而暂时经营其农场的农场主所有者。就这三种农场主使用的英文词而论,owner-occupier最具代表性,因为在英国历史上,土地的实际耕种者(或曰经营者)对其土地(或农场)所享有的权利多是以"占有"表述的。进入20世纪以后,在以英国、法国、德国为代表的西方国家中,随着农场经营权和所有权合一现象的日渐普遍化,owner-occupier等词汇使用的频率逐渐降低,与此同时,受美国家庭农场概念的冲击,西欧国家也开始逐渐以家庭农场指代此处所谓的自有自营农场,由此在西方国家中出现了自有自营农场和家庭农场概念趋同化的发展趋势,家庭农场逐渐成为西方国家通用的概念。

## 第九章　地权转型后的新型农场

　　家庭农场是当今多数西方发达国家占主导地位的农业经营方式。正如著名荷兰农业问题专家 L. 道欧教授所言，"家庭农场仍旧是描述农业部门主导形式的一个恰当的词汇"，"不仅在荷兰，而且在西欧、北欧乃至全世界其他许多地方，家庭农场都是农业的主导形式"[1]。道欧教授的这一观点有着充足的数据支撑。依据欧共体最初 6 个国家于 1966—1967 年的统计数据，当时在这些国家中，约有 86% 的农业劳动力来源于农场主家内劳动力。至 20 世纪 80 年代初期时，英国的农场主及其家庭所提供的劳动力要占到它全部农业劳动力的 61%。另据哈里森（Harrison）所提供的统计数据，1969 年，英格兰约有 97.5% 的农场是以血缘或婚姻为主体经营的家庭农场类型。[2] 通过这些数据不难看出，至 20 世纪下半叶时，大多数西欧国家的农业生产基本单位都已经是家庭农场了。

　　实际上，早在 20 世纪初时，许多西欧国家的家庭农场的比重就已经达到了相当高的水平。例如，根据威廉姆斯（W. M. Williams）的研究，"在 20 世纪初时，家庭农场在英格兰相对少一些，在威尔士较多，而在欧洲大陆则很普遍。例如，在法国，有超过 2/3 的农场是以家庭农场形式经营的。对于家庭农场在英格兰和威尔士的数量及分布状况不易统计，但仍可根据 1951 年时的普查数据以及农业部颁布的年度统计数据做一粗略估算。就英国不同区域家庭农场所占比重而论，在东盎格里亚等地区，家庭农场所占的比重相对低一些，在威尔士、英格兰西北部等地区，家庭农场所占的比重相对多一些。甚至在英国某些特定地区，自有自营农场所占的比重要高达 90% 以上。例如，在北德文郡的阿什沃斯（Ashworthy）地区，根据在 1951 年时的调查统计数据，每 75 个农场中约有 70 个为家庭农场，该地区的家庭农场所占的比重高达 93%"[3]。

　　虽然家庭农场在西方国家中占据着较高的比重，但对于家庭农场的概念，在相当长的时间内一直未曾形成统一的解释。就学者们关于家庭农场的定义是否涉及农场所有权属性而论，主要可分为两种类型。

---

[1] ［荷］L. 道欧、J. 鲍雅朴主编：《荷兰农业的勃兴——农业发展的背景和前景》，厉为民等译，中国农业科学技术出版社 2003 年版，第 109—110 页。

[2] Ruth Gasson & A. J. Errington, *The Farm Family Business*, Wallingford: CAB International, 1993, p. 43.

[3] W. M. Williams, "The Social Study of Family Farming", *The Geographical Journal*, Vol. 129, No. 1, March 1963, pp. 63-65.

仅从农场的经济属性而不涉及农场所有权属性角度而论,比较有代表性的学者有恰亚诺夫、普鲁斯特(Brewster)、奥林·J.斯科威尔(Orlin J. Scoville)等。恰亚诺夫认为,主要依赖家庭劳动而非雇佣劳动的农场类型为家庭农场。[①] 布鲁斯特认为,家庭农场首先是一个能执行管理功能并能够提供至少一半的劳动力需求的农场类型。[②] 这两位学者的解释与美国的斯科威尔的解释相类似,但后者的研究似乎更为系统一些。斯科威尔在就美国不同地区的家庭农场的调查数据仔细分析后概括指出,大致存在三类家庭农场定义:一是家庭农场(family farm),它是一个农场的经营者执行大部分的管理决策,尤其是日常的运营工作,且其作为一个劳动者的雇主的角色与其他功能相比是微不足道的农场类型。二是家庭规模型农场(family size farm),它是一个以普通的家庭规模和管理能力经营的农场类型,它允许合理有效地使用可节省劳动力的设备以及家庭以外的劳动力。三是社会理想型的家庭农场(socially desirable family-size farm),它是一个可允许合理使用可节约劳动力的设备和家庭以外的劳动力,且提供一个其劳动和管理的回报足以维持一个社会可接受的生活水平的农场类型。[③] 通过分析可以看出,这三位学者都是自经济属性角度对家庭农场进行定义的,他们并未关注农场的所有权。

第二类是涉及农场所有权属性的定义,主要的代表学者有加松、舒尔茨等。加松(Gasson)认为,家庭农场经济是以家庭成员为基础的经济类型,是一个以家庭和家庭成员为基本的生产和劳动力单位的经济所有权形式,农场主以农场为生且能将其传承给家族后人。[④] 舒尔茨对家庭农场的定义,体现在他对改造传统农业的制度保证的论述之中。舒尔茨认为,"重要的制度保证是:运用以经济刺激为基础的市场方式,通过农产品和生产要素的价格变动来刺激农民;不要建立大规模的农

---

① [俄] A. 恰亚诺夫:《农民经济组织》,萧正红等译,中央编译出版社1996年版,第20页。

② Sol. Sinclair, "Discussion: Technological Advance and the Future of the Family Farming", *Journal of Farm Economics*, Vol. 40, No. 5, Proceedings of the Joint Annual Meeting (Dec., 1958), pp. 1609-1612.

③ Orlin J. Scoville, "Measuring the Family Farm", *Journal of Farm Economics*, Vol. 29, No. 2, May 1947, pp. 506-519.

④ Ruth Gasson & A. J. Errington, *The Farm Family Business*, pp. 12, 40.

场，要通过所有权与经营权合一的、能适应市场变化的家庭农场来改造传统农业"[1]。显然，舒尔茨的定义中关注到了农场的所有权，认为家庭农场是所有权和经营权合一的农场类型。

综上所述，目前学界对家庭农场存在多种不同的解释，他们在对家庭农场进行定义时，在关注农场的经济属性的同时，或者关注农场的所有权，或者不关注农场的所有权。

对比家庭农场与自有自营农场的概念可以看出，两者不完全等同。自有自营农场更类似于一个经济社会型复合概念：其一，农场主拥有农场的所有权，其二，农场主自己经营农场。这里并没有限定农场的具体规模，凡符合这两个属性，不管其农场面积大小，皆属自有自营农场。但现代意义上的家庭农场，却更像是一个经济概念，强调的是以家庭劳动力为核心，而对农场的所有权属性并未有一个共同的限定，不管是租赁还是自有性质的，凡以家庭劳动力为核心，不管其农场面积大小，皆为家庭农场。家庭农场虽然不等同于自有自营农场，但在当今西方国家，两者之间的区别已是微乎其微，因而在实际运用过程中，学者们常将自有自营农场和家庭农场等同使用，不作具体区分。

本书在论述过程中为了更符合该农场类型兴起后早期时代的特征的表述目的，倾向采用自有自营农场一词，但在就该农场类型发展成熟后的相关问题进行陈述时，也会适当使用家庭农场一词。本书中所提到的自有自营农场和家庭农场均指该时期出现的建立于土地所有权和使用权合一基础上的新型农场类型。

## 二 新型农场兴起原因

自有自营农场，或说家庭农场日渐兴起，不只是英国，同时也是19世纪末期以后的西欧国家农业中的一种普遍的发展趋向。至于其日渐兴起的原因，学界有着不同的解释。有学者认为，家庭农场之所以日渐兴起，是因为它是一种最优化的农业经营方式，也有学者认为是因为家庭农场的经营者们愿意接受更低的收益和生活水准。如果后一种观点成立的话，那

---

[1] ［美］西奥多·W. 舒尔茨：《改造传统农业》，梁小民译，商务印书馆2009年版，"译者前言"，第7页。

么，这些家庭农场的所有者们，又为何愿意忍受更低的利润产出和生活水准呢？客观地讲，他们之所以愿意这样做，是要建立在他们可自此类的所有和经营中获得一种在他们看来具有更高的价值，或者足以抵消他们的此类损失的收益的基础之上的。这些收益，显然不能单以经济上的优越性和进步性做参照，且除他们因其土地的所有权和经营权的完全获得所能享有的一种高度自由、自主的心理满足感之外，很难再找出其他更为合理的解释。遵循这一思路，极有必要就耕种者于其占有地的心态做一探究。

艾伦曾经说过：在英国社会中，"存在着对古罗马时代的（农民）土地所有权的向往……这个愿望在近代英国没有实现，但它为移民美国的盎格鲁-撒克逊人所继承……在北美大陆得到了实现，建立了一个以自耕农为主的社会"①。这一愿望之所以在当时的英国没有实现，与英国民众之间历久以来形成的一种相互信任的理念有关。在这一理念指导下，英国的租地农场主在缺乏所有权的状况下，对其占有地的安全性仍旧维持着一种相当高的水准，且因其他一些因素使然，相比于其他国家，英国租地农场主对所有权的渴望并不强烈。由此而论，自耕种者对土地所有权的强烈追求的心态视角解读英国自有自营农场兴起的原因不完全适用。客观地讲，除了心态要素，自有自营农场在英国的兴起，还与它所具有的下述几个方面的优越性有关。

就自有自营农场与租佃农场相比所具有的优势而论，该类农场受市场价格、工人工资水平变动的影响较小。一般而论，该时期英国的农产品的价格随市场形势的变化波动较大，而同期农业工人的工资一直处于不断上升的趋势，且两者之间的差额日渐增大，在这种形势下，自有自营型家庭农场相比于大型租佃农场受到的打击要小很多。科宁（Niek Koning）曾就英格兰和威尔士的小麦价格和同期农业工人的工资的变动状况做过统计分析（以每五年的平均值做一个计数），并就这一变动状况绘制了一个曲线图。他的这一曲线图，是通过先假定1850年时的小麦价格和农业工人工资的基数为100，而将其他年份与该年份的数据进行比较所得出的数据做计数进行绘制的。根据他所绘制的曲线图：在英格兰和威尔士，1895年时的小麦价格约为63，农业工人的工资约为145；1935年时，小麦的价格约为

---

① Robert C. Allen, *Enclosure and the Yeoman, the Agricultural Development of the South Midland 1450-1850*, Oxford: Oxford University Press, 1992, p. 306.

**第九章** 地权转型后的新型农场

50，农业工人的工资约为 316；1955 年时，小麦的价格约为 280，农业工人的工资约为 1258。[1] 由这组数据可以看出，小麦的价格是极不稳定的，其总体的上涨幅度较低，而农业工人的工资却呈现出稳步上升的趋势，且两者之间的差额日渐拉大，在 1895 年、1935 年、1955 年这三个年份里的差额分别约为 82，266，978。显而易见，依靠雇用工人经营农业的生产方式所面临的风险，要明显大于依靠家庭劳动力的农业生产类型。与此同时，家庭农场还是一种弹性较大、生命力较强的农业生产组织类型。而这一点对农业生产来说尤为重要，因为农业生产部门有它的特殊性，这表现在：农业产出不稳定，具有很大的波动性，农产品的产量要受到许多不可控因素的制约，例如气候、地貌、土壤质地等。也即，农业生产环境是极不稳定的，农业产出的波动幅度是较大的。例如，在遭遇 19 世纪末的农业危机之时，多数西欧国家的农产品产量存在大幅锐减，农产品价格存在大幅度下滑之势。根据英国皇室委员会所做的调查统计数据，在 1879 年时，英国的谷物产量相比于 1873—1877 年的平均产值而论不足 3/4。[2] 在此形势下，如果采用家庭农场生产方式，其农场主可以采用投入更少的运营资本和更多的家庭劳动力的方式进行生产，以度过此困难时期，而同期需要依赖大量雇用劳动力和运营资本的租佃农场则不免陷入破产的境地。此外，普拉巴特·瓦兹（Prabhat Vaze）也曾指出："大地产下的租佃农场的收益状况，还要受到许多不可视因素的影响，如管理技能、诚信等，且有许多重要的因素，需要地产主和租地农场主在签订合约之时，进行某些主观性的评估，在无法获得全部有效信息的情况下，作为租地农场主一方，很容易签订一份对自己不利的合约，以致对其后的农场经营活动造成某些不便。"[3] 而自有自营农场主则不存在这方面的问题。通过以上分析可以看出，自有自营农场是一种弹性更大的、更具优越性的农业生产组织模式。

就与之有关的土地产权结构模式而论，自有自营农场所采用的是一种所有权和经营权合一的土地产权结构模式，这是一种于西方所有权本质属

---

[1] Niek Koning, *The Failure of Agrarian Capitalism: Agrarian Politics in the UK, Germany, the Netherlands, and the USA, 1846-1919*, London: Routledge, 1994, p. 22.

[2] Jonathan Brown, *Agriculture in England: A Survey of Farming, 1870-1947*, p. 3.

[3] Prabhat Vaze, "An Economic Analysis of Tenure in East Anglia Using Qualitative Data", *Journal of Agricultural Economic*, Vol. 49, No. 3, September 1998, pp. 443-457.

性而论最具安全性的土地产权结构模式。在英格兰和威尔士，租佃制的稳定性虽然远高于其他国家，但在遭遇农业危机、地产主土地所有权转手等境遇之时，也难免呈现出不稳定的形态，且在遭遇这种境遇之时，租地农场主也唯有将其承租土地购买下来，通过取得土地所有权的方式，以保证对其当时所经营农场的安全占有。对于这一点，约翰·弗朗西斯（John Francis）曾在1911年发表于《地产公报》上的一篇文章中写道："大地产的解体开始普遍起来……租地农场主……在巨大的不确定性形势下，唯有将土地购买下来。"一些官方数据也证实了这一点，1951年时的柴郡政府工作报告曾指出，"大地产继续解体、促使许多租地农场主被迫买下他们正在承租的农场"①。自有自营农场相比于租佃农场所具有的安全性，还可直接在租地农场主对其承租农场的不安全的占有权上体现出来，这种不安全性直至1947年《农业持有地法》出台以后仍旧存在。例如，加伯特（Marjorie Garbett）女士就曾被冠以违反该法关于良好耕种协议的要求而被农业部自其农场上驱逐，随后农业部接手了她的农场，并在不久之后将其农场投入拍卖市场出售，在经历了这一系列糟心的事件之后，加伯特女士白白损失掉了近一半的购地款。加伯特女士案例绝非个案，根据里莱（Raymono F. Rile）于1972年时所提供的一组统计数据，自1947年以来，英国因耕种不善而遭驱逐的案例不少于376起，且当时约出现过1000个农场主被置于农业部监管之下的案例。②然而，该种土地产权结构在后来农业科技高度发达和政府的新干涉主义农业政策下，与经营权和所有权分离的土地产权结构相比，更能充分地调动农场经营者在运用先进技术、设备进行农业生产方面的积极性。例如，施特劳斯（E. Strauss）和威廉姆斯（R. E. Williams）通过研究指出，"自有自营农场比大地产上的租佃农场的装备要好，且至少是在奶制品农场上，自有自营农场主比地产主投入的资本要多"③。此外，它也是最符合其耕种者对其所耕种土地的地权期许的一种土地产权结构模式，虽然这一点因英国民众历久形成的一些传统观念使

---

① S. G. Sturmey, "Owner-farming in England and Wales, 1900 to 1950", *The Manchester School of Economics and Social Studies*, Vol. XXIII, No. 3, September, 1955, pp. 250, 267.

② Raymono F. Rile, "The British Farmer Seems in Need of A New Magna Charta", *Saturday Evening Post*, Vol. 230, No. 20, 1957, p. 10.

③ E. Strauss, R. E. Williams, "Changes in Net Farm Income in the United Kingdom", *The Economic Journal*, Vol. 82, No. 326, June 1972, p. 615.

第九章 地权转型后的新型农场

然,在英国表现得并不明显,但在多数西欧国家却是一个普遍的事实。

上述几个方面的优越性相比于土地占有者对土地所有权不止渴求的心态,在导致英国自有自营农场兴起和发展的过程中所产生的影响还要更大一些。此外,通过对英国目前家庭农场的研究还可以发现,它与现代化的生产技术相融合的程度较高,因而与先前历史上所存在过的以自耕农为主的农业经营形态有所不同。

英国的自有自营农场自它产生之初起,农场面积相对他国而论比较大,但仍旧存在一些小型的自有自营农场,且就整个西欧国家的总体状况而论,在自有自营农场产生之初,其农场规模一般都较小,它们在资金、技术等方面存在许多固有缺陷和不足,为了有效地规避这些缺陷和不足,在当时的西欧多数国家,都有发展起一些不同类型的农业合作组织,且在其发展过程中,各国政府都有制定一些相应的扶持和帮助政策。例如,1923—1924年,英国约有181个销售型农业合作组织;[①] 至1917年时,瑞士共计有10137个农业合作社;[②] 至1918年时,德国登记在册的农业合作社的数量为37284个;[③] 至1910年时,法国农业合作社的数量约为5000个。[④] 通过这些数据不难看出,该时期的许多西欧国家都发展起不同程度的农业合作组织。此外,该时期西欧各国政府也都有采取一些扶持和帮助农业发展的政策。例如,在20世纪20年代时,英国政府平均每年用于农业教育和农业技术研究的公共基金约为70万英镑。[⑤] 在20世纪60年代中期,联邦德国政府的国家预算中得自农业的收入约为0.7%,而支出约为7%,两者的比重约为1:10,显然,其对农业的扶持力度是非常高的。[⑥] 而另据中国一代表考察团所给出的数据,仅在1977年一年里,联邦德国政府对其农业的投资就高达130亿马克,而同期法国的投资也高达473亿法

---

[①] H. Whetham, *The Agrarian History of England and Wales*, Vol. Ⅷ, 1914-1939, Cambridge: Cambridge University Press, 2000, p. 151.

[②] Anonymous, "Cooperation Abroad", *Monthly Labor Review* (pre-1986), No. 11, November 1920, p. 128.

[③] Florence E. Parker & A. J. Zelenko, "Cooperation and Profit Sharing", *Monthly Labor Review*, Vol. 10, No. 6, June 1920, p. 132.

[④] [英]克拉潘:《1815—1914年法国和德国的经济发展》,傅梦弼译,商务印书馆1965年版,第214页。

[⑤] H. Whetham, *The Agrarian History of England and Wales*, Vol. Ⅷ, 1914-1939, p. 201.

[⑥] 裘元伦:《西德的农业现代化》,农业出版社1980年版,第162页。

郎，与此同时，两国也都有为其农业发展提供大量的低息贷款，并规定银行由此减少的利息由国家补偿，在1977年时，两国为此提供的补贴分别约为21亿马克和37亿法郎。① 通过这些数据不难看出，该时期西欧各国对各自农业的扶持和帮助力度都非常大。该时期各国的农业合作组织，以及各国政府的农业扶持和帮助政策，为该时期自有自营农场的快速发展提供了重要保障，而与之相适应的土地产权结构模式则为其快速发展提供了最根本的前提和基础。

### 三　新型农场发展状况

20世纪里，自有自营农场日益成为英国农业发展史上的一种重要的农场经营形式。在英格兰和威尔士，1914年时约有10.9%的耕地面积是由所有者自己经营的，至1983年时这一比重上升至60.2%，就其所占持有地数量的比重而论，则由11.3%上涨至70.4%（见表9—1）。一战、二战后初期的大地产大规模解体时期，是此类农场迅速增多的时期，借此时机，英国自有自营农场迅速发展起来。

自有自营农场主就其对土地所享有的所有权和经营权属性而论，极类似于英国历史上的自耕农（小土地所有者），他们在英语中都称为 owner-farmer 或 owner-occupier，但在圈地运动尤其是议会圈地运动时期，自耕农大规模消失了，代之而起的是拥有丰厚资本和良好耕作经验的大型租地农场主，也正是基于此原因，有人将20世纪的自有自营农场主视为小土地所有者的复兴。在英格兰和威尔士，1887年英国农业部有关农业的统计数据是涉及自有自营农场的第一份官方统计数据，自此之后，此类调查数据并非每年都有。表9—1中就一些数据进行了汇总，通过对这些数据的分析，大致能够看出该时期英国的自有自营农场发展状况。②

根据表9—1中所显示的数据，1888年时，在英格兰和威尔士，超过1英亩的自有自营农场的数量和面积比重分别为14.5%和15.4%。这一数据直至一战前夕未曾发生过大的变动，但在一战以后迅速增加，至1927年

---

① 《中国农业代表团关于罗马尼亚、西德、法国农业的考察报告》，1978年12月7日，中共固始县委办公室，翻印，第9页。

② Heather A. Clemenson, "Agricultural Land Tenure in England and Wales and Ontario: Past, Present and Future", *Agricultural Administration*, No. 14, 1983, p. 214.

第九章 地权转型后的新型农场

时，分别增至36.6%和36%。1927年以后，自有自营农场增长暂缓，1941年的农场状况调查数据显示，该年自有自营农场的比重与1927年相比，无论是在数量还是面积上都没有太大的变化，其数量和面积比重仅由1927年时的36.6%和36.0%上升至1941年时的39.0%和38.0%。二战爆发以后，尤其是在因遗产税迫使的大规模旧家族地产出售之时，出现了另一个自有自营农场显著增多的时期，1941—1960年，英国自有自营农场的数量和面积所占的比重，分别约由39.0%和38.0%，上升至60.0%和53.1%，且此后还继续增加，至1983年时，其比重分别上涨至70.4%和60.2%，显然自有自营农场已经成为当时英国占主导地位的农业经营方式了。

表9—1 1888—1983年英格兰和威尔士面积在1英亩以上的自营农场所占的比重状况

| 年份 | 占总数量的比重（%） | 占总面积的比重（%） |
| --- | --- | --- |
| 1888 | 14.5 | 15.4 |
| 1891 | 14.6 | 15.0 |
| 1908 | 12.8 | 12.3 |
| 1909 | 13.0 | 12.2 |
| 1910 | 12.8 | 12.2 |
| 1911 | 12.4 | 11.9 |
| 1912 | 11.7 | 10.9 |
| 1913 | 11.2 | 10.6 |
| 1914 | 11.3 | 10.9 |
| 1927 | 36.6 | 36.0 |
| 1941 | 39.0 | 38.0 |
| 1950 | 56.7 | 49.2 |
| 1960 | 60.0 | 53.1 |
| 1975 | 62.9 | 53.7 |
| 1983 | 70.4 | 60.2 |

资料来源：(1) S. G. Sturmey, "Owner-farming in England and Wales, 1900 to 1950", *The Manchester School of Economics and Social Studies*, Vol. XXIII, No. 3, September, 1955, pp. 247, 249;

(2) David Grigg, *English Agriculture: An Historical Perspective*, Oxford: Basil Blackwell Ltd., 1989, p. 104.

总之，20世纪是英国的自有自营农场日渐取代租佃农场成为英国占主导地位的农场经营模式的时代。自有自营农场的兴起，是租地农场主的土地所有权获得的体现，同时也是农业大地产运行的基础——租佃农场退出历史舞台的见证。自有自营农场作为一种新的农业经营制度方式，是随着当时英国社会形势变革的需要逐渐发展起来的，且具有强大的生命力。

（一）自有自营农场不断增多

19世纪末的农业大萧条的爆发，推动了当时英国自有自营农场的发展，使地产主暂代型自有自营农场、农场主自有自营农场所占的面积和数量比重增多。农业大萧条的爆发，使得许多租佃农场难以出租而大量搁置在地产主手中。例如，1880—1890年，在霍克汉姆地产上出现了10个空佃农场，至1890—1900年时，又增加了18个。在此期间，很难找到拥有充沛运营资本的租地农场主。农业皇室委员会报告称，"可能莱斯特勋爵是一个例外，且在他的地产上的确存在一个传统，即不允许好的租地农场主离开，然而，仍有42%—56%的农场留不住租地农场主"①。这许多空佃农场只能被搁置在地产主手中，暂时出现所有权和经营权合一的农场经营模式。但这些仅是一个暂时现象，待农业形势转好后，它们多被重新转租出去，故严格地讲，它们并非真正意义上的自有自营农场。此外，在遭遇19世纪末农业大萧条以后，一些地产主出于重新调整其投资组合方式的考虑，有将其一些偏远地产出售，而这些被出售的地产，多被待售农场上的承租农购买，这在农业生产形势开始逐渐转好后的20世纪初时表现得比较明显。乔纳森·布朗（Jonathan Brown）通过研究指出，"他们（贵族和乡绅）在一战以前的年份里开始出售大量的土地，一部分原因是所处的劳合·乔治时期的《财政法》所开启的敌视地产主的政治环境使然，但更多的原因是自土地所获得的租金收入很低，故从贝德福德和萨瑟兰公爵到一些小乡绅，都将他们的地产（主要是一些偏远地产）投放到市场上。在1914年以前的5年里，他们共约出售了80万英亩的土地"②。总体来讲，就目前所能接触到的英国官方统计数据而论，1887—1913年英国的自有自

---

① Susanna Wade Martins, *A Great Estate at Work: The Holkham Estate and its Inhabitants in the Nineteenth Century*, p. 111.

② Jonathan Brown, *Agriculture in England: A Survey of Farming, 1870-1947*, p. 85.

## 第九章　地权转型后的新型农场

营农场开始缓慢增多。

与此同时，就表9—1所显示的统计数据而论，1908—1913年有关自有自营农场的统计数据可能是低于实际水平的。至于原因，首先，这一统计数据中可能包含了地产主暂代自有自营农场类型，因该时期农业生产形势的恢复使此类自有自营农场重新转变为租佃农场，由此导致了总体自有自营农场比重增加相对较为缓慢，甚至有少许减少的现象。其次，1909年的《财政法》的某些规定所造就的敌视整个土地所有者阶层的政治环境，可能也会促成这一状况。该法是由劳合·乔治（Lloyd George）政府在位时期出台的一项财政预算政策。劳合·乔治向来以打击地产主的政治理念和行动著称，且他的政治生活也的确是从打击地产主开始的。1890年，他首次在教区参加竞选之时，就已经在其竞选宣言中提及了改革土地税等相关内容，而他的首个针对非威尔士（Non-Welsh）问题的政治战争即攻击亨利·卓别林（Henry Chaplin）的《农业减税议案》（Agricultural Derating Bill）。继劳合·乔治独立对抗该议案若干年以后，土地改革成为激进分子们广泛使用的口号，至1906年时，新入下议院的年轻的自由党成员们开始积极致力于改革当时的土地制度。在劳合·乔治和这些激进的自由党改革者们的眼里，"土地——是敌人。闲置的土地掌握在无所事事的人手中。土地应该属于国家、工人以及工商业企业家，属于那些使英国成为世界工厂的人们"[1]。在这样的政治理念指导下，劳合·乔治政府出台了一系列打击地产主的政策和法案，其中最为著名的便是此处提到的《财政法》，该法引入了一套新的土地价值评估标准和征收土地税方法。对于这一新的评估标准和征税办法，1909年7月14日，劳合·乔治在莱姆豪斯发表的演说中做了详细的阐述。此外，他也曾在不同的场合、不止一次地提及过相似的看法：

> 现在的敌人是土地所有者，不论在城市，还是在乡村。打击他们的方式是，对土地进行等级评定，将其革新部分单列出来，并对其革新部分通过税收或价格的方式给予某些救济……将土地上的部分税收负担，由……乡村租地农场主……转移至土地所有者身上……（因为

---

[1] Bentley Brinkerhoff Gilbert, "David Lloyd George: Land, the Budget, and the Social Reform", *The American History Review*, Vol. 81, No. 5, 1976, pp. 1062-1066.

后者）对国家财富毫无贡献。①

从劳合·乔治的说辞中可以看出，当时的政府欲打击的目标并不仅仅是大土地所有者，而是将矛头指向了整个土地所有者阶层，它将拥有土地视为一种政治上的罪恶，在此形势下，一些新出现的自有自营农场主难免会做出隐瞒其农场所有权的举动。再者，就租地农场主而论，他们是存在着购买动机的，而此时最为可能的动机主要产生于对所有权可能带来的安全占有土地的期许。正如安德森·格林厄姆（P. Anderson Graham）所指出的：

> 在租佃制下，租地农场主对其土地的占有具有很大的不确定性。例如，一个租地农场主在其所耕种的土地面临因遗产继承而发生转移之时，若该地产的新继承人是一个挥霍无度的人，一旦其接手土地，则不免会让他的律师尽可能多地自土地上不计代价地攫取钱财，直至该土地被拿到市场上拍卖，而当该土地被一个倾向从纯经济角度对待农场投资的新购买者接手后，为了更好地获得投资回报，不免会提高土地的租金，就此而论，租地农场主可能面临的未来的租赁成本要远比现在昂贵得多。由此，在其持有的农场被其地产主出售之时，租地农场主倾向（即便是以较高的价格）自己购买下来。②

与此同时，租地农场主通常对其所耕种的土地有着深厚的感情，他们也担心因地产主将其所耕种的农场卖出而被迫离开农场后会很难再寻得合适的租佃农场，因而在地产主欲出售其承租农场时，通常会考虑自己买下来。由此可见，该时期存在新自有自营农场增多的情形是现实的，而这些租地农场主在买下其农场，成为新自有自营农场主之后，在遭遇国家政策对土地所有者不利时，也难免会刻意隐瞒其所拥有的农场所有权状况。最后，1908年《财政法》和1908年《农业持有地法》的出台，就其实践结果而论，都加速了土地贵族大地产的解体，促使一些土地的所有权由地产

---

① Bentley B. Gilbert, "David Lloyd George: 'The Reform of British Landholding and the Budget of 1914'", *The History Journal*, Vol. 21, No. 1, March 1978, pp. 118-124.

② P. A. Graham, *The Rural Exodus: The Problem of the Village and the Town*, pp. 141-142.

**第九章** 地权转型后的新型农场

主向租地农场主转移，由此导致了一批新自有自营农场的产生。例如，1912年时刊发于《地产公报》上的一份报道中指出，"由于大地产的解体，大量土地被投放到市场上，其中一个很大的比例为租地农场主购买"①。

继此之后，就1914年和1919年两年的统计数据相比较而论，似乎自有自营农场在此期间的增加幅度并不大。如表9—1所示，其所占有的数量和面积的比重，仅约由1914年时的11.3%和10.9%，上升至1919年时的11.7%和12.1%。但随后的1919—1927年，却是自有自营农场迅速增多的一个重要历史时期，且绝大多数新增的自有自营农场都出现于该时期。②

该时期自有自营农场增加的原因，主要是租地农场主和地产主基于各自不同的境遇而对土地产生的不同态度引发大量地产由地产主转手至租地农场主所导致。该时期待售地产的"购买者，几乎都是租地农场主……许多土地都转手至租地农场主手中"③。至于租地农场主购买土地的原因，则有多种解释，具体而论：

首先，租地农场主想要保证他们对其世代耕种农场的占有。"如果大地产解体，最好的方式是将他们的农场买下来，而非接受一种新的不确定的租佃制。"④ 至于具体的原因，与一战前夕租地农场主购买土地的原因是一致的。

其次，租地农场主们在一战期间所积累的丰厚资本，保证了他们在其地产主于一战后初期欲出售其承租的农场之时，有能力买下它们。一战的爆发刺激了当时英国农业的繁荣，且基于以下5个方面的原因，租地农场主自其中的获益较大。

第一，英国农产品的价格大幅度上升，农场纯收入大幅度上升。布朗的研究证实了这一点。他先假定1913—1914年时的某些农产品的价格基数为100，随后将一战期间各年份的价格与之进行对比，由此得出的数据是，在1914—1915年时，英国的谷物、奶制品、土豆等农产品的价格分别约为

---

① S. G. Sturmey, "Owner-farming in England and Wales, 1900 to 1950", *The Manchester School of Economics and Social Studies*, Vol. XXIII, No. 3, September, 1955, p. 250.
② Alun Howkins, *The Death of Rural England, A Social History of the Countryside since 1900*, p. 38.
③ Jonathan Brown, *Agriculture in England: A Survey of Farming, 1870-1947*, p. 85.
④ Jonathan Brown, *Agriculture in England: A Survey of Farming, 1870-1947*, p. 85.

130、103、113，但至1918—1919时，分别上涨到了234、258、247。分别上涨了约80%、150%、120%。且就英国的农场纯收入而论，约由1914年时的5800万英镑，上涨至1918年时的1.73亿英镑，上涨了近4倍。①

第二，地租在这些年里几乎没有变化。例如，根据杜威（P. E. Dewey）的统计，1914—1918年，农场主们的开支中，每年用作地租的花费分别为（单位为百万英镑）33.5、33.5、33.9、34.0、33.4。②

第三，在此期间，农场主们的其他开支，诸如劳动力、饲料和肥料的价格虽有所上涨，但其涨幅要远远小于农场主们的纯收入上涨的幅度。例如，虽然1918年时劳动力的价格比1914年时提高了2/3，1917年时饲料和肥料的价格比战前提高了75%和52%。③ 但根据杜威的统计，1914—1918年，英国农场主们的纯收入却上升了近4倍，由5800万英镑上升至17700万英镑，这一数据与前述的布朗所统计的数据基本一致。显然，就农场主们的收入水平上涨幅度而论，不仅应对此类的支出毫无压力，还能有很大的盈利空间。④

第四，政府在战时的新干涉主义农业政策进一步助长了农场主们的优势地位。例如，1917年的《谷物生产法》不仅就此后6年里的谷物最低价格做了具体的规定，还就地产主的地租做了某些具体的限制性规定。就谷物价格而论，按照该法案的相关规定，1917—1922年每夸脱小麦和燕麦的最低价格分别为：60先令、55先令、45先令、38先令6便士、32先令、24先令。就地租水平而论，在该法案通过后的地租安排，不应超过该法令第一部分未被执行时所获得的数量。这是一个很不公平的规定，对土地所有者不利，使他们难以根据通货膨胀后的形势提高租金，但使得租地农场主能够获得更多的收益。与此同时，该时期英国政府还采取了一些缓解一战期间农业劳动力供应不足的应对性举措。例如，政府直接将一部分军人和犯人投入到农业生产，并于1916年组织了一个更具效率和经过了更好训练的受过教育的妇女志愿组织——妇女土地军队，以改善当时的农业劳动

---

① Jonathan Brown, *Agriculture in England: A Survey of Farming, 1870-1947*, p. 61.

② P. E. Dewey, *British Agriculture in the First World War*, London & New York: Routledge, p. 231.

③ Jonathan Brown, *Agriculture in England: A Survey of Farming, 1870-1947*, p. 62.

④ P. E. Dewey, *British Agriculture in the First World War*, p. 232.

第九章　地权转型后的新型农场

力短缺困境。此外，政府还致力于增加农业中可用的畜力和机械动力，甚至由政府出资由美国购入了一批农用机械。根据杜威的统计，在1918年时，英国于农业中共计使用了约14.93万个犯人和6.97万个妇女土地军成员，且在1914—1918年自美国购买了约7073辆农用机械，这些措施大大缓解了该时期的农业劳动力供应不足的状况。①

第五，该时期的农业收成也非常好。例如，1918年时，英国的小麦、燕麦、土豆的产量，与1916年相比，分别上涨了约56%、38%和68%。②总之，在上述诸多因素的共同作用下，租地农场主们的收入状况以及整体资金实力状况都大幅度上涨。1914—1918年，租地农场主们的收入所占农场总收入的比重约由44%上升至64%，而同期的土地所有者和农业工人的收入比重则分别约由25%和30%下降至12%和24%。③ 显然，一战期间农业部门迅速增多的财富主要为租地农场主们所取得，他们在此期间积累了大量的财富，这保证了他们在一战后初期于其地产主欲出售其承租的农场之时，有足够的资金买下它们。

除上述因素之外，农场主购买土地还有着其他一些层面的考量。其中比较典型的是，一战后初期的高土地价格和低租金收入形势刺激了租地农场主们购买土地的欲望。例如，在第三代莱肯菲尔德（Leconield）男爵位处苏塞克斯郡的2.5万英亩地产上，于1920年时的租金收入约为10英镑每英亩，至1920年下降至5英镑每英亩。在这一租金收入减半的情况下，土地的市场价格却持续升高。1918年，在英格兰和威尔士，每英亩土地的价格约为29.6英镑，而至1920年时却激增至35.1英镑。④ 在此形势下，当时一些需要缴纳较低的地租的旧家族地产上的租地农场主认识到，在他们的农场被卖出后，他们需要缴纳的租金很可能会翻番。因而，在其农场被卖出时，他们倾向将其买下来。⑤

此外，租地农场主们得以在该时期买下他们正在承租的农场，还在于他们享有对其所经营农场的优先购买权。阿伦（Alun Howkin）指出，"如

---

① P. E. Dewey, *British Agriculture in the First World War*, pp. 94, 71, 122, 131, 150.
② Jonathan Brown, *Agriculture in England: A Survey of Farming, 1870-1947*, p. 73.
③ P. E. Dewey, *British Agriculture in the First World War*, p. 236.
④ H. Whetham, *The Agrarian History of England and Wales*, Vol. Ⅷ, *1914-1939*, p. 137.
⑤ Madeleine Beard, *English Landed Society in the Twentieth Century*, p. 40.

果一个地产主要出售其农场，他首先是出售给农场上现有的租地农场主，如果他拒绝，才会卖给另外一个不甚如意之人"①。当然，租地农场主们自己也认为，如果地产主要出售其农场，最好的方式是自己出钱买下它们。

此外，在当时的英格兰和威尔士，不管租地农场主购买其农场的原因是什么，都是以贷款和上涨了的价格购买的，他们欲成为土地所有者比作为一个租地农场主的成本要高很多。阿狄森（Addison）勋爵评论说："租地农场主为了购买其农场通常要以抵押的方式借得2/3的购买款，而余下的部分则还得花上他们全部的积蓄。"的确如此。例如，在诺福克，土地价格由1914年时的17英镑每英亩，上涨至1920年时的28英镑每英亩，上涨了约60%，在此形势下，正如亚力克·杜埃（Alec Douet）所指出的，"这里的农民为购买其所占有的土地，经常不得不通过非正常的渠道，自律师、拍卖商等处以高利贷方式筹措购地款"②。基于此类史实，1919年时爱德华·斯特拉特（Edward Strutt）对皇室委员会说：

> 我不能说他们（租地农场主）以当时的高价格购买下土地是明智的，但他们中的许多人并不想失去所承租的农场，他们想待在他们现在的农场上，为此不得不支付较高的价格买下它们，以保证安全地占有他们所经营的农场。③

但换一种角度考虑，虽然该时期的土地价格很高，但土地的利润也非常高，当时租地农场主的境况相对来说还是比较好的。在当时地产主所处的总体经济环境以及其自身经济实力状况下，恰如1924年时埃菲尔德（Enfield）所描述的，在该时期，"他们（租地农场主们）做得很好，可以轻松地应对高土地价格，并不需要过多的抱怨"④。

---

① Alun Howkins, *The Death of Rural England, A Social History of the Countryside since 1900*, p. 34.

② Alun Howkins, *The Death of Rural England, A Social History of the Countryside since 1900*, p. 39.

③ Alun Howkins, *The Death of Rural England, A Social History of the Countryside since 1900*, p. 38–39.

④ R. R. Enfield, *The Agricultural Crisis, 1920–1923*, London: Longman, Green & Co., 1924, p. 9.

第九章 地权转型后的新型农场

在经历了该时期的大规模出售土地的狂潮所导致的自有自营农场显著增多之后，自1921年后期至1923年很少再有新的自有自营农场出现。伴随着当时经济形势的下滑，尤其是1921年《谷物生产法》的废除，打破了谷物价格保护机制，导致当时土地的转手规模不足1920年时的一半。在当时的形势下，尽管土地价格下滑，但土地买卖状况并不稳定，租地农场主们因担心农业萧条再次爆发，购买土地的愿望远不如之前强烈。且一些在1919—1920年时以较高的土地价格购买了土地的自有自营农场主们，在遭遇1921年的农产品价格下滑之时，发现他们要为购买土地所支付的抵押贷款利息比地租要高得多，且失掉了地产主们的保护，正陷入异常的困境之中，其土地多因无法偿还贷款而不得不以较低的价格卖出。这一状况为一些学者们的研究所证实。汤普森通过考证指出，"在20世纪30年代时，银行几乎拥有半个诺福克郡，其新自有自营农场主们发现他们遇上了20世纪20年代以来的最坏时节"。然而，这种形势并未完全抵消自有自营农场增多的趋势，尽管当时的农业前景黯淡，仍有一些土地被以拍卖的方式转为自有自营农场。正如里彭（Rippon）所言，在当时的英国，"以拍卖方式进行的农业土地出售状况是相当令人满意的，在许多案例中，农场为租地农场主以大幅度减少的价格购得""在过去的一年里，以此方式增长的小土地所有者的数量很多"[①]。

对于1923年以后的发展状况，汤普森称，"1924—1925年是自有自营农场的另一个短暂的增长期"[②]。就当时的实际状况而论，这种评价是比较客观的。因为当时的土地价格自1921—1922年的经济衰退中有所恢复，农业收入有所上涨，一些对未来农业前景及土地价格水平持悲观态度的地产主们，尤其是商业和工业中在先前的10年或20年里购买了土地的新富裕者，很可能会将这一有所恢复的土地价格视为一个新的出售良机而将资金由土地中撤出来，并转投到其他行业之中。由此可见，在当时是存在着良好的土地卖方市场的，与此同时，当时的土地买方市场也是很不错的。布顿（E. E. Buton）曾于1924年举行的一次平民院辩论会上提到他曾见过一

---

[①] F. M. L. Thompson, *English Landed Society in the Nineteenth Century*, pp. 331, 334; S. G. Sturmey, "Owner-farming in England and Wales, 1900 to 1950", *The Manchester School of Economics and Social Studies*, Vol. XXIII, No. 3, September, 1955, p. 256.

[②] F. M. L. Thompson, *English Landed Society in the Nineteenth Century*, p. 331.

个农场收到60份（购买）申请。在1925年以后，自有自营农场继续增多，1926年时的一份《地产公报》曾指出，当时有许多农场及农业地产待出售，且它们多被其正在承租中的租地农场主所购买。[①]

综上所述，20世纪初至1927年，是英格兰和威尔士的自有自营农场的数量迅速增多的一段历史时期，至1927年时，已有超过1/3的土地是由耕种者自己所有的了。自此之后，因遭遇20世纪30年代的经济危机以及二战浩劫，似乎自有自营农场增加的比例并不会太大。例如，在1927年时，自有自营农场的数量和面积的比重约为36.6%和36.0%，至1941年时增加至39.0%和38.0%。在此期间，仅增长了2.4%和2%。但在二战后初期，则进入另一个迅速增长时期，至于原因，在地产主出售地产的原因上与一战后期有所不同，相对而言，遗产税成为新的导致地产主大规模出售的一个重要因素。但就租地农场主购买土地的原因而论，与先前大致相同，在寻求安全占有农场的心态之外，租地农场主的经济实力也有了进一步的提高，他们购买土地的能力也随之进一步增强。贝勒比（J. R. Bellerby）就1867—1938年英国农场收入的分配状况的研究结果可以为证。贝勒比在做数据对比时，先假定1867—1873年的指数基数为100，并将其他年份的数据与此对照，得出结果称：1923—1929年时，英国农场主及其亲属平均每周的实际收入约为121.7，到1936—1938年时，上涨至236.8；而同期农场工人平均每周的工资则由158.8上涨至189.1。[②] 显然，在此期间，英国的租地农场主们的收入大幅度上升，这种增长趋势在整个二战期间得以延续。例如，在英格兰和威尔士，种植型农场的纯收入，约由1937—1938年时的285英镑，上升至1943—1944年时的1545英镑，同期畜牧农场的收入，则由196英镑上升至661英镑。[③] 而这些增多了的收入，同样主要落入了租地农场主们的腰包。租地农场主收入的上涨，使他们于二战后初期的土地家族大地产大规模解体之时，有能力购买下他们所承租的农场，这推动了英国土地产权结构的进一步变革。至1950年时，英国的

---

① S. G. Sturmey, "Owner-farming in England and Wales, 1900 to 1950", *The Manchester School of Economics and Social Studies*, Vol. XXIII, No. 3, September, 1955, pp. 257-258.

② J. R. Bellerby, "Distribution of Farm Income in the United Kingdom, 1867-1938", *Journal of Agricultural Economics*, Vol. 10, No. 2, 1950, p. 134.

③ Jonathan Brown, *Agriculture in England: A Survey of Farming, 1870-1947*, p. 144.

自有自营农场的数量和面积的比重都大幅度增加，分别增至 56.7% 和 49.2%。此后，英国的自有自营农场的比重仍旧维持逐渐上涨的趋势，至 1960 年时，进一步增至 60.0% 和 53.1%，且至 1983 年时，又分别增至 70.4% 和 60.2%。显然，自有自营农场已经成为英国占据主导地位的农业经营组织方式。

（二）向家庭农场结构演进

在自有自营农场日渐兴起的同时，就农场所使用的雇用劳动力的状况而论，还存在着一个逐步走向以家庭劳动力为主的趋势。这一农场劳动力结构的转变，与同期相对较高的农业工人的工资水平、现代农业生产技术的进步以及农用机械的广泛使用有关。

其一，农业工人的工资水平相对较高，促使农场主们更多地转为依赖家内劳动力。在 1922 年年末时，英国普通农业工人平均每周的工资约为 1.4 英镑，这一工资水平就农场主们的负担能力而论，相对较高，因而一些农场主希望减少农业工人的工资。1923 年年初，诺福克郡的农场主要求将他们所在郡的最低农业工人的工资降低至约 1.23 英镑每周（平均每小时约为 5.2 便士），尽管当时该郡的筑路工的工资约为 10 便士每小时。这种状况激化了农业工人与农场主之间的矛盾，农场主们无力负担高水平的农业工人工资，而农业工人在就其工资水平与其他行业相比较时，同样不满足于其现有的工资水平。在此形势下，农场主们唯一的出路是，逐渐减少其农场上的雇用劳动力的数量。据统计，1921 年，在英格兰和威尔士的农业中，21 周岁及以上的男性雇工约为 45.7 万人，但至 1929 年时，减少至约 45.2 万人，同期 21 周岁以下的男性雇工，由约 15.5 万人下降至约 12.5 万人，常规女性雇工由约 7.3 万人下降至约 6.7 万人，临时男性雇工由约 13.1 万人减少至约 9.1 万人，临时女性雇工由约 5.3 万人减少至约 3.5 万人。[1] 由此可见，该时期几乎所有类型的农业雇工的数量都大幅度减少了。继此之后，尤其是在遭遇 20 世纪 30 年代的经济危机之时，农场主在面临其农场收入急剧下滑的形势下，更是进一步主动减少了农业工人的使用量，以应对农业经济不景气。据统计，遭此经济危机，当时英国的农业工人的数量约由 1930 年时的 85.7 万人，下降至 1938 年时的

---

[1] H. Whetham, *The Agrarian History of England and Wales*, Vol. Ⅷ, 1914 - 1939, pp. 154, 156.

69.7万人。① 随着这种形势的发展，英国的多数农场逐渐转为越来越依赖农场主家内劳动力形式，故家庭农场类型逐渐增多。

其二，农业生产技术的进步，以及现代化的农用机械的广泛使用，大大减少了农业劳动力的需求量。例如，20世纪20年代时，某些农场主已经开始率先使用"挤奶机"，此类农用机械的使用可大量节约农业劳动力。沃尔特郡的霍希尔（J. Hosier）就曾在他生活的时代率先于其牛奶生产业中使用了"挤奶机"，当时的挤奶机约能完成60头至70头牛的挤奶工作，且仅需要一名成年男性工人和一名儿童监督即可。这种挤奶机在当时的沃尔特郡和它附近的几个郡使用得相对比较多，至1930年时，在这些地区共约存在着110台挤奶机。② 此外，当时开始普遍使用的拖拉机、翻土机、谷物收割机等，也都是一些可大大节约劳动力的现代农用机械，随着这些先进农用机械设备的使用，农业中的实际劳动力需求量也逐渐降低，在一些农场上，借助这些可节约劳动力的农用机械所提供的帮助，农场主在多数情况下单依靠其家内劳动力已经足以完成农场上的大部分农业劳动，仅需要在一些农忙时节雇用一些临时雇工即可。这一形势的发展，同样促使了农场上的劳动力结构向家庭农场类型转变。

由此可见，在自有自营农场日渐兴起的同时，英国的农场还存在着一个逐渐向家庭农场类型转变的趋势，这一发展趋势同前述的自有自营农场的发展趋势一起，保证了英国的农场逐渐向自有自营型家庭农场转型。

综上所述，20世纪的英国农业史，是自有自营农场迅速增多与不断发展的历史，且主要经历了两个迅速增多、发展的历史时期，即两战后初期。就这一转变的具体原因而论，与其他西欧国家的耕种者主动追求土地所有权的行为不同，英国租地农场主土地所有权的获得更多的是一种于被动下的主动行为。但不管怎样，英国最终还是走向了土地所有权和经营权合一的土地产权结构模式，步入了自有自营农场为主要农业生产组织模式的时代。与此同时，就农场劳动力的组成结构而论，还存在着一个向家庭农场结构演变的趋势。使得英国最终走向了与西欧他国类似的自有自营型家庭农

---

① Michael Tracy, *Government and Agriculture in Western Europe 1880-1988*, London: Harvester Wheatsheaf, 1989, p. 160.

② David Taylor, "The English Industry, 1860-1930", *The Economic History Review*, Vol. 29, No. 4, 1976, p. 597.

场生产模式。

## 第二节 新型农场优劣势及其问题应对

土地所有权和使用权合一的新型农场是建立在稳定、明晰化的土地产权基础之上,并以追求利润为目标的适度规模的农业经营模式。在此类农场上,农民能够实现土地所有权的获得之感,其生产积极性显著提高。此类农场具有顽强的生命力,与之前的租佃农场相比,其应对农业萧条的能力更强。但该类农场也存在一些固有的缺陷和不足,其可以利用的农业资本较少,利用科技进步的能力较低,小农场主在不同的市场交易环境中所处的地位相对也比较弱。其良性存续与发展,还需要借助个体农业生产者之间的合作以及依托农业科技的进步,需要借助政府的扶持和帮助才能获得更好的发展。

### 一 新型农场优劣势

(一) 新型农场优势

相对其他国家,在向自有自营农场转变的过程中,英国的租地农场主们的资金比较充沛,英国自有自营农场的兴起与发展,建立在它的农业在此之前已经高度发达的基础之上。也正是基于这一原因,在英国后来的农业地权变革过程中,一些较大型的租佃农场的承租者,为了更为稳定地占有其承租农场以及盈利目的,有动机、有能力买下这些农场,故英国的自有自营农场在它产生之初,农场的规模相对比较大。根据斯特姆的研究结果,1909—1927年,英国新增加的自有自营农场中,增长幅度最大的农场类型是面积为50—300英亩的农场,其增长率约为3.56%,且单就1927年时的自有自营农场于不同规模的农场中的分布状况而论,300英亩以上的自有自营农场在此类农场类型中所占的比重约为38.44%。[1] 就农场的适度规模而论,面积在300英亩左右的农场在产值方面的优势要略好,这为一些学者的研究所证实。

---

[1] S. G. Sturmey, "Owner-farming in England and Wales, 1900 to 1950", *The Manchester School of Economics and Social Studies*, Vol. XXIII, No. 3, September, 1955, p. 258.

1935年时，卡斯劳（Carslaw）博士和格拉夫（P. E.Graves）曾向皇室统计协会递交了一份名为"劳动力账单和种植农场产值"的报告，两位作者就1931—1935年东部郡区约1000个种植农场的农场管理账单做了详细的分析，该报告中最核心的部分被以图表形式发表于1935年的皇室统计协会杂志上，其名称为："不同规模的农场总产值与单位劳动力产值之间的关系。"根据这两位学者的研究成果可知，在农场的总产值小于1750英镑之时，农场规模的扩大与单位劳动力产值之间的关系呈正相关。继此之后，1955年，科林·克拉克（Colin Clark）和琼斯（J. O. Jones）利用1951—1952年农场管理调查报告，选取了几乎涵盖所有规模和类型的共计2354个农场案例（排除专业型的家禽养殖、园艺农场），通过对这些农场上的农场产值和单位劳动力产值的具体分析，对前述克劳斯-格拉夫的研究结果做了进一步的修正和完善，根据他们的研究结果，在平均规模约为370英亩且雇用有7个农业劳动力的农场上，农场净产值最优。[①]

综合斯特姆和前述学者们的研究成果可知，在20世纪初，英国新增自有自营农场中300英亩左右的农场所占的比重并不低，且此类农场多集中于英国东部郡区，也是原来的大地产下的租佃农场的主要分布区域，与此同时，此类农场又刚好是英国的种植型农场中的最优农场规模。

此类规模自有自营农场也是便于采用先进的农业科学技术、农用机械。韦瑟姆（H. Whetham）曾就租佃农场和自有自营农场上的经营者在使用农用机械方面所处的不同境况作过详细的考察，他指出：在租佃农场上，地产主提供的用于农场革新的固定资本中，通常不包含建造放置拖拉机的农业建筑，自有自营农场主可能会毫不犹豫地拆掉篱笆，在房屋的墙壁上凿洞，以为拖拉机的进出提供便利，而租地农场主则只能在其地产主所提供的现有农业建筑条件下经营其农场，在此形势下，租地农场主只能不停地要求其地产主维修旧有的农业建筑，并为其建造一些新的农业建筑，而其地产主则不停地对他们许诺明年会满足他们的此类需求。的确，

---

① Colin Clark, J. O. Jones, "The 'Production Functions' for the Average and Marginal Productivity of Land and Labour in English Agriculture", *Journal of Agricultural Economics*, Vol. 11, No. 2, 1955, pp. 117-153.

第九章 地权转型后的新型农场

在便于使用农用机械方面，自有自营农场比租佃农场更具优势。例如，在佩思郡，一个原依赖7匹马经营的农场，在1939年时，为一个新所有者买下成为自有自营农场。在该自有自营农场主接手农场满3个月时，他购买了一台拖拉机和两台铧式犁，并自学了如何使用它们，之后他将使用方法教给了他的一个耕夫，并卖掉了两匹马。随后，他将原有的马拉车改造成了拖拉机的牵引杆。且在能够获得新的资金之后，又添置了一台新的拖拉机。至1949年时，他的农场已经改造得比较现代化了。他在这一农场机械化发展过程中，不仅使其农场产出增加了50%多，还使他农场的生产条件大为改善。[1] 显然，在土地所有权和经营权合一的土地产权结构模式下，其农场主能够自由地决定农场上的相关农业生产活动，并根据农业生产的需要及时地革新农场基础设施，应用最先进的农用机械以提高农场的生产效率，故这种土地产权结构具有很大的优越性。

自有自营农场的优越性，还可自与之相比的租佃农场的缺陷性上体现出来。虽然国家有针对性地制定了一系列保护主佃关系下的租地农场主利益的法令，但租地农场主在农业生产以及对其租佃农场的占有权稳定性方面，仍旧面临着诸多困难。例如，国家为了有效保护正在生长中的庄稼，有针对性地制定了专门消灭某一小猎物的法令——1917年的《野兔法令》（*Rabbits Order*）和《鸽子法令》（*Rookeries Order*）。依据这两项法令的相关规定，农业委员会被给予了就地产主或租地农场主失于实施的削减野兔数量的执行权，以及在鸽子的主人失于配合保护庄稼的情况下射杀鸽子的权利。但这两项法令的执行力度在不同地区不尽相同。例如，在伯克郡，伯克郡委员会依据《野兔法令》制定了一个在该郡消灭野兔的地方法令。该法令在具体的实施过程中，即便是在某一地产主宣称某一地产为其专有"野兔农场"的案例中也仍旧照常执行，因而取得了较好的效果，借此消灭了大量的野兔，保护了当地庄稼的正常生长。但在更多的案例中，郡委员会在执行法案过程中，对地产主一方的利益有所偏向。例如，肯特郡委员会曾就它收到过的13例起诉地产主的鸽子损坏其正在生长中的庄稼的案件中，在经过实际调查之后，仅执行了3起射杀鸽子的行动。兰开夏郡委员会指出，鸽子的数量仅在数量严重过多时才被视为是有害的，且在整个

---

[1] H. Whetham, "The Mechanization of British Farming 1910-1945", *Journal of Agricultural Economics*, Vol. 21, No. 3, 1970, p. 319.

一战期间，该委员会仅执行了17例射杀鸽子的行动。[1] 在这样的形势下，即便是国家有出台某些保护租地农场主的庄稼不被其地产主的某项特权所损害的法令，其执行力度都很有限，且在执行过程中，仍旧存在着保护地产主利益的倾向。显然，租地农场主对其承租农场所享有的利益，无法得到充分的法律保障。

（二）小规模新型农场劣势

虽然英国的自有自营农场存在着一定比例的较大面积的农场，但也存在着数量众多的小自有自营农场。这些小型农场在发展过程中，不管是在使用农用机械、先进的农业科技，还是在经营农场过程中购买生产资料、加工和销售农产品等方面，都存在着某些固有缺陷，为了有效地克服其缺陷，英国有发展起一些合作化程度不等的农业合作组织，但因某些原因使然，英国在农业合作化方面所取得的成效并不突出。英国对于新时期农业发展所遭遇的困难的解决，更多依赖的还是农业科技的进步以及国家的扶持和帮助。

小自有自营农场因其存在的某些固有缺陷，在它产生之初还并非最具效率的农业经营方式，而是面临着许多困难和问题。例如，罗伯特·唐纳文（Robert Donovan）曾于1903年在《独立评论》（*Independent Review*）上发文指出，在爱尔兰，"约有20万英亩农场，无法给它的租地农场主提供最基本的生计所需，且在因土地出售促使一些租地农场主转为其毫无经济效益的农场的名义上的所有者之后，因失去了先前在遭遇驱逐、圈地或迁徙之时而能获得的最基本的救济，反而陷入了更为顽固的贫穷之中"[2]。此外，爱尔兰土地委员会中一名叫贝利（W. F. Bailey）的职员，曾就依照1903年以前的爱尔兰土地购买法案购买土地的租地农场主的境况做过调查，其调查报告中也有与唐纳文类似的描述。贝利在报告中写道，在当时的爱尔兰，"随处可见购买者抱怨他们必须按期支付分期购地款，且常常不得不在不适宜的时节出售其牲畜，而身处土地贵族大地产上的租地农场主则不必如此"[3]。显然，这些小自有自营农场与先前相比，是面临着更为

---

[1] John Sheail, "Land Improvement and Reclamation: the Experience of the First World War in England and Wales", *The Agricultural History Review*, Vol. 24, No. 2, 1976, p. 121.

[2] W. J. Johnston, M. A. "The Land Purchase Problem" (read 23rd February, 1906), *Journal of the Statistical and Social Inquiry Society of Ireland* (1900–1906), p. 410.

[3] Timothy W. Guinnane and Ronald I. Miller, "The Limits to Land Reform: the Land Acts in Ireland, 1870–1909", *Economic Development and Cultural Change*, Vol. 45, No. 3, April 1997, p. 601.

**第九章** 地权转型后的新型农场

窘迫的困境的。与此同时，在不存在这些困境的小自有自营农场上，其农业生产效率也不高。1929年，哈克尼斯（D. A. E. Harkness）根据1925年的农业生产普查结果对北爱尔兰的小农场的收益状况进行的研究堪为佐证。在哈克尼斯研究之时，北爱尔兰已经是一个典型的小自有自营农场占主导地位的地区了，至1925年时，大多数北爱尔兰的农场主都已经是自有自营农场主，或依照不同的土地购买法令正在成为自有自营农场主。因此，他的研究成果完全可以用作对该时期爱尔兰小自有自营农场收益状况进行考察的佐证。根据哈克尼斯的估算，1925年，北爱尔兰的农业总产值约为1507万英镑，净产值约为1119万英镑，后一个产值是扣除了农场主们的化肥、种子、饲料等的开支以后的数据，但这一数据包括需要支付的租金（783.3万英镑）、利息（约为52万—52.5万英镑）、工资（203万英镑）、税收（45.7万英镑）等，由此，剩余给农场主们的部分仅为739万英镑，若再要扣除农场主自己的劳动和资本投入，则农场主所获得的利润非常有限，甚至经常不足以支付再次的农场运营资本投入。[①] 由此可见，在该地区，于自有自营农场出现的早期时代，于当时的惯有条件下，自有自营农场的生产效率并不高。

此外，在英格兰和威尔士，就遭遇20世纪二三十年代的危机时农场所受的损失而论，在一战后初期因购买了其农场而转为自有自营农场主者，相比于仍旧维持租地农场主身份者，还面临着一个新的打击，他们现在需要完全凭借一己之力承担起其农场上的基础设施建造、篱笆栽种等的花费，也需要自己缴纳土地税、什一税以及固定贷款利息等，这些费用有时要远远超过其原有的租金负担。例如，在约克郡农场上，它们在一战后初期被以30英镑每英亩的价格卖出，其租金平均约为1.3英镑至1.4英镑每英亩，但在20世纪20年代时，农场主们因缴纳土地税、什一税、利息等的负担约为1.8英镑每英亩，再加上建筑维修和维护等费用，要远远大于先前的租金负担。[②] 而对于仍旧处于原租佃制体系下的租地农场主来说，他们不仅不需要负担这许多费用，与此同时，他们的地产主出于维持其地产正常运营的目的，还常常会有大幅度的减租行为，甚至还存在租金被全

---

[①] D. A. E. Harkness, "Small Farms in Northern Ireland", *The Economic Journal*, Vol. 39, No. 154, June 1929, pp. 219-225.

[②] H. Whetham, *The Agrarian History of England and Wales*, Vol. Ⅷ, *1914-1939*, p. 214.

免的状况。例如，在第十一代米德尔顿（Middleton）男爵家族位于约克郡的1.2万英亩的伯索尔地产上，在1928—1929年时，租金由1.4万英镑下降至6000英镑，且当时该地产上的租金拖欠状况也很严重，至1930年时，租金拖欠状况达到了应有租金收入的2/3。在当时的形势下，米德尔顿认为继续维持这一地产的正常运营，需要同其租地农场主们进行良好的协商与合作。由此，当一个租地农场主于1933年表示想要退佃之时，他主动将原有的每英亩8英镑的地租降至5英镑。而对于一些新入佃的租地农场主，他也给予一些较为灵活的租期规定。此外，他还允许其中的一个租地农场主于1931年以后的两年里，免缴他所承租的800英亩农场上的全部租金。[①] 除了在上述租金、税收负担等方面的不利处境外，就当时的实际状况而论，这些新自有自营农场主对其土地所享有的所有权状态也是不甚稳定的。例如，哈维通过考查指出，"该时期的新自有自营农场主，多是在一战后初期的土地价格较高之时，以贷款的方式买下他们的农场的，现在对他们而言，他们还仅为其农场名义上的所有者，因为他们的土地上还隐含着一个抵押关系（相当于地租，且是没有浮动空间的'固定地租'）和一个信贷关系，由此需要支付的固定利息并不会因农业萧条的缘故而有所缩减"[②]。通过上面的分析可以看出，在遭遇20世纪30年代的农业危机之时，新自有自营农场主所受的损失，还要远远超过处于原租佃体制下的租地农场主。

小自有自营农场还存在着其他一些缺陷。例如，它很少能够达到大型租佃农场上的专业化农业生产水准，且生产的农产品的质量一般比较粗糙，在使用先进的农业技术方面也比较落后。虽然小自有自营农场存在着许多固有缺点，但就其土地产权结构模式而论，是西方国家中最为先进的一种农业经营方式，也是在当时的社会形势下日渐增多的一种农业经营方式。在此形势下，正如格里格（D. B. Grigg）所言，"人们更为关注的是如何规避其存在的固有缺陷，以更好地促进农业发展"[③]。人们普遍认为，通过一定程度的协同耕种和合作经营，能够部分地弥补小自有自营农场的固

---

[①] Madeleine Beard, *English Landed Society in the Twentieth Century*, pp. 57-58.

[②] David Harvey, *The Limits to Capital*, Oxford: Basil Blackwell, 1982, p. 365.

[③] D. B. Grigg, *The Agricultural Systems of the World: An Evolutionary Approach*, Cambridge: Cambridge University press, 1974, p. 215.

有缺陷，故该时期农业合作化有所发展。此外，该类新型农场的发展还有赖于农业科学技术的进步以及国家的扶持和帮助。

## 二　新型农场问题应对

（一）农业合作化

**农业合作组织**

农业合作组织是一种建构在其成员民主、平等原则基础之上的互助、合作型的组织。农业合作组织类型多样，包括采购、生产、加工、分配、销售、保险以及银行合作社等。农业合作组织对其成员的入会条件，以及他们在合作组织中的地位等方面，都坚持实行一种极为自由和平等的原则。如"允许其成员不受限制地随便加入其他的合作组织，它使其中的小农在产品和价格方面与大农处于平等的地位，因而能够有效地杜绝某些垄断行为，且使其成员之间彼此互惠互益"①。至于合作组织的基本运行规则，亨宁·拉文霍尔特（Henning Ravnholt）将其概括为四个关键要点："一、合作组织由其成员监督和管理，这是合作组织最基本的民主原则；二、所有的成员都具有相同的投票权，实行'一人一票'制，不管其成员是大农场主，还是小农场主，在合作组织内部一律平等，这是合作组织的民主性的另一项体现；三、合作组织对所有的人开放，不问其政治立场或宗教信仰，合作组织始终保持政治或宗教立场的中立原则。四、就合作组织的营业额所创造的利润，各成员之间实行股份分红原则，这是它经济上的民主性体现。"②

农业合作组织创建的最基本的前提是小农场主们的所有权和使用权合一型地权的确立。在此基础上，这些小农场主对其农场享有完全的自主经营权，可以根据市场需求的变化决定或调整其农场生产经营方式。与此同时，他们因对其农场享有完全的所有权，故拥有相对独立自主的身份和地位，这也为农业合作组织的民主化管理创造了最基本的前提和基础。而英国法律的高度延续性，及其对私人财产权和自有契约的较高保护度，为当

---

① Sin-Leqi, "Farmers' Cooperative Associations", *Columbia Law Review*, Vol. 22, No. 5, May 1922, p. 472.

② Henning Ravnholt, *The Danish Co-operative Movement*, Copenhagen: Det Danske Selskab, 1950, pp. 16–17.

时英国农业合作组织的发生、发展提供了一个可靠的法律环境。与此同时，一系列相关法律的存在，也在一定程度上约束着诸农业合作组织，构成其存在与发展过程中必须遵循的基本法律准则，且在农业合作组织的创建及其基本的组织和实施原则中，尤为强调不得侵犯和违背加入该合作组织的诸农场主的私人财产权和自由契约权。

农业合作组织成立的目的是帮助独立自主的小农克服其在生产、加工、运输、销售等方面的固有缺陷。其成立的初衷、组织的基本原则、活动的宗旨以及具体的实施过程等，无不体现着其成员之间的独立自主精神。在该组织创建之初，它首先是农民自发组织的一种基于彼此之间的平等、互助协作的组织类型，它是为农民的利益和需求服务的一种组织。从一种经济学的、抽象的意义上来说，它是一种辅助性的组织，其创建的主要目的是进一步完善农业领域中建立在合一型土地产权基础之上的小自有自营农场，帮助它更有效率地运行。农业合作组织在通过国家干涉的方式帮助和扶持小农的农业生产、加工、销售等活动之前，为农民提供了极大的帮助。不止如此，它在其后来的发展过程中，还发展起一种与国家政权力量逐步联合的组织模式，从而更有效地保证其优越性的发挥。

总之，农业合作组织具有一定的优越性，能有效弥补小自有自营农场的固有缺陷。但在实践过程中，受多种因素综合作用使然，农业合作化在英国的发展状况并不理想。但在政府的帮助和扶持下，英国有发展起一种职能与农业合作组织类似的替代型市场机制。

**英国农业合作化发展水平有限**

20世纪初，英国曾出现过某些类型的农业合作组织，且这些农业合作组织多是为了满足农场采购生产资料、降低运输风险等组建的。据统计，在1914年以前，此类农业合作组织的数量约为200个，其年度营业额约为200万英镑，拥有成员人数约为2.4万个。但销售型的农业合作组织要稍少一些。它们仅在一些农业生产类型相同且小农场盛行的少数地区出现过，如兰开斯特郡的奶酪生产厂，德比郡和德塞特谷地的牛奶冷却和集散中心，伊夫舍姆和裴肖勒镇附近的园艺合作社等。至20年代初期，在当时的战时高价格的刺激以及国家食品公司的鼓励下，另有一些农业合作组织产生。然而，在这些农业合作组织中，仅有少数合作组织成功地发展成为较大的企业形式，它们中的多数在组建后的几年里便解体或消失了。例

## 第九章　地权转型后的新型农场

如，在1921年时，约有20家屠宰场为农场主合作组织接手，但至1923年时，仅剩下10家，培根合作生产厂仅剩下6家。1923—1924年，英格兰和威尔士的销售合作组织的总数仅剩下181家。在这些少有的农业合作组织中，发展得比较不错的是农业组织联合社（Agricultural Organization Society），以及埃文河谷地的园艺生产区的一些蔬菜销售合作社。农业组织联合社由林肯郡的罗伯特（Robert Yerburgh）勋爵于1901年时创建。罗伯特勋爵积极致力于联合其他地产主促进和资助农场主之间的合作社的组建与发展事业，以帮助他们销售其农场上生产的农产品及购买农场所需的生产资料。至1914年时，联合社共计约有550家附属机构，且主要存在于一些小农场上。至1918年时，联合社组建了一个农业零售合作社，以在一种更高层次的市场上实施合作社的基本原则。至一战后初期的价格迅速增长时期，尽管资本比较匮乏，合作社的发展还是比较迅速的，其成员和营业额都有显著增多。在埃文河谷地的园艺生产区，因靠近伯明翰和伦敦市场，销售竞拍合作社在市场园艺生产部门取得了一定的成功，同样的形势也出现于米德兰地区的养殖牛羊的农场主身上。此外发展得比较好的还有安格尔西岛农场主联合社（The Anglesey Farmers' Society），它主要是销售一些家禽和蛋类产品，创建于1911年，一直存至20世纪30年代的价格下滑之时。[1]

农业合作组织因其所具有的诸多优越性而广受关注，一些进步人士着眼于欧陆国家的农业合作化运动所取得的巨大成功积极地对其进行宣传，他们极力倡导以欧陆国家为参照在英国建立类似的农业合作组织。在当时的社会经济发展形势下，"英国的农场主们不时地被劝告，应该联合起来，增强在市场上的竞争力，以获取原来由中间商拿走的利润……在20世纪20年代末期……此类问题……充斥于农业报刊的报道之中"[2]。1923年发表于《自然》（Nature）杂志上的一篇文章，就是此类的一个典型代表，该文章指出，"目前绝大多数农场主的经济状况都不甚好……欧洲国家和美国的合作社举措令人印象深刻……英国的农场主们也应该采用相似的组织"[3]。此外，当时也有一些先进人士，积极致力于倡导农业合作化运动，其中比

---

[1] H. Whetham, *The Agrarian History of England and Wales*, Vol. Ⅷ, 1914-1939, pp.27-28, 132, 151-152.

[2] Jonathan Brown, *Agriculture in England: A Survey of Farming*, 1870-1947, pp.114-115.

[3] "Current Topics and Events", *Nature*, Vol.111, No.2790 (April, 1923), p.542.

较有代表性的是索普（G. Thorpe）和博德斯（Boards）。索普指出，"农业合作化运动，在许多案例中，已经取得了我们难以想象的成功……我们……应于农业中发展此类的合作组织，它是能以最低的花费，自土地上获得最大量的产出的最好的方法"。博德斯还就农业合作化运动的发展方式，以及当时英国此类组织的发展现状做了评述，他指出，"农业合作组织，不能只着眼于合作成员本身，而应将眼光放宽至全国范围。合作组织的成员，应该承担起此类工作的宣传者的角色……到目前为止，我们对农业合作化运动的尝试，还未得到充足的回应，但许多合作社已经显示出了巨大的优越性"[①]。

虽然存在着这许多努力，但与一些欧陆国家相比，英国的农业合作化发展水平一直相对比较低。至于原因，有学者认为，是当时英国未实现完全耕种自由以及未建立安全的土地保有制度造成的。例如，索普认为，"这种合作组织，仅在自由耕种耕作……完全实现的地方才能发展起来"。雷德费恩（Redfearn）指出，"合作化运动的目的是对抗中间商，但我们无法对抗中间商，除非我们能拥有自己的土地，并自己耕种它"。雷德费恩的观点与博德斯的观点相类似，博德斯也指出，此类组织要获得良好的发展，"首要的是，土地必须实现自由保有，或以公平的地租安全的保有"[②]。除此之外，英国农业合作化水平相对较低还与英国个人主义观念较强有关。英国的个人主义非常盛行，这也为一些学者们的研究所证实。例如，麦克法兰曾就英国的个人主义问题进行过深入的研究，根据他的研究结果，早在13世纪时，英国就已经发展起较为完善的个人主义了。其实，英国的这种强烈的个人主义，早在麦克法兰之前，已经被其他一些学者提及。例如，孟德斯鸠曾在《论法的精神》一书中指出，英国的民众"酷爱自由……且人人皆独立"[③]。在这种强烈的个人主义意识导向下，英国的农场主们多缺乏与他人合作的意向。与此同时，英国完善的法律保障机制，彼此信任的传统理念，也进一步助长了这种个人主义思想的发展，使得这

---

① G. Thorpe, "Co-operative Agriculture: A Paper Read at a Joint Conference of Members of the Board and District Representative", *LSE Selected Pamphlets*, Dec., 16th, 1893, pp. 5, 7.

② G. Thorpe, "Co-operative Agriculture: A Paper Read at a Joint Conference of Members of the Board and District Representative", *LSE Selected Pamphlets*, Dec., 16th, 1893, pp. 5, 8, 7.

③ ［英］艾伦·麦克法兰：《英国个人主义的起源》，第268、220页。

第九章　地权转型后的新型农场

种个人主义,即便是在战争期间,表现得也非常明显。例如,布朗曾指出,"在一战期间,农场主们不愿意为了政府食品生产运动的目的,改变他们原有的农业生产方式。在1939年时,同样有出现抵制政府控制,抵制将草地开垦为耕地命令的行为"①。这种个人主义,对农业合作化发展的影响是毋庸置疑的。杰(L.Jee)曾指出,"很难在一个个人主义最先扎根且高度发达的国家引入合作社制度"②。即便国家有出台某些法令政策鼓励此类合作社的建立,但其所取得的成效也是非常有限的。例如,1907年和1908年的小持有地和份地法令,就曾鼓励小持有地者组建合作社,成立贸易合作社以及信贷合作机构等。③ 然而,其成效正如理查德·温弗里(Richard Winfrey)爵士在创建农业信贷合作社的问题上所指出的,"尽管有或多或少地强制农场主组建此类合作社以提供贷款,但无法说服他们使用它,农场主们不愿意将他们农场的产量和收入状况透露给他的邻居们"。在此类普遍心态的影响下,农业信贷合作组织很难发展起来。总起来讲,在这一强烈的个人主义意识的导向下,农场主们对创建农业合作组织的行为多抱有一种冷漠的态度,在这一态度的影响下,英国的农业合作社很难取得突破性进展。正如韦瑟姆所指出的,"就全国范围来说,有多种机构积极致力于倡导农业合作社,推动它们的创建,将其联合成较大的单位。但总体来说,因许多农场主们的冷漠态度,取得的成绩很有限"④。农场主们之所以对之抱有冷漠的态度,除了上述个人主义意识的影响之外,还在于英国是一个高度信任型的国家。麦克法兰曾经指出,"人人相互信任……是英格兰的普遍现象"⑤。在这种相互信任的氛围下,英国的"销售贸易已经在市场服务、供应和信贷方面为农场主提供了合理的价格,现有的农场主们不愿意打破他们与商人之间历经数代人的时间建立起来的私人关系,而一些小有成功的农场主也能获得所需的贷款"⑥。在此形势下,英国的农场

---

① Jonathan Brown, *Agriculture in England: A Survey of Farming, 1870-1947*, p.141.
② L. Jebb, "The English Aspect of the Small Holding Question", *The Economic Journal*, Vol.17, No.66, June 1907, p.175.
③ C. R. Fay, "Small Holdings and Agricultural Co-operation in England", *The Quarterly Journal of Economics*, Vol.24, No.3, May 1910, p.501.
④ H. Whetham, *The Agrarian History of England and Wales*, Vol.Ⅷ, 1914-1939, pp.161, 28.
⑤ [英]艾伦·麦克法兰主讲:《现代世界的诞生》,第175页。
⑥ H. Whetham, *The Agrarian History of England and Wales*, Vol.Ⅷ, 1914-1939, p.28.

主们认为,他们没有必要将他们的资本投入到合作社上,因为其他一些机构已经为他们提供了此类的服务。

在农业合作组织之外,于英国政府的帮助和扶持下,英国发展起了一种职能与农业合作社类似的市场机制。1931年和1933年的《农业市场法令》(Agricultural Marketing Act)决定建立一种新的市场机制,它允许任何农业或园艺业的生产者,联合就某一农产品"规范市场",并规定如果在某一生产领域,有2/3的生产者同意执行某一营销方案则应授予立法许可,且在获得法律许可后,即便是原有的投反对票者也应遵守并保证这一法律规定的有效实施。在当时的英国,共建立了土豆、啤酒花、猪、培根和鲜奶五个市场营销部。其中最有成效的是鲜奶市场营销部。英格兰和威尔士的鲜奶市场营销部创建于1933年,它直接决定着其市场价格,它在所有的生产者和购买者的协议之间充当着第三方(协调者)的角色。该市场营销部对英国鲜奶业的发展,起到了巨大的推动作用。此外,该营销部为积极推动英国消费需求的上涨,平均每年约花费3万英镑用于在报刊和媒体上打广告,它使得饮奶成为饮茶之外的另一种习惯,与此同时,它还积极致力于兴建奶吧,而英国的第一家奶吧早在1935年时就已经建立起来了。鲜奶市场营销部的销售模式,得到了英国鲜奶生产农场主们的普遍认可,其登记在册的农场主成员,早于它创建后的第一个五年里,就由8万个发展至10.2万个。此外,啤酒花市场营销部的成效也比较大,它显著提高了啤酒花的生产者所能获得的市场价格。与1931年相比,在1932年啤酒花市场销售部成立后的当年,啤酒花的生产者们获得的平均价格约上涨了70%,而至1933年时,更是进一步上涨了约3倍。①

综上所述,农业合作化运动在英国的发展水平较低,对英国小自有自营农场的贡献并不大。但在英国政府的帮助和扶持下,英国建立起一些职能与农业合作社类似的市场协调机制,而这些市场协调机制对英国农业的发展起到了巨大的推动作用。然而,就当时英国农业的实际发展状况而论,英国农业生产的发展,除了农业合作组织以及新型市场机制,更多的还是依赖农业科技的进步,以及国家的扶持与帮助。

(二)农业科技的发展与国家的惠农政策

农业科学技术的发展,对该时期英国农业的发展具有重大的推动作

---

① H. Whetham, *The Agrarian History of England and Wales*, Vol. Ⅷ, *1914-1939*, pp. 115-241.

## 第九章 地权转型后的新型农场

用。库克（G. W. Cooke）曾指出，"在20世纪30年代，英国约有2/3的食品依赖外国进口，而至20世纪80年代时，英国约有2/3的食品，或约总消费需求量的1/2，已经能够实现国内自给；在20世纪30年代至80年代期间，英国谷物的平均产量约上涨了2倍，鸡2倍，猪4倍……这种转变，很大程度上依赖于英国农业科技的进步，依赖于农场主们更有效地使用农用机械、化肥、农药等以实现最大量的农业产出"[①]。库克的观点得到了大卫·格里格（David Grigg）的支持，并自后者那里获得了更为清晰的解释。格里格通过研究指出，英国农产品产量的大幅度增加，主要是在20世纪30年代及以后的事，而当时农产品产量的大幅度增加，主要得益于英国政府的扶持和科技的进步。他在随后的论述中进一步指出，"20世纪30年代以后的谷物农业产量的大幅度上涨，并非源自谷物种植面积的扩大，而是谷物单位面积产量的增加"[②]。谷物单位面积产量的增加，除了政府的扶持政策之外，与化肥和农药的使用、生物育种技术的进步有着很大的关系，而这三项要素无一不是科技进步的功劳。与此同时，化学工业的精细化发展，持续的高额政府农业科研津贴和农业保护政策，又是实现这一农业技术进步的重要原因。由此可见，该时期农业生产的发展与农业科技的巨大进步有关，而农业科技的巨大进步又依赖于国家对农业科技研究的扶持和帮助。

起初，英国的农业科技研究工作主要是由一些私人创建和资助的，直至20世纪以后，才逐渐获得国家的帮助和扶持。对于这一发展历程，在英国的洛桑试验站（Rothamsted Experimental Station），即现在的洛桑研究所（Rothamsted Research）的发展脉络上体现得较为明显。

英国的洛桑试验站是英国农业研究领域中的一个里程碑式的研究机构，由劳斯（John Bennet Lawes）于1843年创建。劳斯是一个英国乡绅，一个业余的化学家和肥料工业领域中成功的商人。起初，劳斯在他位于赫特福德郡哈普顿乡村的一处私人地产上，就谷物和肥料进行了一系列的田间实验，利用这些实验结果，劳斯和化学教授吉尔伯特（Joseph Henry Gil-

---

[①] G. W. Cooke, *Agricultural Research 1931-1981: A History of the Agricultural Research Council and A Review of Developments in Agricultural Science During the Last Fifty Years*, London: Agricultural Research Council, 1981, Preface, vii.

[②] David Grigg, *English Agriculture: An Historical Perspective*, pp. 5-14, 63.

bert）试图解释应用科学或技术对普通的农场主们可能产生的益处，以此为基础，发展起了最初的洛桑试验站。1902年，丹尼尔·霍尔（Daniel Hall）接手该试验站，面对该试验站的工资水平低、及组织化水平低实际，霍尔认识到，该试验站需要向更为专业化的方向发展，且需要更多的融资来源。在此思想观念的导向下他开始主动寻求政府的帮助，并成功地获得了政府的支持。自此之后，该试验站开始逐步进入大规模扩张时期。至1920年时，洛桑研究所已经发展成为一家拥有4个主要研究部门的科研机构——生物科学部、化学科学部、物理科学部和统计部。至威廉（William Gammie Ogg）爵士于1958年退休之时，该试验站又新成立了土壤学、植物病虫害学等研究部门。至1987年时，洛桑试验站、长阿什顿研究站（Long Ashton Rearch Station）和金雀花谷仓试验站（Broom's Barn Experimental Station）合并成为种植作物研究机构（The Institution of Arable Crops Research）。长阿什顿研究站于2002年关闭，其部分员工转至洛桑试验站，而金雀花谷仓试验站则转为洛桑试验站的一个试验田。现在，洛桑试验站已经发展成为一个由一组私人组织以洛桑研究所名义运作的科研机构，而它所需要的研究资金则主要由英国政府通过生物技术和生物科学委员会以及环境、食品和乡村事务司等职能部门提供。目前该研究所已经是一家拥有350名科学家，150名管理人员和60名博士生的大型科研机构。[1]

洛桑研究所的这一发展脉络，显示了农业科技对英国农业发展的巨大价值，同时也显示出，现代农业科技与研究工作的开展，需要依赖国家的帮助和扶持。

除了农业科技的发展，英国政府的惠农帮扶政策，也是该时期英国农业发展的重要保障之一。自1890年开始，英格兰和威尔士的公共基金开始首次应用于农业教育投资。自1910年起，第一个国家资助型的农业研究中心成立，其下属的农业咨询服务于1912年起开始启动。这些农业咨询中心多与某一所农学院或大学机构相联系。科林·J. 霍姆斯（Colin J. Holmes）曾就英国以财政扶持农业研究的状况做过一项统计，他的统计样本是自1911年起，以每5年为一个时间段进行统计的。根据他的统计数据，截至

---

[1] Giuditta Parolini, "The Emergence of Modern Statistics in Agricultural Science: Analysis of Variance, Experimental Design and the Reshaping of Research ant Rothamsted Experimental Station, 1919-1933", *Journal of the History of Biology*, No. 48, 2015, pp. 303-305.

## 第九章　地权转型后的新型农场

1941年，国家用于农业研究的总支出分别约为5.01万英镑、7.85万英镑、21.7万英镑、31.34万英镑、31.9万英镑、43.19万英镑。其中用于农业咨询服务部分的总支出分别约为4,700英镑、1.05万英镑、3.3万英镑、6.4万英镑、7.33万英镑、10.51万英镑，后者占前者的比重分别为：9.4%、13.4%、15.1%、19.5%、22.9%、24.3%。[1] 该组数据显示，政府在极为重视农业科技的发展，不断加大用于农业研究的财政支出的同时，也非常重视对农业咨询服务的支持力度，以帮助英国的农场主们更好地应对农业生产中的各种问题。此外，国家用于其他方面的农业财政支出也有大幅度上涨。据统计，1921—1922年，英国的农业部花费在农业教育、研究等方面的财政支出约为2万英镑，1929年至1930年时，更是进一步上涨至329万英镑。[2]

政府出台和实施惠农帮扶政策，是有着为其国家利益服务的层面上的考量的。例如，在一战刚刚结束之时，英国政府曾指定了一个皇室委员会就和平时期的农业前景问题做一些预测性调查研究，该委员会得出的许多调查结果的预期是，英国农业生产发展将回归"正常"。然而，战后重建委员会的分委会则警告说，"农业发展不善将危及国家安全"，应尽一切努力确保"获得最高的国内食品产出"[3]。后者还以"鉴于为了国家利益安全的目的而需要增加国内食品供应，在此就实现这一增长的方式作出报告"。为主题，为战后农业政策绘制了一个基本的蓝图，这一指导性决策后成为委员会的普遍性指导原则。例如，以塞尔伯恩（Selbourne）勋爵为主席的委员会曾指出，"在战后，国家财政……要尽最大的努力提高土地的生产力……生产出更多的国内食品，以尽可能多地减少自国外的食品进口"。在此思想指导下，该委员会致力于形成一揽子相关农业政策，并决定在一个相当长的时间里贯彻执行它。[4] 与此同时，一些农场主也曾给出过一些有益的建议。例如，约克郡一个名叫亨利·奥弗曼（Henry Overman）的谷

---

[1] Colin J. Holmes, "Science and Farmer: The Development of the Agricultural Advisory Service in England and Wales, 1900-1939", *The Agricultural History Review*, Vol. 36, No. 1, 1988, pp. 77-86.

[2] H. Whetham, *The Agrarian History of England and Wales*, Vol. Ⅷ, *1914-1939*, p. 202.

[3] John Sheail, "Land Improvement and Reclamation: the Experience of the First World War in England and Wales", *The Agricultural History Review*, Vol. 24, No. 2, 1976, p. 125.

[4] E. A. Attwood, "The Origins of State Support for British Agriculture", *The Manchester School*, Vol. 31, No. 2, 1963, pp. 139-140.

物种植农称："如果需要在战后生产更多粮食的话，就必须使农业从过去被忽略的境况中摆脱出来，由政府提供保护，或者采取确定最低农产品价格或对所有进口农产品征收高额关税的政策，而我本人倾向前者。"[1]

政府出台的致力于保护农业的政策和法令涉及诸多方面。例如，1920年出台的《谷物生产法》规定，自1921年秋天起，根据当年的生产成本，就小麦和燕麦的生产为英国的农场主提供最低价格保护政策。但因某些原因，在该法正式实施之前就被废止了。[2] 该法令为英国开启了从一种更为宽泛的范围内保护和扶持农业政策的路径，至1931年秋天保守党执掌政权以后，英国对农业的保护力度拓宽至关税保护以及给予直接津贴等方面。至1931年冬天时，英国正式步入农业保护政策和农业津贴制度的实施时期。相关法令包括1931年11月的《园艺产品法》（Horticultural Act）和1932年2月的《进口关税法》（Import Duties Act）等。《进口关税法》在英国借关税政策保护其国内农业生产的发展史上具有重要的意义，该法保护的对象涉及了果蔬、大麦、燕麦、奶制品以及蛋类等多个农产品生产部门。此外，1932年的《小麦法》（Wheat Act）也是一个很重要的农业津贴式的法令，它规定为减轻经济危机对小麦生产者的打击，由英国政府向小麦生产者提供最高10先令每英亩的津贴。[3]

至二战时期，为了保证战时食品的充足供应，英国政府对农业的扶持和帮助力度进一步增强。在二战期间，最明显的证据是有大量的草地等土地类型被开垦为耕地。例如，在东莱斯特郡，于20世纪30年代时，约有90%的土地为草地，但至1948年时，其耕地面积已经达到了40%。[4] 与此同时，在二战期间，于"不计代价地生产食品"的口号之下，英国的农业生产取得了巨大发展。在1938年时，英国的农场主们约为其国民提供了35%—40%的食品，但至1944年时，不仅农产品的产量增长了一倍，英国的农业生产方式也发生了转变，农业机械化程度有了大幅度的提高。当时

---

[1] Alun Howkins, *The Death of Rural England*, *A Social History of the Countryside since 1900*, p.38.

[2] H. Whetham, "The Search for the Cost of Production, 1914–1930", *Journal of Agricultural Economics*, Vol.23, No.3, 1972, p.201.

[3] T. Rooth, "Trade Agreements and the Evolution of British Agricultural Policy in the 1930s", *The Agricultural History Review*, Vol.33, No.2, 1985, pp.173–190.

[4] Hilary C. Chew, "The Post-war Land Use Pattern of the Former Grasslands of Eastern Leicestershire", *Geography*, Vol.38, No.4, November 1953, p.286.

的许多农场都开始使用拖拉机,根据福特汽车公司给出的报告,它们约有13.7万辆拖拉机在战争期间被投入农场使用。此外,诸如谷物收割机、推土机、铲运机等也都开始被广泛应用于农业生产之中,从而大大推进了英国农业机械化程度的发展。①

二战以后,英国政府对农业的重视和扶持力度有增无减,这可自1947年的《农业持有地法》的某些规定中获得一个直观的认识。该法是二战后英国解决农场主问题的基础,其总目标是:"促进和维持……一个稳定而有效率的农业生产,足以产出满足国民食品需求,以及联合王国的国家利益所需的其他农产品,且保证农产品的最低价格与农业中的农场主和农业工人获得适当的劳动报酬以维持一个必要的生活水准相一致。"继该法之后,农业的重要性越来越得到英国政府的认可,这在一些政府性的会议、报告等的内容中有着鲜明的体现。1960年,内阁总理和全国农场主联合会(NFU)举行了一次会议,会谈安排在农业部长和农场主联合会的代表之间,会谈结果以白皮书形式发表。在该文件中,农业被描述为"伟大的产业"。报告指出,农业在缓解劳动力就业,提高国民纯收入,以及提高劳动力生产率等方面具有"不可磨灭的贡献"。报告强调要"确保乡村作为整个国家获取自豪感和愉悦感的所在"。从该报告的相关文字表述中可以看出,该文件的发表是农场主联合会的巨大胜利。与此同时,从该文件中也可以看出英国政府对农业的关注程度以及农业的巨大价值所在。②

## 第三节 与欧陆国家新型农场比较

土地所有权和使用权合一的权能合一型农场日渐兴起,并非英国历史上独有的历史事件,而是一个普遍的世界性现象。它在欧洲、美国、澳大利亚、新西兰等国家都有不同程度的表现,因欧洲大陆国家与英国隶属于同一个文明圈,地理空间上也非常接近,故有必要就该时期欧陆国家的地权及农场发展状况做一简要介绍,并将其与英国的发展状况进行对照,以

---

① Dudley Stamp, "Wartime Changes in British Agriculture", *The Geographical Journal*, Vol. 109 No. 1/3, January-March 1947, pp. 39, 49.

② J. K. Bowers, "British Agricultural Policy since the Second World War", *The Agricultural History Review*, Vol. 33, No. 1, 1985, pp. 66, 70.

更客观准确地认识该时期英国地权转型后的农场发展状况。

自19世纪末期开始，自有自营农场日益成为西欧国家占据主导地位的农业经营方式，如表9—2所示。从表9—2所呈现的数据可以看出，早在19世纪末时，法国、丹麦、荷兰的自有自营农场的数量在总农场数量中所占的比重就已经开始占据优势地位了，它们于当时的比重分别为74%（1882年）、89%（1885年）、58%（1888年）。且在进入20世纪以后，西欧各国的自有自营农场所占的比重都有普遍增加的趋势。例如，1929年时，瑞士的自有自营农场所占的比重达到83%；1933年时，德国的自有自营农场所占的比重达到90%；1949年时，挪威的自有自营农场所占的比重达到96%；1961时，英格兰和威尔士的自有自营农场所占的比重达到56%。这些数据表明，至20世纪60年代时，西欧多数国家都已经步入了自有自营农场占优势地位的时代。本小节主要以法国、德国相关概况为案例对比分析，归纳概述以英国为代表的西欧国家农业地权与农业经营方式演进的一般规律。

表9—2　　　　　　　西欧各国自有自营农场发展状况

| 国家 | 年代 | 数量（%） | 面积（%） |
| --- | --- | --- | --- |
| 英格兰和威尔士 | 1910 | 13 | 12 |
|  | 1961 | 56 | 49 |
| 爱尔兰 | 1929 | — | 98 |
| 挪威 | 1949 | 91 | 88 |
| 丹麦 | 1885 | 89 | — |
|  | 1949 | 96 | 97 |
| 荷兰 | 1888 | 58 | — |
|  | 1959 | 55 | 48 |
| 比利时 | 1846 | 35 | — |
|  | 1959 | 45 | 32 |
| 法国 | 1882 | 74 | — |
|  | 1955 | 72 | 57 |
| 德国 | 1933 | 90 | — |
| 瑞士 | 1929 | 83 | 74 |

资料来源：David Grigg, *The Transformation of Agriculture in the West*, Oxford: Basil Blackwell, 1992, p.81.

**第九章** 地权转型后的新型农场

## 一 法国

中世纪时期,法国在整个欧洲大陆国家中占有举足轻重的地位,其与现代农业经营体制相适应的农业地权变革运动既是法国走出欧洲中世纪的关键一步,也对欧洲大陆国家农业地权发展走向起到了旗舰引领作用。法国文明是欧洲文明的重要组成部分,从整个欧洲文明发展进程来看,现代农业地权的确立势在必行,在欧洲大陆上这一进程最先由法国开启,并烙有明显的法国印记。与英国法治成熟较早,地权变革常能按照法制轨道平稳实现不同,法国法治体系建立要晚得多,法国农民缺乏法律保护而更为依赖惯例或习俗。面对封建旧有地产制度的绝望,法国农民拒绝承认依照与土地有关的惯例和习俗所生成的土地契约,故不是通过变革而是以暴力手段摧毁一切旧制度、旧秩序。因而,法国与现代农业生产方式相适应的土地产权结构的确立,是通过暴力革命而非变革方式实现的。

近代法国地权的变革经历了三个阶段。15—16 世纪是法国早期圈地时期,该时期的圈地运动拉开了法国土地产权变革的历史序幕;18 世纪下半叶在法国政府政策推动下圈地运动进入高潮时期;法国大革命的爆发则最终促成了法国土地产权的实质性变革。在经历了大革命的涤荡之后,法国的土地所有权的分配方式发生了很大的变化。以往人们多习惯于将法国大革命视为一场激烈的政治革命事件,很少关注与之有关的土地所有权变革问题,实际上,当时的法国是一个农业大国,而作为农业实践的主要承载者的土地,建构于土地之上的各土地权利主体之间的关系必然会成为所有社会关系链条上的一个关键点,地权变革问题在革命期间的分量毋庸赘言。法国大革命从爆发的原因到革命的整个进程乃至产生的结果等无不与土地产权的变革不容分割地交织在一起。法国大革命的导火索是农民对增进他于占有地上的相关土地权利的渴望,且在革命进程中,就教会地产、农民土地等的处分都有涉及与之有关的土地所有权,而为了巩固革命的胜利果实所颁布的拿破仑法典,更是以法律的形式对包含地产在内的所有权作了清晰的界定。

就土地所有权的属性而论,法国大革命因破坏了旧式封建土地保有制的基础,使得法国的大量土地转变为自有自营性质的土地。以之为基础,法国成长为一个小自有自营农场占主导地位的国家。但法国大革命对土地持有规模和结构的实际状况并未造成很大的改变,以小持有地为主要特征的土地持有结构,一直未曾发生过大的变化。

1892年的农业调查报告,就当时法国的农场规模的分布状况做了统计,如表9—3所示。从表9—3中可以看出,法国的农场规模不一,其中10公顷以下的小农场的数量所占的比重非常大,约为85%,但其占有的土地面积仅为法国农地总面积的25%;而40公顷以上的农场的数量所占的比重仅为2.5%,但其所占的土地面积却高达46%。

此外,有学者估算称,在1882年时,以100公顷以上的农场所有者作为统计标准,约有4%的农场所有者(14.2万人)拥有着至少45%的土地(2229.6万公顷);以25公顷以上的农场所有者作为统计标准,则有约20%的持有者(72.7万人)占据着76%的土地(1484.6万公顷);而以25公顷以下的小持有者的数量(263.5万人)则约为土地持有者总数的75%,其占有的土地面积(1136.6万公顷)不足法国土地总面积的25%。①

表9—3　　　　　1892年法国不同规模的农场分布状况表

| 农场规模(公顷) | 农场数量(百万) | 占总农场数量的比重(%) | 占总农场面积的比重(%) |
| --- | --- | --- | --- |
| <1 | 2.235 | 39 | 2.7 |
| 1—5 | 1.829 | 32 | 11 |
| 6—10 | 0.788 | 14 | 11.3 |
| 11—40 | 0.711 | 12.5 | 29 |
| >40 | 0.138 | 2.5 | 46 |

资料来源: M. C. Cleary, *Peasants, Politicians and Producers: The Organization of Agriculture in France since 1918*, Cambridge: Cambridge University Press, 1989, p. 8.

对比分析1882年和1892年两组统计数据可以看出,在1882—1892年间,法国不同规模的农场分布状况一直未发生大的变化。但在进入20世纪初以后,法国的小农土地所有者的数量以及农场的规模有发生少许的新变化:首先,小土地所有者的数量有所减少。在2.5英亩(约10公顷)以下的小持有地的数量,在1892年时约为223.5万个,但至1908年时约下降至208.8万个,下降了约6.5%。其次,也是最为显著的,中型农场的比

---

① Harvey Goldberg, "The Myth of the French Peasant", *American Journal of Economics and Sociology*, Vol. 13, No. 4, July 1954, pp. 368-369.

## 第九章　地权转型后的新型农场

重稳步增加。根据克拉潘所做的统计数据，1862—1908 年，25 英亩至 100 英亩（约 10—40 公顷）的农场的数量，约由 63.6 万个，上涨至 74.6 万个，上涨了约 17%。[①] 此后这一数据还在持续不断地增长。根据克利里（Cleary）的统计，5—50 公顷的农场的数量占法国农场总数量的比重，在 1929 年时约为 42%，至 1955 年时上涨至 60%，上涨了约 18%。[②] 通过两位学者所提供的数据可以看出，自 19 世纪末起，法国的中型农场的数量占其总农场数量的比重一直处于不断上升的态势。

总之，经历大革命的涤荡，法国总体的农场规模的分布状况并未发生大的变化。但在进入 20 世纪初以后，中型农场的比重日益有所增加，小持有地的数量有所减少。法国的土地形态相对于同期的英国，相对碎化而分散，这一土地分布状况对后期法国的农业现代化发展产生了不小的阻碍。为了规避小农场运营过程中所存在的固有缺陷和不足，法国有发展起一定水准的农业合作组织，且其农业信贷互助合作组织合作化水平还要略好于其他西欧国家。

法国的农民，虽然有着强烈的个人主义，但其天性中同样也有着一种合作的意识。在小耕种者占主导地位的农业生产形势下，农民个体是无法承担土地上的排水和灌溉工程的，出于此类农业工作的需要，法国的农民日渐形成了一种合作的思想意识，并在这一意识的指导下，于早期时代逐渐自发组织起了一种称作辛迪加（Syndicates）的社团组织。在随后的发展过程中，这种自发的社团组织又逐渐与政府结合，并被广泛地应用于法国的现代农业生产之中。例如，1879 年，法国政府为了消灭当时全国范围内的葡蚜虫害，组织起了所谓的葡萄防护辛迪加。与此同时，法国的小农所有制的确立，又为农业合作社于现代法国农业中的发展提供了最基本的前提和保障。由此，农业合作组织于法国日渐兴起。至 1885 年时，法国农业合作社的数量发展到 39 个，至 1895 年时，发展至 1900 个，至 1905 年时，发展到 3000 个，至 1910 年时，发展至 5000 个。[③] 这些不断增长中的数据说明，农业合作社在法国的发展速度比较快。法国的农业合作社的最初职

---

[①] ［英］克拉潘：《1815—1914 年法国和德国的经济发展》，第 192 页。

[②] M. C. Cleary, *Peasants, Politicians and Producers: The Organization of Agriculture in France since 1918*, p. 13.

[③] ［英］克拉潘：《1815—1914 年法国和德国的经济发展》，第 212—215 页。

能聚焦于农业原材料的采购，如购买肥料、种子等，之后则逐渐扩大至其他领域。对此，可借助卢瓦尔-歇尔省合作社的具体成长案例获得一个直观的认识：

> 卢瓦尔-歇尔省合作社初创于1882年11月，是由该省农业部门一个名叫拉法兰西亚德（La Franciade）的教授创建的。起初，该合作组织主要着眼于农用肥料的采购。在成立后的第一年里，约为其315个（20个村）成员购买了48吨农用肥料。至1893年时，其成员发展至4191个，采购肥料数量上涨至5489吨。1911年，该合作社新创建了供应合作社公司，其业务范围除了单纯的肥料供应，还进一步扩大到为其社员供应农用机械和农用设备等。20世纪30年代，为应对经济危机导致的小麦行情暴跌，该合作组织于1933年建立了第一个小麦存储仓，其业务范围扩大至小麦存储领域。二战以后，为了适应农业迅速发展的需要，该合作社将销售合作社和供应合作社进行了合并，并将存储合作社联盟改为谷物合作社联盟。与此同时，该合作社还建立和发展了一些商店和储藏室、一个冷冻仓、两个饲料工厂、一个技术服务处、一个家禽中心、一个水果站等。此后，该合作组织的业务范围还在不断地扩大，至1984年时，已经发展成为一个规模庞大且涉及领域广泛的大型现代化农业合作组织。其成员数量多达1.1万个，总营业额约为14亿法郎，拥有长期雇员660个，仓库58个、收购中心98个。该组织的业务范围广泛地涉足农艺实验、肥料分配、种子培育、作物保护、饲料制造、谷物油料收购等服务领域。[①]

在法国，除上述农业合作组织之外，还有兴起一些专门性的农业信贷合作组织，如农业合作银行、农业合作保险公司等，此类专门性信贷合作组织主要是通过国家帮助或强制方式发展起来的。至于国家对信贷农业合作社帮助的方式，康斯坦丁·伊利奥普洛斯（Constantine Iliopoulos）称，法国政府主要是通过创建有利于农业合作社发展的法律框架，以及给予税

---

① 刘振邦：《法国的农业互助与合作运动》（讲义），中国社会科学院世界经济与政治研究所，1984年12月，外国农村合作经济讲授班讲义之五，第20—21页。

收政策方面的扶持的方式进行的。① 法国的农业信贷互助组织（Mutual Agricultural Credit）的创建与发展的历程堪为典型。

法国的农业信贷计划可以追溯到19世纪末。1894年11月5日的一项法律允许地方工会建立地方基金，不久之后的1899年3月31日的另一部法律，就地方银行的创建问题做了具体规定，它允许地方银行运用其基金拓展其业务活动范围。继此之后，1920年8月5日的关于农业信贷合作社的基本法规定，在现有的农业信贷互助组的结构和运营框架基础之上创建一个国家农业信贷机构。

1926年，国家农业信贷银行正式冠名成立。至此，完善的信贷合作社体系在法国确立起来，它包括三个层级，第一级是地方农业信贷合作社，第二级是地区银行，第三级是国家农业信贷银行。②

法国的农业信贷合作社对法国农业的发展给予了极大的帮助，它在很大程度上满足了不同类型的农民在农业生产和经营活动中的不同信贷需求。例如，它以提供12—18个月短期贷款形式，帮助农民支付惯常的用于购买肥料、种子和小型农具等的农业经营资本，此类贷款的利率一般不超过6%。其次，它以提供5—10年期限（最长不超过15年）的中期贷款形式，帮助农民支付购买牲畜或耕作设备、农业建筑维修或土地革新等所需要的资本，此类贷款一般以年度分期付款方式偿付，其利率与短期贷款一样，最高不超过6%。此外，它还为某些租地农场主提供贷款用以购买其持有地，以帮助他们成为其所耕种土地的所有者，在许多案例中，主要是帮助农业工人成为小农场所有者。其贷款利率一般为3%，最高贷款额度为不超过12万法郎，贷款期限为不超过30年，且贷款者至贷款期限结束时的年龄应不超过70岁。③

总起来讲，农业信贷合作银行为农民提供的贷款类型是非常丰富的，能够极大地满足农民的各种类型的农业生产和发展需求。此类贷款对农民的帮助，还可通过其提供的总体贷款额体现出来，如在1977年时，农业信

---

① Constantine Iliopoulos, "Public Policy Support for Agricultural Cooperatives: An Organizational Economics Approach", *Annals of Public and Cooperative Economics*, Vol. 84, No. 3, 2013, p. 243.

② André Cramois, "Mutual Agricultural Credit in France", *Annals of Collective Economy*, Vol. 28, No. 3, 1957, p. 241.

③ André Cramois, "Mutual Agricultural Credit in France", *Annals of Collective Economy*, Vol. 28, No. 3, 1957, pp. 245-246.

贷合作银行约为法国的农民提供了216亿法郎贷款，其中由国家"给付利息"的惠农贷款高达175亿法郎。①

## 二　德国

法国以革命手段变革土地产权结构的方式，开启了西欧农业地权变革的历史进程，德国的农业地权变革正是这一历史发展进程中一个极具代表性的典范，但其与法国的彻底革命方式又存有很大的不同。

德国的土地产权结构的变革，是通过革命和渐进式改革两种方式实现的，并最终确立起了两种不同类型的土地所有权和农业经营模式：在易北河西部地区，以小农土地所有权的确认为基础，建立起了典型的小农农业，其生产组织的基本单位是小持有地和家庭农场；在易北河东部地区，保留了容克庄园主的土地所有权，建立起了容克庄园农业，且因其农场的面积和生产规模比较大，故常采用雇用大批农业工人的方式进行经营。虽然存在着许多差异，但两种农业经营模式所建立的土地产权结构基础是一样的，都是所有权和经营权合一的土地产权类型。经由此次土地产权结构的变革运动，自有自营农场成为德国占主导地位的农业经营方式。

19世纪的德国农业地权变革，虽对土地所有权属性做了调整，但并未过多地改变它原有的农地持有规模结构。它一方面将易北河西部地区的农奴转变为了小土地所有者，由此确立起了以农民和小耕种者为主体的自有自营农场生产经营模式。另一方面，又保留了易北河东部地区的容克地产主的土地所有权，确立起了以容克地产主拥有的大农场为主导的自有自营农场生产经营模式。就这两类农业生产类型相比较而论，在遭遇19世纪末的农业危机之时，受灾最严重的主要是严重依赖国际市场进行生产的易北河东部的容克谷物种植大农场，而诸如莱茵兰和威斯特法利亚外围地区的德国西部小农家庭农场的境况要好很多。由于这些小农场主要面向它近处的城市消费市场进行生产，运输成本相对较低，且在面临与工业扩张争夺劳动力的过程中，转为依赖其家庭成员的劳动力，并根据市场需求和农产品价格的变化，适时地调整其农业生产类型，故它们成功地应对并解决了在工业化过程中所面临的生产和市场转型问题，因而对谷物价格下跌和劳

---

① 刘振邦：《法国的农业现代化》，农业出版社1980年版，第69页。

第九章 地权转型后的新型农场

动力短缺的应对要比易北河东部的容克资本主义大农场有效得多。与此同时，该地区，尤其是在巴伐利亚州等地，还发展起了功能比较完备的农业合作组织，而此类合作组织的产生与发展，也进一步推动了此处小农农场的进一步发展。

在德国西部的巴伐利亚州，农业合作化运动发展的水平相对较高，且该地区的农业合作组织通过农民间的互助与政府的帮助相结合的方式，保证了该地区的农业所创造的生产率指数还要远高于其他欧洲国家。① 至于何以该地区会发展起较高程度的农业合作化组织，戴维通过研究指出，在19世纪70年代以后的世界农产品市场形势转变的过程中，虽然德国的容克地产主们遭遇了很大的威胁，而德国西部的小农场主们却获得了一种发展其农业的良好机遇。为了应对当时转变了的农业发展形势，德国西部的小农场主们发展起了一些农业合作组织，如信贷合作社，专业化的水果、蔬菜或奶制品合作社等。② 总之，农业合作组织在德国，尤其是在一些特定地区，获得较好的发展。在该时期德国广泛存在的农业合作组织中，最值得一提的是赖伐森农业信贷合作社。

赖伐森农业信贷合作社由赖伐森（Friedrich Wilhelm Raiffeisen）一手创办。赖伐森是威斯特瓦尔德（Westerwald）地区的一个谦逊的乡长，他创建并以自己的名字命名了当今遍布全球的合作银行组织——赖伐森农业信贷合作银行。赖伐森农业信贷合作银行的创建，大致经历了三个主要的阶段：最初，在1846年至1847年的饥荒期间，赖伐森成立了一个"面包社"（Bread Society），以帮助当地的居民维持生计。随后，在面包社的帮助下，他又开始为一些农业需求提供信贷方面的帮助，由此迈出了走向赖伐森农业信贷合作银行的第一步。1849年，赖伐森在福来默斯菲尔德（Flammersfeld）附近的乡村，成立了一个互助联合会以采购牲畜，不久之后，该联合会开始为各种目的提供贷款。由此，牲畜采购社转变为信贷互助合作社，这是迈向赖伐森农业信贷合作银行的第二个阶段。1864年，赖伐森成立了一个信贷合作社，依据该合作社的章程，其借贷者必须是该合

---

① Ian Farr, "Farmers' Cooperatives in Bavaria, 1880-1914: 'State-help' and 'Self-help' in Imperial Germany", *Rural History*, Vol. 18, No. 2, October 2007, pp. 163-182.

② David Blackbourn, "Peasants and Politics in Germany, 1871-1914", *European History Quarterly*, Vol. 14, 1984, pp. 51-52.

作社的会员，这是迈向现代意义上的赖伐森农业信贷合作银行的第三个关键步骤，它为后来的赖伐森合作组织的建立奠定了坚实的基础。继此之后，1867年3月27日出台的《合作组织法》（Cooperative Law），又赋予了此类组织以法律的内容和形式，至此，赖伐森农业信贷合作银行形成的最后阶段的历史发展进程结束。① 从1873年起，合作组织模式开始为赖伐森农村银行普遍采用。随后，赖伐森又于1876年在诺伊维特创办了一个中央银行，以支援各村的合作社。至1877年时，全德赖伐森银行联合总会成立。至此，完备的赖伐森农业信贷合作银行体系于德国确立起来。

农业信贷合作银行最初创建的主要目的是消除农村中的高利贷者对农民的盘剥，但在随后的发展过程中，它的业务又逐渐扩大至帮助农民购买肥料、饲料等采购业务上，并逐渐成为当时德国许多村庄的经济中心，它对德国农民的贡献比"所有农业的和保护的法律加在一起还要多"。农业合作银行在德国发展得一直比较好，至1905年时，此类银行约发展至1.1万家至1.2万家。除农业合作银行之外，在当时的德国，一些其他类型的农业合作组织也有一定程度的发展。② 据统计，至1890年时，德国的奶制品合作社的数量约为639个，而至1910年时增加至3382个。③ 1914—1918年共计5年的时间里，德国登记在册的合作社的年度数量分别为34579个、35481个、35746个、36565个及37284个。显然，至20世纪初时，合作化运动在德国已经有了相当程度的发展。④

农业合作社的发展有效弥补了德国小农农场生产的缺陷和不足，进而推动了德国农业的发展。据统计，通过加入销售合作社方式，谷物种植者的获益额约能增加10%。1900—1910年，于上巴伐利亚州的某些北部地区，农场主们借此约增加的收入高达35%。⑤ 借助农业合作组织，该时期德国农业得到迅速发展。特雷西（Michael Tracy）指出，"1890—1913年，

---

① Werner Schiffgent, "The Raiffeisen Movement for Agricultural Cooperation in West Germany", *Agricultural Administration*, Vol. 6, No. 4, 1979, pp. 245-247.

② ［英］克拉潘：《1815—1914年法国和德国的经济发展》，第253—257页。

③ David Blackbourn, "Peasants and Politics in Germany, 1871-1914", *European History Quarterly*, Vol. 14, 1984, p. 52.

④ Florence E. Parker & A. J. Zelenko, "Cooperation and Profit Sharing", *Monthly Labor Review*, Vol. 10, No. 6, June 1920, p. 132.

⑤ Ian Farr, "Farmers' Cooperatives in Bavaria, 1880-1914: 'State-help' and 'Self-help' in Imperial Germany", *Rural History*, Vol. 18, No. 2, October 2007, p. 179.

第九章 地权转型后的新型农场

德国的国民收入年增量为2.9%，比英国、法国以及其他一些欧洲国家的增长速度要快一些，但比丹麦、瑞典和美国慢一些；德国的年出口增长率约为5.1%，几乎比其他所有的欧洲国家都要高"[1]。虽然特雷西提供这组数据的目的，是要论证该时期德国采取的高关税的贸易保护促进了其农业及其他产业的发展，但这一数据同时告诉我们，德国农业的发展于该时期也取得了巨大发展。至于取得这一成就的原因，除了特雷西所谓的贸易保护政策，也与该时期德国农业合作化的发展有关。

### 三 新型农场何以在西欧各国普遍盛行

小自有自营农场曾一度被认为是造成某些国家农业发展落后的主要原因。这在法国农业发展问题上表现得尤为突出。虽然法国农民普遍拥有土地的所有权，但在当时的社会境况下，多数法国农民需要依靠面积狭小的农地以及落后的生产工具进行农业生产和维持生计，不免会表现出某些明显的落后性和保守性。也正是基于此，法国的小农们多被一些经典史家视为落后和保守的代名词，被认为是缺少理性经济思维、固守土地与技术变革而与社会进步不搭边的一类人员，且在一段相当长的时间内，小农制度的盛行一度被认为法国落后的根源。

然而，就土地产权视角而论，农民获得土地所有权的要求，在包括法国、德国、英国在内的多数西欧国家，是一项普遍的土地产权变革要求，也是各国土地产权结构发展演变以及农业自身发展的必然结果。自有自营农场或西欧大陆上所谓的家庭农场或小农经济的出现，是在农民土地权利意识的导向下，西方土地产权状况日渐发展到一定程度时呈现的一种必然的历史结果。自19世纪后期开始，在整个西欧地区普遍出现了农民努力争取成为他们所耕种的土地的所有者的变革运动，而在美国、澳大利亚、新西兰等国家，其农业耕作本身的报酬便是成为所耕种土地的所有者。总起来讲，农民有着对土地的强烈渴望，愿意为之进行艰苦的斗争，且该时期的社会状况也已经发展到了他们要求主张对其土地应有的完全土地财产权的程度。除了这一现实条件之外，在他们的内心深处，也一直存在着一种强烈的土地所有权意识，与此同时，他们还认为正义是属于他们一边的：

---

[1] Michael Tracy, *Government and Agriculture in Western Europe 1880-1988*, p.103.

299

他们相信土地应该为其耕种者所有，且这种信仰可以追溯到人类的早期耕种时代，并在不同地区、不同层次的农民中都有所表现。例如，英格兰农民反叛意识中一直有着一条清晰的主线："当亚当和夏娃都赤身裸体的时候，谁能是绅士？"俄国农民中也广为流传着："我的后背属于我的主人但土地是属于我的。"农民对土地的一贯追求，并不仅仅在于他们的生计所需，更因为他们对土地所拥有的强烈感情，通常每个农民都非常热爱他们的土地，并将获得土地的"占有者所有权"（occupier-ownership）视作最高追求目标。①

由此可见，随着农民社会地位和经济实力的增强，在该时期达到了实现农民与土地关系之间的自有自营要求的程度之时，向土地所有权和经营权合一的自有自营农场类型转变便成为一种历史的必然。此外，因为农业生产所具有的特殊性，在农场规模上又必然会走向家庭农场生产方式。就农业生产实际而论，中小型家庭农场相对具有更高的优势。首先，农业生产受到地理环境因素的严重制约。大型租佃农场要求有大规模成片的平整土地，以方便使用现代化的机器生产获得更多的利润产出，但在很多丘陵或山地地区则地块较小且不规则、不平整，由此，只能依靠人力进行生产，这也是家庭农场在历史上一直占有一定比例的重要原因。其次，农业生产是在一个相当广阔的劳动空间内进行的，劳动监督的成本远高于其他类型的工厂生产，且劳动协作能达到的规模效益较低，因而并非规模越大产出越高。最后，农业生产的季节性特征明显，农业劳动者需要在不同的季节做不同的农活，且有忙季和闲季之分，在闲季时单依靠家庭劳动力就能满足农场上所需要的劳动量需求，但在忙季时常需要雇用一些临时性的外部劳动力。由此，农场规模更适合的形式也应该是以家庭劳动力为主的农场类型。

自有自营类型的家庭农场是建立在稳定、明晰化的土地产权基础之上，并以追求利润为目标的适度规模的农业经营模式，在其上农民能够实现权利自由的获得之感。农民同其他社会成员一样，甚至比其他社会成员更为看重因对土地享有完全的所有权所获得的自由状态。克拉兹曼

---

① E. John Russell, "Europe's Changing Peasantry", *Man*, Vol. 44, July-August 1944, pp. 98–100.

第九章　地权转型后的新型农场

　　在《法国农业政策》中所记述的一个案例很能反映农民的此类心态，他记述道："有一天，我们在布里弗地区遇到一位贫苦的农民，尽管他靠10公顷耕地过着很一般的生活，但从表面上看，他是心满意足的。对这类人来说，最主要的是生活的自由，以致他不愿意享受他应得的那份补贴。'假如我为建住宅而要求一份补贴，人们就会到我家来视察，并盘问我打算干什么。'"[①] 这些人的心态，代表了多数小自有自营农场主的普遍心态。曾有不少英国学者就英国农场主们最为关心的事做过调查，其结果显示，"做自己的老板"是他们最在乎的事。居此之后的是"维持一个舒适的生活"，"保持一个健康、天然的生活方式"等。[②] 著名的荷兰农学家范德普勒格也曾有过类似的表述，他称，对于农民而言，其最在乎的状态、最惯常的心态是："我不喜欢在别人手底下做事。身为农民，我拥有自由，我安排自己的工作和时间——这一切于我而言非常重要。"[③] 总之，农民非常看重他们在自己土地上所享有的自由权利状态，他们追求且将自其土地上获得一种完全的自由权利状态视为最高的奋斗目标。

　　除了农民自身的这一心态使然，与西方私有产权属性相适应的最理想的土地产权形态也应该是经营权和所有权合一的地权形态。在这一地权形态下，农场主不需要支付地租或服劳役，也不会遭遇他者对其农场耕种方式的干涉，他对土地的保有是安全的，不会被随意地驱逐，他就农场投资或技术革新的获益为他自己或他的后代所享有。

　　在土地产权之外，农场所有权与经营权合一的自有自营农场还具有其他一些优势。例如，考茨基认为，小农农业与原有的大型租佃农业相比，并没有太大的优势，其具有顽强的生命力的原因在于，家庭农场是以尽可能多的家庭劳动力投入，在萧条时期尽可能地降低自己及家庭成员的生活水准为代价而换取更高的单位面积土地产出的。[④] 考茨基的这一观点，同恰亚诺夫关于小农农业的劳动投入模式的概念相一致。恰亚诺夫认为，小

---

[①] [法] 约瑟夫·克拉兹曼：《法国农业政策：错误的思想观点和幻想》，李玉平译，农业出版社1982年版，第69页。
[②] Ruth Casson & Andrew Errington, *The Farm Family Business*, p. 53.
[③] [荷] 扬·杜威·范德普勒格：《新小农阶级：帝国和全球化时代为了自主性和可持续性的斗争》，潘璐、叶敬忠等译，社会科学文献出版社2013年版，第315页。
[④] [德] 考茨基：《土地问题》，梁琳译，生活·读书·新知三联书店1955年版，第116—159页。

农场比大型资本主义租佃农场更倾于在单位面积土地上投入更多的劳动，即便是其家庭劳动的边际收益严重低于社会平均收益率时，也会继续投入劳动以获得更高的农业产出。但在此情况下，租佃农场因利润的考量会停止劳动力的继续投入以避免更多的损失。由此，恰亚诺夫认为，小农农业的非利润经营目的使它（尤其是在遭遇农业萧条之时）相比于租佃农场更具生命力，但它是以更繁重的劳动和更低的生活水准为代价的。① 这些小农之所以愿意为其农场投入更多的劳动力，在于农场是他们自己的，因而他们相比于租地农场主拥有更大的自主性和积极性。由此，即便是在遭遇农业萧条而毫无利润所获之时，仍旧不会轻易放弃农场经营，不会任由农场退化或荒芜。与以恰亚诺夫为代表的学者们否定小农农业的生产效率不同，美国的著名经济学家舒尔茨认为，传统小农是"贫穷而有效率"的，他们同样追求利润的最大化。改造传统农业，不应单纯追求农场规模的大型化，而是要通过创建更能适应现代市场环境且能够更好地利用先进的生产工具和农用机械的所有权和经营权合一的家庭农场来进行。美国的家庭农场正是一个很好的、成功地改造传统农业的典范。②

然而，自有自营农场也存在一些固有的缺陷和不足。例如，它们可以利用的农业资本较少，利用科技进步的能力较低，小农场主在不同的市场交易环境中所处的地位相对也比较弱。尽管小农会按照其所处形势的变化进行必要的革新，但他们的不安全处境不允许他们冒大的风险，他们尤其规避负债型的风险投资。由此，有必要成立一些私人性质的合作机构，如农业合作社等，以克服其固有的缺陷和不足，同时需要大力发展农业科技，并借助国家的扶持和帮助，充分发挥政府的宏观调控治理能力以更好地促进其发展。

在现代社会里，土地以及农业所处的地位、形势决定了似乎不能单纯以土地产权视角来评判和诠释与土地、农业、农民有关的问题。农业本身的性质，以及它于国民经济中的基础性地位，决定了我们在就其本身及其相关问题进行研究时，绝不能单以供求平衡（市场）的角度进行研究，决定了它不应被视为一项于自由竞争市场中的获利型产业，而应被视为一项社会服务型产业对待。为此，国家应该提供必要的农业扶持政策，要在农

---

① ［俄］A. 恰亚诺夫：《农民经济组织》，第220—239页。
② ［美］西奥多·W. 舒尔茨：《改造传统农业》，译者前言，第3—8页。

产品价格、信贷以及资金等方面，给予农业必要的扶持，不能让农业完全市场化，要充分发挥政府的宏观调控作用，通过给予农业补贴、实施惠农政策等方式维持农业的获利状态，需要将农业作为一项民生大计、社会的稳定器来对待，以最终达到维护社会稳定，促进社会繁荣的目的。

## 本章小结

自有自营农场或曰家庭农场，以农场主的土地所有权和使用权合一的方式所建构的一种新型土地产权结构为基础，其经济运营机制与之前的大地产体制下的租佃农场在土地产权结构以及农业经营方式上存在本质的不同。

自有自营农场在英国的兴起，更多的不是租地农场主主动追求土地所有权的结果，而是随着社会的不断发展，地产主主动放弃其土地所有权的结果。大土地所有者在此前的一段相当长的时间内，不断扩大土地的目的并不是因为它能给他们带来多少丰厚的经济利润，而是为了获取土地上凝结的政治权力、社会威望等价值。随着英国的政治民主化的不断发展，在国家政策的导向下，此类价值不断弱化并被剥离掉时，地产主开始倾向主动放弃土地所有权。而在他们不断放弃土地所有权的过程中，这些土地上的原租地农场主，因对该土地拥有深厚的感情，想要保留其世代耕种土地上的房屋，担心变更地产主后可能会遭遇无法预知的更为严重的消极后果等，在其地产主欲卖出其所承租的农场之时，倾向于被迫中主动地买下这些农场。由此完成了这些租佃农场向自有自营农场的转变。

通过对自有自营农场优劣势的分析，以及随后英国农业发展状况的研究可以看出，自有自营农场的兴起并不仅仅是农业大地产解体的一个被动结果，它同时也是与当时英国农业发展的新形势更为适宜的一种农业生产组织方式。该农业生产组织方式以及与之相应的土地产权结构，具有相当大的优越性、适应性，这是英国的农业生产组织方式于大地产逐渐解体的过程中日渐走向自有自营农场，而非其他形式的农业生产组织模式的重要原因之一。

自有自营农业的日渐兴起，并非英国历史上独有的历史事件，同时也是多数西欧国家农业发展中的一个普遍趋向。自19世纪末期开始，自有自营性质的家庭农场日益成为西欧国家中占据主导地位的农业经营方式。这种农业经营方式是建立在稳定、明晰化的土地产权基础之上，并以追求利润为目标的适度规模的家庭农场型经营模式，在其上农业生产者能够实现完全的地权获得之感。然而，这种农业经营模式，并不意味着其上的农业生产者能够非常有效地自农业中获得较高的收入。在自有自营农场兴起之初，因其本身所具有的某些固有缺陷和不足，其良性存续与发展还需要依赖个体农业生产者之间的合作，需要依赖农业科技的进步以及政府的扶持和帮助。

# 结语

  产权作为当今世界经济、市场、财产运行规则中的核心要素之一，深入探究域外国家和地区的土地产权模式发展演变的历史与实际，能更好地了解、明晰外部西方世界的土地产权运行规则，明确与之交往过程中涉及相关土地产权问题时"中国怎么办"的问题。实际上，只要土地产权各权能界定清晰，无论把土地产权界定给谁，都不会对社会经济效率的提升造成损害。土地产权模式不存在孰优孰劣问题，世界文明发展具有多样性，世界土地产权发展同样存在多样性，应该在互相尊重的基础上共谋发展，以利于世界范围内社会经济效率的稳步提升。

  进入近代以来，以英国为代表的西欧国家，最早终结了古代世界的模糊土地产权制度，并代之以越来越清晰化的私人土地产权制度。当我们将研究的视角聚焦于英国，就以英国为代表的西欧国家的土地产权模式及其发展轨迹做一探讨时，则不免有如下疑问，与同属于欧洲文明的西欧大陆国家以及身处其他不同文明的国家相比较，英国的土地产权发展模式及其历史发展轨迹的独特性体现在哪里？

  在英国的地权发展史上，虽然其私人土地产权确立的历史进程开启得较早，但整个确权历程却是漫长而曲折的。中世纪时期的英国，因土地产权被高度分割，地产相关权益归属问题确认困难，土地法在具体实践过程中倾向保护土地实际占有者的利益，这使得土地"占有权"（session）不断趋于硬化，并最终于都铎王朝时期确立起以小农土地所有权为核心内容的近代明晰化私人土地所有权。然而，随着英国经济、政治和社会形势的进一步发展，小农土地所有权又逐渐消失，而以土地所有权高度集中化为显著特征的"土地社会"则日渐形成，土地私有产权结构中各土地利益主体对其土地产权权能的实施遭遇新的困境,需要根据新发展了的生产力要求,做出新的明确的法律界定,以降低土地交易成本,推进土地市场自由、顺畅流通。

在以地产所有权高度集中为显性地权特征的土地贵族大地产盛行时期,各土地权利主体在实施相应土地产权权能的过程中主要面临下述困境:首先,就土地所有权状况而论,英国绝大多数的土地集中掌握在少数大土地家族手中,其土地所有权被设计为家族世代保有。受限于严格家族定序授予制地产制度规定,终身地权人仅为其家族地产的保管人,他们所享有的土地"私有产权"是不完整的,并不能称为完全意义上的土地"所有者"。在此形势下,其对土地的处分权是受限制的,无法基于最优化的成本和收益的考量自由处分其家族地产。其次,在农业地产上,租地农场主对其所承租的农场所享有的使用权即租佃权,同样是不完整的、不稳定的。他们就其租佃农场上的耕种事宜的安排,自由猎杀农场上的小猎物等的权利是受限制的,其租佃权相关法律保障措施还不健全。最后,调节与维护地产主与租地农场主之间的主佃关系的完善而健全的法律保障机制长期缺失,实践过程中需要更多依赖地产主与租地农场主的个人品质和信誉、非对等租佃契约、两者在处理彼此间的主佃关系争端问题上日渐形成的一些惯例或习俗等。

即便如此,该农业地权机制在它形成的初期,在当时的社会生产力发展水平下,仍旧是一组有效率的产权结构。但随着英国农业的进一步发展,该农业地权机制的弊端开始日益呈现,需要对之做出必要的变革和调整。该组农业地权权能结构变革的过程及实现,离不开英国政府所采取的适时宏观调控政策所发挥的重要导向性作用,同时也与建构在当时特定经济社会基础之上的各土地权利主体的思想观念的变化存在内在关系。

在该时期的农业地产领域,土地产权的变革因三大土地利益阶层地产主、租地农场主和农业工人的具体地权诉求不同,呈现出不同的表现形式。该时期的农业地权主要涉及三大类:一是地产主的终身地权,二是租地农场主的租佃权,三是农业工人的份地和小持有地问题。就地产主而论,随着地产所具有的经济、政治、娱乐、社会价值的逐渐丧失,地产主对待其家族地产的态度日渐改变,由不断扩大积累家族地产逐渐转为大规模出售其家族地产。这种形势的不断发展,以及终身地权人的土地处分权

结 语

的法律确认，为即将到来的土地所有权由地产主向租地农场主转移提供了必要前提和基础。就租地农场主而论，"耕者有其田"的理念是源远流长、根深蒂固的，其对土地的权利意识从未被泯灭过，也正是在这种权利意识以及西方私有财产权属性的导向下，英国乃至多数西方国家最终确立起了所有权和使用权合一型家庭农场为主体的现代农业经营体制。就农业工人而论，在各土地利益阶层固有权利分配状况下，对土地所有权的渴求不易实现，唯一可能的是追求较高的工资收入，由此在工业化和城市化不断发展的进程中大量转移至非农产业或城市，这对当时英国农业的生产和乡村社会的稳定产生了很大的冲击。为此，国家尝试以立法的形式，通过份地和小持有地运动，搭建农业工人和土地之间的联结，以维持乡村社会的稳定与发展。

在该时期农业地权三大核心土地权利主体的土地权利要素之中，地产主和租地农场主的土地权利要素的发展最为重要，它们是推动土地社会时期的地权权能结构变迁的主要内部动力。土地社会时期的固有土地产权权能结构开始发生转向，主要是自英国的经济社会形势发生了新的变化，导致地产主和租地农场主谈判力量发生变化，以及双方的思想观念对原有的租佃"契约"的认知发生改变，进而生出进一步变革土地产权结构的需求之时。该时期的农业地权变革，是其相关土地权利主体的思想观念在与其所处的经济社会生活实际发生互动的过程中，对其行为主体发生影响而做出选择的一种必然结果。在这一土地产权结构变革过程中，地产主逐渐退出土地产权的结构体系，租地农场主逐渐获得原租佃农场的土地所有权，所有权和使用权合一的农业地权模式逐渐成为主流形态。

在19世纪农业地权变革过程中，英国政府充分履行了国家治理职能，有力地推进了这一变革过程的顺利实现。

首先，英国政府通过国家治理方式，以法律手段助推农业地权各权能明晰化。经由19世纪一系列土地法律变革运动：地产主日渐自严格家族定序授予制的束缚中解放出来，其对土地的处分权初步得以确认；租地农场主在其所经营农场上的安全性日益增强，其租佃权相应法律保障机制初步确立。英国以法律手段初步实现了农业地权权能明晰化，为后续农业土地市场自由流通提供了产权保障。

其次，英国政府通过国家治理方式，以税收手段助推农业土地所有权变革。19世纪晚期英国农业土地社会"僵而不化",单以土地法律变革方法所推进的明晰化农业地权并不足以保证农业土地市场健康、良性、自由、顺畅流通,自1688年光荣革命以来土地上凝结的政治、社会属性仍顽固发挥作用,农业土地交易成本居高不下。为此,英国政府于1894年开始首次将土地纳入新出台的遗产税征收范围。伴随着遗产税税率的日渐提高以及其他肢解农业土地社会的各种要素的日渐成熟,英国农业土地社会最终解体,农业地权权能结构由"分割型"走向"合一型"。

最后,英国政府通过国家治理方式,完善社会保障体系,有效应对了该时期因地权变革导致的社会贫困问题。19世纪的英国,生产力水平已经相当之高,但贫困问题仍然存在,甚至更甚从前,不能不说是社会本身出了问题,大规模圈地与伴随而来的农业工人起义等社会动乱,以及社会财富分配不均等,足以引发严重的社会贫困。该时期的社会贫困,是因社会整体上追求经济效率,使一些人的某些权利被剥夺所引发的社会贫困问题。这一社会贫困问题,单依靠市场调节机制本身无法解决,需要更多借助国家、政府力量的干涉,才能寻求可行的解决之道。1834年,英国议会通过了《新济贫法》,对有史以来的济贫法原则做出重大修正,并确立了新的救济原则,即穷人应该自救而非依赖国家福利。《新济贫法》是英国政府应对农业工人暴动,解决社会贫困问题的积极立法举措,以之为标志,英国在治理社会贫困问题、完善社会福利网络历史进程中往前迈进了一大步。

就英国土地产权的变革脉络同其隶属于同一个文明圈的其他西欧国家的土地产权的演变脉络进行比较时,还将发现,英国的土地产权结构,是西欧国家中最先开始向与现代性相适应的机制转变的国家,同时又是最晚实现这一转变的国家。其转变的历程,是相当缓慢而复杂的。至于原因,可能与英国在其历史长河中逐渐形成的一套惯例或习俗有关,该惯例或习俗,对租地农场主的土地占有权的保护较为完善。例如,在提到伊夫舍姆地区的租佃权习俗时,克拉潘曾评价说,伊夫舍姆无疑是受惠于该习俗的,也正是因为该习俗所提供的较稳定的租佃安全保障,使得伊夫舍姆人"尽管大多数是'强烈的个人主义者',对于所有权也就没有什么兴趣了。"[①] 由此

---

① [英]克拉潘:《现代英国经济史·下卷·机器和国与国的竞争(1887—1914年)附结论》,第141页。

## 结 语

可见，英国固有的惯例或习俗，一方面，为英国的租地农场主对其持有地的安全占有，提供了较为充分的保障，另一方面，也在一定程度上，降低了英国租地农场主对土地所有权的渴望，这不仅可以通过与西欧国家的对比中显现出来，亦可自克拉潘所列出的在英国租佃权习俗应用得比较好的地区的状况与该种权利相对缺乏的地区的状况的对比中显现出来。

然而，英国强烈的"个人主义"要素的存在，并不能阻止英国地权变革的步伐，这涉及西方所有权的本质问题。西方所有权的基础是私有制，这种私有制的特征，早在古罗马时代已经建构起了它最本质的雏形。后随着西欧封建社会的逐渐确立，与上层建筑有关的封建制，借助封君封臣制的利剑，将封建性的要素注入了土地财产权之中，而在社会基层组织单位上，又将庄园制与马尔克村社制糅杂在一起，使得西欧的土地产权呈现出高度分割的形态。然而，即便是在这种高度分割的形态表现得最为顽固之时，自古罗马时代已经建构起来的土地所有权雏形，也并未完全泯灭，它最终以"占有"权不断强化的形式，随着现代性要素的不断增强而成长起来。最终，至现代性要素发展到足够成熟之时，以所有权和占有权的合一，取代"占有"权，获得了它现代通行的形式，由此确立起了西方现代土地产权。

英国的土地产权向现代化转型的演进历程，既具有与法国、德国等西欧国家相似的普遍性特征，同时又具有一定的特殊性。在向现代土地产权转型的过程中，英国比其他西欧国家多经历了一个土地所有权和经营权分离的大地产地权阶段。后随着这一农业地权法律变革的逐渐完成，英国的农业经营方式，逐渐由租佃农场转为自有自营农场，英国日渐步入自有自营农场发展时代。自有自营农场在英国的兴起，更多的不是租地农场主（土地耕种者）主动追求土地所有权的结果，而是随着社会形势的不断发展，地产主不得不放弃土地所有权的结果。此外，其兴起的原因还在于该农业生产方式最适合当时英国农业生产发展的新形势需要，这一原因是促使英国于农业大地产逐渐解体的过程中，日渐走向自有自营农场经营模式的一个非常重要的原因。

此外，建立在土地所有权和使用权合一基础上的新型农场的日渐兴起，并非英国历史上独有的历史事件。自 19 世纪末期开始，权能合一型新农场日益成为西欧国家中占据主导地位的农业经营方式。这种农业经营方式是建立在稳定、明晰化的土地产权基础之上并以追求利润为目标的适度规模的新型农场经营模式，在其上农业生产者能够实现完全地权获得之感。然而，这种农业经营模式并不意味着其上的农业生产者能够非常有效地自农业中获得较高的收入，其良性存续还需要个体农业生产者之间开展有效的合作，需要更多地依赖政府的扶持和帮助。与此同时，有鉴于农业的特殊地位和价值，还应该于精神要素上加强对农业、农业生产者的重视，应将农业生产视为一种高贵的追求，将农业的生产者们视为创造者对待。

# 参考文献

## 一 英文参考文献

### (一) 中英文网址

Hansard-UK Parliament https://hansard. parliament. uk/

Oxford Text Archive https://ota. bodleian. ox. ac. uk/repository/xmlui/

Legislation. gov. uk https://www. legislation. gov. uk/primary+secondary? title = tenant%20bill

British History Online https://www. british-history. ac. uk/

The National Archives https://www. nationalarchives. gov. uk/

National Library of Scotland https://www. nls. uk/

The Royal Agricultural Society of England https://www. rase. org. uk/

Hampshire History https://www. hampshire-history. com/the-swing-riots/

Wikipedia https://encyclopedia. thefreedictionary. com/

Tolpuddle Martyrs https://www. tolpuddlemartyrs. org. uk/story.

中国国家图书馆·中国国家数字图书馆·国家典籍博物馆 https://www.nlc. cn/web/index. shtml

### (二) 英文原始文献

*A Letter from Hadlow in Kent to the Home Office about A Suspicious Fire*, 1830, National Archives, Catalogue ref: HO 52/8.

Antony Seely, *Inheritance Tax*, Research Paper 95/107, November 1, 1995,

Business & Transport Section, House of Commons Library.

Aubrey John Spencer ed., *The Agricultural Holdings Act, 1883*, London: Stevens and Sons, 1883.

Aubrey Saint John Clerke, *Settled Land Act, 1882, with Notes and An Introductory Chapter, Together with Precedents of Settlements, Conveyances and Petitions, and Miscellaneous Forms, Adapted for Use under the Act. With An Appendix Containing the Rules and Forms Issued under the Act, Together with Notes Thereon*, London: Maxwell & Son, 1883.

David Charles Douglas ed., *English Historical Documents*, Vol. II, 1042 – 1189, London & New York: Eyre & Spottiswoode, 1998.

David Charles Douglas ed., *English Historical Documents*, Vol. V, 1485 – 1558, London & New York: Eyre & Spottiswoode, 1968.

David Charles Douglas ed., *English Historical Documents*, Vol. VIII, 1783 – 1832, London & New York: Eyre & Spottiswoode, 1977.

David Charles Douglas ed., *English Historical Documents*, Vol. IX, 1833 – 1873, London & New York: Eyre & Spottiswoode Ltd., 1977.

David Charles Douglas ed., *English Historical Documents*, Vol. X, 1874 – 1914, London & New York: Eyre & Spottiswoode Ltd., 1977.

Francis Allston Channing, *The Truth about Agricultural Depression: An Economic Study of the Evidence of the Royal Commission*, London, New York and Bombay: Longmans, Green, and Co., 1897.

G. Thorpe, "Co-operative Agriculture: A Paper Read at A Joint Conference of Members of the Board and District Representative", *LSE Selected Pamphlets*, December, 16, 1893.

G. W. Cooke, *Agricultural Research 1931 – 1981: A History of the Agricultural Research Council and A Review of Developments in Agricultural Science During the Last Fifty Years*, London: Agricultural Research Council, 1981.

James Caird, "A General View of British Agricultural", *JRASE*, 14, 1878.

John Mountney Lely, *The Agricultural Holdings Act, 1883, and Other Statutes*, London: William Clowes and Sons Ltd., 1885.

John Theodore Dodd, *The Settled Land Act 1882*, London: Horace Cox, "Law

Times" Office, 10, Wellington Street, Strand, W. C. , 1883.

J. B. Spearing, "On the Agriculture of Berkshire", *JRASE*, Second Series, 20, 1884.

J. J. MacGregor, "The Economic History of Two Rural Estates in Cambridgeshire, 1870-1934", *Joural of Royal Agricultural Society*, XCVIII, 1937.

*Letter about the Destruction of Threshing Machines in Kent*, 22 September, 1830, National Archives, Catalogue ref: HO 52/8.

Marshall Harris, *Reprint of Agricultural Landlord-Tenant Relations in England and Wales*, Wastington, D. C. , November 1936.

*Report on the Decline in the Agricultural Population of Great Britain*, London: Darling & Son Ltd. , 1906.

Robert J. Thompson, "An Inquiry into the Rent of Agricultural Land in England and Wales During the Nineteenth Century", *Journal of the Royal Statistical Society*, Vol. 70, No. 4, December 1907.

S. G. Sturmey, "Owner-farming in England and Wales, 1900 to 1950", *The Manchester School of Economics and Social Studies*, Vol. XXIII, No. 3, September 1955.

*The Farmer's* Magazine, Vol. 19, London: Printed by Joseph Rpgerson, 1849.

*The Statutes of the* Realm, London: Printed by Common of His Majesty, 1993.

Thomas Littleton, *Lyttleton*, *His Treatise of Tenures*, Translated by Thomas Edlyne Tomlins, London: S. Sweet, 1841.

William Shaw and Henry Corbet eds. , *A Digest of Evidence Taken Before A Committee of the House of Commons, Appointed to Inquire into the Agricultural Customs of England and Wales, in Respect to Tenant-Rights*, London: Rogerson and Tuxford, 1852.

W. J. Johnston, M. A. , "The Land Purchase Problem" (Read 23rd February, 1906) , *Journal of the Statistical and Social Inquiry Society of Ireland (1900-1906)* .

" 'Watford Farmers' Club", *Leicester Chronicle*, April 18, 1846.

"Big English Estates Disintegrating: Income Taxes and Death Duties Force of Land and Art Collections", *Barron's* (1921-1942), July 21, 1924.

"Death Taxes and Capital Waste", *Barron's* (1921-1941), February 19, 1923.

"Evidence, 1882: Deputation of the Tenants on the Ulster Estates", *City of London Livery Companies Commission Report*, Vol. Ⅰ, London: Eyre & Spottiswoode, 1884.

"Lincolnshire Assizes", *Stamford Mercury*, July 24, 1835.

"Tenant Rights", *Worcestershire Chronicle*, May 5, 1847.

"The Bedford Estate: The Sale of the Estate", in Covent Garden ed., *Survey of London*, Vol. 36, London, 1970.

The Bedford Estate: from 1802 to 1893", in Covent Garden ed., *Survey of London*, Vol. 36, London, 1970.

"The Estate in the Twentieth Century", in F. H. W. Sheppanded., *Survey of London*, Vol. 39, the Grosvenor Estate in Marfair, part Ⅰ (general history), London: London Courty Council, 1977.

"The Ulster Estates", *City of London Livery Companies Commission Report*, Vol. 1, London: Eyre & Spottiswoode, 1884.

(三) 英文著作

Alan Macfarlane, *The Origins of English Individualism*, New York: Cambridge University Press, 1979.

Alexander Paul, *The History of Reform: A Record of the Struggle for the Representation of the People in Parliament*, London: George Routledge & Sons, 1884.

Alfred William Brian Simpson, *A History of the Land Law*, Oxford: Clarendon, 1986.

Alun Howkins, *The Death of Rural England, A Social History of the Countryside since 1900*, London: Routledge, 2003.

Archibald Prentice, *History of the Anti-Corn League*, Vol. Ⅰ, London: Cass, 1968.

Arthur Arnold, *Free Land*, London: C. Kegan Paul & Co., 1880.

Arthur Henry Johnson, *The Disappearance of the Small Landowner*, Oxford: Clarendon Press, 1909.

Arthur Underhill, *Changes in the English Law of Real Property During the Nine-*

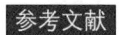

teenth Century, *Selected Essays in Anglo-American Legal History*, Vol. Ⅲ, Boston: Little Brown & Co. , 1900.

Arthur Wilfred Ashby, *Allotments and Small Holdings in Oxfordshire*, Oxford: Clarendon Press, 1917.

Avner Offer, *Property and Politics, 1870 – 1914: Landownership, Law, Ideology and Urban Development in England*, Cambridge: Cambridge University Press, 1981.

Barry Reay, *Rural England: Labouring Lives in the Nineteenth Century*, New York: Palgrave MacMillan, 2004.

Bevil Tollemache, *The Occupying Ownership of Land*, London: John Murray, 1913.

Brian Redman Mitchell, *British Historical Statistics*, Cambridge: Cambridge University Press, 1988.

Bryce Lyon, *A Constitutional and Legal History of Medieval England*, New York: W. W. Norton & Company, 1980.

Charles Beatty, *A Practical Guide to the Death Duties and to the Preparation of Death Duty Accounts*, London: Effingham Wilson, 1907.

Charles Seymour, *Electoral Reform in England and Wales: The Development and Operation of the Parliamentary Franchise 1832–1885*, New Haren: Yale University Press, 1915

Chris Giver-Wilson, *The English Nobility in the Late Middle Ages: The Fourteenth-Century Political Community*, London: Routledge, 1996.

Charles Stewart Orwin, *The Future of Farming*, Oxford: Clarendon Press, 1930.

C. P. Hill, *British Economic and Social History 1700–1982*, Fifth Edition, London: Edward Arnold, 1985.

Chris Given-Wilson, *The Parliament Rolls of Medieval England, 1275–1504, X, Henry Ⅵ, 1422–1431*, London: Boydell Press, 2005.

David Cannadine, *The Decline and Fall of the British Aristocracy*, New Haven, Conn: Yale University Press, 1999.

David Grigg, *English Agriculture: An Historical Perspective*, Oxford: Basil

Blackwell, 1989.

David Grigg, *The Agricultural Revolution in South Lincolnshire*, Cambridge: Cambridge University Press, 1966.

Dawid Grigg, *The Transformation of Agriculture in the West*, Oxford: Basil Blackwell, 1992.

David Harvey, *The Limits to Capital*, Oxford: Basil Blackwell, 1982.

David Spring, *The English Landed Estate in the Nineteenth Century: Its Administration*, Baltimore: John Hopkin Press, 1963.

Donald Robert Denman, *Tenant-right Valuation in History and Modern Practice*, Cambridge: W. Heffer & Sons, 1942.

D. B. Grigg, *The Agricultural Systems of the World: An Evolutionary Approach*, Cambridge: Cambridge University Press, 1974.

Edward Bujak, *English Landed Society in the Great War: Defending the Realm*, London: Bloomsbury Academic, 2019.

Edward Miller & John Hatcher, *Medieval England-Rural Society and Economic Change 1086-1348*, London: Longman, 1978.

Edwin A. Pratt, *Small Holders: What They Must Do to Succeed*, London: P. S. King and Son, 1909.

Eric J. Hobsbawm and George Rudé, *Captain Swing*, London: Lawrence & Wishart, 1969.

Eric L. Jones, *Landed Estates and Rural Inequality in English History: From the Mid-Seventeenth Century to the Present*, Basingstokei: Palgrave Macmillan, 2018.

Evgeny Aleksyeevich Kosminsky, *Studies in the Agrarian History of England in the Thirteenth Century*, Oxford: Basil Blackwell Mcmlvi, 1956.

E. J. T. Collins, *The Agrarian History of England and Wales, Vol. Ⅶ, 1850-1914*, Cambridge: Cambridge University Press, 2000,

E. Lawrence Mitchell, *The Law of Allotments and Allotment Gardens (England and Wales)*, London: P. S. King & Son Ltd., 1922.

Farl Carrington, K. G., P. C., *National Congress on Rural Development and Small Holdings*, London: P. S. King & Son, 1912.

C. F. Dowsett, *Land: Its Attraction and Riches*, London: The "Land Roll" Office, 1892.

Francis Michael Longstreth Thompson, *English Landed Society in the Nineteenth Century*, London: Routledge & Kegan Paul, 1963.

Francis Wrigley Hirst, *From Adam Smith to Philip Snowden: A History of Free Trade in Great Britain*, London: Fisher Unwin, 1925.

François Louis Ganshof, *Feudalism*, London: Longman, Green and Co., 1961.

Frederic William Maitland, *Domesday Book and Beyond, Three Essays in the Early History of England*, Cambridge: Cambridge University Press, 1921.

Frederic William Maitland, *Equity, Also the Forms of Action at Common Law; Two Courses of Lectures*, Cambridge: Cambridge University Press, 1929.

Frederick Clifford, *The Agricultural Lock-out of 1874*, London: W. Blackwood and Sons, 1875.

Frederick Pollock and Frederic William Maitland, *The History of English Law Before the Time of Edward I*, Vol. 2, Cambridge: Cambridge University Press, 1895.

Francis Auston Channing, *The Truth abort Agricultural Depression: An Elonomic Study of the Evidence of the Royal Commission*, London: Longmans, 1897.

George Arthur Johnston, *The Agricultural Holdings Act, 1906, with An Introduction Thereto, and Comments Thereon, Together with A Summary o the Law Relating to Agricultural Holdings under the Agricultural Holdings Act, 1883-1900*, London: Effingham Wilson, 1908.

George Charles Brodrick, *English Land and English Landlords*, London, Paris & New York: Cassell Patter Galpin & Co., 1881.

George Charles Brodrick, *Political Studies*, London: C. Kegan Paul & Co., 1879.

George Nicholls, *A History of the English Poor Law*, Vol. II, London: John Murray, 1854.

George Norman Clark ed., *The Oxford History of England*, Vol. IX, *The Early Stuarts, 1603-1660*, Oxford: Clarendon Press, 1959.

Gordon Edmund Mingay, *English Landed Society in the Eighteenth Century*, London: Routledge & Kegan Paul, 1963.

Gordon Edmund Mingay, *Land and Society in England 1750-1980*, London New York: Longman Group Limited, 1994.

Gordon Edmund Mingay, *The Transformation of Britain 1830-1939*, London: Routledge & Kegan Paul, 1986.

Heather A. Clemenson, *English Country House and Landed Estates*, London: Croon Helm, 1982.

Henning Ravnholt, *The Danish Co-operative Movement*, Copenhagen: Det Danske Selskab, 1950.

Henry Drummond, *On the Condition of the Agricultural Class of the Great Britain and Ireland with Extracts from the Parliamentary Reports and Evidence from 1833 to 1840*, Vol. I, *State of Ireland*, London: John Murray, 1842.

Henry Earl Grey, *The Reform Act, 1832, the Correspondence of the Late Earl Grey with his Majesty King William IV and with Sir Herbert Taylor from November 1830 to June 1832*, London: Sporttiswoode and Co., 1867.

Henry Royston Lyon, *The Governance of Anglo-Saxon England 500-1087*, London: Edward Arnold, 1991.

Henry Stanley Bennett, *Life on the English Manor: A Study of Peasant Condition 1150-1400*, Cambridge: Cambridge University Press, 1938.

Hermann Levy, *Larger and Small Holdings: A Study of English Agricultural Economics*, Cambridge: Cambridge University Press, 1911.

Horace Edward Miller, *The Small Holdings Act, 1892, and the Statutory Provision Incorporated Therein*, London: Waterlow & Sons, 1892.

Hugh Clout ed., *Contemparary Rural Geographies: Land, Property and Resources in Britain: Essays in Honour of Richard Munton*, London: Routledge, 2007.

H. E. Rich and C. H. Wilson ed., *The Cambridge Economic History of Europe*, Vol. V, Cambridge: Cambridge University Press, 1977.

H. Whetham, *The Agrarian History of England and Wales*, Vol. VIII, *1914-1939*, Cambridge: Cambridge University Press, 2000.

H. M. Jenkins ed. , *Memoir on the Agriculture of England and Wales*, *Prepared under the Direction of the Council of the Royal Agricultural Society of England*, London: William Clowes and Sons, 1878.

James Brooke Little, M. A. , *The Agricultural Holdings Act*, *1883*, *with Summary and Notes*, *Epitome of Customs of the Country and Practical Directions as to Valuation of Unexhausted Improvements*; *Also Statutes and Forms*, London: Shaw & Sons, 1884.

James Caird, *English Agricultural in 1850-1851*, London: Longman, 1852.

James Caird, *The Landed Interest and the Supply of Food*, London: Cassell, 1880.

James Howard, *The Tenant Farmer: Land Law and Landlords*, London: Macmillan & Co. , 1879.

James Long, *Small Holdings*, London: Collins Clear-Type Press, 1973.

James Murdoch, *A History of Constitutional Reform in Great Britain and Ireland: With A Full Account of the Three Great Measures of 1832*, *1867 and 1884*, Glasgow: Blackie & Son, 1885.

James M. Rosenheim, *The Emergence of A Ruling Order: English Landed Society 1650-1750*, London: Longman, 1998;

Jane Whittle, *The Development of Agrarian Capitalism: Land and Labour in Norfolk*, *1440-1580*, Oxford: Oxford University Press, 2000.

John Bateman, *The Great Landowners of Great Britain and Ireland*, London: Harrison & Sons, 1883.

John Brian Morcom, *Estate Duty Saving*, London: Butterworths, 1963.

John Bright and James E. Thorold Rogers eds. , *Speeches on Questions of Public Policy by Richard Cobden*, Vol. 1, London: Macmillan, 1870.

John Broad, *Transforming English Rural Society: The Verneys and the Claydons*, *1600-1820*, Cambridge: Cambridge University Press, 2004.

John Gervase Riddall, *Introduction to Land Law*, London: Butterworths, 1988.

John Habakkuk, *Marriage*, *Debt and the Estate System: English Landownership*, *1650-1950*, Oxford: Clarendon Press, 1994.

John Hamilton Baker, *An Introduction to English Legal History*, Oxford: Oxford University Press, 2019.

Joel Wiener ed., *Great Britain, The Lion at Home: A Documentary History of Domestic Policy 1689–1973*, Vol. I, New York: Chelsea House Publishers, 1974.

Joseph Chamberlain, M.P., *The Radical Programme*, London: Chapan and Hall Ltd., 1885.

John Henry Thomas ed., *A Systematic Arrangement of Lord Coke's First Institute of the Laws of England: On the Plan of Sir Matthew Hale's Analysis; With the Annotations of Mr. Hargrave, Lord Chief Justice Hale, and Lord Chancellor Nottingham: And A New Series of Notes and References to the Present Time*, Vol. I, Philadelphia: Alexander Towar, 1836.

John Malcolm William Bean, *The Decline of English Feudalism 1215–1540*, Manchester: Manchester University Press, 1968.

John Middleton, *View of the Agriculture of Middlesex: With Observations on the Means of its Improvement, and Several Essays on Agriculture in General*, London: Printed for Richard Phillips, 1807.

John Prout, *Profitable Clay Farming Under A Just System of Tenant Right*, London: Edward Stanford, 1881.

Jonathan Brown, *Agriculture in England: A Survey of Farming, 1870–1947*, Manchester: Manchester University Press, 1987.

Jonathan David Chambers & Gordon Edmund Mingay, *The Agricultural Revolution 1750–1880*, London: B. T. Batsford Ltd., 1966.

Joseph Biancalana, *The Fee Tail and the Common Recovery in Medieval England, 1176–1502*, Cambridge: Cambridge University Press, 2001.

Joseph H. Park, *The English Reform Bill of 1867*, New York: Columbia University, 1920.

Joseph Kay, *Free Trade in Land*, London: Kegan Paul, Trench & Co., 1885.

John Hudson, *The Formation of the English Common Law: Law And Society in England from the Norman Conquest to Magna Carta*, London and New York:

Routledge, 1996.

Kenelm Edward Digby, *An Introduction to the History of the Law of Real Property, with Driginal Authorities*, Oxford: Clarendon Press, 1884.

Leonce De Lavergne, *The Rural Economy of England, Scotland and Ireland*, Tromslated from the French with notes by a fammer, Scottish Edingburgh Printed and London, 1855.

Leopold George Gordon Robbins, *Settled Land Statutes: Comprising the Settled Land Act, 1882, the Improvement of Land Act, 1864, and the Settled Estates Act, 1877*, London: H. Sweet, 1882.

Lloyd Bonfield, *Marriage Settlements, 1601–1740: The Adoption of the Strict Settlement*, Cambridge: Cambridge University Press, 1983.

Lord Ernle, *English Farming Past and Present*, London: Longman, 1961.

Lynn Hollen Lees, *Solidarities of Strangers: The English Poor Laws and the People*, Cambridge: Cambridge University Press, 1998.

L. Jebb, *The Small Holdings of England: A Survey of Various Existing Systems*, London: John Murray, 1907.

Madeleine Beard, *English Landed Society in the Twentieth Century*, London: Routledge, 1989.

Mark Bailey, *The English Manor: c. 1200–c. 1500*, Manchester: Manchester University Press, 2002.

Mark C. Cleary, *Peasants, Politicians and Producers: the Organization of Agriculture in France since 1918*, Cambridge: Cambridge University Press, 1989.

Michael Edward Turner, J. V. Beckett, Bethanie Afton, *Agriculture Rent in England 1690–1914*, Cambridge: Cambridge University Press, 1997.

Michael Tracy, *Government and Agriculture in Western Europe 1880–1988*, third edition, London: Harvester Wheatsheaf, 1989.

M. Jenkins ed., *Memoir on the Agriculture of England and Wales, Prepared under the Direction of the Council of the Royal Agricultural Society of England*, London: William Clowes and Sons, 1878.

Niek Koning, *The Failure of Agrarian Capitalism: Agrarian Politics in the UK, Germany, the Netherlands, and the USA, 1846–1919*, London: Routledge, 1994.

Patrick Brantlinger, *The Spirit of Reform: British Literature and Politics, 1832–1867*, London: Harvard University Press, 1977.

Patrick Gregory Dardis, *The Occupation of Land in Ireland in the First Half of the Nineteenth Century*, London: Maunsel & Co., 1920

Peter Anderson Graham, *The Rural Exodus: The Problem of the Village and the Town*, London: Methuen & Co., 1892.

Peter John Perry, *British Agriculture 1875–1914*, London: Methuen & Co., 1973.

Peter Mathias, *The First Industrial Nation: An Economic History of Britain 1700–1914*, London: Methuen, 1983.

P. E. Dewey, *British Agriculture in the First World War*, London: Routledge, 1989.

Quentin Outram & Keith Laybourn ed., *Secular Martyrdom in Britain and Ireland: From Peterloo to the Present*, Basingstoke: Palgrave Macmillan, 2018.

Ralph RoscoeEnfield, *The Agricultural Crisis, 1920–1923*, London: Longman, Green & Co., 1924.

Richard Henry Tawney, *Religion and the Rise of Capitalism*, Harmondsworth: Penguin, 1926.

Richard Henry Tawney, *The Agrarian Problem in the Sixteenth Century*, New York: Burt Franklin, 1912.

Robert Bartlett, *England under the Norman and Angevin Kings, 1075–1225*, Oxford: Clarendon Press, 2000.

Robert Charles Oliver Mathews, C. H. Feinstein, John C. Oldling-Smee, *British Economic Growth 1856–1973*, Stanford: Stanford University Press, 1982.

Robert C. Allen, *Enclosure and the Yeoman, the Agricultural Development of the South Midland 1450–1850*, Oxford: Oxford University Press, 1992.

Robert Dymond Reginald K. Johns, *The Death Duties*, London: Solicitor's Law Stationery Society, 1920.

Rowland Edmund Prothero Ernle, *English Farming Past and Present*, London: Longmans, 1912.

Ruth Casson & Andrew J. Errington, *The Farm Family Business*, Wallingford:

CAB International, 1993.

Schonhardt-Bailey Cheryl, *From the Corn Laws to Free Trade: Interests, Ideas, and Institutions in Historical Perspective*, Cambridge: MIT Press, 2006.

Sidney Webb and Beatrice Webb, *English Local Government: English Poor Law History: The Last Hundred Years*, London: Longmans, Green& Co. , 1929.

Sidney Wrangel Clarke, *The Law of Small Holdings in England and Wales*, London: Butterworth & Co. , 1908.

Frederick Pollock Bart, *The Land Law*, London: Macmillan & Co. , 1896.

Stephen Dowell, *A History of Taxation and Taxes in England from the Earliest Times to the Present Day*, Vol. 1, London: Frank Cass & Co. , 1965.

Steven Hollowell, *Enclosure Records for Historians*, Chichester: Phillimore, 2000.

Stroud Francis Charles Milsom, *Historical Foundations of the Common Law*, London: Butterworths, 1981.

Susan Reynolds, *Fiefs and Vassals: The Medieval Evidence Reinterpreted*, Oxford: Oxford University Press, 1994.

Susanna Wade Martins, *A Great Estate at Work: The Holkham Estate and its Inhabitants in the Nineteenth Century*, Cambridge: Cambridge University Press, 1980.

Sylvain Mayer, *The Law of Agricultural Holdings, Comprising the Agricultural Holdings Act, 1888 & 1895, the Tenants Compensation Act 1890, and the Market Gardener's Compensation Act 1895*, London: Waterlow & Sons Ltd. , 1898.

The Duke of Bedford, *The Story of A Great Agricultural Estate, Being the Story of the Origin and Administration of Woburn and Thorney*, Second Edition, London: John Murray, 1897.

The Earl of Onslow, *Landlords and Allotments: The History and Present Condition of the Allotment System*, London: Longmans & Co. , 1886.

Joseph Chamberlain, *The Radical Programme*, London: Chapan and Hall Ltd. , 1885.

George Shaw Lefever Eversley, *Agrarian Tenure: A Survey of the Laws and Cus-*

toms Relating to the Holding of Land England, Ireland and Scotland and of the Reforms Therein During Recent Years, London: Cassell & Co., 1893.

Wilhelm Abel, *Agrarian Fluctuations in Europe: From the Thirteenth to the Twentieth Centuries*, London: Methuen, 1980.

William Francis Finlason, *The History of Law of Tenures of Land in England and Ireland: With Particular Reference to Inheritable Tenancy; Leasehold Tenure; Tenancy at Will; and Tenant Right*, London: Stevens & Hayens, 1870.

William Francis Walsh, *Outlines of the History of English and American Law*, New York: New York University Press, 1924.

William George Hoskins ed., *The Victoria History of the County of Leicester*, Vol. 2, London: Oxford University Press, 1954.

William George Hoskins, *The Age of Plunder: The England of Henry VIII 1500-1547*, London: Longman, 1976.

William Henry Ricketts Curtler, *The Enclosure and Redistribution of Our Land*, Oxford: Clarendon Press, 1920.

William Nassau Molesworth, *The History of the Reform Bill of 1832*, London: Chapman and Hall, 1865.

William Searle Holdsworth, *A History of English Law*, Vol. 2, London: Methuen & Co., 1923.

William Shaw & Henry Corbet eds., *A Digest of Evidence Taken Before A Committee of the Commons, Appointed to Inquire into the Agricultural Customs of England and Wales, in Prespect to Tenant-Rights*, London: Rogerson and Tuxford, 1852.

（四）英文论文

André Cramois, "Mutual Agricultural Credit in France", *Annals of Collective Economy*, Vol. 28, No. 3, 1957.

Anonymous, "Cooperation Abroad", *Monthly Labor Review* (pre-1986), No. 11, November 1920.

Asa Briggs, "The Background of the Parliamentary Reform Movement in Three English Cities (1830 – 1832)", *Cambridge Historical Journal*, Vol. 10, No. 3, 1952.

Avner Offer, "Farm Tenure and Land Values in England, c. 1750-1950", *The Economic History Review*, New Series, Vol. 44, No. 1, February 1991.

A. W. Jones, "Glamorgan Custom and Tenant Right", *The Agricultural History Review*, Vol. 31, No. 1, 1983.

Bentley Brinkerhoff Gilbert, "David Lloyd George: Land, the Budget, and the Social Reform", *The American History Review*, Vol. 81, No. 5, 1976.

Bentley Brinkerhoff Gilbert, "David Lloyd George: The Reform of British Landholding and the Budget of 1914", *The History Journal*, Vol. 21, No. 1, March 1978.

Caprettini Bruno, Voth Hans-Joachim, "Rage Against the Machines: Labor-Saving Technology and Unrest in Industrializing England", *American Economic Review*, No. 3, 2020.

Colin Clark, J. O. Jones, "The 'Production Functions' for the Average and Marginal Productivity of Land and Labour in English Agriculture", *Journal of Agricultural Economics*, Vol. 11, No. 2, 1955.

Colin J. Holmes, "Science and Farmer: the Development of the Agricultural Advisory Service in England and Wales, 1900-1939", *The Agricultural History Review*, Vol. 36, No. 1, 1988.

Constantine Iliopoulos, "Public Policy Support for Agricultural Cooperatives: An Organizational Economics Approach", *Annals of Public and Cooperative Economics*, Vol. 84, No. 3, 2013.

C. R. Fay, "Small Holdings and Agricultural Co-operation in England", *The Quarterly Journal of Economics*, Vol. 24, No. 3, May 1910.

David Blackbourn, "Peasants and Politics in Germany, 1871-1914", *European History Quarterly*, Vol. 14, 1984.

David Houseman, "Estate Duty on Life Policies and Annuities", *Journal of the Staple Inn Actuarial Society*, No. 10, 1951.

David Spring, "English Landownership in the Nineteenth Century: A Critical Note", *The Economic History Review*, New Series, Vol. 9, No. 3, 1957.

David Taylor, "The English Dairy Industry, 1860-1930", *The Economic History Review*, Vol. 29, No. 4, 1976.

Desmond Fitz-Gibbon, *Assembling the Property Market in Imperial Britain, c. 1750-1925*, PhD Thesis, University of California, Berkeley, 2011.

Dudley Stamp, "Wartime Changes in British Agriculture", *The Geographical Journal*, Vol. 109, No. 1/3, January-March 1947.

D. A. E. Harkness, "Small Farms in Northern Ireland", *The Economic Journal*, Vol. 39, No. 154, June 1929.

D. B. Grigg, "The Development of Tenant Right in South Lincilnshire", *Lincolns Alire Histerian*, No. 2, 1962.

D. Cannadine, "The Landowner as Millionaire: The Finances of the Dukes of Devonshire, C. 1880 to 1926", *Agricultural History Review*, XXV, 1977.

D. M. Sandral, "The Burden of Taxation on the Various Class of the Community", *Journal of Royal Statistical Society*, Vol. 94, No. 1, 1931.

Eileen Spring, "Landowners, Lawyers, and Land Law Reform in Nineteenth-Century England", *The American Journal of Legal History*, Vol. 21, No. 1, January 1977.

Eileen Spring, "The Settlement of Land in Nineteenth-Century England", *The American Journal of Legal History*, Vol. 8, No. 3, July 1964.

Ellis A. Wasson, "The Spirit of Reform, 1832 and 1867", *Albion*, Vol. 12, No. 2, Summer 1980.

Eric Kerridge, "The Movement of Rent, 1540-1640", *The Economic History Review*, New Series, Vol. 6, No. 1, 1953.

E. A. Attwood, "The Origins of State Support for British Agriculture", *The Manchester School*, Vol. 31, No. 2, 1963.

E. John Russell, "Europe's Changing Peasantry", *Man*, Vol. 44, July-August 1944.

E. J. Feuchwanger, "The Conservative Party Under the Impact of the Second Reform Act", *Victorian Studies*, Vol. 2, No. 4, January 1959.

E. Strauss, R. E. Williams, "Changes in Net Farm Income in the United Kingdom", *The Economic Journal*, Vol. 82, No. 326, June 1972.

Florence E. Parker & A. J. Zelenko, "Cooperation and Profit Sharing", *Monthly Labor Review*, Vol. 10, No. 6, June 1920.

Francis H. Herrick, "The Reform of 1867 and the British Party System", *Pacific Historical Review*, Vol. 3, No. 2, June 1934.

Francis H. Herrick, "The Second Reform Movement in Britain 1850–1865", *Journal of the History of Ideas*, Vol. 9, No. 2, April 1948.

F. M. L. Thompson, "Presidential Address: English Landed Society in the Twentieth Century Ⅰ Property: Collapse and Survival", *Transactions of the Royal History Society*, Fifth Series, Vol. 40, 1990.

F. M. L. Thompson, "The End of A Great Estate", *The Economic History Review*, New Series, Vol. 8, No. 1, 1955.

Gertrude Himmelfarb, "The Politics of Democracy: The English Reform Act of 1867", *Journal of British Studies*, Vol. 6, No. 1, November 1966.

Giuditta Parolini, "The Emergence of Modern Statistics in Agricultural Science: Analysis of Variance, Experimental Design and the Reshaping of Research at Rothamsted Experimental Station, 1919–1933", *Journal of the History of Biology*, No. 48, 2015.

G. E. Fussell, " 'High Farming' in the North of England 1840–1880", *Economic Geography*, Vol. 24, No. 4, October 1948.

Harvey Goldberg, "The Myth of the French Peasant", *American Journal of Economics and Sociology*, Vol. 13, No. 4, July 1954.

Heather A. Clemenson, "Agricultural Land Tenure in England and Wales and Ontario: Past, Present and Future", *Agricultural Administration*, No. 14, 1983.

Hilary C. Chew, "The Post-war Land Use Pattern of the Former Grasslands of Eastern Leicestershire", *Geography*, Vol. 38, No. 4, November 1953.

H. Dicken and J. R. Bradley, "Open Market Value: Estate and Stamp Duties on Reversions and Life Interests", *Journal of the Staple Inn Actuarial Society*, Vol. 16, No. 4, July 1961.

H. G. Hunt, "Agricultural Rent in South-East England, 1788–1825", *The Agricultural History Review*, Vol. 7, No. 2, 1959.

H. J. Habakkuk, "Landowners and the Civil War", *The Economic History Review*, Vol. 18, No. 1, 1965.

H. Whetham, "The Search for the Cost of Production, 1914–1930", *Journal of*

*Agricultural Economics*, Vol. 23, No. 3, 1972.

H. Whetham, "The Mechanization of British Farming 1910-1945", *Journal of Agricultural Economics*, Vol. 21, No. 3, 1970.

Ian Farr, "Farmers' Cooperatives in Bavaria, 1880-1914: 'State-Help' and 'Self-Help' in Imperial Germany", *Rural History*, Vol. 18, No. 2, October 2007.

James Caird, "On the Agricultural Statistics of the United Kingdom", *Journal of the Statistical Society of London*, Vol. 31, No. 2, June 1868.

James k. Hall, "Incidence of Death Duties", *The American Economic Review*, Vol. 30, No. 1, March 1940.

Jermemy Moody, "Farm Business Tenancies", *Journal of the Royal Agricultural Society of England*, Vol. 159, 1998.

John A. Phillips and Charles Wetherell, "The Great Reform of 1832 and the Rise of Partisanship", *The Journal of Modern History*, Vol. 63, No. 4, December 1991.

John Beckett & Michael Turner, "End of the Order? F. M. Thompson, the Land Question, and the Burden of Ownership in England, c. 1880-c. 1925", *The Agricultural History Review*, Vol. 55, No. 2, 2007.

John Lubbock, "The Income Tax in England", *The North American Review*, Vol. 158, No. 447, February 1894.

John Sheail, "Land Improvement and Reclamation: The Experience of the First World War in England and Wales", *The Agricultural History Review*, Vol. 24, No. 2, 1976.

Joseph Dainow, "Limitations on Testamentary Freedom in England", *Cornell Law Review*, Vol. 25, No. 3, April 1940.

Julian R. McQuiston, "Tenant Right: Farmer Against Landlord in Victorian England 1847-1883", *Agricultural History*, Vol. 47, No. 2, April 1973.

J. A. Perkins, "Tenure, Tenant Right, and Agricultural Progress in Lindsey, 1780-1850", *The Agricultural History Review*, Vol. 23, No. 1, 1975.

J. I. Falconer, "The English Land Situation", *Journal of Farm Economics*, Vol. 6, No. 1, January 1924.

J. K. Bowers, "British Agricultural Policy since the Second World War", *The Agricultural History Review*, Vol. 33, No. 1, 1985.

J. M. Winter, "British's 'Lost Generation' of the First World War", *Population Studies*, Vol. 31, No. 3, November 1977.

J. R. Bellerby, "Distribution of Farm Income in the United Kingdom, 1867 – 1938", *Journal of Agricultural Economics*, Vol. 10, No. 2, 1950.

J. V. Beckett, "The Pattern of Landownership in England and Wales, 1660 – 1880", *The Economic History Review*, New Series, Vol. 37, No. 1, February 1984.

J. Watson Grice, "Recent Developments in Taxation in England", *The American Economic Review*, Vol. 1, No. 3, September 1911.

Lord Eversley, "The Decline on Number of Agricultural Labourers in Great Britain", *Journal of the Royal Statistical Society*, Vol. 70, No. 2, June 1907.

L. A. Parker, *Enclosure in Leicester, 1485–1607*, PhD Thesis, London University, 1948.

L. A. Parker, "The Depopulation Returns for Leicestershire in 1607", *Leicestershire Archaeological Society*, Vol. 23, 1947.

L. Jebb, "The English Aspect of the Small Holding Question", *The Economic Journal*, Vol. 17, No. 66, June 1907.

Nancy Lopatin-Lummis, "The 1832 Reform Act Debate: Should the Suffrage Be Based on Property or Taxpaying?" *Journal of British Studies*, Vol. 46, No. 2, April 2007.

Orlin J. Scoville, "Measuring the Family Farm", *Journal of Farm Economics*, Vol. 29, No. 2, May 1947.

Prabhat Vaze, "An Economic Analysis of Tenure in East Anglia Using Qualitative Data", *Journal of Agricultural Economic*, Vol. 49, No. 3, September 1998.

P. G. Graigie, "The Size and Distribution of Agricultural Holdings in England and Wales", *Journal of the Royal Statistics Society*, Vol. 50, No. 1, March 1887.

P. J. Perry, "High Farming in Victorian Britain: Prospect and Retrospect", *Agricultural History*, Vol. 55, No. 2, April 1981.

Quentin Bone, "Legislation to Revive Small Farming in England 1887–1914", *Agricultural History*, Vol. 49, No. 4, October 1975.

Raymono F. Rile, "The British Farmer Seems in Need of A New Magna Charta", *Saturday Evening Post*, Vol. 230, No. 20, 1957.

Robert Saunders, "Lord John Russell and Parliamentary Reform, 1848–67", *The English History Review*, Vol. 120, No. 489, December 2005.

Rosamond Jane Faith, "Peasant Families and Inheritance Customs in Medieval England", *The Agricultural History Review*, Vol. 14, No. 2, 1966.

R. F. Bailey, "Double Taxation in Regard to Death Duties", *Journal of Comparative Legislation and International Law*, Third Series, Vol. 27, No. 3/4, 1945.

R. Winfrey, "The State and Small Holdings", *The Economic Journal*, Vol. 17, No. 65, March 1907.

Sheddon Rothblatt, "1867: Disreali, Gladstone and Revolution: the Passing of the Second Reform Bill by Maurice Cowling", *The Journal of Modern History*, Vol. 41, No. 1, March 1969.

Sin-Leqi, "Farmers' Cooperative Associations", *Columbia Law Review*, Vol. 22, No. 5, May 1922.

Sol. Sinclair, "Discussion: Technological Advance and the Future of the Family Farming", *Journal of Farm Economics*, Vol. 40, No. 5, Proceedings of the Joint Annual Meeting, December 1958.

S. F. Wolley, "The Personnel of the Parliament of 1833", *The English History Review*, Vol. 53, No. 210, April 1938.

S. G. Sturmey, "Owner-farming in England and Wales, 1900 to 1950", *The Manchester school of Economics and Social Studies*, Vol. XXIII, No. 3, September 1955.

The Earl of Winchilsea and Nottingham, "The New Duties in England", *The North American Review*, Vol. 160, No. 458, January 1895.

Tibor Barna, "The Burden of Death Duties in Terms of An Annual Tax", *The Review of Economic Studies*, Vol. 9, No. 1, November 1941.

Timothy W. Guinnane and Ronald I. Miller, "The Limits to Land Reform: the

Land Acts in Ireland, 1870 – 1909", *Economic Development and Cultural Change*, Vol. 45, No. 3, April 1997.

T. Rooth, "Trade Agreements and the Evolution of British Agricultural Policy in the 1930s", *The Agricultural History Review*, Vol. 33, No. 2, 1985.

Werner Schiffgent, "The Raiffeisen Movement for Agricultural Cooperation in West Germany", *Agricultural Administration*, Vol. 6, No. 4, 1979.

William E. Bear, "Agricultural Politics in England", *The North American Review*, Vol. 138, No. 328, March 1884.

W. D. Rubinstein, "New Man of Wealth and the Purchase of Land in Nineteenth-Century Britain", *Past & Present*, No. 92, August 1981.

W. M. Williams, "The Social Study of Family Farming", *The Geographical Journal*, Vol. 129, No. 1, March 1963.

Zvi Razi, "The Myth of the Immutable English Family", *Past and Present*, No. 140, 1993.

"Current Topics and Events", *Nature*, Vol. 111, No. 2790, April 1923.

## 二 中文参考文献

### （一）中文译著

［德］考茨基:《土地问题》，梁琳译，生活·读书·新知三联书店1955年版。

［俄］A. 恰亚诺夫:《农民经济组织》，萧正洪译，中央编译出版社1996年版。

［法］马克·布洛赫:《法国农村史》，余中先、张明浩、车耳译，商务印书馆2009年版。

［法］马克·布洛赫:《封建社会·下卷·社会等级和政治体制》，李增洪、侯树栋、张绪山译，商务印书馆2004年版。

［法］约瑟夫·克拉兹曼:《法国农业政策：错误的思想观点和幻想》，李玉平译，农业出版社1982年版。

［荷］L. 道欧、J. 鲍雅朴主编:《荷兰农业的勃兴——农业发展的背景和前景》，厉为民等译，中国农业科学技术出版社2003年版。

［荷］扬·杜威·范德普勒格:《新小农阶级：帝国和全球化时代为了自主性和可持续性的斗争》，潘璐、叶敬忠等译，社会科学文献出版社2013年版。

［美］道格拉斯·C. 诺思：《经济史上的结构和变革》，厉以平译，商务印书馆 1992 年版。

［美］道格拉斯·C. 诺思：《制度、制度变迁和经济绩效》，杭行译，上海人民出版社 2008 年版。

［美］道格拉斯·诺斯、罗伯斯·托马斯：《西方世界的兴起》，厉以平、蔡磊译，华夏出版社 2009 年版。

［美］哈罗德·J. 伯尔曼：《法律与革命·第二卷·西方法律传统的形成》第 1 卷，贺卫方等译，法律出版社 2018 年版。

［美］西奥多·W. 舒尔茨：《改造传统农业》，梁小民译，商务印书馆 2009 年版。

［意］桑德罗·斯奇巴尼选编：《婚姻、家庭和遗产继承》，费安玲译，中国政法大学出版社 2001 年版。

［英］艾伦·麦克法兰主讲：《现代世界的诞生》，管可秾译，上海人民出版社 2013 年版。

［英］艾伦·麦克法兰：《英国个人主义的起源》，管可秾译，商务印书馆 2008 年版。

［英］戴雪：《公共舆论的力量：19 世纪英国的法律与公共舆论》，戴鹏飞译，上海人民出版社 2014 年版。

［英］克拉潘：《1815—1914 年法国和德国的经济发展》，傅梦弼译，商务印书馆 1965 年版。

［英］克拉潘：《现代英国经济史》，姚曾廙译，商务印书馆 2009 年版。

［英］克里斯托弗·戴尔：《转型的时代：中世纪晚期英国的经济与社会》，莫玉梅译，社会科学文献出版社 2010 年版。

［英］克里斯托弗·哈维、H. C. G. 马修：《19 世纪英国：危机与变革》，韩敏中译，外语教学与研究出版社 2007 年版。

［英］梅特兰：《英格兰宪政史》，李红海译，中国政法大学出版社 2010 年版。

［英］提姆西·路特主编：《新编剑桥中世纪史·第三卷·约 900 年至 1024 年》，顾銮斋等译，中国社会科学出版社 2021 年版。

［英］亚当·斯密：《国民财富的性质和原因研究》（上卷），郭大力、王亚南译，商务印书馆 1972 年版。

《盎格鲁-撒克逊编年史》，寿纪瑜译，商务印书馆 2004 年版。

［美］张五常：《经济解释——张五常经济论文选》，易宪容、张卫东译，商务印书馆 2000 年版。

(二) 中文史料及著作

《中国农业代表团关于罗马尼亚、西德、法国农业的考察报告》，1978 年 12 月 7 日，中共固始县委办公室，翻印。

顾銮斋：《中西中古税制比较研究》，社会科学文献出版社 2016 年版。

侯建新：《欧洲文明进程·农民地权卷》，商务印书馆 2023 年版。

侯建新：《现代化第一基石——农民个人力量增长与中世纪晚期社会变迁》，天津社会科学院出版社 1991 年版。

刘振邦：《法国的农业互助与合作运动》（讲义），中国社会科学院世界经济与政治研究所，1984 年 12 月。

刘振邦：《法国的农业现代化》，农业出版社 1980 年版。

马克垚：《英国封建社会研究》，北京大学出版社 1992 年版。

钱乘旦、高岱主编：《英国史新探：全球视野与文化转向》，北京大学出版社 2011 年版。

裘元伦：《西德的农业现代化》，农业出版社 1980 年版。

施诚：《中世纪英国财政史研究》，商务印书馆 2010 年版。

武建奇：《马克思的产权思想》，中国社会科学出版社 2008 年版。

咸鸿昌：《英国土地法律史——以保有权为视角的考察》，北京大学出版社 2009 年版。

薛波主编：《元照英美法词典》，法律出版社 2003 年版。

阎照祥：《英国贵族史》，人民出版社 2015 年版；

(三) 中文论文

顾銮斋、李玲：《英国中古 poll tax 辨析》，《经济社会史评论》2023 年第 1 期。

侯建新：《古代世界的相似与分流——以农民土地产权演变为视域》，《中国史研究》2022 年第 3 期。

侯建新：《英国地权变革中的社会问题及对策》，《探索与争鸣》2022 年第 6 期。

侯建新：《英国近代土地确权立法与实践》，《世界历史》2021 年第 4 期。

333

侯建新：《中世纪英格兰国王的土地产权》，《历史研究》2023年第6期。

李国镇、胡怀国：《新发展格局下我国粮食安全治理研究——来自19世纪英国〈谷物法〉争论的启发》，《当代经济》2024年第1期。

任超：《英国财税法史研究——从诺曼征服到光荣革命》，博士学位论文，华东政法学院，2006年。

沈汉：《资本主义还是后封建主义——论近代英国租佃农场制的性质》，《史学集刊》2011年第1期；

孙小娇：《19世纪英格兰租佃权的历史考察》，《史林》2021年第3期。

王娓娓：《中世纪西欧法律中的宗教因素》，《株洲师范高等专科学校学报》2005年第4期。

王元天：《近代英国的土地家族化现象及其成因》，《史学月刊》2022年第5期。

王元天：《英格兰公簿农的来源与转变》，《经济社会史评论》2022年第4期。

阎照祥：《英国近代贵族大地产论略》，《史学月刊》2003年第8期。

杨晓兵：《从"嫁资"制度看罗马法中的夫妻财产关系》，《经济研究导刊》2011年第35期。

刘成：《英国废除〈谷物法〉刍议》，《史学集刊》2013年第1期。

# 后记

与历史结缘，是自己人生规划中的一场意外。起初，历史感不强，又缺少本科阶段的专业历史训练，致使自己一路走来，颇多艰难。但这一路走来，不畏艰难，步履前行，虽艰难却也幸运。因历史，得遇良师；因历史，结交挚友。一路走来，也颇多"小确幸"。

从 2009 年至今，与历史专业相伴而行，已有十余年。在这不长亦不短的时间里，与历史从"相遇"到"相知"，再到"相携而行"。对历史，由起初的"怵"，到如今的"爱"，是一场美丽的"邂逅"，也是一段难得的"修行"。在这一过程中，也越来越能理解历史的价值和意义，历史，从"史"而出，以"鉴"而终。

"板凳当坐十年冷"，对从事历史研究的人而言，最是适用。从浩如烟海的历史文献中，抽丝剥茧，形成具有一定严密逻辑的历史观点或思想，绝非易事。单是搜集、阅读、整理史料，就需要耗费大量的时间和精力。而且不只是时间和精力，还更得要有一颗能沉得下来的心才行。只有沉得下心来，才能冷静、客观地从杂乱、浩繁的史料中寻出一丝可为己、为国家、为社会所用的"思想"。这最后的最后，才是动用逻辑思维，借助严密的史料实证，将这一"研究结果"真实地呈现出来。

本书的写作始于 2014 年，至今已满"十年之期"，在这十年里，几易其稿，始有目前的样。

这部书稿，不仅仅是自己学习与研究期间所学所思的一点成果，更是我人生阅历的一点感悟。我是一名出生于农村的孩子，是自泥土里摸爬滚打着长大的。自学龄时起，虽多数时间是在学校里度过的，但在上学读书之余，也常会帮父母做一些田地里力所能及的农活，即便是在进入大学之后，每逢假期，也常会回家帮母亲干一些农活。一路走来，我并没有因为读书的缘故，而在家里逃避做农活，每当我回到村里时，"就是一个地道的农村人"。这样的人生阅历，使得人文知识和土地生活早早地水乳交融式地在我的血脉之中流淌，也渐渐地使我对农业、农民、土地产权问题产生了一些不同寻常的情感和认识，而这些情感和认识，正是本书写作的最为原始的起点。与此同时，也正是这一人生经历，让我对农业、农民、土地产权相关问题的分析，受制于我生于农村，以及我长年累月地间或从事农活的实践，打上了一些不够客观和理性的印子。

这部书稿的完成，尤其要感谢我的恩师侯建新先生。这部书稿是在我的博士论文的基础上修改完善而成，而我的博士论文的论题选定，框架结构组织、调整，论文核心思想的把握，乃至整体内容的写作与编排，都花费了恩师侯建新先生大量的心血。离开恩师无私的帮助，便不会有这部书稿。当然，我对恩师的感激还不仅仅局限于这部书稿，它同样凝结在我过往全部的学习和日常生活之中。最初，愚笨且不自信的我，从未奢望能成为先生门下的一名弟子，承蒙先生不弃，收下了我这个愚昧而蠢钝的徒儿，并一点一点地指引着我，使我一步一步地踏入了历史研究的学术殿堂。如果不是先生似无边大海般的容人之怀，如果不是先生因材施教型的育人方法，如果不是先生高屋建瓴式的学术点拨，如果……便不会有我的今天。师恩绵绵，没齿难忘！徒儿无以为报，唯有在历史研究领域历久钻研下去，唯有更好地担负起历史学人应有的责任与义务，唯有倾己所能为国家、为社会尽一点绵薄之力。

此外，也要感谢我的家人，尤其是在我读博期间，没有他们在背后的强有力的支持，我很难安心地在学校里学习。当时，即便是在我儿子生病之时，母亲也很少告诉我，怕影响我，使我不能在学校里安心学习。因而，对于父母，我是万分感激的。

最后，感谢陈德正老师。陈老师信任并无条件地资助了本书部分出版经费，他总是鼓励我全身心地投入书稿的修改工作，且不辞劳苦，与编辑

## 后 记

部其他老师一遍又一遍地仔细校对书稿，一直容忍我来来回回地修改完善书稿，直至本书最后出版，对此万分感激。

孙学美

2024 年 6 月 15 日